教育部人文社会科学研究青年基金项目"近代乡村移民的城市融入问题研究——以天津和青岛为例（1928-1937）"资助（批准号：13YJC770034）

山东省高等学校"青创科技计划"（人文社科）基金项目"制度与生活视角下的山东农民工市民化问题研究（1928-2018）"资助（批准号：2019RWD004）

青岛农业大学科技创新平台"社会变迁与农民问题研究"资助

青岛农业大学人文社会科学研究基金资助

近代乡村移民的城市融入

以天津和青岛为例
（1928—1937）

柳敏 著

中国社会科学出版社

图书在版编目（CIP）数据

近代乡村移民的城市融入：以天津和青岛为例：1928—1937 / 柳敏著. —北京：中国社会科学出版社，2021.10
ISBN 978 - 7 - 5203 - 8853 - 5

Ⅰ.①近⋯　Ⅱ.①柳⋯　Ⅲ.①农民—城市化—研究—中国—1928 - 1937　Ⅳ.①D422.64

中国版本图书馆 CIP 数据核字(2021)第 179891 号

出 版 人	赵剑英
责任编辑	吴丽平
责任校对	夏慧萍
责任印制	李寡寡

出　　版	中国社会科学出版社
社　　址	北京鼓楼西大街甲 158 号
邮　　编	100720
网　　址	http://www.csspw.cn
发 行 部	010 - 84083685
门 市 部	010 - 84029450
经　　销	新华书店及其他书店
印　　刷	北京明恒达印务有限公司
装　　订	廊坊市广阳区广增装订厂
版　　次	2021 年 10 月第 1 版
印　　次	2021 年 10 月第 1 次印刷
开　　本	710×1000　1/16
印　　张	23.5
插　　页	2
字　　数	370 千字
定　　价	128.00 元

凡购买中国社会科学出版社图书，如有质量问题请与本社营销中心联系调换
电话：010 - 84083683
版权所有　侵权必究

目 录

绪 论 …………………………………………………………… (1)

第一章 城市化进程和城市特点 ………………………… (17)
第一节 开埠前的社会发展状况 ……………………………… (18)
第二节 从传统市镇向近代城市的转变(1860—1928) ……… (25)
第三节 近代城市化的稳定发展(1928—1937) …………… (39)
第四节 社会状况的异同 ……………………………………… (51)
小结 …………………………………………………………… (61)

第二章 农民进城与城市人口结构 ……………………… (64)
第一节 农民进城原因 ………………………………………… (65)
第二节 农民进城的渠道 ……………………………………… (86)
第三节 移民与城市人口结构 ………………………………… (93)
小结 …………………………………………………………… (105)

第三章 谋生之道与影响因素 …………………………… (108)
第一节 工业生产 ……………………………………………… (109)
第二节 经商贩卖 ……………………………………………… (115)
第三节 人事服务 ……………………………………………… (124)
第四节 交通运输 ……………………………………………… (127)
第五节 自由谋生 ……………………………………………… (139)

小结 …………………………………………………………… （151）

第四章　乡村移民与城市生活的交互影响 …………………… （153）
　　第一节　收入和支出 ………………………………………… （153）
　　第二节　日常生活 …………………………………………… （173）
　　第三节　社会流动 …………………………………………… （199）
　　小结 …………………………………………………………… （207）

第五章　生存困境与社会支持 ………………………………… （210）
　　第一节　亲友老乡 …………………………………………… （211）
　　第二节　民间慈善活动 ……………………………………… （223）
　　第三节　官办救济事业 ……………………………………… （231）
　　小结 …………………………………………………………… （242）

第六章　建设事业与移民融入 ………………………………… （244）
　　第一节　工厂劳作训练 ……………………………………… （245）
　　第二节　平民住房建设 ……………………………………… （260）
　　小结 …………………………………………………………… （284）

第七章　移民管理与制度排斥 ………………………………… （286）
　　第一节　保人制度与移民生活 ……………………………… （287）
　　第二节　法律规范与移民犯罪 ……………………………… （302）
　　小结 …………………………………………………………… （330）

结语　乡村移民融入城市的维度与影响因素 ………………… （333）
　　第一节　融入城市的时代契机：城市发展与乡土关系 …… （334）
　　第二节　融入城市的四个层次与移民的半融入 …………… （337）
　　第三节　城市融入的个体差异 ……………………………… （340）

第四节 移民融入的影响因素 …………………………………（343）
第五节 城市特点与移民融入 …………………………………（346）

参考文献 ……………………………………………………………（349）

后　记 ……………………………………………………………（369）

绪　　论

一　研究缘起

如何实现从农民到工人、从乡下人到城里人的转变，是城市化进程中的核心问题，在传统乡村和当代都市中都面临着巨大社会变迁的时候，探求乡村移民的都市境遇，关注个体的现代化过程具有重大的历史与现实意义，不仅有助于进一步理解近现代中国城市化演变历程及其存在问题，也为认识农民工的城市适应和社会排斥等社会问题提供历史镜鉴。20世纪以来，随着中国城市发展进程加快，对农村人口的吸引力不断增强，至2016年统计，进城农民工达到2.8亿余人，农民工的市民化或融入城市不仅惠及民生且关乎社会稳定和城市化进程，对乡村移民的历史考察一定程度上为分析当代农民工问题提供了借鉴与思考：国家与政府在移民城市化进程中的作用、移民融入城市生活的障碍、移民融入城市中的群体差异，等等。

为什么关注乡村移民？这多是缘于自身的成长经历和历史研习的感触。现代社会中，个体或群体的流动与迁移已然为常态，似乎成长的目的就是实现空间位置和社会地位的流动。人往高处走，不只是职业的选择、身份的上升，相伴随的是空间的位移。在习惯、向往、鼓励流动和迁移的现代社会，对陌生环境和陌生群体的接触、适应、接纳已然有组织的关怀和社会的关注。而百年前，乡村移民的进城在充满希冀与无奈的同时，更面临矛盾与痛苦，本书想探讨的是：乡村移民进入城市面临什么样的困境与机会？安土重迁的第一代进城农民如何适应城市生活？城市社会如何影响移民生活，进城移民又如何形塑城市文化？

现代化进程中有许多宏大的话题，国家政治制度变迁、产业结构的革新、知识精英的求索、社会舆论的流变等，近年来追述社会生活与社会结构变迁的社会史从边缘的小学科发展为热门的大学科,从社会结构、社会阶层到社会生活等,均取得丰富的成果。[①] 尽管存在平面化、碎片化和同质化的倾向,却是构成近代中国社会整体面相必不可少的部分,也为研究者深入认识中国社会提供必要的学术积淀。克拉克强调城市史学家首先要关注三种关联:即城市社区与其母体社会的关联(这个母体社会包括城市腹地、民族国家及全球经济体,以及这些实体间的互动交流);各城市间的联系和互动;城市内部活动机理(如人口与经济、社会问题与城市管理、权力结构与文化生活、城市空间关系等)。[②] 这样的论断直击当前城市研究的薄弱之处,也给笔者以启发,所谓三种关联,实则指向更宏阔与更细致的事物间的互动关系,这给笔者之前的青岛城市史研究提供新的思路,即关注城市内部结构的互动关系,尤其对于刚刚建立并致力于城市建设的南京国民政府而言,政治、经济、人口之间及其与城市发展形成怎样的关系?如果从城乡互动、城城互动、群体间互动来探究近代社会发展进程可能有助于更立体、更深入地把握社会变迁的特点。

从学术传承与个人兴趣而言,在城市史和乡村史间游移浸染,非常关注近代农民在城市和乡村中的流动,近代是中国城市化的启动和初步发展时期,传统的社会结构、社会关系都经历了剧烈的演变过程,大量乡民进入城市,扩大了近代城市的规模,也呈现城乡背离式发展的态势,农民的迁移给近代城乡带来什么影响?乡村移民如何融入城市?他们与城市如何相互引动,这是城市史、乡村史研究中不可忽视的重要课题。伊格尔斯认为:"没有任何理由说,一部研究广阔的社会转型的史学著作和一部把注意力集中在个体生存上的史学著作就不能共存并且互相补充。历史学家的任务应该是探索历史经验在这两个层次之间的联系。"[③] 虽然个人能力及阅历有诸多限制,笔者还是希望在兴趣与学界的导引下,探

---

① 李长莉:《中国近代社会史研究三十年发展趋势与瓶颈》,《南京社会科学》2017年第1期,第134页。

② [英]彼得·克拉克:《欧洲城镇史:400—2000》,宋一然等译,商务印书馆2015年版,第10页。

③ [美]伊格尔斯:《二十世纪的历史学——从科学的客观性到后现代的挑战》,何兆武译,辽宁教育出版社2003年版,第119页。

究时空流转、社会变迁下移民群体的成长与困惑及其融入城市生活的差异。

二 研究成果回顾

近代中国的乡村移民主要有三种流向，乡村间的迁移、城乡间的迁移及海外迁移。本书主要关注城市中的乡村移民（乡下人），从20世纪初期出现乡城迁移流以来，对乡村移民的关注一直是文学中的焦点与史学中的交点。

乡下人进城和城里人下乡是中国现当代文学的一个"母题"[①]，实际上，自民国以来，乡土文学兴起，在知识分子改造国民性、传播新文化的使命担当中，农民及都市乡下人开始步入舆论空间，并出现一大批关于乡村移民的经典文学形象，如阿Q、奚大有、吴老太爷、祥子等，这些文学形象聚焦于乡下人在城市的弱者地位与随之而来的磨难与困惑、奋斗与沉沦，而另一些学者如臧克家、沈从文等则描述乡下人进城碰壁后的乡土回归或在此基础上的乡土纯化，传递着一种乡下人进城的悲苦情绪，往往缺少对进城乡下人的主体经验的挖掘。文学象征性现实与客观现实中农民形象的脱节，已经引起刘陶陶等学者的注意，他们认为，"在明清时期，城乡分别不是个人身份的明显标记，直至20世纪早期，区分城乡的地方自治作为社会变迁的动因，导致将农村视为落后之源的观念开始萌动。19世纪二三十年代，农村落后观反过来影响了社会学家对中国社会的理解。1949年以后实施的户籍制度从根本上改变了中国社会结构，它将社会划分为刻板的阶层，并把不同的人群贴上'工人'或'农民'的标签。"[②] 文学领域中对乡村移民描写呈现出集体意象——弱者，当今的史学研究揭示了乡村移民更客观的生存状况。

---

① 陈军整理：《"乡下人进城"论题的多向度对话》，《扬州大学学报》（人文社会科学版）2007年第4期，第19页。

② Tao Tao Liu, "Local Identity in Chinese Fiction and Fiction of the Native Soil 'Xiangtu Wenxue'", David Faure and Tao Tao liu, *Unity and Diversity:Local Cultures and Ldentities in China*, Hong Kong: Hong Kong University Press, 1996. pp. 139 – 160. 参见吴滔、科大卫、刘陶陶主编《中国的城镇和乡村：身份与透视》，载《中国社会历史评论》第5卷，商务印书馆2007年版，第571页。

(一) 对乡村移民基本面相的历史考察

一是关于农民进城的概况、原因及其影响研究，对城乡人口流动的规模、形式、流向、原因、地域构成和影响等问题进行了地区性或全国性考察。

关于农民进城情况及原因，民国时期政府和学者已经对20世纪20年代的农民离村现象进行足够的关注，并开展了系列调查，如1935年中央农业实验所对全国22省800余县的调查，行政院农村复兴委员会对浙江、江苏、陕西、河南、云南等6省的农村调查，金陵大学于1928年至1933年对16省101处离村农户调查、南开大学经济学院等对江淮与东北的调查，卜凯、吴至信、田中忠夫、陈翰笙、李景汉、陈正谟等[①]对江苏、安徽、山东、直隶、浙江、广东、河北、河南、陕西及东北各省进行的相关调查与研究。[②] 相关调查资料按类汇编于章有义主编的《中国近代农业史资料》第二、第三辑。20世纪90年代以来，关注农民离村的研究成果大量出现，对于农民离村原因有人口压力说[③]、生产力压力说[④]、环境压力（天灾兵匪及帝国主义侵略）说[⑤]、城市吸引说[⑥]或多方面因素的

[①] 卜凯：《河北盐山县一百五十农家之经济及社会调查》，金陵大学1929年版；陈翰笙：《广东农村生产关系与生产力》，上海中山文化教育馆1934年版；刘宣：《二十四村离村人口之分析》，《统计月报》1935年第9号；饶涤生：《日趋严重的农民离村问题》，《申报月刊》1935年第4卷第12号；陈正谟：《各省农工雇佣习惯及需供状况》，南京中山文化教育馆1935年版；《中国农村人口增减趋势及农民离村部分考察》，《中行月刊》1934年第9卷第3期；李景汉：《定县经济调查一部分报告书》，河北省县政建设研究院1934年版。

[②] 这一系列调查成果分别见《农情报告》《中国农村》《东方杂志》和《河南省农村调查》等六省调查报告。

[③] 彭南生：《近代农民离村与城市社会问题》，《史学月刊》1999年第6期；彭南生：《也论近代农民离村原因——兼与王文昌同志商榷》，《历史研究》1999年第6期；刘芳：《20世纪20~30年代江苏农民离村原因探析》，《史林》2004年第3期。其实人口压力说亦是在天灾人祸、技术提高等环境变动下的动态压力。

[④] 王文昌：《20世纪30年代前期农民离村问题》，《历史研究》1993年第2期。

[⑤] 李凤琴：《20世纪二三十年代中国北方十省农民离村问题研究——以华北地区山东、山西、河南、河北为重点》，《中国历史地理论丛》2004年第2期，该文也指出经济负担过重、人口压力与经济吸引力也造成农民离村，20世纪30年代的研究成果中多认为自然灾害、兵灾匪患和外来侵略是促使农民离村的最主要原因。

[⑥] 周应堂、王思明：《近代农民离村原因研究》，《中国经济史研究》2011年第1期。

综合①，所依据的资料基本来自上述民国时期的离村调查。据1935年调查，22省离村进城的农民占59.1%，②农民离村也加剧了农村经济衰退，③成为土匪横行、军阀混战的社会基础也带来近代城市失业、治安等社会问题。④另外，农民进城也推动了城市工商业发展和移民近代化。⑤田中忠夫针对不同群体的离村，指出地主和农民进城后的职业变化，地主或做军官、官吏、教员、商业资本家，或做悠闲分子，地主阶级因有相当的资本与知识，不致直接感到生活的威胁，移住都市中，感到生活的威胁的，是农民。农民进城多为普通劳工。⑥

二是关于移民的城市生活及城市下层社会研究，随着社会史研究的复兴，大量城市社会史论著对城市中的工人、车夫、妓女、乞丐、学徒等职业群体的生存处境、社会关系、社会交往等进行了分析，探讨了不同城市中下层群体的地域来源、形成特征、职业生活、社会关系、社会救济、城市影响等问题，有助于把握进城农民生活的整体状况和微观情境，李明伟梳理了清末民初城市中八大阶层的结构、分布、收入、生活等状况，其中包括下层市民、工人阶层、贫民阶层，有助于从社会结构和社会生活层面了解进城移民的基本情况。⑦池子华比较系统考察了江南城市农民工的社会生活及生存困境，⑧打工妹的研究更深入分析其政治生活与精神世界，在劳动中的制度适应，以及籍贯与职业分层的相互关

---

① 夏明方：《民国时期自然灾害与乡村社会》，中华书局2000年版；张利民、周俊旗、许檀、汪寿松等：《近代环渤海地区经济与社会研究》，天津社会科学院出版社2002年版，第457—465页。
② 《农情报告》1936年7月第4卷第7期，第177页。
③ 池子华：《农民"离村"的社会经济效应——以20世纪二三十年代为背景》，《中国农史》2002年第4期。
④ 彭南生：《近代农民离村与城市社会问题》，《史学月刊》1999年第6期。
⑤ 孔祥成：《试析农民离村与乡村观念变革——以20世纪20—30年代的江苏为例》，《华东师范大学学报》（哲学社会科学版）2004年第5期。
⑥ [日]田中忠夫：《中国农业经济研究》，汪馥泉译，上海大东书局1934年版，第132—136页。
⑦ 李明伟：《清末民初中国城市社会阶层研究（1897—1927）》，社会科学文献出版社2005年版。
⑧ 池子华：《中国近代流民》，浙江人民出版社1996年版；《农民工与近代社会变迁》，安徽人民出版社2007年版。

系,[①] 并关注近代乡村移民对自身社会形象的适应性塑造和他们的精神待遇与社会待遇问题,显示出对移民群体的研究开始深入精神领域。[②]

海外学者对上海、北京、成都等城市的相关研究突出城市下层民众的社会网络、政治影响及其发展脉络,从不同视角透视出社会底层的立体镜像。卢汉超、韩起澜、程为坤对小市民和城市贫民的关注,生动再现了城市普通人的日常生活及其社会网络。韩起澜立足于族群问题,从苏北人移民上海后的日常生活、文化生活、劳工市场、自我认同分析了原籍与社会等级结构的关系及这种关系对上海城市化过程的影响,深化了对城市中来自乡村的社会阶层的认识。[③] 卢汉超从上海市井生活细节着手,呈现出移民都市生活的立体图景,揭示了传统力量在城市化进程中的重要作用。[④] 程为坤通过聚焦底层女性对城市公共空间的使用,指出城市女性将公共空间变成日常空间,在雇佣、娱乐和社会互动方面扮演着重要角色并受到传统力量的约束。[⑤] 王笛从社会底层视角,运用丰富多样的历史文献,从看似最日常的街头生活中,展现出普通民众在时代巨变中的文化活动、利益折冲与社会境遇。[⑥]

（二）近代移民的城市化研究

进城移民面临新的空间环境、职业生活与社会氛围,也经历着城市对其自身的磨砺与改造,促使他们割断了与乡土社会的物质与文化的依存关系,呈现出职业身份、社会生活与价值观念的近代化。当前对移民的城市化研究体现为两个视角。一是现代化视角,二是国家与社会视角,前者探讨移民现代化问题,后者探讨移民的关系网络及其对移民融入社会的影响。

有关现代化视角下进城农民的变化,乐正和忻平等分析了近代城市中的生产与生活方式对乡村移民的改变。乐正将移民的近代化过程解析

---

① 池子华：《近代中国"打工妹"群体研究》,中国社会科学出版社2015年版。
② 池子华、叶继红、马德峰主编：《农民工待遇问题研究》,黑龙江人民出版社2011年版。
③ ［美］韩起澜：《苏北人在上海,1850—1980》,卢明华译,上海古籍出版社2004年版。
④ ［美］卢汉超：《霓虹灯外——20世纪初日常生活中的上海》,段炼、吴敏、子羽译,上海古籍出版社2004年版。
⑤ ［美］程为坤：《劳作的女人：20世纪初北京的城市空间和底层女性的日常生活》,杨可译,生活·读书·新知三联书店2015年版。
⑥ ［美］王笛：《街头文化：成都公共空间、下层民众与地方政治,1870—1930》,李德英等译,中国人民大学出版社2006年版。

为传统文化的内化、上海化和西化三次社会化过程。① 忻平指出社会压力和生存竞争及城市组织的熏陶使移民改变职业、生活方式和价值观念，使其逐步从传统劳动力转变为现代社会人。② 徐甡民认为，上海的移民群体展现了两种特质。首先与传统物质依存关系的割断和城市生存与发展的压力，激发了移民主观能动性和创造力。其次，与传统社会及文化联系的割断和近代社会规范的影响，使移民具有近、现代市民的思想观念。③ 李长莉从社会生活变迁与伦理观念近代化的关系着手，指出下层民众社会行为与观念的改变正是来自生活方式的变动。④

关于南京国民政府时期市政建设与移民的现代转型，魏斐德、王笛强调警察在城市公共空间和人们的日常生活中充当的规范作用和对城市现代转型的重要性。⑤ 池子华探讨了近代工厂制度作为劳动管理的重要手段，使打工妹实现了自身的现代转型。⑥ 杨可通过对民国时期劳工宿舍建设制度与实践的梳理，指出在积极的制度环境下，模范企业的劳工宿舍成为孕育群体团结的文化空间和培养现代公民的自治空间。⑦ 扶小兰分析了近代社会教育对城市民众心理态度、价值观念、行为方式和生活方式及精神文化生活水平的影响。⑧ 朱煜考察了江苏民众教育馆在改善民众生计、改良民众文化、塑造公民观念等方面的积极作用。⑨

---

① 乐正：《近代上海人社会心态（1860—1910）》，上海人民出版社1991年版，第174—175、183—188页。
② 忻平：《从上海发现历史——现代化进程中的上海人及其社会生活（1927—1937）》，上海人民出版社1996年版，第63页。
③ 徐甡民：《上海市民社会史论》，文汇出版社2007年版，第33—34页。
④ 李长莉：《晚清上海社会的变迁——生活与伦理的近代化》，天津人民出版社2002年版，第545页。
⑤ ［美］魏斐德：《上海警察，1927—1937》，章红等译，上海古籍出版社2004年版；［美］王笛：《街头文化：成都公共空间、下层民众与地方政治，1870—1930》，李德英等译，中国人民大学出版社2006年版。
⑥ 池子华：《近代打工妹群体的"制度适应"》，《社会科学战线》2012年第10期。
⑦ 杨可：《劳工宿舍的另一种可能：作为现代文明教化空间的民国模范劳工宿舍》，《社会》2016年第2期。
⑧ 扶小兰：《论近代社会教育对城市人现代化的影响》，《西南交通大学学报》（社会科学版）2006年第6期。
⑨ 朱煜：《民众教育馆与基层社会现代改造（1928～1937）——以江苏为中心》，社会科学文献出版社2012年版。

有关国家与社会视角下乡村移民的城市化，刘荣臻从国家与社会视角指出，上海市政府开展了平民住房建设，将平民居住问题的解决与平民社区治理相结合起来，对受助者进行生计、社交、职业技能、思想道德、卫生健康、生活习性等层面的教导与驯化，以培育新民，虽因财政的缺位而未能如意，但依然有示范效应。[①] 唐力行认为徽州旅沪同乡会所对旅沪同乡开展的教育事业、救济救助、调解劳资纠纷等社会保障活动促进移民适应都市生活。[②] 徐松如探讨了同乡组织在帮助同乡融入上海社会以及促进城市管理等方面的作用。[③]

总的来看，以上研究在区域上多集中于以上海、成都、苏州、武汉为中心的长江流域，华北则主要以天津为主，取得丰硕成果，但华北城市史相对于乡村史与江南城市史而言尚有足够的研究空间。从研究内容上看，已有的研究多注重于人口迁移与城市生活等方面，并将移民作为一个整体或不同的职业群体进行考察，尚缺乏对移民群体更细致的分层，同时对普通农民进城后面临的制度困境尚有待考察。如乡村移民的群体差异问题、移民的社会支持力量、乡村移民的融入问题等。另外，当前研究中对乡村移民困苦生活的普遍认识及关于乡村移民告别传统、融入城市的市民化程度尚有商榷之处，移民群体的生活境遇与其城市化可能呈现出多样化的立体图景。

三　研究思路

（一）时间与地域的选择

1928年，从形式上统一全国的南京国民政府开始推行《市组织法》，确立了城市作为独立行政管理区域的地位，各大都市按照训政纲领与国民政府各项建设计划的要求开始积极地推动城市各项政治体制的建立与公共事业的发展，至1937年全面抗战爆发，持续十年的相对稳

[①] 刘荣臻：《近代上海平民住房救助与社区治理（1927—1937）》，《复旦学报》（社会科学版）2016年第6期。

[②] 唐力行：《徽州旅沪同乡会的社会保障功能（1923—1949）》，《上海师范大学学报》（哲学社会科学版）2012年第3期。

[③] 徐松如：《同乡组织在移民融入都市社会中的作用研究》，《都市文化研究》2014年第1期。

定的城市建设进程被中断。此期各主要城市开始了建立中国人自己管理城市的制度与模式，开展城市建设的实践探索，成为市政建设史和城市发展史值得关注的时期。而天津和青岛作为北方典型的移民城市，也是最早一批被南京国民政府指定为特别市的都市，在近代城市管理制度的引入与发展、近代工业的创办与管理、城市事业的推进等方面均有长足进步，可称得上华北城市近代化的先行者与模范地，青岛相对完整的城市档案与天津比较全面的工人调查也为探究两地移民生活提供丰富的资料。

1928—1937年的天津与青岛，虽然在自然条件、经济结构、人口结构、城市管理等方面有着相似性，在研究资料方面有互补性，但在城市基础、政治形势、经济实力、社会结构方面亦有差异性，天津自明代建城，至民国时期，经四百余年发展，又是拱卫京师的门户和盐粮转运的枢纽，传统绅商力量雄厚，权贵阶层集中，在近代经济发展和社会管理中发挥着重要影响，同时，南京国民政府时期天津市租界林立、领导集团长期不稳定、经济实力较弱，制约着公共事业的推进。青岛城市化进程起步晚，传统地方势力薄弱，但长期是一元政治中心，当地政府的控制力度强，财政相对充裕，各项事业能持续推进。故以天津与青岛为研究区域，既能便于把握乡村移民在华北城市生活的整体面相，亦可管窥地方特点在移民融入过程中的不同影响。

（二）相关概念的界定

1. 人的现代化、城市化与社会融入

人的现代化和城市化是与社会融入非常相关的概念，三者都指向人的生活方式和价值观念的变化。关于人的现代化，有的学者强调传统生活方式的改革与重建。罗吉斯等认为，国家的现代化往往指一种从传统农业社会过渡到现代工业社会的过程。对于个人而言，"指个人改变传统的生活方式，进入一种复杂的、技术先进的和不断变动的生活方式的过程"[1]。有学者认为："在当代历史条件下，人的现代化就意味着使人挣脱

---

[1] ［美］埃弗里特·M. 罗吉斯、拉伯尔·J. 伯德格：《乡村社会变迁》，王晓毅、王地宁译，浙江人民出版社1988年版，第309页。

传统日常生活模式或图式的羁绊，真正走出日常生活的世界。"[①] 近年来，人的现代化指向对人的基本素质如体质、品质、智能、能力、行为等的要求，是与传统相对而符合现代化历史进程要求的人的观念、素质与行为的转变。[②] 现代化最终实现的条件，一是工业化，二是城市化。人的现代化是在城市化过程中，通过社会生活的现代化来实现并表现出来。[③]

城市化是一个因学科不同而有不同侧重点的概念，在经济学中，城市化是经济结构由传统农业生产逐渐向非农产业逐渐转变的过程。在社会学中，指人口向城市流动、城市人口比例不断增加的过程。在城市社会学者看来，"城市化不再仅仅意味着是人们被吸引到一个叫城市的地方、被纳入到城市生活体系之中的过程。城市化也指与城市发展有关的生活方式的鲜明特征不断增强的过程。最后，它指人们受城市生活方式影响而在他们中间出现的显著变化"。[④] 故城市化包括两个方面，一方面是指变农村人口为城市人口、变农村地域为城市地域的过程，即城市化的数量过程；另一方面是指城市文化、城市生活方式和价值观等城市文明在农村地域和农村移民中的扩散，即城市化的质量过程。[⑤] 近代农民进城，其生产生活方式均与在乡村时有较大差异，尤其是管理规范的大型工厂和近代城市空间规划与警政体系建立，成为南京国民政府时期建构现代国家、培育现代公民的基本途径。各项社会事业如社会教育、交通管理、慈善事业、治安与卫生举措，均一定程度上推进了移民的城市化（在生活规范层面）与现代化（心理意识层面）。

但是城市化与现代化是一个更为笼统且宏大的概念，渗透着明显的价值判断，体现了知识阶层的规范化标准和民族国家的内在目标，指向

[①] 衣俊卿：《人的现代化——走出日常生活的世界》，《社会科学研究》1992年第1期，第33页。

[②] 国家社科基金重大项目课题组：《区域现代化理论与实践研究》，江苏人民出版社2013年版，第385—386页。

[③] 高佩义：《中外城市化比较研究（增订版）》，南开大学出版社2004年版，第167、175页。

[④] ［美］路易斯·沃斯：《作为一种生活方式的都市生活》，赵宝海、魏霞译，载孙逊、杨剑龙主编《都市文化研究》第3辑，上海三联书店2007年版。

[⑤] 仲小敏：《世纪之交中国城市化道路问题的讨论》，《科学·经济·社会》2000年第1期。

在生产方式、行为规范和价值理念等方面具有进步趋向的动态过程，却难以对近代移民生活的变化有具体而微的精当把握。

本书采用社会融入一词来探究乡村移民的城市生活。一是因社会融入与移民具体的生活状态相关联，可将移民城市化过程定位于融入的不同发展阶段，便于从更细致的层面来探究移民生活，二是对于大量乡村移民而言，有着国家意志的城市化与现代化并非个体的最终目标，融入城市是其真实的可以把握的现实处境，而融入可借助的，可能并不是城市所推崇的现代化手段与公共资源，而是乡土关系网络在城市的延伸，是传统教育方式如私塾、传统娱乐方式如鼓书、传统节庆方式如年节、传统婚丧礼俗的移植。城市中乡村移民的生活场景折射出的不是进步代替落后、现代接续传统具有明显分野的生活顿变，而是在迁移与改变、融入与适应、妥协与抗拒中，策略性地应对城市生产生活诸方面的刚性规定，并植入乡土的文化基因。

社会融入是社会学的经典话题，但因理论来源和研究对象等的差异，学术界未并形成统一认识，当前，学界对社会融入的界定主要有三种观点：基于社会参与视角的社会排斥论、基于社会公平视角的社会融合论和基于市民化视角的移民融入论。国外研究集中于讨论移民社会适应及农民市民化问题。国内研究主要讨论农民工的社会融入，并形成五种视角：如现代性、社会化、社会整合、社会分层与社会流动、社会网络。[①]结合近代中国进城农民的实际生活情形，本书的社会融入将以社会化视角，关注农民进城后顺应生活环境和社会角色变化，在经济层面、社会生活、价值观念等方面进行调整，以更好适应城市生活的过程。学者田凯[②]、朱力[③]将其称为城市适应，并强调农民形成与当地人接近的生活方式和价值观，是以城市生活方式为样板与目的而对农民工的同化。近代农民进城在调整行为以适应城市生活的同时，亦有着明显抗拒城市规范并移植乡村传统的能动性。故本书的社会融入，一方面关注移民受城市

[①] 陈成文、孙嘉悦：《社会融入：一个概念的社会学意义》，《湖南师范大学社会科学学报》2012 年第 6 期。

[②] 田凯：《关于农民工的城市适应性的调查分析与思考》，《社会科学研究》1995 年第 5 期。

[③] 朱力：《论农民工阶层的城市适应》，《江海学刊》2002 年第 6 期。

社会影响而调整生活方式和自身观念以适应新环境的改变自己的过程，另一方面关注移民延续并植入传统生活规范，或采取折中调和策略应对工厂或政府的强制管理，甚至抗拒新的城市规约从而改变城市环境的过程，在此意义上的融入包含着城市与移民的彼此作用与相互融合，从而使得中国城市成为包容高度混杂的、传统与现代的、城市与乡村文化的大熔炉，成为一个叠加传统城市要素与乡土礼俗规范具有中国烙印的人口聚集地。

在对社会融入影响因素的研究上，学界结合当前农民工融入现状，认为主要有人力资本（如教育和职业培训）、社会资本（如社会网络等）和政策制度三个主要原因。[①] 从社会政策角度来看，融入是城市公民对城市公共资源与公共服务的分享，是一个动态的城市社会制度发展过程，从移民而言，融入是个体生命的体验历程。为了便于把握乡村移民融入城市的程度或状态，本书借助社会学界关于融入度的观点，王桂新等认为，在融入城市社会过程中，外来人口经过集中化（形式城市化）、常住化阶段（过渡城市化），逐渐过渡到市民化阶段（实质城市化）。[②] 乡村移民的城市融入要经历求职、定居、适应、参与等系列阶段，形式化阶段是移民要进入城市；过渡城市化阶段中，他们需要获得正当的工作，有稳定的收入、固定的住所；实质城市化阶段是自觉遵循城市生活规范，参与城市的正常活动。

2. 乡村移民

此处着眼于社会学的地域构成、职业指标和生活方式，所指的乡村移民是迁居到城市的农村人群体。具有如下特征：1. 乡土性，他们皆曾经以农业生产为生，生长于农村，至少在青少年时期在乡村完成了第一次社会化过程，接受了乡土文化体系的熏陶与影响，对乡村价值观念、生活方式、文化规范与社会意识产生适应与认同；2. 城居性，他们不是永远定居乡村的农民，而是受到社会结构变动、个人命运变化影响，或因生活所需，流动到城市里暂住或永久定居的乡民；3. 居住不分久暂，

[①] 李培林、田丰：《中国农民工社会融入的代际比较》，《社会》2012年第5期，第7页。

[②] 王桂新、张得志：《上海外来人口生存状态与社会融合研究》，《市场与人口分析》2006年第5期。

因社会形势与家庭状况等原因，移民进城居留时间并不一致，有永久式迁移、候鸟型迁移、暂时型迁移三种，因难以完全确定移民居留时间的久暂，故将文献中涉及的住在城市的乡民均考虑在内；4.非正式渠道入城：正式渠道是指组织制度关系所规定的途径，包括军人的调动、官员的选任、学生的升学与就业、经济组织中职员的调派等。非正式渠道入城是沿着组织制度体系之外的各种渠道的流动，如家族家庭关系、同乡关系、非法的拐骗渠道、个人意愿等。

（三）研究方法

中国城市化进程的萌发与启动处于小农经济汪洋大海般的包围之中，中国城市的生成与发展亦是以乡村移民为主力军逐步建设与发展的，本研究着眼于城乡间移动的主体——乡村移民在天津和青岛的历史境遇，把握乡村移民融入城市社会的面相及其融入城市生活的影响因素。在研究方法上，第一，坚持社会史的研究视角，关注乡村移民的分层和分群现象。民国时期的中国城市不仅存在着明显的不同等级的分层格局，也存在着严重的分群现象，包括基于籍贯关系的同乡，基于性别区分的两性群体，基于地域远近的邻近地区和较远县份等。本书以分群社会为立足点，探讨不同身份群体间的城市境遇，分析不同群体在融入城市生活的差异及其影响因素。第二，坚持以史料为立论依据，论从史出。所用清末至民国时期出版的史料包括地方志、专著、游记、各种相关刊物等数种，另外，特别重视对城市档案的充分利用。以构建理解近代中国人口流动的新思路，即从底层乡村移民的角度，反观移民入城的原因、城市制度与群体生存和发展的关联、移民生活与城市管理的互相影响。第三，运用社会融入的理论与方法，考察乡村移民的城市融合所经历的求职、定居、适应、融入等系列阶段，来探求近代城市化进程中移民与城市发展间的相互关系，整合历史学、社会学等多种学科资源，从整体上对乡村移民的城市生活加以分析和探索，力争在分析视角和研究思路上进行创新。当前关于城市社会下层社会研究主要采用国家—社会理论与现代化或城市化理论。前者关注不同力量的互动，后者强调单一的城市改变移民的过程，从而忽略了移民对城市的作用。社会融入角度既可有助于把握历时性的移民生活变化，亦可把握共时性的不同力量对其生活的潜在与显性影响，有助于深入认识移民城市生活的整体面相与群体差异。

四　主要内容

本书以1928年国民政府统治华北到1937年全面抗战爆发前的十年间，华北港口城市天津和青岛中乡村移民的生活状态及其社会境遇为切入点，从农民进城的原因、在城市的日常生活和社会流动、城市对乡村移民的支持与改造、乡村移民在城市生活的适应和困境，以及城市管理对乡村移民的规约等方面，系统考察农民进城后融入城市生活的艰辛努力与生活实相，探讨其融入城市生活中的差异、程度、影响因素及问题，反思近代城市的中国特质。

第一章　城市化进程和城市特点。天津和青岛两个通商口岸城市，其城市发展的动力、规模与建设成就均在近代各城市中脱颖而出，也实现自身的蜕变，成为近代北方城市尤其是港口城市中的双子星。两市都是北方重要通商口岸和工商业城市，商业贸易和商品运输业、工业尤其是纺织业作为城市的支柱产业，商人和工人是城市最主要的职业，更是移民进城谋生的主要渠道。行业与地域的交集、经济空间的大分散小聚居也基本奠定乡村移民在城市生活的基本范围。由于华洋分治的传统，两市形成空间的地理势差。职业的多样性吸引了乡民进城，居住的边缘性则定格了移民的聚居群落，老城区依然是吸纳人口最多的区域。另外，政治力量与社会力量的差异使得两市对近代乡村移民进城生活产生不同层面的影响，并从不同维度推动乡民的社会融入。

第二章　农民进城与城市人口结构。从近代华北农民的进城原因来看，宏观社会背景上，20世纪初，工商业的发展及经济腹地的广阔是促成两市人口增长的主要动力，而自20世纪20年代起，农民进城更多是在乡村失序的生存困境下的被迫选择。微观的个人决策上，迁移在政策与交通上的可采用性、城市信息的传播及社会网络的支持吸引着农民进城。离乡进城者占到离村者半数以上，并构成近代华北港口城市人口的主要组成部分。那些有一定文化程度和社会关系的人在就业中处于优势地位，更多的移民处于城市社会的底层。由于近代工商业盛行的学徒制、招工制，青壮年男子形成近代乡村移民的主要部分。城市人口存在性别失衡、年轻人多、失业率高、帮派强大、空间隔离等社会特征，一定程度上反映着近代乡村移民的流入背景，亦长久地影响了乡村移民的城市生活。

第三章 谋生之道与影响因素。乡村移民进城主要分布在五大行业，按其就业人数依次为商业、工业、人事服务业、交通运输业、其他自由谋生类。不同的职业准入条件不同，三大主要因素影响着移民的就业渠道。一是城市经济状况。世界政治经济形势与城市工商业状况向好的时期，工业发展、贸易活跃、服务业兴盛，社会各业需要量大，移民的就业情况较好。二是社会关系。由于保人制度的流行，为工厂、商店、车行、饭馆、茶园、戏院、家庭等正式或非正式组织雇佣的职业，均须通过一定的社会关系引荐作保才可能入职试用，故熟人关系影响着移民是否进城，也影响着移民的城市职业。三是个人条件，包括身体、品行与技能等。拉车、脚夫、盐厂工人等体力活要求身体壮实，年富力强，有利于青壮年男子就业，而商店乐于录用为人诚实、踏实努力的伙计，有一定技能者则可恃技谋生。

第四章 乡村移民与城市生活的交互影响。进城后的农民在空间环境、职业身份、生活方式与价值观念上面临着的冲击。一方面，在新的工作与生活场景中，乡村移民潜移默化地步入城市化进程，一些移民甚至可以凭借先天的社会关系网络与后天的勤奋与磨砺实现身份转换，进入上层社会。另一方面，他们将乡村文化传播到城市的日常生活，使近代城市在西方政治、经济、文化的影响下又浸染了中国的传统文化与乡土气息。大量农民的进城固然凸显了城乡差异，同时将中国乡土文化的基因植入口岸城市的有机体，使近代城市发展具有混杂性的外观与文化特征。

第五章 生存困境与社会支持。乡村移民可能获得的社会支持主要来自三个体系：基于地缘与血缘关系的熟人网络；具有地方公益传统的慈善组织；城市政府部门成立的救济机构。强有力的乡邻亲友的支持是移民融入城市生活的核心保障。无论是公益性的民间慈善机构还是公共性的官方救济机构，救助活动以恤贫冬赈和收容供养为主，一定程度缓解了鳏寡孤独、贫疾死者、受虐妇女等弱势群体的生存危机。城市慈善救济机构不仅为受助者提供切实的帮助，而且更为移民的城市生活方式提供一种选择，有助于受助群体对城市生活的认同，城市的救助体系亦激起周边乡民对城市的向往。

第六章　建设事业与移民融入。南京国民政府初期现代工厂制度和住房建设运动以强制性力量提供工厂和社会福利的方式，推动农民对城市工作的适应和原有生活习惯的改变。在积极的制度规范下，工厂劳动规范与住房建设从公共空间与私人领域层面促进乡村移民对城市生活规范的接纳。两者似乎触及不同的领域，但其出发点均源自国民政府对提倡新式生活方式、维护城市社会秩序和培育民众自治能力的诉求，其举措是在遵循国家使命的前提下积极探索并可见其功的。两市在城市规划与建设上的积极努力极大改进了乡村移民的生活环境，促进了移民对城市生活规范的认知和城市工作的适应，强制性手段对移民融入城市社会发挥着重要作用。

第七章　移民管理与制度排斥。从管理制度层面探讨城市权力体系对乡村移民的接纳与限制，保人制度与城市法律规范尤其是《违警罚法》均是作为一种强制性的外在力量对移民城市生活作出示范、监督和惩戒。保人角色对移民的行为进行担保，保证作保对象的行为合乎行业或社会的期待，移民行为的偏失，会连累保人受到追责，这种连坐的方式，在一定程度上束缚了移民的社会交往，城市对游民、乞丐问题治理时的遣返规定，亦折射出城市对特定乡村移民群体的排斥。另外，因琐事或习惯而违规折射出民国时期城市管理法规脱离移民生活实际情形、不合世事或民情的问题，犯罪是进城乡民都市困境的具体表现，数量庞大的违警案例宣示城市生活规范对移民的排斥。

第 一 章

城市化进程和城市特点

  中国近代城市化的启动和进展具有鲜明的外力推动色彩，这种外力主要来自两个方面，一是中西交锋以来新兴事物的进入，二是中国乡村社会日益衰败的助推。在外国影响方面，无论是晚清以来中国经济结构的调整还是管理方式的推新，无论是交通格局的变化还是城市区域的划定，都与资本主义市场体系与政治制度在世界范围的推广与渗透息息相关，在强大的商品市场和军事力量撬动下，中国部分知识分子从"师夷长技以制夷"开始，在中国日渐加重的民族危机和发展危机中，艰苦探求近代中国救亡图存的出路，但是在器物层面的引入——政治制度的尝试——思想文化的反省这个不断学习的过程中，屡屡受到外国政治力量和经济势力的干预，也一再影响了时人学习并认知西方资本主义国家的内容、方案和效果，在中外力量的相互引动中，中国政治、经济、社会格局发生了重大变迁。另外，中国走向近代化的过程，也是逐步偏重城市、偏离乡村的过程，从新式教育的普及和新式工业的创办开始，乡村知识分子和地主乡绅不断离乡进城，传统城乡平衡的资源互动模式中断，"天然牧歌般的统一体"关系逐渐解体。而工农业产品的差价、城乡物质环境的差别，加之民国初年城乡社会秩序的失衡，使得乡村在财力、物力和智力方面日益空心化，至20世纪30年代乡村危机赫然呈现时，城市人口却急剧增加，整个乡村走向崩溃的过程，也是农民离乡进城日益活跃并推动着近代城市人口日益增加的过程。新兴事物和乡土资源向着口岸城市聚集，使得天津、青岛等城市具有鲜明的双重生态——本土的、外来的，洋化的、土气的，本籍的、客籍的，充满异质性、碰撞性、包容性成为近代中国城市的鲜明特色，这种包容与混杂给不同阶层群体提供不同的生活空间，也推动着城市规模在短期内迅速扩大。

纵观中国城市化进程，传统城市以政治控制和军事据点为主，一般是区域行政中心，主要承担着中央政府及特定地区的控制、税收、防卫功能。但鸦片战争以来，沿海沿江重要口岸陆续被迫开放，国内外资本家在中国设立工厂，修筑铁路、矿山，开展远洋贸易，引入教育、报刊、科学知识、新式技术、近代交通工具和通信工具，促进了中国城乡商品经济的发展，使得中国近代城市化进程具有传统城市所没有的开放性、世界性，也使得中国传统商业型的市镇逐渐向工商型城市转化。由于自然环境、历史积淀和政治局势的差别，不同地区的城市化进程展现不同的特点，青岛和天津作为近代约开商埠而快速崛起的北方新兴城市，也是典型的移民城市和国民政府时期的大型城市，无论是在民国政治局势还是经济发展方面均有重要地位。本章考察两地城市化进程，试图探讨其共性与差异，两者产业结构和居住隔离方面的共性使其具有相似的职业结构和空间分层，而政治状态和社会秩序的差异则给移民的生活状态及社会交往带来不同的影响。

第一节 开埠前的社会发展状况

城市总是根植于一定的地理条件，并随着历史积淀和政治形势的影响而不断变迁。作为滨海区域，天津和青岛在漫长的传统农业社会文明生衍中未能构成行政区域政治及经济的中心，但沿海或濒河的自然条件汇聚了一定程度的人口和商业。尤其是天津在明清以来，兼有政治上拱卫帝都安全和商业上供给食物需要的重要职能，地位日渐重要。开埠前两地土地较贫瘠，均不属于粮食作物丰盈之区，但贸易活跃，已经具备一定的商业基础，由海防重地发展为商业市镇，其地理位置和经济发展亦为近代城市化进程的启动奠定重要基础。

天津在北纬 39°09′，东经 117°15′，处于暖温带亚欧大陆东岸，华北平原东部，四季分明，春旱夏热，秋爽冬寒，因临河近海，气候不太干燥。夏日最高温 32 摄氏度多，冬日最冷月平均在零下 4 摄氏度，河流结冰期不长。① 但冬令后，寒冷彻骨，"居人非卧暖炕，拥煤炉，不足以过冬"②。天津水系发达，北运河、永定河、大清河、子牙河、南运河五条河流自北、西、南三面如扇轴以天津为开合枢纽，天津坐落于五河交汇之处，有"九河下梢""五河尾闾""河海要冲"之称。天津地形以平原和洼地为主，总体来说，地势西北高，东南低，南部易于内涝。"每遇大雨时行，汛水涨发，运河东溢，海潮西漫，沥水互相灌注，苦难宣泄。"③ 尤其是南门外一望荒凉，向多积水。④ 夏涝和冬寒也是天津贫民生活的一大困境。

天津土地贫瘠，五谷不丰，居民"咸苦窳寡藏"⑤，但因河流众多，交通便捷，又有鱼盐之利，民多务商，尤其仰赖河运。南运河起于杭州，经苏、鲁、冀，在天津与流经密云、通州、武清的北运河汇合，北运河通过其支流子牙河、大清河可通冀中平原，运河则贯通大江南北。⑥ 故天津与华北、华东交通联系较为便捷，"无崇山巨险，而襟河枕海，拱卫京畿，且当南北往来之冲，实为切近扃钥"⑦。随着元明清以来政治重心北移，漕运频繁，以及清初以后为长芦盐的生产和储运中心，天津人口渐多，转运贸易已较繁盛，手工业、商业和服务业有了一定的发展。

传统社会政治经济中心往往为腹地广阔的水陆交通要道，天津地处偏僻，宋元时期，人迹罕至，元代时初住者只有七姓；明永乐初，居民渐多。⑧ 元朝建都北京，天津是漕粮北调的转运点。明朝时，筑城戍兵，军事职能日益突出。清时升为直隶州、天津府，天津因邻近京师，居五

---

① 宋蕴璞辑：《天津志略》，天津市地方志编修委员会编著：《天津通志·旧志点校卷》（下），南开大学出版社2001年版，第105页。

② （清）张焘：《津门杂记》，丁绵孙、王黎雅点校，天津古籍出版社1986年版，第73页。

③ 道光《津门保甲图说》，天津市地方志编修委员会编著：《天津通志·旧志点校卷》（下），南开大学出版社2001年版，第432页。

④ 王守恂：民国《天津政俗沿革记》，天津市地方志编修委员会编著：《天津通志·旧志点校卷》（下），南开大学出版社2001年版，第10页。

⑤ 王守恂：民国《天津政俗沿革记》，天津市地方志编修委员会编著：《天津通志·旧志点校卷》（下），第32页。

⑥ 宋蕴璞辑：《天津志略》，天津市地方志编修委员会编著：《天津通志·旧志点校卷》（下），第111—112页。

⑦ 道光《津门保甲图说》，天津市地方志编修委员会编著：《天津通志·旧志点校卷》（下），第432页。

⑧ 王守恂：民国《天津政俗沿革记》，天津市地方志编修委员会编著：《天津通志·旧志点校卷》（下），南开大学出版社2001年版，第25、32页。

河之尾闾，当南北之要道，商贾纷繁，交通乃因而发达。① 自元至清，或为漕运之总汇，或为国防之要塞，其地位均极重要。尤其是清时驻重兵于此，兴水利、营屯田，并建筑坚固炮垒，作为京师屏藩。② 五方杂会，商贾宦幕侨居此地，数世之后，子孙孳息，户口开始增加。③

1840 年前后天津城区居民集聚于七处（见表 1—1），城内有 9914 户，加上东西南北四门外和东北城角及西北城角的住户，天津城区共计 32632 户，198715 人。经商者人数较多，盐商、流动小贩和店铺商人共有 17709 户，占天津城区总户数的 54.27%。总人口中，首先是内城最多，9914 户，共 95351 人，其次是东门外 7266 户，共 34104 人，最后是北门外 6186 户，计 31494 人，此三处人数占天津城总人数的 80.99%。④ 天津由明清时的军事驻地渐为商业聚落，百货集散，转运业兴盛，"杂货行栈房多设于北门以西的针市街，粮米行栈房多设于海河南运河之侧"。⑤ 沿河而设市，因河而聚人，河流的人文特征影响着天津早期城市人口的聚落形态，故城市东、北部因临近三河而铺户集中，商业盛行。天津城市居住空间发展的不平衡性，也影响了商业、娱乐业的分布与发展及后期移民的分布。

表 1—1　　　　　　开埠前天津城厢职业类别（1846）⑥　　　　（单位：户）

户数 职业	内城	东门外	西门外	南门外	北门外	东北角	西北角	总户数	百分比
绅衿	288	129	39	2	103	36	56	653	2.00
盐商	159	110	4		52	13	34	372	1.14

---

① 《天津市之风俗调查》，《河北月刊》1933 年第 1 卷第 3 期，第 4 页。
② 李吟秋：《天津市鸟瞰》，《新北方月刊》1931 年创刊号，第 1 页。
③ 王守恂：民国《天津政俗沿革记》，天津市地方志编修委员会编著：《天津通志·旧志点校卷》（下），南开大学出版社 2001 年版，第 25 页。
④ 道光《津门保甲图说》，天津市地方志编修委员会编著：《天津通志·旧志点校卷》（下），南开大学出版社 2001 年版，第 435—441 页。
⑤ 王守恂：民国《天津政俗沿革记》，天津市地方志编修委员会编著：《天津通志·旧志点校卷》（下），第 33 页。
⑥ 道光《津门保甲图说》，天津市地方志编修委员会编著：《天津通志·旧志点校卷》（下），南开大学出版社 2001 年版，第 435—441 页。其他著作如《天津人口史》等均统计天津城厢户数为 32761，但若按照原书所列各类户数统计，应为 32632 户，另原书对东、西、北三门外及西北角总户数统计有误，引用时应加以注意。

续表

职业\户数	内城	东门外	西门外	南门外	北门外	东北角	西北角	总户数	百分比
铺户	3132	2975	823	280	3196	318	902	11626	35.63
土著	257	113	197	31	31	78	39	746	2.29
佣作	30							30	0.09
船户	19	200	327		131	192	94	963	29.51
乞丐	25	22	7	2	10	14	9	89	0.27
烟户	2887	1975	1526	418	1426	1087	658	9977	30.57
应役	1139	383	156	19	427	95	119	2338	7.16
负贩	1935	1330	465	102	799	762	318	5711	17.50
医卜	11				11			22	0.07
僧道	32	29	15	4		17	8	105	0.32
合计	9914	7266	3559	858	6186	2612	2237	32632	100
成年人	30750	23044	9132	1935	24290	9131	6815	总人数：198715	
未成年人	64601	11060	2068	881	7204	4077	3727		

青岛位于山东半岛南岸，属温带大陆性季风气候，因临近黄海，北枕崂山，四季分明，寒暖适中，夏季最热月高温平均是28.8℃，冬季最冷月低温平均是零下5.4℃。①"夏可避暑，而冬又可避寒。"② 青岛内拥胶州湾，湾内面积广阔，入港口既宽且深，便于船舶出入。冬季常年不冻，台风很少，海水较为平静，便于泊船，也没有烟台港口周围众多侵蚀水上建筑的穿孔虫。③ 被德国技术专家称为"中国北半部最大和最好的港口"④。

---

① 民国《胶澳志》卷2《方舆志六·气候》，（台北）成文出版社1968年影印本，第186—197页，根据书中所载德国、日本和中国在不同时期观测结果取三者中最高和最低值。
② [德] 谋乐辑：《青岛全书》，青岛印书局1912年版，第191页。
③ [日] 田原天南：《胶州湾》，刘善章、周荃主编：《中德关系史译文集》，青岛出版社1992年版，第14页。
④ [英] 约翰·E.施瑞克：《胶州湾战略地位的潜能与价值》，刘善章、周荃主编：《中德关系史译文集》，第69—70页。

青岛大部分地区由崂山山脉及其支脉所覆盖。[①] 为胶东丘陵地貌，山丘多、平原较少，比原属地胶县和即墨两县的土地贫瘠，耕作条件比较恶劣。[②] 只有白沙河南岸仙家寨一带、李村河与张村河间的平地较为肥沃，[③] 在当地居民的回忆中，"未让德人以前，一片荒莽，绝少人烟"[④]。青岛市内因属花岗石层，井水和泉水储量较少，又处滨海，水质苦涩，不适于饮用，[⑤] 故而农业发展缓慢，但潜在的滨海区位优势成为青岛后续发展的有利条件。

青岛旧名胶澳，为即墨、胶县辖境，僻处海边，寂无盛名。宋元以后，海运益形活跃，宋初曾于胶州湾西北角置密州市舶司加强商业管理。自元明清三代建都于北京，海运漕粮往往取道胶东，胶澳成为商贾荟萃之地。明代中叶，因倭寇侵扰，实行海禁，胶莱运河又多次淤塞，外贸逐渐衰落。清代乾隆年间，在青岛口设胶州关分卡，商业盛区渐由胶州境而迁入青岛口附近。[⑥] 最早提议胶澳开港的许景澄1886年即称此地"当烟台未开口岸时，航海商舶凑集颇盛，本非散地荒陬可比"[⑦]。除了商贸重心由胶州向青岛的转移，19世纪末青岛成为海防重镇，1892年登州总兵章高元率兵移驻，逐渐成为小镇市。[⑧]

青岛在开埠前全区有283个村庄，[⑨] 1897年时人口总数为83000人。[⑩] 因为靠海，渔村较多，达160多个，半数村庄渔农兼业。[⑪] 农民闲暇之

[①] 国立山东大学化学社：《科学的青岛》，编者1935年版，第13页。
[②] 民国《胶澳志》卷5《食货志一·农业》，（台北）成文出版社1968年影印本，第679页。
[③] 民国《胶澳志》卷2《方舆志五·地质》，第181页。
[④] 抚瑟：《青岛回顾记》，《新游记汇刊》卷10，中华书局1921年版，第13页。
[⑤] 民国《胶澳志》卷2《方舆志五·地质》，第183页。
[⑥] 冯小彭：《青岛市政府实习总报告》，萧铮主编：《民国二十年代中国大陆土地问题资料》第192卷，（台北）成文出版有限公司和美国中文资料中心1977年版，第92614—92616页。
[⑦] 民国《胶澳志》卷11《艺文志二·文存》，第1405页。
[⑧] 民国《胶澳志》卷1《沿革志一·历代设治沿革》，第26页。
[⑨] ［德］谋乐：《山东德邑村镇志》，青岛市档案馆编：《胶澳租借地经济与社会发展——1897—1914年档案史料选编》，中国文史出版社2004年版，第373—424页。
[⑩] 民国《胶澳志》卷3《民社志一·户口》，第231页。
[⑪] 国立山东大学化学社：《科学的青岛》，第81页。

余，兼营制盐、养蚕、麦秆编织业①、建筑、医生、理发、铸铁、屠宰等业。全区业农者占十之七八，业渔者十之二三，约800人从事手工业和商业。②随着军队移驻和商业发展，1896年青岛口内已有65家商铺，③仅胡氏商号的贸易范围，"北为牛庄、西为安东卫、石臼所、胶州、海州，南则江淮闽浙广粤，再北为高丽各处"④。胶澳地区的专业商人和商会组织已经形成，商人在地方公益事业能发挥一定作用，在当地社会事务中产生一定影响，同治、光绪年间仙家寨的陈作章、陈作孔兄弟以商业起家，富甲乡里而周济贫民。王知贡家自即墨移居沧口，世习商贾，为沧口商务分会会长，捐财助赈。胡存约等商人齐力劝止德国人迁移天后宫，为民众倚重。⑤

天津和青岛在开埠前，土质薄瘠，农产不丰，但有襟河滨海的地理条件和重要的军事价值及市场体系的拓展，官方海运活动和民间商品交流活跃，两地因水运之便、鱼盐之利和处于长途贩运贸易的结点而成为地方粮食集散中心，在国内商品贸易推动下由卫所而渐为商业市镇，商人富户在地方管理、慈善救助和经济发展等方面的地位突出。两地海运贸易虽然通达江南、东北港口及华北等地，依然只是传统农产品的地域性转口贸易，其人口则从最初的以士兵、商人、农民为主到商人、手工业者增多，在传统互通有无的商业模式下，人口集聚效应不明显，尤其是青岛地区没有天津那样更久远的城市建置和毗邻政治中心的地缘优势，依托传统商贸与渔耕产业的青岛尚停留在农业社会发展阶段，居民主要还是以务农为主。而天津自明初筑城设戍，军屯规模较大，清前期时更进一步成为府衙驻地，城市管理和建设均有一定规模，已为北方重要城镇，外来人口不断增加，明代以江苏、安徽官军为主，到清代人口已来自十个左右的省区，江南移民占一半以上，邻近郊县的移民也明显增

---

① ［日］田原天南：《胶州湾》，刘善章、周荃主编：《中德关系史译文集》，第17页。
② 《胶澳发展备忘录（1902年10月~1903年10月）》，青岛市档案馆编：《青岛开埠十七年——〈胶澳发展备忘录〉全译》，中国档案出版社2007年版，第234、241—242页。
③ 胡存约：《海云堂随记》，青岛市博物馆等编：《德国侵占胶州湾史料选编（1897—1898）》，山东人民出版社1986年版，第25页。
④ 青岛市博物馆等编：《德国侵占胶州湾史料选编（1897—1898）》，第23页。
⑤ 民国《胶澳志》卷10《人物志》，第1324—1325页。

加。① 商业尤其是盐业经营活跃，务商者占一半以上，在城市管理和文化发展中起着重要作用，天津兼具行政中心和商业中心的特点。由于两地在行政管理级别、与政治中心距离、商业网络发育和土产贸易范围的差异，天津商业性的市镇特色更为浓厚，反映在两地民风中各有不同。天津"民五方杂处，逐末者多，俗习于奢，颇重文学，然市井游手好利而争强，往往一语相干，辄生忿恨，彼此互斗，各以类从，或一哄而聚数十百人，横陈刀械，至死不畏，其风气然也"②。天津居民习好商业，好利争强，青岛则人民朴野，务农为本，③ 即使开埠后"与外人接触机会虽多，无浮华轻薄之风"④。

尽管两地商业活跃，但真正实现从消费区域向生产区域，从国内贸易到海外贸易，从市镇到大城市的扩展，则是在开埠以后，港口城市逐渐兴起，"最引人注目的是上海和天津。"⑤ "天津地处偏僻，昔非冲要。自与海外列国通商以后，于此为往来出入之门户。轮辑交驰，冠裳骈集，遂蔚然成一巨埠。"⑥ 19世纪末的青岛既算不上是封建古国的军事重镇，更非传统的政治城市，而仅为偏僻的沿海渔村。⑦ 德国租借后，振兴农工商矿务各业，"华商迁入者甚多，昔日渔民聚居之村落不转瞬而成为极华美之城市矣"⑧。两地尤其是天津被迫开放以来，交通格局大有改进、城市空间不断扩大，贸易范围延伸至更广的腹地和更多的国家，工业产品种类和生产能力大大提高，成为北方工商业中心城市。

---

① 罗澍伟主编：《近代天津城市史》，中国社会科学出版社1993年版，第96页。
② 道光《津门保甲图说》，天津市地方志编修委员会编著：《天津通志·旧志点校卷》（下），南开大学出版社2001年版，第432页。
③ （清）严有禧纂修：乾隆《莱州府志》卷2《风俗》，《中国地方志集成》山东府县志辑44，凤凰出版社、上海书店、巴蜀书社2004年版，第57页。
④ 叶春墀：《青岛概要》，上海商务印书馆1922年版，第10页。
⑤ ［美］施坚雅主编：《中华帝国晚期的城市》，叶光庭等译，中华书局2000年版，第262页。
⑥ 王守恂：民国《天津政俗沿革记》，天津市地方志编修委员会编著：《天津通志·旧志点校卷》（下），南开大学出版社2001年版，第5页。
⑦ 任银睦：《青岛早期城市现代化研究》，生活·读书·新知三联书店2007年版，第18页。
⑧ 欧洲战纪社编：《青岛》，编者1914年版，"青岛之历史"，第5页。

第二节　从传统市镇向近代城市的转变（1860—1928）

马克思曾指出殖民主义负有"双重历史使命"，鸦片战争以来西方列强的侵略，践踏了中国政治主权，破坏了中国旧有的农业社会经济格局，将口岸城市纳入现代世界体系中，变中国为其原料产地和商品市场，同时也向占领地输入新的观念、技术、资金，并开始按照近代区域规划思想进行城市建设，启动了天津、青岛等地的城市化进程。1860年，天津增为商埠，外国人可以在天津居住、传教和经商。而借曹州教案与干涉还辽，德国强占青岛后于1898年取得独占的租借权，青岛由此成为继烟台后山东第二个对外开放的海防重地和贸易口岸。城市建设面积扩大，两地商业模式发生变化，机器化生产开始起步，人口迅速增加，渐为华北重要商埠，1921年北洋政府颁布《市自治制》，北平、青岛率先在全国成为市级建制单位。至1928年、1929年天津和青岛相继按照《特别市组织法》改名特别市，成立市政机构，形成独立的市级建制。至此，津、青两地从开埠到1928年，逐渐改变了传统区域性军镇和商镇的发展格局，迅速向近代国际化海陆转运枢纽和新兴工商业大城市转变。

关于城市化的进程，学界一般分为工业革命前的城市化和工业革命后的城市化，近代城市化是伴随工业化进程而出现的，隗瀛涛认为中国城市化有自己独特的历史进程，市镇化是近代以前中国城市化的特殊形式，宋代以前，行政中心为主的城市发展成熟，宋代以后，转口贸易型市镇则蓬勃发展，西方城市化以工业化为主导而中国城市在宋代后以商业化为主导。[①] 鸦片战争以来，新兴开埠城市逐渐走向有别于传统模式的城市化道路，在城市化发展动力、城市功能、城市环境、城市管理和城市人口等方面呈现出新的特点。

经济学、社会学、地理学、建筑学、系统学等不同学科对城市的界定不同，或侧重于经济要素的集聚，或侧重于异质人口的规模化聚居，

---

① 隗瀛涛主编：《中国近代不同类型城市综合研究》，四川大学出版社1998年版，第1—9页。

或侧重于国民经济和劳动人口的空间分布，或侧重于建设工程和管线系统的综合与汇集，或侧重于人口、经济、文化与信息集约化的地域系统。① 但基本包含三大特征，一是相对庞大的人口规模，二是居民职业的非农属性，三是成为地区经济、政治、文化或科技中心。近代城市相较于传统城市而言，人口规模、居民职业、城市功能均体现出更宏大、更复杂、更多样的特点。

在城市化动力方面，明清之世，天津城市化主要依靠地缘优势、内陆转运吸引了过往商客和官员，因居河海要津、京师臂膀，舟车便捷，为地方赋税、漕运粮食和渔盐贸易必经之地，史称"九州万国贡赋之艘，仕官出入，商旅经来之帆樯，莫不栖泊于其境。江淮赋税由此达，燕赵渔盐由此给，当河海之冲，为畿辅之门户，俨然一大都会也"②。而青岛亦凭滨海区位，青岛口、塔埠头等地贸易活跃。青岛口内"旅客商人，云集于此""宏轲连轴，巨舰接舻"③。但两地基本维持着传统的沿海贸易和手工业生产，没有中外贸易和新式的机器工业。

洋务时期，天津不仅成为英法美等国政治和经济力量向华北地区渗透的桥头堡，更因洋务运动的推行一跃为国家资本主义的试验场与晚清新政地方自治的模范地，与晚清首都北京的唇齿相依的地缘关系及中国新式力量和外国租界的出现迅速将天津助推为华北第一要埠。

开埠以后，口岸城市与西方国家建立贸易关系，渐渐席卷入世界市场，不再遗世而独立，城市化动力由传统商业到国际性商业，进而发展到新兴工业的建立，生产能力不断增长，工商业的发展迅速提高了城市对不同职业人口的吸纳能力。城市的贸易范围由中国延伸至海外，由华北远至欧美东亚，商品的种类和数量日益丰富，海河沿岸的仓储能力极大提高，"海舶乃稍稍岔集，于是瑰货日至，阗城溢郭，旁输百廛，诸贾人往往僦屋居积，货别肆分，以待其直，商栈之设乃自此

---

① 何一民：《中国城市史》，武汉大学出版社2012年版，第2—4页。
② 《畿辅通志》，转引自朱建斌《天津的城市公共交通的演变》，中国人民政治协商会议天津市委员会文史资料研究委员会编：《天津文史资料选辑》第46辑，天津人民出版社1989年版，第148页。
③ 《重修天后宫碑文》（1865年立），转引自寿扬宾编著《青岛海港史（近代部分）》，第3页。

多矣。"① 几乎与开埠同时，天津成为"洋务运动"的基地，天津地区首先引入现代军事工业和民用工业，如天津机器制造局、开平矿务局、天津铁路公司、天津电报局、机器造币厂等，制造机器、开掘煤矿、生产枪炮、修造船舶，天津近代工业由此发端。1860—1867年，共有17家洋行成立，1890年更增至47家。甲午战争结束后，英国汇丰、法国汇理、德国德华、日本正金、美国花旗银行在天津设立分行，外资和民族资本主义工业逐渐兴起。至20世纪初，以袁世凯为首的北洋军阀，在天津推行"新政"，建立了一批新式工业，如造纸厂、北洋铁工厂、启新洋灰公司、北洋官矿公司等。② 民初，社会形成发展实业的潮流，加之第一次世界大战时期欧洲列强放松对中国市场的控制，新式工厂纷纷建成投产，天津成为北方纺织业、面粉业和化学工业的中心。在第一次世界大战前，天津工业17家，第一次世界大战后的11年间，天津新建纺织、面粉、化学、制革、造纸等工厂26家。③ 第一次世界大战前仅有一个占全国纱锭总数百分之一强的直隶模范纱厂，至1922年，天津陆续建立了华新、裕元、恒源、裕大、北洋、宝成六大纱厂，共拥有纱锭22万3千枚，④ 资本总额1890万元，而同时期全国新建纱厂48家，资本总额7146.1万元，纱锭总数一百余万枚，天津成为全国第二个棉纺织工业大城市。⑤ 1920年到1925年，天津新建面粉厂11家，占全国新建面粉厂的9%，是这一期间全国面粉工业发展最快的城市之一。⑥ 火柴工业和以久大精盐厂、永利碱厂为代表的化学工业均有起步和发展。不以资本总额论，则自1914—

---

① 王守恂：民国《天津政俗沿革记》，天津市地方志编修委员会编著：《天津通志·旧志点校卷》（下），第32页。

② 朱建斌：《天津的城市公共交通的演变》，中国人民政治协商会议天津市委员会文史资料研究委员会编：《天津文史资料选辑》第46辑，天津人民出版社1989年版，第148页。

③ 系指资金在一万元以上的近代化工业。祝淳夫：《北洋军阀对天津近代工业的投资》，中国人民政治协商会议天津市委员会文史资料研究委员会编：《天津文史资料选辑》第4辑，天津人民出版社1979年版，第150页。

④ 李劭燧：《天津早期的工人运动》，中国人民政治协商会议天津市委员会文史资料研究委员会编：《天津文史资料选辑》第29辑，天津人民出版社1984年版，第16页。

⑤ 祝淳夫：《北洋军阀对天津近代工业的投资》，中国人民政治协商会议天津市委员会文史资料研究委员会编：《天津文史资料选辑》第4辑，第148页。

⑥ 祝淳夫：《北洋军阀对天津近代工业的投资》，中国人民政治协商会议天津市委员会文史资料研究委员会编：《天津文史资料选辑》第4辑，第148—149页。

1928年，新设工厂1286家，其中中国设厂1236家，①每年平均建厂92家，总计天津华界有中国人开办的工厂2186家，资本总额3300余万元，②天津逐渐发展成为仅次于上海的第二个大工业城市和华北工业中心。

青岛原为农渔村落，章高元驻兵青岛口后，虽然商旅往来较多，但尚无工业可言，德占后，建立行政制度、发展交通、设立银行，对青岛经贸的进一步发展提供良好的环境。③1904年竣工的胶济铁路将青岛与西部重要的政治与经济结点济南、周村、潍县、高密、胶州等地连接起来，1908年的大小港建成后，青岛成为山东省会和其他一些内陆贸易中心的终点站。④交通网络的更新，将青岛整合到更大的区域发展格局中，一举改变胶东半岛及至山东省的经济格局。山东花生油、柞丝、铁、煤炭、棉花、豆饼等输出到中国南方沿海各埠，并从上海等地进口棉货、烟卷、木材、火油、面粉、白糖等。1910年进出口总额超过烟台港，⑤在中国49个港口中贸易总额占第19位。⑥1927年轮船贸易额达1.5亿两，⑦发展为北方第二大港口城市。在工业方面，德占时期为工业草创之时，日本占领时期为青岛工业的建设期，中国接收后为工业的收获期。⑧德占时青岛先后出现过20多家近代工业企业，产业工人五六千，⑨包括胶澳总督府公营的青岛电灯厂、自来水厂、造船厂、四方机厂、屠兽厂和青岛盐田，私人经营的日耳曼啤酒公司、德华缫丝公司、蛋白制造公司、沧

---

① 此处外资企业新成立者50家，亦有记载与此有差异，"日本企业1915年为150家，1921年增至363家，1903年英美企业105家，1921年134家"。参见李劭燧《天津早期的工人运动》，中国人民政治协商会议天津市委员会文史资料研究委员会编：《天津文史资料选辑》第29辑，第16页。

② 罗澍伟主编：《近代天津城市史》，第417—418页。

③ 张玉法：《政权转移与青岛工业发展（1898—1928）》，《山东文献》第27卷第2期，2001年9月，第8—9页。

④ 《胶海关十年报告》（1892—1901），青岛市档案馆编：《帝国主义和胶海关》，第43页。

⑤ 寿扬宾编著：《青岛海港史（近代部分）》，人民交通出版社1986年版，第90页；王守中：《德国侵略山东史》，人民出版社1988年版，第186—187页。

⑥ 张武：《最近之青岛》，编者1919年版，第33页。

⑦ 青岛市社会局编：《青岛市工商业概览》，"绪论"，1932年7月。

⑧ 民国《胶澳志》卷5《食货志七·工业》，（台北）成文出版社1968年影印本，第847页。

⑨ 安作璋主编：《山东通史》近代卷下，山东人民出版社1995年版，第625页。

口水泥公司、青岛面粉厂、三井物产会社、青岛精盐制造厂、中国制碱公司、合顺成铁工厂、德盛荣铁工厂、聚兴染坊、宜今印务局等等，另有磨坊、窑场、木行等旧式手工业。① 日占时期（1914—1922）工业发展较德时迅速，据不完全统计，日商新投资的工厂有14类，资本总额25512万元。包括棉纺厂、缫丝厂、榨油厂、面粉厂、制冰厂、蛋厂、骨粉厂、火柴厂、烟草公司等46厂，华商经营的棉纺、印染、榨油、酿酒、砖瓦、肥皂、颜料、皮革、铁器等工厂约8类40家。中外合资4家及大英烟草公司，② 合计企业90余家。北京政府时期（1922—1928）青岛工商金融业仍掌握在日商手中，除原有企业外，日商新建成纱厂、福星面粉厂、山东制油工厂、石桥洋行的蛋厂、华祥磷寸株式会社。华商新设立制袜厂、花边厂、双蚨和恒星面粉公司、永裕盐业、旧式磨坊、酿酒厂、制烟厂、大兴制革厂、明华火柴公司、铸铁厂、印刷局。③ 总计新旧各类工厂约120家。在商业方面，1927年青岛总商会调查市内华商较大者有1186家，合台东台西两镇有字号独立经营者2522家，若合并市外乡区商店则不下三千家。④ 新式工商业的发展增强了城市的吸引力，推动邻县乡民向青岛的迁移，成为青岛城市化的根本动力。

在城市功能方面，传统城市一直附属于封建政权，或者为军事重镇，或者为行政中心，或兼有教育与交通中心功能，是官僚体系中行政职员的集中居住地，其军政管理中心地位远远强于其在经济发展中的引动作用，作为消费型城市，城乡之间主要是乡村物资向城市的单向流动，"中国的城市尽管规模宏大，却只是形成了更大的农业环境的'质量密集'

---

① 张玉法：《政权转移与青岛工业发展（1898—1928）》，《山东文献》第27卷第2期，2001年9月，第9—11页。

② 张玉法：《政权转移与青岛工业发展（1898—1928）》，《山东文献》第27卷第2期，2001年9月，第13—18页。

③ 张玉法：《政权转移与青岛工业发展（1898—1928）》，《山东文献》第27卷第2期，2001年9月，第18—23页。

④ 民国《胶澳志》卷5《食货志六·商业》，（台北）成文出版社1968年影印本，第823—833页。

版而已"①。天津和青岛都地处海滨，海防地位重要，军籍人口有一定比例，但城市化主要仰赖漕运和盐业优势，两地都承担着区域性货物转运功能。由于中外交涉的频繁，天津作为京师第一门户、华北第一开埠城市及北洋通商大臣驻地，清政府的外交中心开始从上海转移至天津。1870年天津教案后，直隶总督兼任北洋通商大臣。光绪时因交涉繁杂，总督例以半年驻津，后遂常驻其地，重如省垣。②自李鸿章、袁世凯等晚清重臣任直隶总督并长驻天津后，天津日益成为洋务运动、晚清新政的中心，大大提高了天津在全国的政治地位和经济地位。天津北洋学堂（1895年）、直隶高等农业学堂（1902年）和直隶高等工业学堂（1903年）、敬业中学（1904年，今南开中学、南开大学前身）等近代教育事业也快速发展。第一次世界大战以后，天津民族资本主义迅速起步，成为华北最大的工业基地和对外贸易港口，天津由传统的较为单一的货物销售与集散中心转而成为华北政治、生产、贸易、文化、金融、交通等多功能综合体。

青岛工业起步之初，多依附于路港等建筑项目和市政事业，一般为官办，如胶澳电气公司、造船厂、电灯厂、自来水厂、屠兽场、四方机车厂，另有属私营之砖窑厂二三所和满足欧洲人生活所需的啤酒厂、缫丝厂、汽水厂、面粉厂、精盐厂和蛋厂等。③1899年青岛最早的银行——德华银行创办后，十多家洋行纷纷进驻。日本强占青岛后，"所特别注意者厥为市面之扩充与工厂之提倡"④，各类轻工业尤其是棉纺业兴起，奠定青岛与上海、天津在棉纺业三足鼎立的局面，商店沿街兴办，产业结构有了重大转变。自1918年至1922年为青岛工业建设时期，日本资本在50万元以上者已有80家。⑤日本人经营的棉纺、面粉、火柴、盐场、油

---

① [美]乔尔·科特金：《全球城市史》，王旭等译，社会科学文献出版社2006年版，第83页。

② 刘炎臣：《津门杂谈》，三友美术社1943年版，第1页。

③ 民国《胶澳志》卷5《食货志七·工业》，第847页；陈真、姚洛、逄先知合编：《中国近代工业史资料》第2辑，生活·读书·新知三联书店1958年版，第758—759页。

④ 谭书奎：《港口发达之经济原理与青岛市之前途》，《交通杂志》1934年第2卷第6期，第87页。

⑤ 《青岛之现势》，1940年版，第14页，转引自寿扬宾编著《青岛海港史（近代部分）》，人民交通出版社1986年版，第109页。

坊、缫丝、冰厂、蛋厂于此时期纷纷成立，每年进口的建筑材料和厂用机械动辄逾万。①1922年12月，中国接收青岛，设胶澳商埠局管辖，成为中国现代市制的实验地。因受国内军阀混战局势影响，城市建设难有进展，但投资50万元以上的仍有华新纺织和永裕制盐两家，②如前所述，青岛工业至1928年达120余家，商业3000余家，便利的交通、适宜的气候及大力发展的城市公用设施使青岛成为近代华北棉纺业中心城市、华北海陆贸易枢纽和著名的旅游城市。

在城市环境方面，两城市的物质外观变化令人瞩目。"城市是包括了自然环境却又是以人造物和人文景观为主的一种地理环境。"③作为一种新文明的栖息地，最易于识别城市身份的是其独特的自然景观与人文景观，即城市文明中的物质维度。开埠以来，两地新兴的市政设施和公共设施不断丰富与完善。市区面积迅速扩张。天津由半封闭性城区向开放式城区转变，八国联军占天津后拆除旧式城墙，改造为环城马路，英、美、法等九国在海河沿岸设立租界，天津旧城的面积为2940亩，而各国租界的总面积达21800余亩，相当旧城的六倍半。④天津城市圈逐渐向旧城东南和海河两岸延展，在旧城东南沿海河形成纵深3.4公里，南北长约5公里的租界区。20世纪初各国引进西方城市建设与管理理念，在海河沿岸修筑码头、仓库。再进行路网规划，排干积水、垫高地基，开辟街道，广建洋楼。租界从1900年前外国使者和记者眼中的"最肮脏、看上去最贫穷的地方"、"尽是一些帆船码头、小菜园、土堆，以及渔民、水手等居住的茅屋"⑤变成街道宽平、洋房齐整、树木葱郁成林，还有电线与路灯的新区。⑥英式房屋、公园、俱乐部、邮政、下水道、

---

① 民国《胶澳志》卷5《食货志七·工业》，第847页。
② 寿扬宾编著：《青岛海港史（近代部分）》，第138页。
③ 周一星：《城市地理学》，商务印书馆1995年版，第7页。
④ 卢绳：《天津近代城市建筑简史》，中国人民政治协商会议天津市委员会文史资料研究委员会编：《天津文史资料选辑》第24辑，天津人民出版社1983年版，第17页。
⑤ [英]雷穆森：《天津租界史：插图本》，许逸凡、赵地译，天津人民出版社2009年版，第32、34页。
⑥ （清）张焘：《津门杂记》，丁绵孙、王黎雅点校，天津古籍出版社1986年版，第121—122页。

煤气照明、商店等使租界生活舒适和豪华。① 华界也于1883年设立工程局，作为市政规划机构，建设新式马路，1902年后袁世凯推行地方自治，规划建设金钟河以北、北运河东侧的新市区，建设新的火车站和开启式的金钢铁桥及方格网道路，形成以大经路为中心的新政治中心和工业中心。晚清时期的直隶总督衙门、天津海关监督署、省财政厅等及民国初期的河北省政府、天津市政府等省市机构均先后坐落此区。老城区以北中商云集，奥意租界进出口行栈较多。② 天津旧城南边也由空旷的洼地形成繁华的南关市场（即南市），民国时期新军阀旧贵族在南市一带抢购土地，东兴、荣业等房地产商的开发盛极一时，各式楼房并起。随着电车等新式交通的出现和扩展，以及历次兵变和战乱的冲击，城市商业区由围绕旧城、沿河流、沿铁道线演变为"沿电车道而发展"③，20世纪20年代，城市商业中心转移到电车主要经过的法、日租界，而老城区繁荣不再。④ 至20世纪30年代，市区的发展经过南押（租界的形成）、北抻（河北新区的建设）、中心填充（南市地区的不正常开发）和四周移民的迁居，以空前速度扩大，一个大城市的轮廓已经形成。⑤

青岛作为零基础起步的近代城市，其外观变化殊为惊人，德国租借时期以设立市政基础、开发商业为务，1898年至1913年共补助1.625亿马克，投入基础设施建设。⑥ 这样的大手笔，无论是日本之于台湾还是英国之于威海卫，均难以比肩。之后，青岛管理者均较注重城市规划及公共事业建设，兴修道路、港口，进行山体和道路绿化，强化卫生管理。

---

① ［俄］德米特里·扬契维茨基：《八国联军目击记》，许崇信等译，福建人民出版社1983年版，第28—29页。

② 卢绳：《天津近代城市建筑简史》，中国人民政治协商会议天津市委员会文史资料研究委员会编：《天津文史资料选辑》第24辑，天津人民出版社1983年版，第30页。

③ 吴蔼宸编著：《华北国际五大问题》，商务印书馆1929年版，"天津电车电灯公司问题"，第33页。

④ 刘海岩：《租界、社会变革与近代天津城市空间的演变》，《天津师范大学学报》（社会科学版）2006年第3期。

⑤ 李森：《近代天津城市规划布局的演变》，《城市史研究》1996年第11、12辑，天津社会科学院出版社1996年版，第65页。

⑥ 民国《胶澳志》卷1《沿革志二·德人租借始末》，第50页。

形成青岛整洁之美誉，外国媒体和游客均大赞青岛"路筑岸修"①"红瓦蜂窗"②之变化，康有为赞赏青岛"碧海青山，绿树红瓦，不寒不暑，可舟可车"。

新式交通迅速发展，天津在开埠前，陆路交通工具只有轿子、旧式牛马车及人力单轮小车等；水路仅赖民船往来运输，迟缓不便。天津在辟为商港后，交通局面逐渐改良。对内转运的同时，对外通商频繁，以海河为中心的远洋轮船运输业兴起，海河沿岸大批洋行、仓库、堆栈、码头纷纷建立，天津开通了至中国沿海城市如上海、广州、青岛、烟台、营口、香港等国内航线，并增开至新加坡、神户、横滨、仁川、悉尼等远洋航线。在铁路建设方面，1888年10月，天津到唐山的铁路全线通车，1894年唐山到山海关、1897年天津到卢沟桥、1911年天津到南京浦口的铁路陆续完工。天津与腹地的商品流动更频繁、更便利。形成以铁路为主、内河为辅的新型运输系统。在公路交通方面，埠际间的近代公路不断修筑，华北第一条近代化公路——京津大道于1917年开工至1928年全线通车，此外天津至保定、天津至大沽、天津至德州、天津至白河沟等地的公路完工，天津与内地商旅往来和信息交流更为灵活快捷。中国最早的邮电事业以天津为中心而形成，1878年海关在天津办理邮政后，1897年大清邮政津局成立，天津成为近代通讯事业的枢纽，交通运输业发展扩大了天津的经济腹地范围。至20世纪30年代初，市内交通有自行车、电车和汽车等；市外有北宁、津浦等铁路纵贯南北，长途汽车往返各处，民船、汽船、轮船转运内地和沿海，电报、电话、邮政等沟通大埠，"较诸昔日情形，诚有霄壤之别也"③。

在城市管理方面，传统城市没有独立的行政建制和专门的城市政府机构，而是地方政府所在地，归所在县管辖，并具有综合管理的特点，行政与治安合一，城乡合治，城市的行政管理、治安卫城、消防火政、赋税征收等事项基本由统一的各地方政府管理机构承担。"封建官府对城市基础设施、生活服务设施的建设以及其他公益事业的管理十分粗疏，

---

① 《纪青岛历年之发达》，《协和报》1910年12月8日，第5页。
② 抚瑟：《青岛回顾记》，《新游记汇刊》卷10，第23页。
③ 《天津市之风俗调查》，《河北月刊》1933年第1卷第3期，第4页。

或管得很少，功效不高。"① 因而民间机构如会馆、慈善组织等承担了一些公益性的城市管理职能。城墙作为基础性的防卫屏障在城市治安管理中发挥了重要作用，城内是官僚贵族的住所，商民则在固定的坊市或城门附近营生。一般而言，都城的城市管理机构较为复杂，如明朝时有工部负责道路桥梁修筑，五城兵马司和巡捕营专职巡捕，察奸缉盗。② 旧的城市管理体制在晚清新政改革时发生改变，受西方城市行政管理体制影响，清政府开办警政，并于1906年改巡警部为民政部，分列卫生、民治、警政、营缮等司，上至民政部、下至各地巡警总厅分类设职，初步形成行政、司法、军事相分离的城市管理体系，尤其是地方警察制的创设，成为近代城市管理专业化的开始，北京等城市出台系列规章，加强对各行业和事务类管理，除以治安及户籍管理为主，又有道路交通、饮食服务、药品卫生、市场管理、行业管理等专业管理规则。1909年，《城镇乡地方自治章程》颁布，从法律上改变了城乡合治的管理体系，明确了城镇区域的独立地位，但除苏州等个别城市应景而行，全国而言，并未能根本实践。

天津因设卫筑城较早，历史积淀较深厚，开埠前已成为具有一定人口规模的在商业、漕运、盐业和手工业方面相对发达的封建城市。清政府虽多次调整天津行政区域和级别，但均是按照传统行政管理方式进行城乡合治，天津城市管理的近代化始自八国联军建立的都统衙门及袁世凯主政天津时期。③ 八国联军占领天津后，于1900年7月成立军事殖民统治机构"都统衙门"，设立巡捕局负责城市治安和消防，巡缉盗匪，整顿交通。另有卫生局负责城市环境卫生及防疫，库务司负责捐税和土地管理、公共工程局负责城市基础设施建设等。天津虽然中外贸易繁荣，"惟房屋之低矮，道路之污秽，街巷之狭隘，殊出情理外。沿河两面居民

---

① 周执前：《国家与社会：清代城市管理机构与法律制度变迁研究》，巴蜀书社2009年版，第81—82页。
② （明）孙承泽：《天府广记》，北京古籍出版社1984年版，第22页。
③ 陈克：《十九世纪末天津民间组织与城市控制管理系统》，《中国社会科学》1989年第6期。

便溺，所萃不能张目"。① 1901年都统衙门制定天津最早的城市卫生立法——《洁净地方章程》，编制人口调查表和住宅门牌号码等。② 在占领天津的两年时间中，联军引入近代西方城市管理制度，整个管辖区被划分为城厢区、城北区、城南区、军粮城区和塘沽区五个行政区，除城厢区外委派区长维护本区社会秩序，通过制定相关法规对区一级行政机构的职权和体制进行了规定。1902年袁世凯任直隶总督后继承并调整了都统衙门的管理体制，除工程局负责城市道路、桥梁、渡口修建、行道树木和电灯、路灯等路政，卫生局负责环卫和防疫外，专门建立近代城市管理的警察制，创设南、北段巡警总局，分管北运河南北中国街区，1905年天津设四乡巡警总局，辖区遍及天津县境。③ 1910年南北段合并后分为五大区和四乡八所，基本奠定天津城市基层管理的警政分区模式，"以行政分区制和警察为主的市政体系取代了传统的衙门控制体制"④。民国成立后改天津府为天津县，由警察厅负责治安。第一次世界大战爆发后，中国于1919年收回天津德奥界、于1924年收回俄租界，分别成立特一、特二、特三区，1928年国民政府宣布天津为特别市，天津将市区分为五大区和三特区，形成基层行政管理单位。⑤ 由此，在管理机构上形成由传统的州县官衙及保甲制度的综合式管理到新型的警察机构专职管理的专业化趋势，同时，由官员管理为主到袁氏主政时逐渐试办自治，成立决策机构董事会和执行机构自治会，士绅阶层参与到新政时期的城市建设。官方和民间社会组织在城市管理中相互配合，如保甲与巡警、水会与专业消除队等。随着城市经济的发展，诸多关于市场交易、生产管理、劳资关系等新问题迫切需要相关的管理法规和管理机构。商团、商

---

① 王锡彤：《抑斋自述》，北京图书馆编：《北京图书馆藏珍本年谱丛刊》第189册，北京图书馆出版社1999年版，第172页。
② 张慧芝：《天子脚下与殖民阴影：清代直隶地区的城市》，上海三联书店2013年版，第198页。
③ 李竞能主编：《天津人口史》，南开大学出版社1990年版，第71页。
④ 周执前：《国家与社会：清代城市管理机构与法律制度变迁研究》，巴蜀书社2009年版，第262页。
⑤ 周执前：《国家与社会：清代城市管理机构与法律制度变迁研究》，第73页。

会、学堂、行业公会等新式社会组织成立，介入城市管理和公共事务。①地方精英和社会力量作为与官方合作的城市管理主体，推动了城市管理的近代化进程。民国以后，天津设立市议会作为立法机关，司法、财政、教育、卫生、工务等行政机关专门处理各领域公共事务，制定相应的城市管理法规，形成一套各司其职的专门化的法规化的城市管理系统。

  青岛则在德国独占后即引进西方城市管理制度并开展了市政建设，军署、法院、邮局、电话局、公私馆第等陆续修筑，"石垣粉壁，焕然一新，旧日之茅茨草舍，铲除殆尽"②。德国对于建造房屋有严格规定，凡新盖楼房的高度、面积、窗户、绿化比例、墙体颜色、烟筒打扫次数等都有特别要求，由此形成青岛红瓦绿树的自然与人文景观。胶澳当局尤其注重卫生，对饮用水水源、管道及排泄秽水的沟渠均分开修建，对传染病的预防、食物的取缔、污秽尘芥的扫除、医师药铺的设立均有严密规则，以保证青岛街区尤其是欧洲人居住区的洁净与卫生。与港路建设相配套的工程和重要的市政设施，如街道、自来水、电力、公路、上下水、海岸防浪堤坝等，于1898年陆续开工兴建，至1913年底，青岛建成的道路总长8万多米，市内与郊区共建有大小桥梁700余座。从1903年至1910年，共安装污水、雨水排水管道56500米。③日占以后，市区街道从中山路向北延展至馆陶路一带，工厂、道路、民房、商店、市场、戏院等大量增加，从1915年到1919年，5年间建筑面积58667坪，占全部青岛中外建筑面积85858坪的68%。④中国接收青岛后，亦于修路造林上着力较多。

  在城市人口方面，传统城市的人口和空间规模非常有限，除京城外华北地区没有常住人口过百万的城市，隋唐时期作为行政中心的省府治

---

  ① 陈克：《十九世纪末天津民间组织与城市控制管理系统》，《中国社会科学》1989年第6期，第171—187页；宋美云：《论城市公共环境整治与非政府组织参与——以近代天津商会为例》，《天津社会科学》2006年第4期，第131—134页；任云兰：《近代天津的慈善与社会救济》，天津人民出版社2007年版，第154—160页。

  ② 张相文：《齐鲁旅行记》，《东方杂志》第7卷第3号，1910年5月4日，第21页。

  ③ 青岛市史志办公室编：《青岛市志·政权志》，五洲传播出版社2002年版，第439—440页。

  ④ 寿扬宾编著：《青岛海港史（近代部分）》，人民交通出版社1986年版，第108页。

所和交通枢纽城市最盛时在 10 万户左右。① 北宋时的开封在宋真宗时（1021）约 11 万户人口，南宋临安在咸淳年间（1265—1274）城内外人口共 120 余万，一般的郡城县城户数在 1000—5000 户，元大都至正九年（1349）南北两城共计 104 万人。② 明朝天启时北京城市人口约 120 万，明万历时天津城市常住 10 万多人，北方第二大城市临清人口约 20 万，③ 华北地区明永乐年间县治所的人口在 2000—8000 人。④ 清中期至清末，除京、津等少数城市人口有发展外，直隶省大多数县城人口数几无增长，⑤ 山东、直隶两省，除中心城市外，省会城市约 5 万人，大府大镇 2.5 万人，小府直隶州城 1.2 万人。清乾隆时山东三大城市分别为临清（约 20 万人）、济宁（约 16 万人）和济南（近 5 万人）。⑥ 北京城市人口从清中期 98.7 万到宣统时增长到 112.9 万，天津城市人口从清中期约 15 万到宣统时为 42 万。⑦ 开埠之后，天津、青岛两地城市人口迅速发展，远远超过两地在明清时期的人口规模。

天津自筑卫设城到 1840 年鸦片战争前夕，人口从约 2 万增长到近 19 万，四百余年中，年均增长速度约千分之五。⑧ 从天津开埠到 1900 年的 40 年间，人口从约 20 万增加到约 30 万，出现了无产阶级、资产阶级、买办、外侨等从事近代工商业的人口，1901 至辛亥革命爆发的 10 年间，天津人口由约 30 万快速增加到约 60 万人（其中华界约 55 万人），从 1911—1927 年底，天津人口达 111 万人，年均增长 3.8%，成为近代中国拥有百万人口的四个特大城市之一。⑨ 自 1846 年到 1928 年，天津市区建

---

① 葛剑雄主编，冻国栋著：《中国人口史第二卷：隋唐五代时期》，复旦大学出版社 2002 年版，第 501—506 页。

② 葛剑雄主编，吴松弟著：《中国人口史第三卷：辽宋金元时期》，复旦大学出版社 2000 年版，第 573、583、608、588 页。

③ 葛剑雄主编，曹树基著：《中国人口史第四卷：明时期》，复旦大学出版社 2000 年版，第 289、297、302 页。

④ 葛剑雄主编，曹树基著：《中国人口史第四卷：明时期》，第 292—301 页。

⑤ 葛剑雄主编，曹树基著：《中国人口史第五卷：清时期（下）》，复旦大学出版社 2005 年版，第 789—790 页。

⑥ 葛剑雄主编，曹树基著：《中国人口史第五卷：清时期（下）》，第 741、727—728 页。

⑦ 葛剑雄主编，曹树基著：《中国人口史第五卷：清时期（下）》，第 737、790 页。

⑧ 李竞能主编：《天津人口史》，南开大学出版社 1990 年版，第 5 页。

⑨ 李竞能主编：《天津人口史》，第 6、7 页。

成面积不断扩大，从1846年《津门保甲图说》记录的约9.4平方公里，至1903年德国地质调查队测绘的《天津全图》中显示约13.4平方公里，再至1911年日商中东石印局的《天津地图》中记载的16.2平方公里，1918年的《京津两市图》（天津）记载约19.3平方公里，再到1928年的《天津特别市现行区域图》的36.2平方公里，[1] 天津民众的居住生活圈不断扩大。

青岛在1892年章高元率兵约2000人驻防后，加上青岛口的65家商铺及附近居民，总数在4000人左右。德占初期，统计青岛地区乡村人口共计8.3万，[2] 至1913年，青岛市区有5万多人，加上乡区人口共189411人，[3] 到日本占领时的1917年，市区人口7.7万余人，总计197535人[4]，至1927年则市区人口13.35万余人，市乡合计30万余人，[5] 超过济南、济宁等市，成为山东区域内最大的城市。市区面积也不断扩大，德占时期，第一次城市规划占地约20平方公里，建成约10平方公里，[6] 日本占领时期，城市向北向西扩展，至中国接收时，"较之昔日德人时代，扩张至二三倍以上"[7]。1933年，青岛市街区域面积为21.1平方公里，[8] 1935年颁布的《青岛市施行都市计划案》中规划的市区全部面积约为35平方公里。[9]

---

[1] 乔虹编著：《天津城市建设志略》，中国科学技术出版社1994年版，第82—83页。
[2] 青岛市档案馆编：《青岛开埠十七年——〈胶澳发展备忘录〉全译》，中国档案出版社2007年版，第193页。
[3] Jefferson Jones, *The Fall of Tsingtao*, Bston, 1915, P.165；张武：《最近之青岛》，第4—6页。
[4] 青岛市档案馆编：《帝国主义与胶海关》，档案出版社1986年版，第279页，
[5] 《胶澳志》卷3《民社志一·户口》，第231页。
[6] 据青岛市史志办公室编：《青岛市志·沿革区划志》（北京新华出版社2000年版，第97—98页）所载的1932年的青岛自治区面积推算，第一区3平方公里，第二区7平方公里，第三区4.5平方公里，第四区6.5平方公里，其中一、二区大致为德占时期核心区域。
[7] 叶春墀：《青岛概要》，上海商务印书馆1922年版，第16页。
[8] 沈周苏：《青岛之农村》，青岛市工商学会棉业试验场编：《棉业特刊》，1934年4月，第38页。
[9] 青岛市史地办公室编：《青岛市志：城市规划建筑志》，新华出版社1999年版，第5页。

第三节　近代城市化的稳定发展
（1928—1937）

1928 年底，南京国民政府形式上统一全国。华北地区基本结束长期的战乱，进入政治上相对安定的时期。国民政府通过废除厘金、收回关税、提倡国货等有利于发展民族工业的相关政策，一定程度上推动了工商业的发展。1928 年 6 月，国民政府令天津分为特别市和天津县两个行政区域，同年 7 月颁布全国性的市政府组织法——《特别市组织法》和《市组织法》，以法律的形式确立了市的独立建制，标志着"市"正式成为中国一级地方行政制度。各地据此制度建立市制法规体系，普遍设立城市政府，组织市政机关，从形式上完成了从传统城市向现代城市的转型，[①]为加强近代城市管理奠定制度基础。南京国民政府成立后，政治中心由北京转为南京，天津的次政治中心地位不复存在，而津、青两地在 1928 年后，工商业总体上继续保持优势并在经济波动周期中依然发展，城市人口稳定增长，成为有国际知名度的新兴商贸大埠和华北的经济中心。

一　政治状况

1928 年 6 月直隶省改为河北省，天津隶属河北省。天津城及附近地段设置天津特别市，天津正式设市，区划仍用旧制，原东、西、南、北、中五个区改称为公安一至五区，收回的德、奥、俄租界改称为特别一、特别二、特别三区。1928 年 7 月河北省政府成立，省会定于天津，10 月，河北省政府迁往北平。1930 年国民政府制定新的市组织法，南京、上海、北平、青岛等特别市改为院辖市，1930 年 11 月，河北省省会由北平迁回天津，天津改为省辖市。1931 年天津市和天津县分设，市、县划界，县政府迁至咸水沽，郊区归天津县管理。天津市区范围东至牛圈，东南至吴家嘴，南沿津浦铁路支线，西至西营门，西北至黑塔寺，北沿北宁线，

[①]　涂文学：《市制建立与中国城市现代化的开启——基于 20 世纪二三十年代武汉（汉口）建市的历史考察》，《江汉大学学报》（社会科学版）2017 年第 4 期，第 46 页。

总面积54.76平方公里。① 1934年1月，河北省政府主持市、县划界，同年10月，将四乡中的大直沽、土城邑、东楼、谦德庄、李七庄划入市区，增设第六区。② 1935年6月，河北省会迁往保定市，天津重新为特别市，归行政院管辖，自1928年天津定为特别市至1937年7月天津被日军占领，此期虽然城市的隶属关系和等级经过三次变动，但是由于国内政治局面较前期安定，天津总体上进入相对稳定的发展时期，城市经济呈现相对繁荣的现象。

从政治局面而言，天津周边地区战乱较前期相对减少，相比于全国经济总体增长的态势，天津理应在20世纪20年代经济一度兴旺的基础上稳定向前，但这十年间，天津市一直缺少一个稳定的政府机构和权力核心，无法出现晚清时期如李鸿章和袁世凯那样强有力的实力派和实权派来推动天津的建设进程，无论是市长还是分管事务的局长，任期都非常短暂，没有形成强有力的政治权威，在面对政治中心南移和日本势力渗透的同时无法作出有效的应对，在城市规划、城市建设、公益事业等城市公共事务方面缺乏前期的大手笔。幸运的是，天津商会等民间社会团体一直较发达，在政府缺位的相关领域，如贫民救助、灾荒赈济、城市消防、教育事业、城市管理等方面，社会组织和企业有所助益，在城市秩序维护中发挥着重要作用。

青岛自1922年收回至1924年，隶属于直系势力，1924年11月至1929年3月，张宗昌督鲁，青岛属鲁张势力范围，由于政潮起伏，变乱相寻，青岛市政少有进步。③ 1929年4月南京国民政府接管青岛，20日确定青岛为特别市，直隶行政院，成为与南京、上海、天津、汉口并列的中国五大直辖市之一，青岛市疆域仍以胶澳商埠地界为其管辖区域，1930年9月，青岛特别市改称为青岛市，仍属院辖市，组织机构不变，1931年12月，沈鸿烈就任青岛市长，直至1937年12月撤离青岛。7年间，正值世界经济危机爆发后中国农村经济衰败加速和日本占领东三省

---

① 乔虹编著：《天津城市建设志略》，中国科学技术出版社1994年版，第80页。
② 李竞能主编：《天津人口史》，南开大学出版社1990年版，第91页。
③ 《胶海关十年报告》（1922—1931），青岛市档案馆编：《帝国主义与胶海关》，档案出版社1986年版，第229、231页。

后对华北展开经济政治渗透时期，市政当局审时度势，一面与日本、山东、东北地方势力周旋，一面着眼于世界潮流与青岛地区及至胶济沿线农村发展，开始全面建设青岛，加强行业内部的分工合作与城乡的经济联系，开创以都市之力反哺乡村的建设局面。由于政局稳定、举措得力，政治、经济、社会、工务、教育等均大有发展，"除港口工程外，所有公共事业，均见进步，殊堪满意"。[①] 无论是政治地位、城市规模还是经济实力，青岛都跻身于全国性重要城市行列。

青岛自开埠以来，长期处于单一外国势力控制之下，德国和日本对城市规划与经济发展影响较大。沈鸿烈就任后，加强了中国力量在建筑、经济、规划方面的影响力。一批市政工程也陆续兴建，如青岛港三号码头、青岛市大礼堂、水族馆、青岛体育场、海水浴场、栈桥回澜阁、中西旅馆、崂山道路等，1933年开设到达北平、上海、天津、南京等地的民用航空运输线。第三号码头和青岛船坞的修建扩大了青岛港的航运能力，胶济铁路连接津浦铁路贯通全国及欧亚大陆，长途汽车通达山东重要市镇，市区内开辟了十条公共汽车线路，使乡区、市区与景区的交通更为便捷。市政当局通过举办国货展览会、华北运动会、中国农学第十届年会、全国第四届铁路沿线产品展览会和国书馆、博物馆协会的年会等会议扩大青岛在中国的知名度，促进了青岛旅游业和工商业的发展。1935年，沈氏主持制定了《青岛市施行都市计划案》，将青岛定位为"中国五大经济区中黄河区的出海口，工商、居住、游览城市"[②]，青岛成为公认的桃源胜地、避暑天堂，甚至有人视为"全中国最美丽最新式的一个都市"[③]。

近代天津由于政治上受中央政治力量影响较大、时局环境更为动荡。[④] 由于租界有独立的管理机构和管理法规，如国中之中，天津整体上缺乏统一的规划与系统的管理。天津市政府主要官员任期较短，而青岛市政府要员相对稳定。从青岛、天津的市长任期来看，1928年到1937

[①] 《胶海关十年报告》（1922—1931），青岛市档案馆编：《帝国主义与胶海关》，档案出版社1986年版，第231页。
[②] 陆安：《青岛近现代史》，青岛出版社2001年版，第111页。
[③] 倪锡英：《青岛》，中华书局1936年版，第29页。
[④] 林姿呈：《英美近代天津城市研究综述》，《史林》2012年第1期，第184页。

年，天津市先后有12任市长，其中任期不足一年的有9位，1年至2年的有2位，为周龙光（1932年）和张自忠（1936.6—1937.10），2年至3年的仅有崔廷献（1928.9—1931.3），最长任期为2年6个月。1935年一年中就有5任市长，其中最短的7天，最长的6个月，3个市长任期不足1个月。各局局长中，除1932—1933年不明外，1928—1931年，1934—1937年的8年中，记录共26位局长，除港务、土地、公用、卫生不全外，其他财政、教育、社会、工务、公安五局少则4人担任，多则六七人担任，任期3年以上的仅有教育局长兼社会局长邓庆澜。[①] 青岛市共4任市长，任期不足1年的有马福祥和葛敬恩，超过1年不足2年的为胡若愚，而自1931年1月沈鸿烈任市长后长达6年多，任期最久。12个局长中，最短的任期为8个月，有11个局长任期超过一年，5位局长任期3年多，4位局长任期有4年多，最长的为财政局长郭秉龢，任期7年半。从组建市政府的1930年到1937年，六大局的局长期间基本更换一次。[②] 天津与青岛在政治层面差异明显，天津在此时十二易其长，稳定有力的政治中枢难以形成，而青岛在前期十易其长的情况下，自1930年后，市长、局长等城市管理者的人选相对稳定，政府行使政权的能力不断增强，在经济发展、社会安定和城市建设中发挥着重要作用。

二 经济状况

由于政治地位的变化和世界经济局势的影响，中国近代经济发展具有一定的周期性，1914—1936年是学界一般认为的经济发展的上升期，在1931—1935年经济有所衰退，但1928—1936年中国经济总体上有较大发展。[③] 由于国内市场的相对统一、南京国民政府收回关税自主权、制定了《工厂法》《商标法》《工业奖励法》等促进工业规范发展的相关法令和条例，以及全国民族工商业者的积极进取，1928—1931年，全国新设

[①] 《天津市政府职官年表》，刘寿林等编：《民国职官年表》，中华书局1995年版，第1000—1002页。

[②] 《青岛市政府职官年表》，刘寿林等编：《民国职官年表》，第997—998页。

[③] 杜恂诚主编：《中国近代经济史概论》，上海财经大学出版社2011年版，第115页；刘佛丁、王玉茹、于建玮：《近代中国的经济发展》，山东人民出版社1997年版，第75—77页。

厂矿企业共 662 家，比 1914—1919 年工业发展黄金时期增长更快。① 但由于世界经济危机的蔓延、1931 年的江淮水灾、"九一八"事变后日本势力的渗透、世界各国先后放弃金本位等外部环境变化，推动国内白银外流、物价上涨、外货倾销，民族工商业发展受挫，天津和青岛的经济发展虽呈现出一定的波动性，但总体上处于上升趋势，特别是青岛发展的势头迅猛，天津则呈现出明显的阶段性和曲折性。

此期，天津工业发展呈现两个趋势，一是前期建立的民族资本主义工业曲折发展，经 20 世纪 30 年代初的衰退后到 1935 年有所恢复。二是日本资本主义工业加强了渗透，至 1936 年工业投资额占整个外资工业的 56% 以上。② 1928 年后的三年间，中外企业均有相当的发展，但"九一八"事变后，日资企业在天津逐渐活跃，发展迅速，天津的六大纱厂均由盛而衰，裕元、华新、宝成、裕大相继为日商收买、吞并，恒源、北洋两大纱厂则为国内金城、中南银行组成的公司接管。天津的贸易繁荣地区由旧城北部和东部向法租界和日租界转移，随着首都地位由北京向南京的转移，天津作为畿辅首邑的政治地位顿然减弱，而大量政界人物和大批金融资本也逐渐移向沪宁地区，从 1932 年至 1937 年，金城银行、中孚、大中、中国实业等银行相继将总行从天津迁往上海，③ 加之国际经济危机下，各国抢占中国商品市场，对天津经济发展更形成外部压力，市场充满竞争与风险。在多重压力下，天津华资近代工业企业数量在不断减少，1929 年天津有民族工业共计 2186 家，资本总额 3140.6944 万元，工厂工人数为 47519 人，1933 年为 1213 家，资本总额 2319.2905 万元，工人数 36703 人。④

虽然至 1933 年，中小企业数量大量减少，但企业的平均资本规模有增长趋势，由 1.4 万元增加到 2.4 万元，企业平均工人数也由 21.7 人增

---

① 杜恂诚主编：《中国近代经济史概论》，上海财经大学出版社 2011 年版，第 108 页。
② 罗澍伟主编：《近代天津城市史》，中国社会科学出版社 1993 年版，第 505 页。
③ 罗澍伟主编：《近代天津城市史》，第 504 页。
④ 鲁荡平主编：《天津工商业》卷上，天津特别市社会局 1930 年版，"序论"，第 12 页。吴瓯主编的《天津市社会局统计汇刊》的"各类工厂工人数目比较"和刘大钧的《中国工业调查报告上册》，"第三编"第 33 页记载 1929 年工人总数为 47564 人，工厂数为 2186 个。1933 年数据见邓庆澜主编《天津市工业统计（第二次）》，天津市社会局 1935 年版，第 9、39、63 页。

加到31.8人，纺织业、化学、食品及金属制品业在工业生产中占有优势地位。部分企业规模在兼并中不断扩大，并出现一些有全国影响力的新兴企业。如宋棐卿创办的东亚毛呢纺织公司、朱继圣创办的仁立纺毛公司、王晋生创办的华北制革厂、孙润生创办的利生体育用品厂等，同时，20世纪20年代范旭东创办的久大制盐公司和永利制碱公司、张新吾创办的丹华火柴公司等，均能稳定发展，尤其是永利制碱公司1928年后生产出优质纯碱，永利硫酸铵厂于1937年2月投产，成为当时亚洲最大的硫酸铵厂，这些新式工业的发展为此期天津工业发展的一道亮色。

1930年后外资企业迅速发展，1900—1928年外商在天津设厂约90家，而1930年后新办外资企业117家。截至1937年7月，天津外资工业共217家，其中日资企业72家，英资企业40家。企业平均拥有资本额51万元，投资集中于纺纱、橡胶、钢铁、面粉、能源和自来水、打包等行业，远远超过同类华资工厂的规模。[①] 华界内各类企业中以纺织、器具、日用品、化学工业为主，1929年统计天津工厂数2186家，纺织工业850家，占38.89%，器具工业563家，占25.75%，日用品工业282家，占12.91%，化学工业269家，占12.30%。[②] 吸纳的劳动力也相对最多，如1929年天津工人共47564人，纺织、化工和器具三大行业工人数量分别为34264人、5131人、2775人。[③] 从事棉纺业者占天津工人总数的72%。1933年纺织业工人为25180人，化学业工人3515人，食品业工人1136人。[④] 总体而言，1912—1927年是天津工业的快速发展时期，形成以轻纺和化工为中心的工业体系，包括手工业和近代机器工业在内的工业人口有70831人。1928—1937年，工业人数约89700万人。[⑤] 如表1—2所示，天津工业数量增加较快，但层次与规模不高，机械作动力的工厂数比例不足一成，作坊式的手工业生产依然占六成多，轻工业为主的工

[①] 罗澍伟主编：《近代天津城市史》，中国社会科学出版社1993年版，第507—508页。

[②] 《各类工厂分类比较》，吴瓯主编：《天津市社会局统计汇刊》，天津市社会局1931年版。

[③] 《各类工厂工人数目比较》，吴瓯主编：《天津市社会局统计汇刊》，天津市社会局1931年版。

[④] 邓庆澜主编：《天津市工业统计（第二次）》，天津市社会局1935年版，第65页。

[⑤] 陈克：《心向往集：献给天津博物馆成立九十周年》，天津古籍出版社2009年版，第11—13页。

业结构和大量分散的手工业生产使得城市吸纳更多的人口，增强了城市对移民的包容力。

表1—2　　　　　1933年天津市工业概况统计①　　　（资本额单位：元）

项目 类别	工厂	小工厂（家）		作坊	合计	资本额（元）	资本额百分比	工人数（个）			合计
		无动力	用动力					男工	女工	童工	
纺织工业	32	65	21	566	684	19346210	83.42	18995	1903	4282	25180
化学工业	13	1	37	24	75	1699925	7.33	2593	159	763	3515
饮食品工业	4	2	51	22	79	1253500	5.41	1087	15	34	1136
服用品工业	6	2	7	15	30	122350	0.53	276	119	249	644
机器及金属品制造业	27	1	99	43	170	410200	1.77	1384		2017	3401
土石制造及建筑业	7	5	9	10	31	148800	0.64	585	30	225	840
竹木骨角制造业				36	36	20200	0.09	115		137	252
造纸及印刷业	4	1	5	8	18	46000	0.19	223	4	160	387
文具及运动用品制造业	1			6	7	18600	0.08	175		38	213
精整工业	6	1	31	45	83	127120	0.54	602	85	448	1135
总计	100	78	260	775	1213	23192905	100	26035	2315	8353	36703
百分比	8.24	6.43	21.43	63.89	100			70.93	6.31	22.76	100

注：工厂指足30人用动力；小工厂中，左列为足30人无动力，右列为用动力不足30人；作坊指不足30人无动力。

商业自天津开埠以来，随着人口聚集而不断发展。1928年前曾多次受到战乱冲击，如八国联军、直皖战争和两次直奉战争，使传统老城厢

① 邓庆澜主编：《天津市工业统计（第二次）》，天津市社会局1935年版，根据第11页"天津市工业分类统计表"、第41页"天津市各类工业资本比较表"和第65页"天津市各业工人人数比较表"制作。

的商业区连遭兵燹掳掠,日租界、法租界商业转而兴起。① 1928年后,因社会较安定,对外贸易和市内商业均有较快发展。在对外贸易方面,由于20年代以来的中外企业进入繁荣期,大量金融机构、洋行、打包业等的发展,天津对外贸易在民国前期增长很快,1931年比1912年的进出口总值增长了2.42倍,② 1932年至1937年天津外贸总额与1931年相比,少则下降15.46%,多至42.40%。③但此期日本在华北的走私贸易频繁,1935—1937年私运进口货值达237154千元。④ 对外贸易的发展促进了加工打包业、装运业、金融业的发展和路港码头区的开发建设。

1929天津全市华界共有商店21235家,其中华资商店21043家,店员、工友、学徒共计75159人。⑤ 加上英、法、日、意租界的商店4344家和洋行、商行248家,及其他各类日用家具商店,则天津共有大小商业公司、洋行、商店约3万家,⑥ 据1936年3月统计(见表1—3),全市商店总数为25439家,商人总数111987人。其中以饮食店占28%强,居全市商店数目之首位。其次为服用店、日用品店,各占全数13%强。商人亦以饮食店占23%,服用店占24%,两项居最高位。⑦

表1—3　　　　天津市各类商店及商人数目统计⑧

（商店单位：家）（商人单位：人）

商业种类	商店		商人	
	实在家数	百分比数	实在人数	百分比数
日用品	3353	13.18	12991	11.61

---

① 王绣舜、张高峰:《天津早期商业中心的掠影》,中国人民政治协商会议天津市委员会文史资料研究委员会编:《天津文史资料选辑》第16辑,天津人民出版社1981年版,第71页。

② 姚洪卓主编:《近代天津对外贸易（1861~1948年)》,天津社会科学院出版社1993年版,第41页。

③ 姚洪卓主编:《近代天津对外贸易（1861~1948年)》,第52页。

④ 姚贤镐:《一九三四年至三七年日本对华北的走私政策》,《社会科学杂志》1948年第10卷第1期,第51页。

⑤ 《各区商店分类比较》,《各类商店职工人数比较》,吴瓯主编:《天津市社会局统计汇刊》,天津市社会局1931年版。

⑥ 罗澍伟主编:《近代天津城市史》,中国社会科学出版社1993年版,第375—377页。

⑦ 《天津市商店及商人数目统计》,《冀察调查统计丛刊》1936年第1卷第1期,第91页。

⑧ 《天津市商店及商人数目统计》,《冀察调查统计丛刊》1936年第1卷第1期,第92页。

续表

商业种类	商店 实在家数	商店 百分比数	商人 实在人数	商人 百分比数
装饰玩具	624	2.45	2407	2.15
交通运输	1135	4.46	4687	4.19
建筑	833	3.27	2426	2.17
五金电料	1913	7.52	7817	6.98
家具	1028	4.04	4124	3.68
饮食店	7223	28.39	25882	23.11
服用店	3536	13.90	27102	24.20
金融	168	0.66	1255	1.12
文化美术	1243	4.89	6488	5.79
生活供应	2175	8.55	9094	8.12
消耗品	156	0.61	739	0.66
医药卫生	710	2.79	2751	2.46
经纪租雇	703	2.76	1800	1.61
其他	639	2.51	2424	2.16
合计	25439	100.00	111987	100.00

说明：本表所列数目系天津市1936年3月所呈报者。

青岛经济原以商贸见优，工业生产能力薄弱，"直至民六，始有欣欣向荣之象。本埠各大工厂，十分之八，均系是时所设，其中以日厂为最多"。[①] 1928—1937年的十年间青岛华商投资的新兴企业相继创办，包括造纸、制针、时钟制造、火柴业、日用化工、文化用品、皮件手工业、塑料制品等行业，年有长进。虽华商工业规模较小但呈继起之势。1932年（见表1—4），青岛市各种近代工厂有174家，工人33630人，[②] 纺织业工人占六成以上，其次是饮食品工业和化学工业工人，这三大行业就业者占工人总数的近86%。尽管受到世界经济局势影响，至1937年，本

[①] 《胶海关十年报告》（1922—1931），青岛市档案馆编：《帝国主义与胶海关》，档案出版社1986年版，第210页。

[②] 青岛市社会局编：《青岛市工商业概览》，编者1932年版，第52页。

国重要的工厂还有150家。①

表1—4　　　　　　　　1932年青岛工厂工人人数②

（工厂数单位：家）（工人数单位：人）

类别	中资工厂				外资工厂				合计
	厂数	%	工人数	%	厂数	%	工人数	%	工人数
纺织工业	23	74.2	2626	12.9	8	25.8	17674	87.1	20300
化学工业	18	66.7	2397	60.2	9	33.3	1583	39.8	3980
机器工业	26	70.3	2120	83.2	11	29.7	428	16.8	2548
砖瓦业	11	78.6	236	52.4	3	21.4	214	47.6	450
木材和木器业	11	73.3	541	54.3	4	26.7	456	45.7	997
水电工业	1	50.0	152	43.4	1	50.0	198	56.6	350
印刷工业	16	76.2	339	77.2	5	23.8	100	22.8	439
饮食品工业	18	66.7	1580	34.6	9	33.3	2986	65.4	4566
合计	124	71.3	9991	29.7	50	28.7	23639	70.3	33630

1932年10月中外商店共计6746家，其中日商开设有929家。③ 1933年，"往者本市繁荣仅恃商业，十余年来，工厂蝟起，制造发达，纺纱火柴卷烟等类，尤负盛名。现计市内中外商店，不下七八千家"④，至1935年底，市内商店6567户（外商在内），乡区756户，总计7323家。⑤ 与接收前相比，青岛由商业为主、工业为辅的格局转变为工商业并重的近代城市，华商力量不断充实，工商企业数量和资本量都有较大发展。通过两翼——优良的港口、贯通广大农村腹地的胶济铁路，青岛插上起飞的翅膀，崛起为"胶东半岛日益成熟的现代经济体系中的终极市场及区

---

① 青岛市政府招待处编印：《青岛概览》，编者1937年版，第111页。
② 青岛市社会局编：《青岛市工商业概览》，编者1932年版，第14—54页。
③ 青岛市社会局编：《青岛市商店调查》，青岛市社会局1933年版，第1页。
④ 殷梦霞、李强选编：《民国铁路沿线经济调查报告汇编》第5册，国家图书馆出版社2009年版，第125页。
⑤ 《全市商店最近户数　社会局调查计七千余家》，《青岛时报》1935年12月10日第6版。

域经济中心"①，改变了山东西强东弱的发展格局，影响了整个山东乃至华北的经济格局。

  天津和青岛均从前期繁荣的商业港口城市发展为艰难成长的工商业城市，无论是工业发展还是对外贸易均为华北地区的经济中心。天津港贸易额在华北所占地位，如从1932—1936年的5年间平均计算，天津出口总额占华北地区的59.31%，进口总额占57.73%，占华北进出口贸易总额的58.73%，在华北六大港口中居第1位。至1937年，华北的对外贸易额占全国的20%，天津约占12%，在全国占第2位。青岛为华北第二大港，出口总额占华北总额的27.07%，进口额占34.14%，进出口总额占华北六港的30.76%。②工业方面，从资本额来看，上海占首位，天津占第二位，但在年产额数上次于广州、无锡，占第4位，在工人数目上次于上海、无锡、武汉，占第4位。青岛在资本额中占第4位，年产额和工人数目上占第6位。③天津与青岛均为华北工业中心城市，两市占华北全工业力的84%，纺织工业占83%，农畜产加工占92%，食品工业占50%，日用品占81%。青岛在纺织工业占绝对优势，其余的工业部门除了食品工业占优势以外，都在天津之下，尤其是在化学工业及窑业上，青岛不及天津。以全国而论，七七事变前，在纺织机械锭数（生产能力）上，上海占54.56%，青岛占11.42%，天津占5.06%。④此数据主要依据资本额在一万元以上的企业统计，不免有脱漏之处，尤其对于天津而言，手工作坊在工业中占更大比重，仍可反映两市工业发展的概貌。1928—1937年，两座城市工业的近代化水平都不高，纺织业、面粉加工业、化学工业、小型金属加工业相对较有优势，且纺织业主要为日资控制，但这些劳动密集型行业吸纳了大量人口，加上传统商贸的延续和对外贸易的扩大，商业及运输行业的继续发展提供大量就业岗位，增强了两地对移民的吸纳能力。

---

  ① 江沛、徐倩倩：《港口、铁路与近代青岛城市变动：1898—1937》，《安徽史学》2010年第1期，第43页。
  ② 李洛之、聂汤谷编著：《天津的经济地位》，南开大学出版社1994年版，第7页。
  ③ 李洛之、聂汤谷编著：《天津的经济地位》，第52—53页。
  ④ 李洛之、聂汤谷编著：《天津的经济地位》，第91、95页。

表1—5　　　　　七七事变前天津和青岛工业类别比较① （资本额单位：万元）

项目 行业	天津 厂数	天津 资本额	青岛 厂数	青岛 资本额	项目 行业	天津 厂数	天津 资本额	青岛 厂数	青岛 资本额
棉纺	9	3727	10	10915	金属机器	37	120.95	24	43.2
织布	19	24.65	3	250	玻璃厂	4	265.5	2	9
毛呢	10	299.8			陶瓷砖瓦	15	101.6	9	91
针织	23	7.545	1	3	洋灰	1	1400		
染色	10	23.8	6	13.5	精盐	2	300	1	80
制帽	10	22.55			制碱	6	671	1	10
酿造	9	46	11	324.5	氧气	2	26.6		
面粉	5	310	3	120	硫酸、硝酸	1	20		
淀粉	1	30			染料	7	157.5	3	65
皮革	7	155	6	80	油漆	4	88.5		
制纸	2	11			橡胶	6	38	9	275.5
制冰	3	27	1	77	火柴	7	106	18	280.7
鸡蛋加工	1	30	6	440	制材	5	178	8	83
骨粉	2	55	2	15	压榨捆包	10	410		
卷烟	6	803	5	285.5	珐琅器	4	11		
榨油	9	75	6	151.2	肥皂	6	25.6	2	15
罐头	2	6.5			合计	245	9574.095	137	13627.1

注：金属机器工厂中，因青岛仅包括万元以上工厂，日资内有6厂不详，天津外资一厂不详，华资仅计算万元以上者。资料引自《天津的经济地位》，原文多未注明出处，仅供了解津青两市工业发展概貌。

但天津和青岛规模较大的工业企业基本为外资控制或逐渐为外资收买，经济发展的对外依赖比较严重，也易受到世界经济形势影响。同时，两地制造业和外贸组织规模都不大，许多工厂依然是采取手工业生产的小作坊，再加上受军阀割据、日本侵华的政治事件影响及20世纪30年代

---

① 李洛之、聂汤谷编著：《天津的经济地位》，南开大学出版社1994年版，第61—63、85—90页。

初的华北腹地农业危机,两地经济发展并不稳定,从根本上决定着乡村移民的城市收入水平。

第四节　社会状况的异同

此十年,被学界称为中国资本主义发展的"黄金时代"①,1928—1936年,工业经济年均增长率在8.3%,1931—1936年则达9.3%,② 从中国人均国民收入来看,按照学者估算,1850年人均收入43.8元;1887年人均收入38.0元;1914年为41.22元;1936年为50.51元;1949年为34.98元,1914—1936年,年均增长1.02%。③ 两次世界大战期间的中国经济增长较快,人们生活似乎遇到与前期列强侵凌、军阀混战、国家分裂相比而言不太糟糕的时代,但潜在的经济波动以及庞大的城市待业人口,随时可能中断人们刚刚安定的生活。企业员工的就业年限很少有十年,多是一二年。如久大精盐厂1927年调查的556名工人中,21.9%的工人进厂不足一年,1—3年的有20.7%,在厂10年以上的仅1.5%。④ 企业也常常雇用散工,或不定期减少工人,如1930年天津面粉厂工人数量时有增减,少则103人,多则185人。⑤ 对于外来移民而言,社会状况如职业结构、工商业分布、居住空间、社会秩序等形成移民进城后的生活情境,直接影响着乡村移民的谋生、居住与闲暇、交往等日常生活。

一　城市的主要职业

抗战前的天津和青岛为华北工商业重心,但从就业人数与对外来人口的吸引力方面,商业具有交易效率的即时性、空间与时间的灵活性与

---

① [法]白吉尔:《中国资产阶级的黄金时代(1911—1937年)》,张富强、许世芬译,上海人民出版社1994年版,尽管学界更多将1927年前的民国时期称为资本主义发展的黄金时期,但从全国经济发展总量来看,抗战前无疑是旧中国经济发展的一个高峰。
② 刘佛丁主编:《中国近代经济发展史》,高等教育出版社1999年版,第137页。
③ 刘佛丁、王玉茹、于建玮:《近代中国的经济发展》,山东人民出版社1997年版,第71页。
④ 林颂河:《塘沽工人调查》,北平社会调查所1930年版,第41页。
⑤ 王子建:《天津面粉厂工人及工资的一个研究》,《社会科学杂志》1931年第2卷第1—4期,第449页。

对资金、技能要求的包容性，比工业更能吸引外来移民的进入，这是一个老少咸宜、贫富皆可的职业，而两地虽以军镇为政府重视，实则以商业贸易服务于地方，并构成两地日后长久的生命力。即使在近代工业已经颇有发展的20世纪30年代，商业依然在城市发展中发挥着重要作用。故时人言：与其谓为"工业的天津"，不如谓为"集散的天津"更为恰当。[①] 天津、青岛相继开埠后，迅速发展为华北地区商品生产加工点、中外商品集散地和贸易转运连接点。与贸易相关的货栈、打包、搬运、批发、捐客等行业迅速扩展，而贸易的伴生行业如银行、钱庄、旅店、典当、饭店等也随其起落。此外，随着大量外国侨民、富商买办、军阀官僚、资本家、高级职员等的增多，相应的家政佣工群体也在壮大，近代城市最广阔的就业舞台即是商业和服务业领域。天津有业者中以商人为最多，工人及劳动者次之，矿业及自由业，则尤为仅见。[②] 如1929年社会局统计天津华界各类商店有店员44222人，学徒6270人，工友24667人，共计各类商店职工75159人。[③] 加上租界商店，则商业职工人数约10万。[④] 华界工厂2186家，工人计47564人，若加上大量分散于居民区的手工作坊，则从事工业者近9万人。[⑤] 1936年10月天津有职业的423201人中，从事商业者164219人，占有业者中的38.80%，从事工业者116791人，占有业者的27.60%。[⑥] 青岛1930年有职业者209972人，从事商业者46143人，占有业人口的21.98%，从事工业者38576人，占18.37%，另外劳力（码头工人、车夫等）24726人，占11.78%，农民

[①] 刘东流：《天津铁路工人家属的婚姻疾病与教育程度的调查》，《新中华》1937年第5卷第13期，第117页。

[②] 《天津市之风俗调查》，《河北月刊》1933年第1卷第3期，第1页。

[③] 《各类商店职工人数比较》，吴瓯主编：《天津市社会局统计汇刊》，天津市社会局1931年版。

[④] 罗澍伟主编：《近代天津城市史》，中国社会科学出版社1993年版，第377页。

[⑤] 陈克：《心向往集：献给天津博物馆成立九十周年》，天津古籍出版社2009年版，第13页。

[⑥] 《天津市市民职业统计表》，《天津市政府公报》第95期，1936年12月，"统计"，第3页。

69544人，占33.12%。① 1931年，工业者30612人，商业者32243人。② 1933年初，中外各厂，生产工人和运输工人总计42717人。③ 考虑到素有"田园都市"之称的青岛在抗战以前一直是乡村人口和乡区面积占一半以上的城市，则城市有业者中，从事工商业者占六成以上。

开埠以来，口岸城市从传统农业社会职业结构逐渐转化为以工商服务业者为主体的近代社会职业结构，公务员、买办、商行高级职员、学校教师、律师、新闻记者、西医、银行家、企业工人、洋车夫等新的职业纷纷出现，而能吸纳乡村移民最多的行业依然是企业和商贸。近代通商口岸城市大多以生产生活日用品为主，工业化水平不高，各类手工作坊、手工工场和近代工厂等不同历史形态的生产方式同时并存，工作岗位对技能要求有不同标准，多数企业低门槛的行业技术准入为大量外来人口提供谋生机会。近代大城市无业人口常在半数以上，天津1936年总人口1074715人，不在业者651514人，占全市总人口的60.62%，失业者28562人。④ 青岛1930年不在业者占47.51%，20—60岁适龄劳动人口中无业者52004人。⑤ 大量无业和失业人口的存在一直是近代城市的突出现象，富余的劳动力利用一切机会谋生，为城市提供了低成本的服务和多样化的生存空间，而这种便利可得的服务和多样化的生活模式也降低了移民进入城市的生活成本。

二 城市生产生活空间

青岛和天津作为工商业城市，经济结构和职业结构有很大的相似性，但在政治生态和城市建设中却又迥然有别。从开埠以来直到七七事变前，青岛一直处于单一政权的控制之下，在德占日据时期（1897—1922）及沈鸿烈任市长时期（1931—1937）的30年中，政府的控制力一直比较强

---

① 青岛市公安局编印：《青岛市公安局业务报告》（十九年度），编者1931年版。
② 《青岛市公安局调查管界市长职业分类统计表》，青岛市政府秘书处编：《青岛市行政统计汇编（二十年度）》，编者1933年版。
③ 刘大钧：《中国工业调查报告上册》，经济统计研究所1937年版，"第三编"，第16页。
④ 《天津市市民职业统计表》，《天津市政府公报》第95期，1936年12月，"统计"，第3页。
⑤ 青岛市公安局编印：《青岛市公安局业务报告》（十九年度），编者1931年版。

势，政局稳定，且均有明确的城市规划并能有序执行，这是一个强力政府规划痕迹明显的城市，也是一个秩序性相对较强的通商口岸，按照城市规划来进行建设也内生为青岛城市发展的一个传统。① 而天津则在中国控制下又有几个帝国主义国家共同分割支配，形成"拼盘式"或"分割式"的城市发展布局，如贺萧所说的"天津常常呈现为聚集在一起的几个彼此独立的城市"②。

不同的政治生态使得两个城市形成不同的地理空间，当青岛自德占以后便以华洋分治的规划思路将青岛明确划分为乡区和市区，市区以今中山路为界成为欧洲人与华人、富人区与穷人区的居住空间与社会地位的分界线，中山路及其两侧成为青岛商业区，沿中山路以东、德县路以南至前海一带形成别墅区，从青岛火车站沿铁路沿线至四方、沧口形成工业区及劳工居住区。而天津直至20世纪30年代尚未形成真正的功能社区，即工业区、商业区和住宅区。其企业大都环绕市中心而设，与商店、住宅混在一起。③

政治权力的多元化也形成经济空间的分散化。贺萧比较早地关注了天津经济空间的分离特征。指出天津经济被碎化为各自独立的行业，各行业由多个主流群体制定规则并影响了产业的发展。资本四分五裂，长期没有稳定的企业家团体，使得天津工业长期处于资金缺乏的困境中，也极易受到城市政治格局变化的影响。④ 而在企业总体布局大分散的同时，也存在一些行业的小集聚态势。天津工业区基本在华界，如西关外南北小道子街、西关大街及南头窑一带，工厂最多，有三四百家，织布业占60%以上，北门外的侯家后三条石一带二三百家，三条石为铁工业集中区，南开马厂道（现称马场道——作者注）一带为地毯业集中区，有五六十家。较大工厂则分散在市郊，裕元、北洋在小刘庄、挂甲寺，宝成、裕大在小郑庄，恒源在河北西窑洼，华新在河北小于庄。丹华在

---

① 任银睦：《青岛早期城市现代化研究》，生活·读书·新知三联书店2007年版，第328页。
② [美] 贺萧：《天津工人，1900—1949》，许哲娜、任吉东译，天津人民出版社2016年版，第16页。
③ 罗澍伟主编：《近代天津城市史》，第531—532页。
④ [美] 贺萧：《天津工人，1900—1949》，第16页。

西沽，荣昌在河北赵家场，久大精盐厂及永利制碱厂在塘沽。① 天津工商业和居民区环绕旧城墙和海河运河发展而来，租界开发亦是沿河而设，故在传统的老商业区、南北运河和海河沿岸聚集了最多的工厂、商店和移民。

按照天津警区而论，1929 年天津华界企业共 2186 家，商店 21043 家，如表 1—6 所示，公安二区工厂集中，占 39.16%，商店占 21.45%；公安一区商业繁荣，商店占 25.62%，工厂占 16.61%；三区工商业也比较集中，工厂占 25.16%，商店占 21.11%。② 1933 年天津总计企业 1213 家，以公安局第二区工业最多，共 554 家，占全市工业的 45.64%。③ 一区原为旧天津城厢东门附近，二区为天津西和西南部，第三区为北门外三岔河口一带，清代天津即流传着"北门富，东门贵，南门贫，西门贱"的俗语，北门是商业中心，东门附近多官衙，西边和南边地势低洼，南门外多贫民，西门外贫民和暗娼较多。传统天津旧城的经济布局和社会地位在开埠后依然延续下来，尽管下野达官贵族和富商陆续在天津租界建房买屋，但华界工商业中心依然在东门外和北门外一带，如表 1—7 所示，公安一区和三区的人口密度也高于其他各区。

表 1—6　　　　　天津市各区工厂、商店分类比较④　　　　（单位：家）

类别	公安一区	公安二区	公安三区	公安四区	公安五区	特一区	特二区	特三区	其他	合计
工厂总计	363	856	550	135	152	51	35	21	23	2186
百分比	16.61	39.16	25.16	6.18	6.95	2.33	1.60	0.96	1.05	100
商店总计	5392	4512	4443	1736	3151	714	702	382	11	21043
百分比	25.62	21.45	21.11	8.25	14.98	3.39	3.33	1.82	0.05	100

---

① 刘大钧：《中国工业调查报告上册》，"第三编"，第 32 页。
② 《各区工厂分类比较》、《各区商店分类比较》，吴瓯主编：《天津市社会局统计汇刊》，天津市社会局 1931 年版。
③ 邓庆澜主编：《天津市工业统计（第二次）》，天津市社会局 1935 年版，第 3 页。
④ 《各区工厂分类比较》、《各区商店分类比较》，吴瓯主编：《天津市社会局统计汇刊》，天津市社会局 1931 年版。

表1—7　　　　　　　　　天津市各区人口密度①

区别	面积（平方公里）	人口数（1934年度）	人口密度（每平方公里平均人数）
第一区	3749	139607	37238
第二区	17832	227829	12776
第三区	6384	159603	25016
第四区	13209	99255	7514
第五区	14089	215993	15330
第六区	60388	105396	1745
特一区	2038	31972	5688
特二区	0.874	28522	32634
特三区	4719	21108	4471
特四区	0.428	466	1089
总计	123.710	1029751	8324

经济空间分布决定着天津人口分布格局，工商业者多住在工厂或商店，或在工作点附近居住，形成行业与居住带相一致的现象，工商业的分布区也是人口的聚集区。随着大量乡民进城，在城市周边或是租界相邻地带出现大量新的人口聚集区，如在老城区和租界交界的南市、天津城南部的谦德庄和老龙头车站东边的"地道外"，以及天津东北部新开河河道堤岸旁的移民区。南市处于老城区南边和日租界之间，由于城市管理权的分立，形成天津人眼中的"三不管"，是华界娱乐业和服务业中心。谦德庄和新开河堤岸因外地灾民的陆续聚集发展为移民区，也是城市下层居民生活区，地道外因海河东岸设为租界、建立车站、海河裁湾取直工程而拆迁大量村庄，村民陆续迁移到位于车站以东铁路沿线地带的沈家庄、王家庄、郭家庄和旺道庄，加上外地灾民和难民也避难于此，形成人口稠密的新街市，民国初年即有居民7000余户。新开河岸因冀鲁豫三省灾民迁移而来，至20世纪30年代初，已经形成八九百家，四五千口的规模。② 而天津周边村庄也随着工厂设立而发展为街市，如特一区以

---

① 《天津市之人口密度》，《冀察调查统计丛刊》1936年第1卷第5期，第8页。
② 刘海岩：《近代天津城市边缘区的形成及其结构特征》，《天津师范大学学报》（社会科学版），2007年第4期，第39—40页。

南沿海河两岸村庄，1918年以后，北洋、裕元、宝成、裕大诸大纱厂先后成立，小刘庄、挂甲寺、谦德庄、三义庄、小郑庄等处市面逐渐繁荣起来，天津北部的第四区三岔河口附近，本就工商荟萃，因丹华火柴厂、嘉瑞面粉公司、恒源纺纱厂等设立，沿海河和北运河的西于庄、西窑洼等地人口渐多，第五区因华新纺纱厂、明晶玻璃公司等企业设立，小于庄等也日益繁华。此外，天津城边的其他村庄也逐渐城市化，天津大量中小作坊即将原料交给附近村民生产加工，如1929年天津针织作坊154家，多数作坊将工作委托给散处工人在家中编织。① 散工在家承担缝织工作，不独是天津针织业的特征，也是火柴业、军衣等业的生产形态，附近乡区妇女或外来移民常赖做散工生活，在地实现农转工，并在特定地区形成新的聚落，成为新老移民的落脚地。

青岛因德占初期的华洋分治政策，城市空间模式基本为一个中心地带和两块飞地，中心地带为由中山路区隔的欧人区和华人区，两块飞地是专为劳工规划的台东、台西居住区。随着青岛外来移民的增加，华洋分区的严格界域开始松动，大量华商进入欧人区，四大区域间的城市空隙也逐渐为移民迁居，至两次日本占领期间，青岛城市区域一面沿铁路向胶州湾东岸延展，一面充实着内部空间，如表1—8所示，原有的青岛区和鲍岛区依然是人口密度最大的中心地带。

表1—8　　青岛市人口密度比较（1929年度至1931年度）②

（人口密度单位：人/平方公里）

类别 区别	面积	1929年度		1930年度		1931年度	
		人口	密度	人口	密度	人口	密度
第一区	9.750	63964	6560	77256	7923	76314	7827
第二区	3.131	66669	22126	62796	20056	64977	20753
第三区	91.277	41115	450	41538	455	41529	455
第四区	39.855	43050	1080	47649	1196	50544	1268

① 方显廷：《天津针织业之组织》，《清华学报》（社会科学版）1934年第6期，第46页。
② 《青岛市公安局调查管界市民职业分类统计表》，青岛市政府秘书处编：《青岛市行政统计汇编（二十年度）》，编者1933年版。

续表

类别\区别	面积	1929年度 人口	1929年度 密度	1930年度 人口	1930年度 密度	1931年度 人口	1931年度 密度
第五区	51.400	47375	922	51112	994	55122	1072
第六区	356.300	116218	326	119674	336	121578	341
合计	551.713	378381	686	400025	725	410064	743

注：本表人口数均以年度终了为标准；第三区面积系连同各岛屿一并计算，第六区管界均属乡村旷野故面积最大；面积以平方公里计算。

工业化初兴的近代城市在职业结构上还形成一个突出特点，即行业的地域特征明显。如罗澍伟所指出的："由于城市中的一些行业常为来自同一地区的移民所垄断，形成同业或多业相结成'帮'的现象，从而使城市的职业结构、移民的地缘关系以及社区结构三者之间构成又一层次的关系。"[1]唐宋以来，商品经济与手工业的发达已经形成一些颇具地域特色的行业，在移民进城后，普遍形成按照地域和乡土关系集中于某一行业的专业化生产格局，同一行业为某一个或某几个县的移民所专营，这既为乡民进入城市谋生提供了重要的关系网络，也形成城市行业与籍贯的密切关系。施坚雅指出晚清城市人口客籍成分的三个特点：（1）他们都是按原籍在职业上专门化了的；（2）他们都是典型地按籍贯组织起来的；（3）他们的籍贯身份都消失得很慢。[2]举家、举族或举村而迁，不仅是在原籍面临生存危机时尝试新出路的选择，也成为施坚雅所说的一种流动策略——客居可以作为家庭等团体的最大限度扩张方式，实现向上流动，其途径或者是在经济中心地利用商业机会，或者在行政中心地利用读书做官的机会。[3]乡村移民进城时得同乡之力汇聚于同一个行业及同一个里院，形成对某一个行业的垄断，即商帮，如天津近代工商业中先后形成广帮、宁波帮、山西帮、山东帮以及20世纪二三十年代崛起的

---

[1] 罗澍伟主编：《近代天津城市史》，第585页。
[2] [美]施坚雅主编：《中华帝国晚期的城市》，叶光庭等译，中华书局2000年版，第640页。
[3] [美]施坚雅主编：《中华帝国晚期的城市》，叶光庭等译，第642页。

冀州帮。① 晚清以来，在胶东半岛各县已经按地域分布形成特定的行业，黄县和潍县多出商人，文登县多出力夫，海阳县多出水手，即墨多出矿工。② 行业与籍贯的交汇，亦使后来移民按照乡缘与业缘关系各自集中在特定行业中。青岛外省移民中，浙江人多半在机关，宁波人多开商店。③ 这种地域性的行业群体将一些乡村移民置于比较牢固的关系网中，进城不是原子般的个体的散沙般的存在，而是有组织的安排与支持，原来的社会关系网有助于移民迅速获得工作或住房，也要为乡民承担相应的责任。

三 城市社会秩序

城市社会秩序是城市在法律法规、道德规范和舆论引导等外在及内在力量影响下形成的公共领域的运行状况。有序的、稳定的社会秩序有助于移民对城市生活的适应与融入，而混乱的失序的社会则增加了民众的生活成本。社会秩序是城市的形象展示也是内涵体现，构成人们生活的微观情境和社会环境，直接影响着居民生活的舒适度和舒心感。城市提供生活来源也提供精神养料。民国以来，舆论对都市的道德谴责盛行一时，此期的报刊或文学著作中对城市与乡村关注着眼于价值评判，以社会道德和经济发展为价值取向，出现了两种互相矛盾的倾向，他们感叹于城市的先进、愤慨乡村的落后，更指斥城市的罪恶、怀念乡村的美德，前者如雪村指出城市贫民多，盗贼众，疠疫多，④ 坚瓠感叹都市奢侈淫乱之风盛行，从而死亡率与犯罪率也不断增高。⑤ 朱尚文言生来为犯罪性者、浮浪者，都市超越于乡村，酒精中毒者，吸鸦片者，都市为多。⑥ 更有人直指"城市是罪恶之源"⑦。城市之恶即在恶习惯、恶秩序，但青岛和天津则在来访者的印象中，形成不一样的口碑。

---

① 罗澍伟主编：《近代天津城市史》，第541、585页。
② 刘素芬：《烟台贸易研究（1867—1919）》，台湾商务印书馆1990年版，第100页。
③ 《东北游记》，凌耀伦、熊甫编：《卢作孚文集》，北京大学出版社1999年版，第108页。
④ 雪村：《都市集中与农村集中》，《东方杂志》1915年第12卷第9号，第6—7页。
⑤ 坚瓠：《都市集中与农村改造》，《东方杂志》1920年第18卷第17号，第2—3页。
⑥ 朱尚文：《都市与乡村中犯罪的现状及其前途》，《大夏半月刊》1933年创刊号，第31页。
⑦ 熊今悟：《都市社会之形成及其病态》，《社会半月刊》1934年第1卷第5期，第49页。

清代以来天津似乎恶名在外,即使这座城市素有各类社会团体热心公益、扶危助困的传统,也难以抵消混混们对来往过客带来的精神创伤,还有那些刀子嘴豆腐心的普通市民,带给外界关于天津人的典型印象:"京油子卫嘴子,保定府的狗腿子。"来华 50 余年的美国传教士明恩溥写道:"天津人以暴烈而闻名,尤其是在说话上。在整个中国,天津人因为吵架、脾气大而令人望而生畏。在中部省份的某些地方,客栈里都写着这样的告示:'天津人不得入内'。"① 天津民风好斗,"天津土棍之多,甲于各省。有等市井无赖游民,同居伙食,称为锅伙。自谓混混儿,又名混星子。皆悉不畏死之徒,把持行市,扰害商民,结党成群,借端肇衅"。② 但令人厌恶的混混儿也可以平息混乱,既是社会的问题也是社会稳定的工具,③ 天津人也"素来急公好义,守望相助,人情味十分浓重"④。天津充满生活的机遇,更有生活的便利,因有鱼盐之利,腹地广阔,有适于各阶层的食物和生活,特别是普通大众的饮食物美价廉,天津娱乐场所丰富,戏曲相声名满全国,天津人能找乐子,会过日子,有吃有喝,有玩有乐,特别富有生活气息。20 世纪二三十年代,天津是中国的一块大磁石,把天南地北的人往这块忽然走红的土地上吸。⑤

青岛与上海、天津、北平、武汉相比,没有那种历史的厚重感和老于世故的市民,民国时期游人一下轮船往往能感觉到这里短工帮的朴实不能与上海等地精明圆滑的市民相比。⑥ 在德国警察严厉督责下,工人们按照严格规章进行劳作,火车站的苦力身着统一的服饰与标牌为旅客服务,洋车夫们按照先后顺序排队等候客人,街道上干净、整洁、静穆。⑦

---

① [美]明恩溥:《动乱中的中国》,路遥主编:《义和团运动文献资料汇编·英译文卷(上)》,山东大学出版社 2012 年版,第 236 页。

② (清)张焘撰:《津门杂记》,丁绵孙、王黎雅点校,天津古籍出版社 1986 年版,第 87 页。

③ [美]关文斌:《乱世:天津混混儿与近代中国的城市特性》,刘海岩译,《城市史研究》第 17—18 辑,天津社会科学院出版社 2000 年版,第 18—37 页。

④ 《指指点点说津门》,冯骥才:《案头随笔》,中州古籍出版社 2005 年版,第 239 页。

⑤ 《指指点点说津门》,冯骥才:《案头随笔》,第 230 页。

⑥ 抚瑟:《青岛回顾记》,《新游记汇刊》卷 10,第 11、12 页。

⑦ Gardner L. Harding 'Tsing-tao, Key to what', Everybody's Magazine, Feb. 1915, (32), p. 149.

卢作孚1930年6月曾由上海乘船到青岛，到达与离开时均感觉到青岛码头的秩序井然。来时，"码头边站的中外人士好像比苦力还多些，并不像长江各个码头那样嘈杂拥挤"。离开时，看到"轮船开到，仍无力夫拥挤，客人都从容下船，很有秩序。又令我们联想到长江码头了，乱得来客人害怕"[①]。郁达夫的印象中："从海道去青岛的人对她所得的最初印象，比无论哪一个港市，都要清新些，美丽些。香港没有她的复杂，广州不及她的洁净，上海比她欠清静，烟台比她更渺小""北戴河的气候，当然要比青岛的好，但人工的设备，地面的狭小，却比青岛差得很远。"[②]梁实秋居住青岛四年，对青岛多有赞誉，干净、美丽、淳厚、有序。"我想在全国各都市里，青岛是最干净的一个。""青岛民风淳厚，每于细民中见之。我初到青岛，看到人力车夫从不计较车资，乘客下车一律付与一角，路程远则付二角，无争论者。这是全国所没有的现象。"青岛冬暖夏凉，风光旖旎，而人情尤为淳厚，吸引了闻一多和梁实秋来此工作。[③]文人笔下的青岛满是温馨的回忆，但车站也常常暗藏危机，外乡人常常落入客拉子的包围不得脱身，车夫与客栈出演双簧高价诈骗过客的劣迹也屡见报端，但对于近代中国，青岛仍不失为安宁而有序的世外桃源，吸引着山东地主和农民来此避难求生。

小　结

开埠前的天津和青岛并非如一般描述的是一个停滞不前的、僵化保守的社会，在明清以来，在全国活跃的商业化进程中，两个地方经历着快速的发展，由偏远的海隅边陲到军镇、市镇，在区域转运贸易中发挥了独到作用，尤其是天津，明清以来已经具备了一定的城市规模和雄厚的商业根基。与传统社会商业贸易的活跃相应的是城乡手工业的维持与

[①] 《东北游记》，凌耀伦、熊甫编：《卢作孚文集》，北京大学出版社1999年版，第105、108页。

[②] 郁达夫：《青岛巡游》，闻一多等著，公曰、张蓉编：《客居青岛》，青岛出版社1999年版，第17—18、20页。

[③] 梁实秋：《忆青岛》，闻一多等著，公曰、张蓉编：《客居青岛》，第32、35—36、44页。

发展，这为开埠之后工商业的近代化启动提供了技术与人才基础，同时也为近代工厂生产形成有利的补充。

天津城因北京建都作为军事重镇而筑城，明清时期作为拱卫京师之门户和转运漕粮之枢纽，自海通以来形胜日重，从19世纪的军事海防重地，到20世纪初的对外交涉及晚清新政中心，北方对外贸易的最大海港；再到20世纪20年代经贸实力的增强，民族工业和华资银行的兴起，成为"继上海之后中国最令人瞩目的工商业城市"[①]。青岛则在自1891年胶州湾设防到1937年抗日战争时国民政府退出的四十余年间，从荒凉渔村到现代都市，从世人鲜知到蜚声海内，不仅改变了山东省和华北区域的经济社会发展格局，也为青岛地区的长期发展奠定了坚实的基础。两地在近代城市中脱颖而出，也实现自身的蜕变，无论是天津的从小扬州之名到小巴黎之谓，还是青岛从渔村到"样板殖民地""东方瑞士"的转换，都从语义上指明了天津和青岛走向近代化的转变历程及其成就，两者也成为近代北方城市尤其是港口城市中的双子星。

在1928—1937的十年，两市都是北方重要的工商业城市，商业贸易和商品运输业、工业尤其是纺织业作为城市的支柱产业，商人和工人是城市最主要的职业，更是移民进城谋生的主要渠道。行业与地域的交集、经济空间的大分散小聚居也基本奠定乡村移民在城市生活的基本范围。城市物质景观是历史的积淀，由于外国占领者在城市规划时采取华洋分治的隔离政策，两个城市的地理空间差异非常明显，中外统治者不同时期的规划层累地叠加，形成两市20世纪30年代城市风貌：别墅区与杂院区、富人区和贫民区、洋人区和华人区赫然有别，空间的地理势差显示出经济地位、社会地位的差异。职业的多样性吸引了乡民进城，居住的边缘性则定格了移民的聚居群落，天津居民多集中于第一区和第三区。青岛居民多聚居于第二区和第一区，老城区依然是吸纳人口最多的区域。

天津和青岛都是在外力推动下的口岸城市，外国资本势力控制了主要经济部门；同时租界的政治地位也吸引了大量下野军阀官僚、前清遗老遗少、新兴资本家的投资入驻，无论是在投资工商业方面还是拉动城市消费方面都对城市经济发展产生重要影响。但外资的操纵与融入世界

[①] 张利民主编：《解读天津六百年》，天津社会科学院出版社2003年版，第50页。

市场也加剧了两市经济发展的不确定性和波动局面，极大影响了移民生活。在政治上，天津是多元政治中心，官长更换频繁，政治局势不稳，城市本身的分离化状态以及华北农村经济的整体萧条，使得天津这座城市长期受困于政治与经济的不稳定。① 而青岛基本是一元政治中心，市政府控制力强，政策执行力度较大，相对安定。在社会结构上，青岛传统势力如帮会、脚行、混混、军阀及商人势力较弱，天津多种社会力量渗入到各工厂和运输组织中，其制约作用更明显。政治力量与社会力量的差异使得两市对乡村移民生活产生不同层面的影响，并从不同维度推动乡民的社会融入。

---

① ［美］贺萧：《近代天津城市的塑形》，任吉东译，《城市史研究》第28辑，天津社会科学院出版社2012年版，第219页。

第二章

农民进城与城市人口结构

晚清以来的中国四千年未有之变局，包涵着太多丰富的内容，其变动之维度，有中国世界地位的变化、思想观念的递嬗、制度模式的革新、产业结构的调整、社会阶层的重构、生活方式的更新等，其牵涉之群体，上至皇家百官，中及知识精英、商贾工匠，更及雇农贫农。在此变局中，传承已久的皇族国家解体，地方权势蜂起，口岸城市膨胀，乡村产业崩溃。历史的变迁提供了时代的机遇，也构成残酷的挑战，在天津、青岛等近代城市的兴起，广大乡村走向动荡、无序与衰败，也形成有史以来最大规模的、持续性的离乡潮。农民何以离家去乡，为何及如何进城？把握乡村移民进入城市的前传，不仅是历史研究中出于交代背景的规范式考虑，更有助于理解乡村移民的城市生活状况及其特点（如居住空间、谋生方式、社会交往）。本章挖掘城市档案和媒体报道，剖析农民进城的原因、渠道及其影响。

大规模的乡村移民进城是伴随着工业化的发展而产生，18世纪后半叶以来，英、法、美等国相继经过工业革命，农业在国民经济结构中的比重下降，而工矿业和商业集聚的区域生产力飞速发展，吸引大量农业劳动力向城镇流动，形成近代城市化浪潮。[1] 中国农民进城，古已有之，但多为短暂性的市场交换、临时性的进城乞讨或探亲访友，尚不足以称之为迁移，而是并未长期改变居住地的人口流动。自晚清以来实业初兴，政局不宁，民生艰难，乡村凋敝，城市发展，农民开始纷纷离乡进城，

---

[1] 王章辉等：《欧美农村劳动力的转移与城市化》，社会科学文献出版社1999年版，第3—9页。

并于 20 世纪 20—30 年代达到高潮，天津和青岛人口于此期亦增长最快，但与西方发达国家系由生产力变革引动的农民进城不一样，中国农民的进城更多是在乡村失序的生存困境下的被迫选择。

第一节　农民进城原因

父母在、不远游是传统孝文化对男儿的谆谆告诫，家庭本位的价值传统和扎根土地的耕作方式积淀下中国农民安土重迁的传统心理，聚于乡则治，聚于城则乱，则是传统儒家治国安邦的基本理念，安于乡土，守护家园已经积淀成中国乡民的心理模式和行为模式。但鸦片战争以来，大批农民纷纷离乡，城市人口激增，乡村日益衰败，何以去其乡、舍其家？中国有史以来最大的离乡潮何以形成？

关于人口迁移的原因与规律，自工业进程启动后，即为西方学术界所关注，马克思曾论述了资本主义生产发展与人口迁移间的内在联系，指出不同生产方式有不同的迁移形式；人口学家唐纳德·伯格阐释的"推力—拉力"理论、经济学家刘易斯的两部门结构发展模式、经济学家舒尔茨创立的"投资—效益"理论、托达罗针对发展中国家提出的劳动力迁移模式[①]主要从经济结构与地区差异方面阐释了人口迁移的影响因素。其中，"推—拉"理论自 20 世纪 50 年代提出以来，因其全面而简明，被广泛用于解释人口迁移的原因。唐纳德·伯格认为，人口迁移是迁出地和迁入地中两种不同方向力量作用的结果，他从收入和生活水平、发展机会、生态环境、社会网络等方面分析了迁入和迁出地的吸引力和阻碍力。[②] 尽管其开标签式的推拉因素分析受到一些学者的批评，有过于简化之嫌，但对分析移民进城提供了基本而清晰的思路。

国内学者关于农民离村原因的研究成果主要立足于对农村情况的调查资料，关注 20 世纪 30 年代农民离村的共时性探讨。近代学者强调三大

---

① 马侠：《人口迁移的理论和模式》，《人口与经济》1992 年第 3 期。

② Bogue D. J. Internal Migration, P. Hauser, O. D. Duncan, eds. *The Study of Population.* Chicago：University of Chicago Press，1959. pp. 486 – 509. 转引自肖周燕《人口迁移势能转化的理论假说——对人口迁移推—拉理论的重释》，《人口与经济》2010 年第 6 期，第 78 页。

因素：资本帝国主义者对农村经济的破坏；军阀土豪劣绅对农民的榨取；天灾人祸对农民加紧压迫。①择要言之，一为天灾，一为兵祸。② 20世纪90年代以来，学者对于农民离村直接原因的分析侧重于人口压力③、生产力压力④、环境压力（天灾兵匪及帝国主义侵略）⑤、城市吸引力⑥及推拉力综合因素⑦。夏明方强调："在所有的因素之中，自然灾害或者说生态环境的突变和恶化是其中最主要的直接推动力和触发力"⑧。张利民等认为环渤海地区人口迁移的原因有：一是地少人多的人口压力；二是各种自然灾害的肆虐；三是人祸频仍、战乱匪祸和苛捐杂税；四是城市发展对农村人口的吸引；五是外国资本主义经济对本地区经济的冲击。⑨上述研究均指向天灾兵匪、帝国主义侵略、苛捐杂税、城市吸引等方面。揆诸城市资料，可以发现，在城市化的不同时期，在城乡关系演进的不同阶段，推力与拉力的强度及对个体影响极不平衡。在工业化兴起初期和对外商、官僚与南方移民而言，城市的吸引力无疑更大，对乡村移民来说，城乡间的作用力存在着因人、因地而异的情形。

一　城市发展的吸引因素

天津城初置时，军屯为主，盐业为辅，随着港口贸易的繁荣，商人

---

① ［日］田中忠夫：《中国农民的离村问题》，《社会月刊》1929年第1卷第6期，第1—15页；马松玲：《中国农民的离村向市问题》，《生存月刊》1932年第4卷第1期，第84—90页；逸民：《中国农民离村向市问题的解剖》，《时代青年》1933年第16期，第16页；董汝舟：《中国农民离村问题之检讨》，《新中华》1933年第1卷第9期，第7—8页。

② 吴至信：《中国农民离村问题》，《民族杂志》1937年第5卷第7期，第1172页。

③ 彭南生：《近代农民离村与城市社会问题》，《史学月刊》1999年第2期。

④ 王文昌：《20世纪30年代前期农民离村问题》，《历史研究》1993年第2期。

⑤ 李凤琴：《20世纪二三十年代中国北方十省农民离村问题研究——以华北地区山东、山西、河南、河北为重点》，《中国历史地理论丛》2004年第2期。

⑥ 周应堂、王思明：《近代农民离村原因研究》，《中国经济史研究》2011年第1期。

⑦ 夏明方：《民国时期自然灾害与乡村社会》，中华书局2000年版；王印焕：《1911—1937年冀鲁豫农民离村问题研究》，中国社会出版社2004年版；池子华：《农民工与近代社会变迁》，安徽人民出版社2007年版。

⑧ 夏明方：《民国时期自然灾害与乡村社会》，中华书局2000年版，第109页。

⑨ 张利民、周俊旗、许檀、汪寿松：《近代环渤海地区经济与社会研究》，天津社会科学院出版社2002年版，第457—465页。

转迁日益增加,"津邑居民,自顺治以来,由各省迁来者十之七八"。① 至晚清时期,实业兴办,产业工人基本来自农村。洋务企业成为技术工人的摇篮。1880 年,北方第一座船舶修造厂——大沽船坞兴建,技术工人来自南方,普通工人则来自大沽附近农村的铁匠、木匠以及破产的农民、渔民等,总共有 600 余名,成为北方的第一代造船工人。② 北方第一家资本主义性质的大型重工业——启新洋灰公司经常雇用的工人,在 1806—1911 年为 200—300 人,1912—1914 年约为 1500 人。启新工人多数来自唐山附近各县和山东省农村,但机器工匠最初是从天津机器局和银元局来的。③ 城市发展对劳力的需要与乡村的动乱,加快了农民进城的速度与规模,天津近代工商业起步之际,也是城市人口激增之时。咸、同年间,和西方各国通商互市,外地来者逐渐增多;又遇内地多年饥馑,灾民扶老携幼而至,庚子之后,河北各县遭罹变乱,民众以天津为乐土而赴。④ 商业与就业的吸引、乡村饥馑、社会动荡的推动成为早期天津人口增加的主要原因。

德国初占青岛时,从南方招用的工人很抱团,瞧不起作为锻工与苦力的山东人,故青岛船坞工艺厂招收山东农民子弟加以培养,从 1902 年到 1908 年总计招收了 490 名来自山东农村的学徒。⑤ 1900 年德国人建四方机厂时,270 名中国工人,多数是来自当地的铁匠、木匠,少数是从上海、天津等地招来的技术工人。⑥ 整个德占时期,从山东农村和全国各地涌来的技工、壮工等每年保持在数万人。⑦ 乡村移民成为城市早期工人的重要来源,也为此后源源不断来此谋生的家乡父老提供了关系网络。

---

① 徐士銮:《敬乡笔述》,张守谦点校,天津古籍出版社 1986 年版,第 127 页。
② 徐景星:《天津近代工业的早期概况》,中国人民政治协商会议天津市委员会文史资料研究委员会编:《天津文史资料选辑》第 1 辑,天津人民出版社 1978 年版,第 130 页。
③ 徐景星:《天津近代工业的早期概况》,中国人民政治协商会议天津市委员会文史资料研究委员会编:《天津文史资料选辑》第 1 辑,第 150 页。
④ 王守恂:《天津政俗沿革记》,天津市地方志编修委员会:《天津通志·旧志点校卷》(下),南开大学出版社 2001 年版,第 25 页。
⑤ 青岛市档案馆编:《胶澳租借地经济与社会发展——1897—1914 年档案史料选编》,中国文史出版社 2004 年版,第 429—431 页。
⑥ 山东省地方史志编纂委员会编:《山东省志·铁路志》,山东人民出版社 1993 年版,第 420—421 页。
⑦ 寿扬宾编著:《青岛海港史(近代部分)》,人民交通出版社 1986 年版,第 53 页。

中国在机器大工业发展的同时，传统行业如丝茶却在国际市场竞争中丧失有利地位而衰落，大量农村剩余劳动力不能被农村工业吸收。[①] 外来商品涌入破坏了中国乡村以农为食以工为用的乡村家庭生计模式，[②] 随着城市建设的发展和乡村经济的破产，乡村移民陆续进城。天津在未开商埠以前，人民职业，多务渔耕，其次是业商者。通商以后，天津为华北商务汇集之区；渔业农业渐渐被淘汰；同时工业品的需求旺盛，故乡民恒趋于市区，投身工业，人口遂亦激增。[③] 天津的近代产业工人，一般都来自北方农村中破产的农民或手工业者。[④] 20世纪30年代初的纱厂、针织厂工人，天津籍多者占24.78%，少则仅3.3%，[⑤] "查学徒以农家子弟为多，此种去农就工离乡赴市之趋势，可为吾国工业化中最显著之现象"[⑥]。天津织布业中，河北和山东籍工人占总数的94.3%，"其趋驰津市，无非为谋生计焉"[⑦]。地毯业的354名工人中，河北籍326名，山东籍15名，占工人总数的96.3%。[⑧] 青岛华新纱厂创办后，其学徒、工人来自山东各地农村。[⑨]

除了工人，城市中大量商店学徒、无业者亦多来自农村。商店的学徒、店伙多与各店经理有地缘关系。媒体评论道，山东排斥他籍人，其性颇强，官厅用人无论矣，即社会商业，亦复如此，大抵登莱青各邦，团体甚固，外省人几无从插足。[⑩] "旧社会，本市商号帮派观念浓厚，一般是从经理到店员多任用本县人。"青岛义聚合钱庄打破了帮派观念，录用外县人，为从业者所赞许，但其店员之中，与经理同籍的掖县人依然

[①] 刘佛丁主编：《中国近代经济发展史》，高等教育出版社1999年版，第151—156页。

[②] 费孝通：《中国士绅——城乡关系论集》，赵旭东、秦志杰译，外语教学与研究出版社2011年版，第137—141页。

[③] 《天津市之风俗调查》，《河北月刊》1933年第1卷第3期，第1页。

[④] 来新夏主编：《天津近代史》，南开大学出版社1987年版，第123页。

[⑤] 方显廷：《中国之棉纺织业》，上海商务印书馆1934年版，第133页；《天津针织工业》，南开大学经济学院1931年版，第72页。

[⑥] 方显廷：《天津针织工业》，南开大学经济学院1931年版，第72页。

[⑦] 方显廷：《天津织布工业》，第66、77页。

[⑧] 方显廷：《天津地毯工业》，第70页。

[⑨] 青岛市李沧区政协文史委员会编：《李沧文史》第4辑《记忆中的村庄》（中），青岛出版社2008年版，第157页。

[⑩] 《青岛归客谈胶澳近况》，《申报》1923年1月19日第9版。

居多数，外地人占少数。① 近代天津和青岛均是典型移民城市，外地移民中除外国侨民、官僚地主移民、南方的商人、买办、技工移民外，绝大多数移民来自华北农村，传统中国的基本职业分层和社会结构决定了近代中国城市中下层民众多来自农村。

二 农村失序的推动

20世纪20年代为移民人口增加最快速的时期，两市人口增加主要系乡村发展环境恶化，主要表现为兵匪成灾、捐税繁杂，使得乡村社会失序，农民被迫离乡。晚清以来，统一的皇权国家秩序已经崩溃，新的民族国家秩序尚未建立，各种权势集团狼奔豕突，强权横行，社会失序，民不聊生。1912—1937年，各地军阀与豪绅的强取豪夺和苛捐杂税成为困扰各地农村的首要问题。中国各军事集团各政治派系之间频繁的争斗与割据无一不伴随着军事行动与交锋。进入20年代后，华北外患侵寻、内乱频作，先是直、皖、奉各系旧军阀的跨省域交战，随后是新旧军阀及新军阀间的混战，战争断断续续绵延至1930年。内战稍歇，日本侵略旋即而至。战乱中的农民遭受着严重的苦难，如马若孟所言："没有其他现象对农村造成过像敌对的军事集团互相争夺地盘时造成的这样的动乱和不幸。"②

政权的武力化和割据化使整个社会陷入严重的失序状态，匪患与兵灾轮番蹂躏，尤其以京津门户、华北军事要地河南和山东为重。山东匪患不绝，其土匪之猖獗，分布地区之广，仅次于河南。③ 至1918年，"兖、沂、曹、济一带，上产之家必通匪，不通匪则无以保业；中产之家必蓄匪，不蓄匪则无以安生；贫穷之人必为匪，不为匪则生活无路"。④ 横行鲁南胶东的刘桂棠或为匪，或为兵，所到之处，烧杀奸淫，

---

① 杨浩春、周岱东：《青岛义聚合钱庄》，青岛市政协文史资料委员会编：《青岛文史撷英》（工商金融卷），新华出版社2001年版，第271页。
② [法] 马若孟：《中国农民经济——河北和山东的农业发展，1890—1949》，史建云译，江苏人民出版社1999年版，第313页。
③ 蔡少卿主编：《民国时期的土匪》，中国人民大学出版社1993年版，第125页。
④ 《钱锡霖为解决山东匪祸条陈》（1918年11月29日），章伯锋、李宗一主编：《北洋军阀1912—1928》第1卷，武汉出版社1989年版，第638页。

无所不为。① 居民极感不安，凡有资财者，均纷纷迁避，以致"胶路来青之客车，此项避难者极形拥挤"②。孙宝善和李小七等数股土匪则自1930年起，各聚众数百人，在胶县抢劫绑架，烧杀掳掠。③ 据各县地方志载，1912—1935年鲁省107县中有84县有土匪武装力量出没。④ 山东聊城因兵灾匪祸，"占山东灾区第一把交椅"，屡遭兵匪洗劫，元气大伤，城东南二十余村，一片焦土。⑤ 河北每遇战事，沧州、静海、独流等邻近各县难民即往京津等地逃生。⑥ 1920年"北仓、杨村一带，已有战事发生，居民异常恐慌，现多有避难来津者"⑦。战乱频繁，至一地有事，邻乡皆如惊弓之鸟，应时而动。如杨村军队开火，"而北仓辛庄、西沽堤头、宜兴埠一带之居民，异常恐惶，均纷纷迁移"⑧。虽无战事，看见军队拥挤也担心有意外发生或无心安居，正定、静海、独流、梅厂等县或镇的乡民大帮逃难到天津。⑨ 1926年直鲁连军和奉军在河北交战，看见军队开来占用民房，天津周边大量乡民会来津沽避难。⑩ 自日军逼近平津后，天津附近各乡村之农民，既害怕溃兵掳掠，又担心敌兵暴行，而以天津为安全地，于是贫民妇孺，多相率逃至津郊一带。另据难民称，家乡本无战事，不过时受溃军凌辱，百姓供给民房饮食，军队甚至逼勒钱财，故不

---

① 王秉伦等搜集：《杀人魔王刘黑七》，中国人民政治协商会议山东省委员会文史资料研究委员会编：《文史资料选辑》第16辑，山东人民出版社1985年版，第152页。
② 《内地居民来青避难》，《青岛时报》1934年4月17日第6版。
③ 王相：《胶城匪乱》，中国人民政治协商会议山东省胶州市教科文卫体与文史工作办公室编：《胶州文史资料》第20辑，内部资料，2006年，第53页；胶州市志编纂委员会编：《胶州市志》，新华出版社1992年版，第653、596页。
④ 张金保：《民国时期山东土匪问题论析——以社会调控论为视角的探讨》，硕士学位论文，山东师范大学，2007年。
⑤ 《山东旅行第六信：聊城元气难复》，天津《大公报》1931年4月27日第5版。
⑥ 《难民来津》，《益世报》1921年1月15日第10版。
⑦ 《逃难来津之狼狈》，天津《大公报》1920年7月15日第10版。
⑧ 《杨村居民逃难来津》，《益世报》1925年12月11日第10版。
⑨ 《各处乡民逃难来津》，《益世报》1922年4月20日第10版；《难民来津》，《益世报》1926年4月18日第11版。
⑩ 《北乡忽又有难民来津》，《益世报》1926年1月11日第10版载：继南乡3000余难民来津后，北乡又来300余人；《难民来津》，《益世报》1926年4月15日第11版载：北仓、军粮城、西北乡大量来津沽避难；《难民来津》，《益世报》1926年4月12日第11版载：杨村2000余人均乘火车到天津避难；《难民来津》，《益世报》1926年4月27日第11版载：津浦路沿路各县居民牵携孥妻避难天津。

能不走。① 难民在战事稍定后虽多数回乡，但留津者仍不少。② 山东冠县农妇王陈氏因连年兵荒，举家来天津。③ 从青岛市贫民调查情况来看，来自胶县、临沂、平度、日照等匪祸重灾区的贫民亦最多。④ 从 24 户进入习艺所的请求来看，有 7 户因家乡匪灾侵扰，进城避难。⑤

战争肆虐和土匪滋扰交相为害，农民不仅生活无法安定，财物为其掳掠，且又因政局不宁，捐税加增，富户贫民均不堪负累。乡村地主感叹，"苛捐杂税，固应减免，军队过多，坐食农民脂膏，为农民破产之最大原因。"捐税与兵匪实则均与政治局势相关，彼此引动。舆论认为，"中国人民之最大痛苦，为饱受苛虐之政而无从呼吁"。⑥ "盖中国今日全国之捐税制度，乃世界之最恶者"⑦，捐税名目繁多，以天津乡民为例，"关于捐税者，田地正赋，田赋附加捐如区经费、建设费、度量衡捐。他若房捐、车捐、警察捐、警察附加捐、屠宰税、青苗捐等"。"其他杂费者，村公所费，官公费如派官车费、摊警察制服费等，统计其正税附加税，及杂费等，为数甚巨。"⑧ 有军队驻扎与经过的农村，尚有临时杂费，"如支应军队之索车马，要人伕，派给养，挖战壕等等之费用。"⑨

与民国初年的富户、青壮年进城不同，此时，因兵匪交乘，乡村不宁，无论贫富、良否均有离乡倾向。"乡村富户既多移寓平、津，而贫苦农民亦因农村破产，无以资生，群相麋集工业中心，谋求生路，因而津

---

① 记者：《天津东局子难民视察记》，《北辰杂志》1933 年第 5 卷第 9 期，第 1—2 页。
② 吉长：《参观天津难民窝铺记》，《生活周刊》1933 年第 1 卷第 24 期，第 147 页。
③ 《交友不慎闹得家破人亡》，天津《大公报》1930 年 4 月 2 日第 9 版。
④ 《西岭贫民住窟户口表》（1931 年 10—12 月调查），青岛市档案馆藏，档号：B21 - 1 - 4；《青岛市各公安分局管界贫民调查表》（1932 年 4—6 月调查），青岛市档案馆藏，档号：B21 - 3 - 69。
⑤ 《青岛总商会收请入贫民习艺所函件》（1929 年），青岛市档案馆藏，档号：B38 - 1 - 482、483。
⑥ 《呜呼苛捐杂税》，天津《大公报》1929 年 12 月 17 日第 2 版。
⑦ 《社评：取消苛捐杂税之呼吁》，天津《大公报》1930 年 10 月 14 日第 2 版。
⑧ 《一个天津乡民陈诉四乡农民疾苦》，《益世报》1934 年 1 月 6 日第 11 版，农村问题专页第 1 号。
⑨ 《关于苛捐杂税 一个简略的分析》，《益世报》1934 年 1 月 20 日第 11 版，农村问题专页第 3 号。

埠人口大见增加。"天津人口从 1922 年的 80 万，1931 年增至 1388747 人。[1] 各县的逃犯或兵匪被打散后，往往进城避难，或遣散进城。"1930 年 5 月，胶州闹兵灾，土匪乘机行劫，除城里富商外，受影响的农民不少人来青岛避难，还有像土匪陈宝璋部下被王台红枪会打散后，也来青岛躲避红枪会并谋事"[2]。安邱县景芝镇人赵丕君原以看坡为业，后因玩枪走火，又不慎打伤警察，便逃来青岛。即墨台头村人邵守法曾于 1935 年腊月初绑架村民，1936 年腊月又到本家邵守江家抢劫，于年底跑来青岛推大车，当苦力谋生。[3] 青岛社会局称："胶澳一区民风向称淳朴，青市在从前有夜不闭户之风，自近来内地各县举办清乡，匪人遂群以青市为逋逃薮而宵小鼠窃之辈亦遂由此渐多。"[4] 天津那些资遣回籍的军人，依然身着军装，招摇过市，不少沦为乞丐。[5] 江苏人李氏，19 岁，1935 年被盗匪张星三等结伙由家抢出，迫嫁匪伙陈有守为妻，于当年 12 月随张匪等同来天津。[6] 张秦氏，23 岁，江苏省赣榆县人沙河子人，1935 年被匪人张星三绑架奸占为妻，同年 10 月，随张匪来津，在日租界居住。[7] 匪徒被抓住后，妻儿往往无以为生，只有投靠救济院。

三 经济崩溃的影响

农村崩溃表现得最为显著的是农田荒芜、受灾区域的扩大与农村生产的衰落，以及疾疠的发生。[8] 首先，农村土地不足、分配不公产生的农村人地矛盾突出。农村经济压力不仅在于人均土地尚不足维持温饱，且地权失衡，贫户生存更为艰难。1918—1920 年，山东省人均耕地面积在

---

[1] 《天津海关十年报告》(1922—1931)，天津社会科学院历史研究所编辑：《天津历史资料》第 5 期，天津社会科学院历史研究所 1980 年版，第 86 页。
[2] 《1930 年青岛市公安局侦缉土匪案卷》，青岛市档案馆藏，档号：A17-3-572。
[3] 《1937 年青岛市公安局侦缉土匪案卷》，青岛市档案馆藏，档号：A17-3-1540。
[4] 《青岛市社会局公函 263 号：为函请调查本市交通状况保卫情形希查照见复由》(1932 年 9 月 23 日)，青岛市档案馆藏，档号：A17-2-399。
[5] 《退伍军人滋扰》，天津《大公报》1929 年 1 月 16 日第 12 版。
[6] 《本院妇女所院民收容保领：天津市救济院妇女所收文字第 395 号》(1936 年 12 月)，天津市档案馆藏，档号：J131-1-737。
[7] 《本院妇女所院民收容保领：天津保安司令部第 966 号公函》(1937 年 1 月 20 日)，天津市档案馆藏，档号：J131-1-737。
[8] 《发刊词》，《益世报》1934 年 3 月 3 日第 11 版，"农村周刊"第 1 期。

2.94亩—3亩;① 1933年人均耕地2.98亩；河北农村人地比例在20世纪二三十年代是1：4.2亩。② "中国农民经济的困难,当莫过于今日"③,在河北定县,由于人口过剩,谋生困难,一般有志的男子（他们不一定有农田）,多"下关东",总计每年有五六万人。④ 胶东各县因人多地少,或山多地瘠,所产粮食,不足自给,或仅供半年,或不足十月,海阳、牟平、文登、福山、蓬莱、黄县、栖霞、掖县、招远、昌邑等县都不同程度地存在食粮不足的问题。⑤ 在调查的65位天津铁路职工作工原因中,因乡间生活困窘的有23人,占35.38%,在乡业农者几乎由"生活困难""水灾"等原因觅食来津。⑥ 据1930年底的统计,天津市境内的农户共438户,农民人数共2783人,农地3981.3亩,人均耕地仅1.43亩,而且西北或北边村庄地势低洼,易成水灾,农民基本不能以务农自给。故周边各村中务农者很少,村民基本依赖副业谋生,以地利之便,进城谋生,或贩卖菜蔬、鱼虾等做小本经营,或拉车、进厂、做苦力等；妇女则为附近工厂糊火柴盒、缝制军衣军帽补贴家用。⑦

其次,外国货物的倾销和国际资本的剥削,给农业带来重大冲击。一般认为,我国农村崩溃之原因,"要不外国外帝国主义之侵略,国内封建政治之剥削,及土豪劣绅之重重侵蚀"⑧。随着外国工业产品进入城乡,广大地区男耕女织、农工兼业的自给自足经济模式逐渐解体,农村经济日益嵌入世界市场体系中,"商品输入,逐年增加,破产内地原有的经济

---

① 《民国山东通志》第1册,山东文献杂志社2002年版,第241页。

② 张利民、周俊旗、许檀、汪寿松：《近代环渤海地区经济与社会研究》,天津社会科学院出版社2002年版,第458页。

③ 张镜予：《中国农民经济的困难和补救》,《东方杂志》1929年第26卷第9号,第11页。

④ 鲁绍柳：《河北定县农村之改进》,上海《申报》1935年6月10日第12版。

⑤ 殷梦霞、李强选编：《民国铁路沿线经济调查报告汇编》第5册,国家图书馆出版社2009年版,第190、213、236、334、407页。

⑥ 刘东流：《天津铁路工人家庭与人口的分析》,《现实生活》1937年第1卷第6期,第20页。

⑦ 吴瓯主编：《天津市农业调查报告》（1931年）,王强主编：《近代农业调查资料》第9册,凤凰出版社2014年版,第1—48页。

⑧ 张鲁山：《农村不安之总分析　续》,天津《大公报》1930年6月11日第2版。

基础，已使各农村趋于慢性的枯竭。"① 世界经济危机使外国货物充斥农村，增加了农民的支出，同时破坏了农村家庭手工业，减少了农民的收入，因此农民易于受到饥饿的威胁。② 民国成立以来，帝国主义为扩充其在华势力，一面推动封建军阀的割据局面致使内战不断，农村建设遭到破坏，农村剥削不断加重；另一方面，帝国主义过剩商品的侵入，演成土产价跌，利息沉重。水旱天灾和高利贷剥削也是促成农村经济破产的因子。③ 在青岛，由于渔民捕鱼方法守旧，又加之日本对渔业的侵略，"在这年头，无论渔户渔工，都遭遇着悲惨的命运，血本尽失，而债台高筑"④。

最后是频繁的水旱天灾，使农民处境雪上加霜。从1912年至1949年，河北、河南、山东、山西共发生水灾250次，占全国水灾7408次的30%，旱灾1993次，占全国旱灾5935次的34%，虫灾757次，占全国1719次的44%。⑤ 民国初创至1937年全面抗战爆发，华北最严重的天灾有1917年的河北水灾，历时10月，受灾103县，灾民635万余人。水灾元气未复，1920年又发生华北五省旱灾，受灾317县，灾民1989万余人。1923年18省水灾，灾情以冀、湘、赣、闽、鲁、豫、鄂各省受灾最重，灾民2027万余人。1927年的山东蝗灾，灾民达700万人，农作物受损严重。1928年华北八省旱灾，冀南鲁西春旱成灾，西北又夏秋大旱，灾民达3339万余人。1931年江淮运三大河同告水灾，年岁歉收，民生受困，农民尤占绝对多数，抛弃田园，流离失所。⑥ 1933年后，华北农村水旱交作，并受世界经济危机之波及，不仅农民生活困顿，中小商人亦受影响，歇业日多，家贫如洗，致各处灾民盈道，饿莩遍野。乡民纷纷向都市求生。郭荣起老家山西太原，几代都是雇农，其祖父年轻的时候给

---

① 陈醉云：《复兴农村对策》，《东方杂志》1933年第30卷第13号，第112页。
② 姜解生：《一九三二年中国农业恐慌的新姿态——丰收成灾》，《东方杂志》1932年第29卷第7号，第13页。
③ 《吕品：中国农村经济破产原动力之一 到处盛行的高利贷》，《益世报》1934年1月6日、13日、20日、27日第11版，农村问题专页第1号—第4号。
④ 王志超：《青岛渔村一瞥》，上海《申报》1936年5月19日第8版。
⑤ 夏明方：《民国时期自然灾害与乡村社会》，中华书局2000年版，第34页。
⑥ 林松年：《从我国农业灾害说到今后防灾问题》，《中农月刊》1948年第9卷第2期，第10—13页。

人家看果树园子,"后来因为闹灾荒,在家里呆不下去了,就逃荒到北京,在天桥附近的一家杠房里做工。"① 剧作家崔嵬出生于山东诸城县的贫农家庭,因1922年家乡大旱,举家迁往青岛。13岁的崔嵬到大英烟草公司当了一名童工。② 从天津《大公报》记者蒋逸霄对"津市职业的妇女生活"报道(见表2—1)来看,信息较完整的16名妇女中,有9位是家乡生活困难而入城求生,6位进城投靠亲人或由亲人、乡邻带到城市谋生,1位是躲避丈夫虐待逃往城市。

表2—1　　　天津《大公报》"津市职业的妇女生活"中
关于农村妇女移居天津的情况统计

姓氏	籍贯	进城原因	城市职业	天津《大公报》"津市职业的妇女生活"出处
王宋氏	河南归德	到天津寻亲后定居	缝穷妇	19300208（11—12）
董妈	沧州	夫亡,无人照管田园家,家道衰落	佣妇	《(续)上等家庭的佣妇》19300209（11）
张妈	唐山	夫虐待,逃到天津	佣妇	《(三续)两重压迫下的佣妇》19300212（11）
王奶妈	武清	家产荡尽生活困难	奶娘	《(四续)奶娘之痛》19300215（9）
不明	杨柳青	家乡闹灾	女仆	《(五续)保姆式的佣妇》19300218（11）
张阮氏	滦县	年岁歉收,兵灾匪祸,无法度日	佣妇	《(六续)最舒适的一种佣妇》19300221（11）
陈姥姥	文安	乡下闹水灾	接生	《(十续)专门接生的陈姥姥》19300303（9）
李玉英 李杏弟	宁波	理发店老板娘带来	理发匠	《(十二续)永记的女理发师》19300307 第9版

① 郭荣起:《我的学艺经过》,中国人民政治协商会议天津市委员会文史资料研究委员会编:《天津文史资料选辑》第14辑,天津人民出版社1981年版,第206页。
② 刘元鸣主编:《话剧与青岛》,中国戏剧出版社2006年版,第9页。

续表

姓氏	籍贯	进城原因	城市职业	天津《大公报》"津市职业的妇女生活"出处
不明	文安	家乡闹水，田园荒芜，无法度生	做鞋洗衣	《（十四续）搓搓洗洗她终日为人忙》19300310（9）
不明	保定	地卖掉了，没有日子过	卖纸花样	《（廿四续）卖纸花样子的妇人》19300327（9）
王葵英	德州	自幼习艺到平津等地演出	杂耍	《（廿九续）耍玩意的小姑娘》，19300410（9）
王马氏	南宫	生长于天津	提花厂倒线	《（卅二续）一个被迫自立的苦妇女》1930041（9）
不明	济南	投亲	看管游艺场厕所	《（卅五续）看管游艺场厕所的妇人》19300428（9）
正月里	临清	家乡水灾	唱曲	《（四十二续）歌女正月里》19300519（9）
陈孙氏	山东	家乡闹匪	摊贩	《（四十三续）摆小摊子的老妇》19300522（9）
姜氏	东光	世以卖技为业	卖技	《（四九）由皮鞭下磨炼来的两位卖解女郎》19300616（7）

四 诱力与压力下的女性进城

农村内部社会风气的恶化，加剧了乡民生活的不确定性。一些分析者在指出天灾、人祸造成的农民生活苦痛、农村经济衰败的情形时，注意到中国农村内部社会风气的变化为农民贫困之重要原因，特别是奢侈之风盛行，毒品充斥，为农村经济一大败源。王镜铭指出冀南农村"浪人横行街市、乞丐满巷塞途，烟鬼充斥，赌棍成行，其他游民不必枚举"，而农村社会破产与恐怖的真正原因，是"黑化澎湃、毒品蔓延"[①]。即墨金波玉将农村破产的原因，分为"慢性"与"急性"两种；"在慢

[①] 王镜铭：《中国农村问题研究之一：游民与农村社会痞流氓为害甚烈》，天津《大公报》1931年4月21日第3版。

性中当以奢侈为第一，苛捐杂税次之，急性中当以土产及土地大落价为第一，重利贷次之。"而兵、匪、水、旱等灾，暂且例外。他认为乡村奢侈之风大盛，每人购买烟、酒、皮鞋、肥皂、生发油、雪花膏等普通的奢侈品，平均每人在二元以上。另外的奢侈性消费如赌博鸦片、娶亲殡葬等则花费更巨。[①] 谭锡纯通过对农村年节市场的实地观察，指出农村于1933—1934 年由俭转奢之风猛进，"青年男女嗜好——纸烟、鸦片、白面——也于此一二年中突飞猛进！于农村破产之际再加上'奢侈''堕落'，将来农村前途，令人心悸。"[②] 刘菊泉在对河北唐县农村经济分析的基础上，指出农村贫穷的原因主要在于：苛杂的负担太重；日常用品的昂贵；皮行的外漏；毒品的充斥，使得无益的消耗增加，而收入日减。[③] 据沙河农村读书人的反映，"大概估计，全县二百六十余村，每年毒品之消耗，约在一百五十万元左右"。[④] 在河北定县，毒品流行被认为是农村破产的主要原因。"各村吸食白面及贩卖者，几无村无之，而以城内尤甚，计全年消耗量约在百万元以上。"[⑤] 乡村毒品的泛滥与土棍的横行，不仅使一些家庭面临更困窘的经济状况，更有一些乡民贫穷起盗心，拐骗妇女进城牟利。晚清以来，统一的皇族国家崩解，却没有形成新的国家权威体系，动荡中的地方强人作势而起，乡村社会基层政权痞化和劣化，或赢利化，加重了乡村社会危机和乡村社会的失序。

近代城市的性别比例失调情形严重。尤其男性青壮年人口比例较大，成年男子婚配困难，且城市妓院众多，拐卖妇女颇为有利可图，被拐卖者多为贫苦人家女子，有些是为父母售卖，有些是为同乡引诱，也有的是遭遇陌生人贩卖。她们年岁不一，或不足 10 岁，或年近 40，进城后一般堕入青楼，或被卖与他人为妻。胶县人王小兆，她 9 岁时，母亲将其

---

① 《山东省即墨县农村状况之一角　急性与慢性症之分析》，《益世报》1934 年 2 月 17 日第 11 版，农村问题专页第 7 号。
② 《农村经济调查之一瞥》，《益世报》1934 年 2 月 24 日第 11 版，农村问题专页第 8 号。
③ 《河北唐县的农村经济概况（续）》，《益世报》1937 年 1 月 6 日第 12 版，"农村周刊"第 152 期。
④ 《毁千家富一家　农村又一大贼　毒化与黑化》，《益世报》1934 年 1 月 20 日第 11 版，农村问题专页第 3 号。
⑤ 鲁绍柳：《河北定县农村之改进》，上海《申报》1935 年 6 月 10 日第 12 版。

卖给青岛东海楼开乐户的王孙氏家，16岁时不堪虐待逃出。① 又如平度县南乡南阜村人王张氏，38岁，丈夫病故，儿子在昌邑县理发店当学徒，张氏因家中赤贫，谋生困难，于1933年10月，随青岛台东住户李学颜之母来青岛谋生，不料竟被人贩卖。② 尚秀珍，平度南乡上河头村人，因遭生母谴责，到青岛谋事，在蓝村车站被不知姓名的妇女拐至青岛。③ 1929年青岛市育婴堂送济良所的18名妇女中，17名是遭绑架而来的乡下女子。④ 从"天津社会局调查妓女报告之三"来看，总共记录51名妓女的信息，除因生活所迫为父母质押或自投为妓者外，有8人系被同乡、亲戚拐卖为妓。其中有完整信息记录其原籍在农村务农为业，后来迁居天津的妓女共10名，进城原因：3名妇女因生活困窘来津自投娼门；2位被姨母或姑母诱骗至天津妓院；2位被不务正业或嗜赌的丈夫押入娼门；1名由同乡拐骗至北平后来到天津；2位由父母押入。⑤ 绥远归化城南郊渔和村，王氏率三个女儿参加庙会，日暮狂风骤起，尘沙纷飞，三女被人打晕，转卖到天津。⑥ 天津救济院妇女所和济良所收容的妇女多数被拐卖到天津，或家人卖入娼门。⑦ 村庄社会环境的动荡和家庭生活的窘迫，使大量女性成为家庭危机的缓冲器，也折射出近代农村女性生存环境的恶化。家庭是每个个体社会化的第一个老师，是孩子生活的最重要场所，更是孩子的庇护所和教养所。但在家庭经济困窘时，需要孩子的劳动力投入，"卖女"成为缓解家庭经济危机的重要出路，出卖或诱拐女性获得暂时的收入，在近代农村破产的浪潮中比较普遍。

对于一些女性而言，城市是摆脱苦难家庭的避风港，也是展现自己

---

① 《王孙氏告刘双喜诱拐》，青岛市档案馆藏，档号：A17-3-1038。
② 《老妇被人价卖》，《青岛时报》1934年3月23日第6版。
③ 《五分局送管林氏私藏逃女尚秀珍一案》（1932年1月6日），青岛市档案馆藏，档号：A17-3-1038。
④ 《育婴堂送济良所18名妇女》（1929年），青岛市档案馆藏，档号：B38-1-479。
⑤ 《剩粉残脂录，羞道秋怜亡姓氏，误将此骨媚黄金：社会局调查妓女报告之三》，《益世报》1930年1月11—16、18—19日第17版。
⑥ 《由绥远到天津 姊妹花同时被拐》，天津《大公报》1930年4月23日第9版。
⑦ 《本院妇女所院民收容保领》（1936年12月），天津市档案馆藏，档号：J131-1-737；《津市生活：本报社会调查之十一：济良所写真》，1930年5月24—25日第11版，记载济良所内收容的7名妓女，6名来自外县，或者为父母卖入娼门（1人），或由领家卖入娼门（4人），或被拐卖至妓院（1人）。

价值的大舞台。一些女性不是被天灾人祸等外在环境变动逐出乡村，而是因为个人愿望和家庭琐事而主动进城。长久以来中国女性无论是家庭还是社会均为地位低下之弱势群体，对妇女的贬抑不仅得到法律的肯定，且得乡规家训之支持，女性禁锢于家庭中的父权、夫权之下。民国以来，不少女性开始离乡出走。孙鞠氏，24 岁，天津县大沽村，私自从家走出，与李子臣同来津市，自入南市德美后宝翠堂为娼。① 35 岁的潍县人蒋氏因夫妻关系不和，丈夫又娶，蒋氏便于 1935 年 7 月经乡里介绍到李家当女仆，半年后又来青岛投奔李的亲戚郭崇德（39 岁，潍县人，在青岛卖馒头）。② 有的女性因嫌恶丈夫③、反对逼婚④、与丈夫吵架⑤而潜逃进城。在 1932 年青岛市公安局诱拐妇女的案卷中，记载较详细的涉及女性异常情况进城的 24 人中，有 9 人是与公婆或丈夫发生口角后离家进城的。被乡亲或陌生人拐骗进城的 3 件案件中，也是因为与父母或丈夫争吵，负气出走，从而给拐卖者以行骗机会。⑥ 如周魏氏，23 岁，即墨人，因夫妻口角，偷跑出来遇一老妈，欲将其送宝兴里为娼。⑦ 也有的女性被丈夫以各种理由逐出家门后，求生无门，行乞到城市。⑧

五 城市发展的溢出效应

20 世纪以来，中国城乡社会呈现分途演进、背离化发展的态势，⑨ 城

---

① 《本院妇女所院民收容保领：天津保安司令部第 945 号公函》（1937 年 1 月 14 日），天津市档案馆藏，档号：J131 - 1 - 737。

② 《一分局送李秀林告郭德崇拐带伊妻一案》（1936 年 7 月），青岛市档案馆藏，档号：A17 - 3 - 1611。

③ 《嫌夫年老　竞欲离婚》，《中华报》1931 年 12 月 5 日第 3 页。

④ 《一分局送乔李氏告陶张氏诱拐妇女一案》（1932 年 5 月 17 日），青岛市档案馆藏，档号：A17 - 3 - 1041。

⑤ 《背夫潜逃》，《青岛时报》1934 年 2 月 18 日第 6 版。

⑥ 《青岛市公安局诱拐妇女案》（1932 年），青岛市档案馆藏，档号：A17 - 3 - 1038—1040。

⑦ 《二分局送周魏氏背夫潜逃一案》（1932 年 8 月 5 日），青岛市档案馆藏，档号：A17 - 3 - 1038。

⑧ 《六分局送查获逃妇刘张氏一口一案》（1932 年 10 月 12 日），青岛市档案馆藏，档号：A17 - 3 - 1039。

⑨ 王先明：《乡路漫漫：20 世纪之中国乡村（1901～1949）》下册，社会科学文献出版社 2017 年版，第 604—646 页。

市社会继贸易网络扩大、专业服务发展的同时，出现生产结构的重构、社会结构的分化及生活方式的演进，而乡村不仅罕有生产方式的变革，且随着新式教育和新式产业的近城倾向和基层政权的劣化武化，农村人力和财力不断向城市流动。如果说农村经济的崩溃、生活的挤压、兵匪的劫掠，迫使乡民离乡背井，成为绝大多数农民被动进城的动因，那么寻求更好的发展机会、更自由的生存空间，则成为农民主动离乡的诱因。

城市发展的溢出效应总是最先惠及邻县或乡区的农民，城市附近的农民近水楼台，常常进城务工，或趁农闲时分来青岛做苦力或小工。如胶县南庄人姜少福至1930年，在青岛出苦力已有7年多。他一般在5月，回家锄地瓜，至8月收好地瓜后，再来青做工。[①] 胶州自德国在青岛筑港建路后，四方商贾和居民多移住青岛，[②] 即墨"以交通便利关系，来青服务于工商界者日众"[③]。

天津和青岛较大规模的工厂，尤其是用工较多的纺织厂一般兴建在城郊农村，这便利了当地村民进厂务工。青岛四方、沧口纱厂集中，附近村民进厂作工颇不少，"少壮者作工于工厂，老弱之辈则从事耕耘。"[④] 在李村乡区，村民多赴纱厂做工。[⑤] 吴家村的村民，大半均在市内外各工厂做工，专靠田地生活的占极少数。[⑥] 天津市内各村庄，有两大特点，一是住户务农者极少，以工商为主业，而以务农为副业；二是土著居民少，而外来移民多。佟楼村和邵公庄两村，人口共6000余人，多外籍，农户合计仅25户，村民多在附近北洋火柴第一厂和济安自来水厂作工。西沽村土著或经商，或负苦，或到丹华火柴公司当工人，农户反而都系客籍。西于庄共2343户，农户仅33户，其他多以捕鱼、卖鱼、拉车、扛包为生。东于王庄农民多来自山东，本地村民则以卖鱼为生。席厂村，近二

[①] 《三分局送匪犯孙玉昌等一案》（1930年10月17日），青岛市档案馆藏，档号：A17-3-572。

[②] 殷梦霞、李强选编：《民国铁路沿线经济调查报告汇编》第5册，国家图书馆出版社2009年版，第551页。

[③] 殷梦霞、李强选编：《民国铁路沿线经济调查报告汇编》第5册，第131页。

[④] 《青岛之农村续》，《青岛时报》1934年7月9日，"自治周刊"第99期。

[⑤] 《李村乡区农村经济概况调查》，《青岛时报》1933年3月19日第6版。

[⑥] 《巡阅天后宫四方路台东镇吴家村小记》，《青岛时报》1934年2月19日第6版。

十年增加400多户，均是外乡人，农民以卖鱼、卖菜、拉车最多。复兴庄和唐家口，住户两万余人，因距离海河近，村民装卸船货或拉人力车、地排车，或进烟草公司作工。小于庄因华新纱厂成立后征募工人，十年间住户从30余户增加到1623户。妇女们或进厂作工，或在家为军服店缝纫军衣，或糊火柴盒。① 某种程度上，这些城边村或城中村成为最早就地城市化的区域，当地农村剩余劳动力已经成为就地转移的最早一批市民。

同时，城郊农民进城从事农产品贩卖、垃圾掏运均有地利之便，为城市服务的奶牛养殖业、蔬菜栽培业、果树种植业也逐渐兴起。近郊农村开始城市化进程，在青岛乡区，"李村区制造物品，有编制柳筐、竹筐制造冻粉等，九水区有织席制布、糊火柴盒等。沧口一区，品类最繁，共计十二类，一百余种之多云"②。总体而言，邻近城市的乡村最先受益于工商业的发展，无论是进厂作工，就近从事商业服务，或是扩展农业生产经营类别，均较偏远农村有更多的谋生机会与谋利渠道。

移民的家乡会陆续向城市输出他们的乡里乡亲，以满足城市发展对劳动力的需求。一些工商业者，为扩大经营，或者寻求更理想的发展空间，依托老乡或亲属进城扩展他们的事业。农村里生计恶化的农民，在亲友乡邻的信息交流中，燃起对城市生活的向往，去寻找改善生活的机会。如滕虎忱因德国于1899年修建胶济铁路，为谋生计便与五弟跟随父亲前去青岛，在铁路工程处做修路苦力。③ 曾令胶东人闻之色变的土匪刘桂棠青年时因家贫到青岛码头扛大包。青岛工商业发展较快，成为胶东各县商家投资与发展的乐土，大批乡民也随着这些商帮到青岛谋生，近代工商业的回乡招工模式更推动农民陆续进入城市。回乡移民的洋气和改变也刺激投亲谋事的进城移民越来越多。④ 甚至只要获悉亲戚在城市，没有联系，也会冒昧前往，如救济院游丐收容所收养的乞丐，多有

---

① 吴甌主编：《天津市农业调查报告》（1931年），王强主编：《近代农业调查资料》第9册，凤凰出版社2014年版，第24—48页。
② 《各区举办各种社会调查案》，《青岛市乡村建设月刊》1933年第1卷第2期，第42页。
③ 张蓝田、宋伯良：《滕虎忱与潍县华丰机器厂》，中国人民政治协商会议山东省委员会文史资料研究委员会编：《文史资料选辑》第14辑，山东人民出版社1983年版，第148页。
④ 参见杨懋春对山东台头村的人类学调查、1934年5月12日—8月22日连载于《青岛时报》的小说《乡下人逛青岛》，王统照的《山雨》中奚大有的进城历程，城市及进城者获得乡民的好评或仰视。

来天津谋生，没有着落。或投奔亲戚，音讯不通，因而流落城市乞讨度日。①

城市的美誉吸引更多对生活充满向往的群体，进城可以求职，可以避难，可以满足对生活的更高期待。弃农为工的久大盐厂工人，他们离开家乡的原因主要有两种，一是地少人多，生活不能维持，二是兵匪水旱，乡间不能居住。还有两种少年并非为生计所困而愿意离开家乡，一种是生活压力较少的少年子弟。家中经济已有父兄担任，他们愿意到城市去走动散心，不做农民。另一种是负气离家的少年子弟。他们在家或受父兄的严肃约束，或与继母兄嫂不合。偶尔负气，便要远走高飞，自寻衣食。甚至有一位工人因生肖属羊，与母亲不合，故在母亲病重时，特意避到久大来。"因此我们知道经济的压迫，固然是农民改做工人的原因，但不是唯一的原因。城市生活与乡间生活的不同、家庭不和、迷信习惯，和其他社会情形，都多少有些关系"。②

六　时空条件下进城农民的群体差异

综上，在进城的宏观背景方面，来自城市内部的资料与农民离村研究的结果有相似之处。首先，农民进城是乡村生态环境恶化的结果，包括自然灾害、匪患兵灾、治安恶化等自然与社会环境的破坏。其次是农村生存压力所致，包括人多地少和税收沉重等原因所致的经济贫困和家庭关系的紧张。再次是城市生活的吸引，这常常来自进城乡邻与亲友在回乡后的信息冲击。改善生活状态的欲望和家庭关系的紧张，驱使在城市里有一定社会关系的乡下人开始选择新的职业。

但若从不同时期、不同城市及不同群体的进城情况考量，则又有诸多差异。天津人口激增主要在三个时期：1906—1910 年，人口自 40 余万人增至 60 余万人；1921—1925 年，人口从 77 万余人增至 107 万余人，1933—1937 年，人口自 103 万余人增加到 126 万余人。③ 20 世纪初，天津

---

① 《关于院收容保领事项：令游丐收容所》（1937 年 1 月 20 日），天津市档案馆藏，档号：J131-1-717。
② 林颂河：《塘沽工人调查》，北平社会调查所 1930 年版，第 125 页。
③ 李竞能主编：《天津人口史》，南开大学出版社 1990 年版，第 82 页。

租界建立并逐渐扩张,袁世凯主政期间,天津社会秩序相对安宁,工商业开始发展,吸引了技工和商人迁居。到20世纪20年代初,天津人口的飞速增加则和乡村生态环境恶化密切相关。1920年的直皖军阀混战,华北五省旱灾,1923年十八省水灾,1922年、1924年两次直奉战争,1925—1926年直、奉军与国民军角逐华北,进入天津的难民络绎不绝,此期天津纺织工业和面粉业大有进步,对人口的吸纳能力进一步增加。至1933—1937年的人口增加,则与1934年、1936年天津市县划界有关,1934年将四乡二、五所部分地区划入市区,天津市人口增至118万人,1936年的重新勘界使市区面积进一步扩大,人口增加至125万余人。① 青岛开埠之后,市区人口一直增长缓慢,自1902年的近1.5万人,至1913年5万余人,1918年7.8万余人,1923年为15万余人。1926—1933年市区人口增加一倍有余,自16万余人增加至35万余人,年均增长2.7万余人。② 20世纪20年代是青岛人口增加最快的时期,较20世纪10年代人口增加85.5%,"其故有三:内地匪氛不靖,乡民避难商埠,一也。本埠商业,日形发达,外侨麇集,经营懋迁,二也。俄人来此谋生,络绎不绝,三也。"③ 此期也是山东自然灾害非常严重的时期,蝗灾旱灾水灾交相侵袭,而且土匪横行,战事频繁。青岛工厂陆续开办,社会比较安定,吸引了鲁南、鲁中大量乡民。

从天津、青岛两地人口激增的时期来看,政治与自然因素而非农村经济压力与都市经济吸引对农民离村发挥着更大作用。城市工业兴起时期,工商业的吸引力及经济腹地的广阔推动城市早期人口的聚集。但自20世纪20年代起,农民的贫穷与乡村的灾荒与匪祸是更重要的推力。近代农业恐慌和农村崩溃论盛行于1931—1935年④,农民进城高峰却是在1920—1930年。关于此期农业生产力的总体水平,有珀金斯的停滞的平

---

① 李竞能主编:《天津人口史》,南开大学出版社1990年版,第90页。
② 青岛市档案馆编:《青岛数字全书》,中国文史出版社2003年版,第50页。
③ 《胶海关十年报告》(1922—1931),青岛市档案馆编:《帝国主义与胶海关》,档案出版社1986年版,第244页。
④ 王先明:《乡路漫漫:20世纪之中国乡村(1901~1949)》下册,社会科学文献出版社2017年版,第427页,关于农业恐慌发生之时间,最普遍的提法为1931年说和1932年说。

衡说①，章有义的衰退说，吴承明的增长说②，李金铮的"相对发展，绝对落后"说。③ 徐秀丽等的增长—萎缩—回复的分阶段考量。④ 当然，土地承载力与生产技术、土地开发利用、农业生产结构、粮食耕作制度、生态环境等因素均有关系，即使人均耕地减少，并不意味着生活条件的必然恶化。在学界研究尚存争议的情况下，经济压力说尚缺乏充足的论据，1912年到1949年，山东农民平均每年闯关东人数达到48万人之多，1926年到1930年，移民数量剧增，尤其是1927年、1929年这两年均在80万人以上，1928年移民最多，达104万人，⑤ 农民离村期、城市人口激增期与农业危机期并非同步，而与山东严重的旱灾和军阀混战形势相吻合。当然，土地资源的匮乏确实使部分农民选择到他乡务农，农业挤压出来的剩余人口也部分流向了城市，乡村的灾变与混乱恰为农民规模化进城之主要原因，或则可以认为，大多数近代农民是被逼进城的。

与关注离村源得出的结论稍微不同，进城流的城市内部信息表明，1920年以来，农民流动的主要原因是整个社会秩序与自然环境的异常变动，尤其是政治形势的动荡。天津大众媒体均对难民来津多有关注，"近来本埠贫民，日见增多，查其原因，系因频年战事，各县人民，多已无衣无食，故均纷纷来津。"⑥ "现因前方战事，各县人民，连日来津避难，为数甚多。"⑦ 天津女佣介绍所利润最好的时候，"是每次兵燹，水、旱灾以后的几个月内"⑧。林颂河对久大盐厂工人的调查表明，大多数农人弃农就工，平时因为地少人多，生活不能维持，近几年的天灾人祸，使直鲁农

---

① ［美］德·希·珀金斯：《中国农业的发展（1368—1968年）》，宋海文等译，伍丹戈校，上海译文出版社1984年版，第242页。
② 吴承明：《中国近代农业生产力的考察》，《中国经济史研究》1989年第2期，第70、73页。
③ 李金铮：《发展还是衰落：中国近代乡村经济的演变趋势》，《史学月刊》2013年第11期。
④ 从翰香主编：《近代冀鲁豫乡村》，中国社会科学出版社1995年版，第245页。
⑤ 路遇：《清代和民国山东移民东北史略》，上海社会科学院出版社1987年版，第50—52页。
⑥ 《贫民增多之原因》，天津《大公报》1927年1月11日第7版。
⑦ 《难民络绎来津》，《益世报》1931年8月1日第6版。
⑧ 《仆妇介绍所剖析》，《益世报》1933年10月21日第5版。

民，不能安居乡里，却摇动了农村的基础，经济的影响究竟是最重要的。① 方显廷调查的天津磨房 83 名磨夫中，多系由农田歉收或为灾害所迫，或因家境困窘，不得不背井离乡远出谋生。② 农村经济的衰败成为移民进城的主要原因。青岛西镇聚居的移民，"或是水旱天灾，或是兵燹匪患，生活无术的时候，便拖老带少，忍痛的背井离乡，跑到这地方来"。③ "我国的农村，受水旱天灾的肆虐，兵灾匪患的摧残，苛捐杂税的压榨，不但趋于破产，渐渐到了没落之途。一般穷苦的人，在乡间无法苎足，便不得不拖妻携子的往都市上跑。"④ 由社会环境变动引致的农村经济衰败成为农民进城的直接原因。

乡村秩序相对较好，社会环境的变动较少的村民往往不愿进城务工，在青岛辖境的水灵山岛，"该岛距青市最近但到市内谋生之人绝少，天主教人曾为在本市介绍月得二三十元之职工，但不数日均弃职逃回"。⑤ 岛民不愿进城，与其闭塞之风与生活习惯有关，也因岛上太平，即使生活贫困，居民也不轻易进城。天津市社会局的妓女调查中，文安县连年水灾，来自文安的妓女有 85 人，高阳县因织布业发达，妇女有工可务，且土地较肥沃，沦落为娼者仅 2 人。⑥ 如同 20 世纪 20 年代末 30 年代初的上海移民多半是被逼出家园的难民，"可以说，这一时期中国人口城市化步伐加快，一定程度上是恶劣的环境所致"。⑦ 在农村社会控制系统失灵与整个社会政治经济状况日益恶化的情况下，避免最坏的局面与寻求更好的生存状况，是移民进城的普遍诉求。

由于城乡发展阶段与乡村区位优势的不同，进城农民存在着明显的

---

① 林颂河：《塘沽工人调查》，北平社会调查所 1930 年版，第 125 页。
② 方显廷：《天津之粮食业及磨房业》，《经济统计季刊》1933 年第 2 卷第 4 期，第 985 页。
③ 《平民院阶级之分析》，《青岛时报》1936 年 3 月 29 日第 6 版。
④ 《谈谈挪庄：昔日席棚蟹舍街巷龌龊难停步 而近红瓦粉墙已成完美平民院》，《青岛时报》1936 年 3 月 2 日第 6 版。
⑤ 《水灵山岛调查报告书 续》，《青岛时报》1932 年 9 月 12 日，"自治周刊"第 7 期。
⑥ 李文海主编：《民国时期社会调查丛编·底边社会卷（下）》，福建教育出版社 2005 年版，第 544 页。
⑦ 忻平：《从上海发现历史——现代化进程中的上海人及其社会生活（1927—1937）》，上海人民出版社 1996 年版，第 207—208 页。

群体差异。首先，在移民籍贯方面，城市乡区和周边农村最先感知城市发展的变化及对个体的机会，是最先城市化的区域群体。此外，原籍手工业和商业基础相对深厚的乡村，很快能把握住发展机会，在城市奠定事业基础，在第一代移民的号召与带动下，相关县镇开始连锁性的迁移反应，形成工商业的行帮集聚现象。在天津，河北霸县、南宫人经营日用百货，枣强、南宫、冀县人从事地毯业，交河人从事铸铁业，蓬莱、掖县、益都人经营饭馆。在青岛，黄县人主营纱布业，开设行栈业从事土产进出口贸易的多是掖县、黄县、潍县、即墨、沙河人，寿光、即墨、胶县帮则把持码头货运。其次，在移民进城的途径方面，集体性的对农民招工和跟从性的随亲友进城，往往易于获得一份相对稳定的工作，最糟糕的是被拐卖的女性和逃难的家庭，进城后或为娼妓、歌女、小贩，或为乞丐、苦力、车夫，常常处于城市底层。再次，在移民性别方面，生活的艰难常常是男性选择流动的主要原因。而对于女性来说，进城提供了摆脱家庭羁绊并实现个人自由的出路选择，不论是逃避旧式婚姻、摆脱家庭不和，还是向往自由择偶、扩展生存空间，她们将城市作为寻求新生活的起点。最后，在进城动机方面基本分为发展型和生存型。20世纪初的青壮年人口进城，主要是发展型移民，他们为谋得更好生活，为城市信息吸引，在老乡的劝诱与帮助下进城务工经商。1920年后，那些被灾荒和兵匪逼迫进城的农民则多是生存型移民，他们在有家难回的时代危机中，以顽强的求生意志与坚韧的生活耐力在街角社会寻找立足城市的一切生机。

第二节　农民进城的渠道

自19世纪末20世纪初，随着中外资本家在城市投资设厂，商业贸易规模进一步扩大，市政建设逐渐起步，中国沿海城市率先开始近代化历程。与此同时，农村自然经济受到外来商品的冲击，乡村失序，民生艰难，人才、物力、财力均加快向城市流动。移民不同的进城背景、社会关系影响着进城乡民的生存处境和融入城市的程度，那些早期移民成为沟通城乡信息的最有说服力和可行性的渠道。

由于乡村移民的进城主要是乡村生活环境恶化产生的推力，迁移往往是家庭式甚至是村庄式的集体行为。据农业部1935年对山东省全家离村去向的调查，前往城市的户数占到全家离村去处的54.2%，青年男女离村进城占外出人数的66.6%，47.9%的青年是为工作或谋生进城。① 综合全家离村与个体离村的去向来看，半数以上离村农民来到城市。正像饶涤生所说的："农民离村最大的去路，自然是逃往都市。"②

一些难民因为地理位置的便利，视政治形势变化而成为季节性移民，有些人则获得新的职业永久定居下来。更常态与持续的移民方式是：以各种方式进城的人们成为链式迁移的起点，他们会帮助家乡的亲戚邻居们陆续在城里谋生定居，关系网络成为迁移的重要渠道。"人口流动不仅要依靠交通，尤其要依靠一些信息。"③ 这些传递交通、居住、工作与前景信息的人并不是现代社会的大众传媒，而是人际传播渠道——他们的亲友、邻里或者集市中的贸易伙伴。同政府有组织、大规模地系统安排山东村民前往关东谋生不同，乡城迁移更多是个体行为，熟人关系是更重要的影响途径。而中国乡村的社会结构和伦理关系特别推动着移民的链式迁移。广大农村社会是自然的、情感型的密切互动的社会，无论是韦伯的"特殊主义原则"，还是费孝通的"差序格局"，或是梁漱溟声称的中国社会既非个人本位也非群体本位，而是关系（伦理）本位的社会，④ 他们都揭示出中国社会生活中，"关系"对中国人行为与心理的重要性。

对乡村移民而言，亲缘与地缘关系是人口流动时依托的主要渠道。如对天津151家铁路工人的调查显示，多数工人找工作是没有把握的，只靠着亲戚朋友的推荐。⑤ 西方国际移民的网络理论认为，移民网络是一系列人际关系的组合，其纽带可以是血缘、乡缘、情缘等。移民网络形成

---

① 农业部中央农业实验所：《农情报告》第4卷第7期，1936年7月，第177、178页。

② 饶涤生：《日趋严重的农民离村问题》，《申报月刊》第4卷第12号，1935年12月15日，第72页。

③ [美] R. E. 帕克、E. N. 伯吉斯、R. D. 麦肯齐：《城市社会学——芝加哥学派城市研究文集》，宋俊岭等译，华夏出版社1987年版，第17页。

④ 阎云翔：《礼物的流动——一个中国村庄中的互惠原则与社会网络》，李放春、刘瑜译，上海人民出版社2000年版，第15—16页。

⑤ 刘东流：《天津铁路工人家庭与人口的分析》，《现实生活》1937年第1卷第6期，第20页。

后，可能更准确、更广泛传播移民信息，降低移民成本，从而不断推动移民潮。弗雷德·阿诺尔德（Fred Arnold）等的研究认为，美国的每个菲律宾移民将带入1个家庭成员；每个韩国移民将带入0.5个家庭成员。格勒米那·亚瑟（Guillermina Jasso）和马克·罗森茨维格（Mark Rosenzweig）的研究结论则是：每个新移民在移居十年后平均带入1.2个"劳工类"新移民。[1] 托马斯对波兰农民移居欧美情形的研究亦表明："几乎每一个个体或小家庭一旦安顿下来便会从外部吸引新的成员，不论这个侨居地已有多大规模，只要经济景况宜人便会有人前来。"[2] 对跨国移民群体的考察，同样适用于解释中国近代的乡城移民。

以寻找新生活为目标的乡民进城主要有两种渠道。一是个人的、自发地、临时性地进城谋生。由于社会形势恶化与家庭变故，农民为生活所迫而进城谋生，按照距离远近，分为城郊和邻县。城郊农民有地缘优势，可以做散工贴补生活。如天津手工纺织业及机械针织业缝袜部的工人，以散工为大多数。他们多数居城内及近郊各处，工人人数随季候而变迁。[3] 天津华新纱厂、火柴厂、自来水厂、烟草公司工人主要来自厂区附近的村民。大沽造船所，本地人在该所学习手艺的很多，久大的铁工房和电机房，因只给膳食津贴，故多用本地塘沽人，工匠对于同乡，也有照应。有技能工人中塘沽人占了绝对多数。[4] 青岛工业初兴时，工人基本来自山东各地农村，在20世纪二三十年代工业日益发展后，青岛乡区民众成为工人的主要来源。李村乡区土质贫瘠、耕地不足，而棉纺工厂多设于城乡接壤的四方、沧口一带，村民不能只靠农作维持生活，多赴纱厂做工。[5] 李村全区工人约有2万，本地居民犹占大多数。[6]

邻县乡村在危机来临时，在城市里有一定熟人关系的人们更倾向于前往该城市谋生，各类关系可极大降低移民的各项成本，既可减少面临

---

[1] 李明欢：《20世纪西方国际移民理论》，《厦门大学学报》（哲学社会科学版）2000年第4期，第14页。

[2] ［美］W. I. 托马斯、［波］F. 兹纳涅茨基：《身处欧美的波兰农民：一部移民史经典》，张友云译，译林出版社2000年版，第121页。

[3] 方显廷：《天津针织业之组织》，《清华学报》（社会科学版）1934年第6期，第51页。

[4] 林颂河：《塘沽工人调查》，北平社会调查所1930年版，第40页。

[5] 《李村乡区农村经济概况调查》，《青岛时报》1933年3月19日第6版。

[6] 《青岛之农村续》，《青岛时报》1934年7月9日，"自治周刊"第99期。

新环境的心理紧张、信息缺乏，又为进城谋生提供了一定的生存机会。在外闯荡已有成就的乡民，也乐意吸引更多乡民共谋美好生活，在城乡工作信息的沟通中，乡亲近邻和亲戚朋友发挥着重大的纽带作用，由老员工引荐新人的招工常规也便利了他们呼朋引伴。如久大盐厂因工作艰苦而不需要特殊技能，喜欢录用勤苦耐劳、擅长出力的山东人，山东人也乐意介绍亲友做工，1927年初，厂方想招募二三名工人，消息传达出去，一天来了四五百山东人等候录用。往往一村一姓，来厂做工的有二三十人之多，父子、兄弟、叔侄、甥舅，等等关系，更是常有的事。由于深县人素以木工著名，盐山县人擅长晒盐，均在久大有一定势力。天津、静海、东光各县因为地势或他种原因，都有人在久大做工。① 1929年天津织布业工人中，经雇主朋友推荐来的178名，经同乡、亲戚和家族介绍来的93人，两者占调查工人总数的85.49%。② 1929年天津地毯工厂大小共计127处，除太隆一家用少数机器织造，其余都是手工织造。工厂一样的崇尚学徒制度。学徒初入工厂时，均由厂主亲朋介绍，和学徒的父兄订立契约，学艺41个月即成为工人。③ 天津地毯业的354名工人中，除入厂原因不明者49外，51人自请入厂，18人其他手续入厂，其他由朋友等介绍而入厂者165人，因个人与雇主之关系而入厂者71人，则因熟人关系进厂者占66.7%。④ 地毯业的261个学徒中，124人由同乡介绍，37人由亲戚介绍，35人由朋友、32人由家族、33人由其他关系人。介绍人中五分之三自身即服务于地毯工业界。⑤ 天津针织业工人入厂，必定有厂方熟人居中介绍。如南开经济所调查的113名工人中，自荐者仅10人，其他103人中47人由同乡介绍，23人由朋友介绍，23人由亲戚介绍，7人由师兄弟介绍，3人由邻居介绍。⑥ 天津磨房的289名学徒中，由同乡介绍者94人，由亲戚推荐者78人，由朋友推荐者63人，由家庭

---

① 林颂河：《塘沽工人调查》，北平社会调查所1930年版，第39—40页。
② 方显廷：《天津织布工业》，南开大学经济学院1931年版，第82页。
③ 《天津之地毯业》，《工商半月刊》1929年第8期，第7页。
④ 方显廷：《天津地毯业调查》，《方显廷文集》第2卷，商务印书馆2012年版，第63页。
⑤ 方显廷：《天津地毯业调查》，《方显廷文集》第2卷，第75页。
⑥ 方显廷：《天津针织业调查》，《方显廷文集》第2卷，第168页。

推荐者47人，由邻居、同学或同事介绍者7人。①

那些因灾荒和生活困难进城碰运气的农民常常要借助乡邻或亲人的推荐才可能谋得一份正式职业，如对天津铁路工人的调查中，当调查者问他们来天津前是否有把握能在铁路工作？多数的答复，是没有把握，只靠着亲戚朋友的推荐。他们既没有一口舒服饭吃，已顾不得其他，只好凭着这点封建关系撞侥幸了！②

青岛农村移民八成来自山东省，而以胶县平度为最。③从离青岛较近的胶县辛安镇的台头村来看，除非旱灾，村民的生活条件并不太差。④但随着青岛的发展对胶州湾沿岸市镇与村落的刺激，或是求学，或是做工经商，或者是受到新事物的吸引，"台头村与青岛之间的人口流动急剧上升"。老一辈还在坚持着传统的种地生活时，年轻人却想去看看新世界，过过新生活。并且只要有机会他们就准备出去。那些第一批进城的移民带给村庄更多的刺激与吸引，家长也渐渐开始鼓励儿子离家。⑤新生事物吸引着年轻生命，并以实际的利益收获打动着父辈们，悄然离散着居民与故土的关系。在中国，多数在城里找到工作的村民与其亲属仍保持着密切的联系，乡村与城市保持着人员往来与信息流通，城市的机遇与新事物的传闻也刺激了更多年轻人对城市的向往，亲朋和近邻在乡下人的迁移选择上和城市生活中发挥着重要作用。

二是集体的、有组织地、长期地进城工作。近代工商业的用人制度和招工办法主要有包工头制、保人具结和职业介绍等。通过职业介绍所寻找工作，受其欺骗、威胁、利诱、强迫等情形多有发生，其就业毫无保障，⑥所以，包工头制与铺保具结更为流行。如上海那样，"工厂老板

---

① 方显廷：《天津之粮食业及磨房业》，《经济统计季刊》1933年第2卷第4期，第993页。

② 刘东流：《天津铁路工人家庭与人口的分析》，《现实生活》1937年第1卷第6期，第20页。

③ 民国《胶澳志》卷3《民社志三·移殖》，（台北）成文出版社1968年影印本，第502页。

④ ［美］杨懋春：《一个中国村庄：山东台头》，张雄、沈炜、秦美珠译，江苏人民出版社2001年版，第226页。

⑤ ［美］杨懋春：《一个中国村庄：山东台头》，张雄、沈炜、秦美珠译，第196页。

⑥ 《民国山东通志》第3册，山东文献杂志社2002年版，第1768页。

们喜欢从他们的家乡招募工人"。① 天津和青岛的企业或商铺招收工人或学徒大多数是自己或委托包工头回家乡招工。天津的中小型工厂、作坊和商店为减少开支,多招外地青少年充当学徒,在天津办工厂和商店的外地人常常专门到原籍招收亲戚朋友及同乡来津工作,工人和店员也经常为同乡寻求生活出路。故各行各业的工人、店伙常常由工头或店家从家乡带出。"如天津所有的票号,从掌柜的到伙计都是在家乡挑选后派来的;天津经营绸缎布匹的'谦祥益'、'瑞蚨祥'等批发及零售商店,其人员也多是从开办者的家乡山东章丘县来的。"② 宁波商人遍布各大口岸城市,并形成颇有组织的宁波帮,因宁波人有一个传统,即家家户户的子弟行将成年时,均请托亲友在外地代谋职业。而宁波人在外经营商业有基础者,也以介绍亲友外出就业为应尽的义务,连荐带保,毫不推诿。所以宁波人在外地所办事业,其职工除必须雇用当地者外,几乎用同乡。③

纱厂为天津工人最多的行业,纱厂初建时,技术工人一般专门在外县或外省高价招徕,普通工人和学徒则来自附近农村。1915 年天津模范纱厂开办,工人全部是在离天津三十至五十里的津浦、京奉铁路附近的村落里招来的,全部住在宿舍里④。裕元纱厂于 1918 年成立,技术工人包括机匠之类多雇自上海,其余的半技术工人多招自河南彰德。华新纱厂采取学徒训练方法募集技术工人,由厂方派遣代理人,如司阍者、巡警或工人,在天津临近招募学徒。代理人返回原籍,向其乡人劝说,说明待遇,诱来天津工厂工作。⑤ 工厂初建立时招工不易,设厂十多年后,工人供过于求,工厂便制定严格条例加以选择。天津各纱厂通行的雇工办法,仍旧由工头负责为厂方招募。只有裕元纱厂采取竞争方式雇用临时粗工,每天早晨 6 点左右,由职员持筹外出,掷入群众间,取得该筹

---

① [美] 卢汉超:《霓虹灯外——20 世纪初日常生活中的上海》,段炼、吴敏、子羽译,上海古籍出版社 2004 年版,第 41 页。
② 周俊旗:《民国天津社会生活史》,天津社会科学院出版社 2002 年版,第 37 页。
③ 张章翔:《在天津的"宁波帮"》,中国人民政治协商会议天津市委员会文史资料研究委员会编:《天津文史资料选辑》第 27 辑,天津人民出版社 1984 年版,第 68 页。
④ [日] 东亚同文会:《支那省别全志》第 18 卷,编者 1918 年版,第 727 页,转引自张利民等《近代环渤海地区经济与社会研究》,天津社会科学院出版社 2003 年版,第 554 页。
⑤ 方显廷:《中国之棉纺织业》,上海商务印书馆 1934 年版,第 137 页。

者当日即可入厂工作，是以门外之苦力，争斗殊烈。① 当然这种靠运气的招工方式极为少见，也可视为工厂应对劳动力流动率较高的应对方法。

天津制革业工人的籍贯，各厂工头多是天津人，工匠来自天津、束鹿、大明，以及山东恩县、德县、济宁等地。正徒多随各该厂经理及工头的籍贯而异，"惟天津当地人甚少。据谓制革为污脏笨重之工作，当地人多不能受此种生活也"②。天津磨夫往往由专业的职业介绍所——"官店"进行介绍，这是磨坊主自行组织的雇用磨夫机关，以代替私人经营的磨夫介绍所。往往是由久居天津的磨夫介绍同乡工作。南开经济所调查的83名磨夫中，职业由官店介绍者达41名，自荐者6名，其余36名磨夫由磨房职员如经理、司账、店员或磨夫介绍朋友或同乡而来。③

同乡情结使雇主与雇员间建立起自然而然的联系，便于管理。而日资企业喜欢在企业附近的农村招工，也是出于控制的便利起见。如日本纱厂在四方、沧口一带创办时，工头多是在当地有一定社会地位者，他们一般推荐本地人进厂，所以日本纱厂工人主要来源于当地人和由工头到山东各地乡村招收的见习生。④ 由于中国人浓厚的乡土观念，竭力提携自己的同乡亲友，各商店、行栈、苦力、拉车等行业中，经营者多吸纳原籍老乡。城市各地同乡会馆与同乡会的成立，既是传统乡村重视乡谊的社会伦理在城市的拓展，也为同乡同族移民城市提供了一定的关系渠道。由此，乡村移民进城也体现出跟从性与被迫性的行动逻辑，并导致一种潜在的意外后果，即行业与籍贯的聚集，形成工商业的籍贯分工，形成了各个地区的帮派势力。除了工人，城市中大量商店学徒、无业者亦多来自农村。商店的学徒、店伙多与各店经理有地缘关系。因而商店、行栈、苦力、拉车等行业中，帮派意味尤其严重，经营者多吸纳原籍老乡，在各行业中形成诸如冀县帮、宁波帮、黄县帮等以乡族为核心的商业势力。

---

① 方显廷：《中国之棉纺织业》，上海商务印书馆1934年版，第139—140页。
② 《津市制革业技工待遇》，《新新月报》1936年第1期，第19—20页。
③ 方显廷：《天津之粮食业及磨房业》，《经济统计季刊》1933年第2卷第4期，第987—988页。
④ 王学让、王玉森：《四方机厂第一个工人群众组织"圣诞会"》，中国人民政治协商会议青岛市四方区委员会文史资料工作委员会编：《四方文史资料》第1辑，第27页。

第三节 移民与城市人口结构

　　近代农民生存环境的恶化和城市工商业的发展推动着乡民进城谋生，城市人口日益增加，由于各种主客观条件的影响，城市所接纳的移民形成一定的倾向性。从进城渠道的便利性而言，城市的乡区和交通干道如铁路或河运沿线的村民受到城市信息的刺激更强烈，来往城乡更便捷，他们成为近代开埠城市大发展中吸纳的重要群体。从进城谋生的组织性而言，那些手工业或商业基础较雄厚在城市已经建立相应工商业关系网的乡村可大大减轻进城的机会成本，形成工商业发展中的同乡而聚的特点及城市经济生活中县域力量集中现象。从乡民进城的推动力量来看，那些农业崩溃、生计困难、战乱频仍、灾荒屡兴的地区会成为城市中重要的移民输出地；从城市发展对乡村地区的引致推动而言，由于近代工商业盛行的学徒制，青壮年男子形成近代乡村移民的主要部分。诸多因素汇聚激荡，深刻而长远地影响着城市的人口结构，近代天津和青岛人口的性别失衡、偏于年轻、穷人众多、帮派强大、空间隔离等社会特征一定程度上均与近代乡村移民的流入背景相关。

一　自然结构

　　民元以来，户口统计日受重视，继1909—1911年的宣统年间人口统计后，政府于1912年和1928年开展了现代性的全国人口普查，1931年内政部举行全国各县市人口调查，此期，部分省份亦相继着手统计，其他年份则进行户口清查，但各城市限于政治形势、调查人员与调查方法的限制，数据多不确凿。如天津本市户口，"向无精确之统计，即或有之，亦多不翔实"[①]，1928年的人口调查，不过按照公安五警区，特别一二三区，协同各编街邻闾长，将表格分发各户，令各户主自己填写，再由邻闾长、街长送区由公安局汇集整理计算，最后得出结果公布出来，在这种户籍调查方法下所产生的人口数目，不论是谁都觉得不满意，大

[①] 《市区户口详细统计》，天津《大公报》1931年2月20日第7版。

体上不可靠。① 人口专著或期刊及当时报刊引用年度数据多有变动，或未注明具体调查时间，或涉及华人与外国人、华界及租界等复杂情形而语焉不明或互有出入，本书所引用数据以档案记录和时人论著为主，以报刊为辅，尽管数据有差异，但依然反映天津、青岛的城市人口发展态势。两市这十年中人口总体不断增长（见表2—2），但增速逐渐放缓，天津于1934年、青岛于1935年先后扩大市区范围，故人口增长非常明显。如果考虑到两市粗出生率和粗死亡率的数据较低，如天津在1929—1934年的人口年均粗出生率在2.43‰—5.19‰，死亡率在8.91‰—13.05‰。青岛市1931年、1933年出生率为8.56‰、9‰，1931—1933年死亡率分别为8.8‰、11‰和8.7‰。② 十年间两市新增人口主要依赖外来移民的增加和城市范围的扩容。

表2—2　　　　　　　　近代天津和青岛的户口数量③

（户数单位：户）（人口数单位：人）

项目 年份	天津市（华界）④		青岛市	
	户数	人口数	户数	人口数
1927	187272	906220	64037	320480
1928	183490	939209	65481	336005
1929	191538	955075	69742	362151
1930	193540	937053	74281	379082
1931	169161	844922	75632	402752

---

① 惠尔强：《天津市人口调查刍议》，天津《大公报》1931年3月4日第7版。

② 李竞能主编：《天津人口史》，南开大学出版社1990年版，第112、140—142页。1931年青岛生育率数据见《青岛市户口变动统计表》，青岛市政府秘书处编：《青岛市行政统计汇编（二十年度）》，编者1933年版，"公安"类，第3页。

③ 天津数据资料见李竞能主编：《天津人口史》，南开大学出版社1990年版，第288—290页，此中所缺的1932年数据见《各市户口变动统计表　续（1931年4月至1933年4月）》，《统计月报》1933年第9期，第8页。青岛1937年数据见《青岛市户口统计表（1937年5月）》，青岛市档案馆藏，档号：B22-1-217；其他年份全为12月份数据，见《青岛特别市警察局历年户口比较表》，青岛市档案馆藏，档号：B23-1-1904。

④ 因天津租界资料不全，此处仅以华界说明，租界人口数1928—1937年，总数在131068（1930年）至182032（1937年），平均在16万，参见李竞能主编《天津人口史》，南开大学出版社1990年版，第288—289页。另外由于每年每月的人口统计数据变动不居，故本表数据只能呈现概貌。

续表

项目 年份	天津市（华界）户数	天津市（华界）人口数	青岛市 户数	青岛市 人口数
1932	全市 262975	全市 1322178	81845	426417
1933	185814	881296	87290	444690
1934	224614	1029751	90056	452379
1935	229449	1071072	105332	527150
1936	227228	1081072	110795	570037
1937	228417	1080229	112473	577196

城市人口的自然结构包括年龄结构和性别结构，由于乡村青壮年男性劳动力的大量流入，使得近代天津和青岛呈现明显的年轻型人口类型和性别比的严重失衡。中国传统农耕经济需要、生育文化与现实政治激励的重男轻女现象使中国人口性别比一直偏离 103—107 的正常数值。据人口学家陈长蘅对宣统年间和民国元年人口统计的整理，华北地区的男女性别比是 121.4、121.25，[1] 侯杨方认为 1911 年中国人口性别比不超过 110。[2] 据 1928 年人口普查数据，山西、河北、山东省的性别比分别为 137.09、123.76、117.34。[3] 从 1931 年全国各县市人口调查数据来看，城市性别比远远超过全国平均数，青岛继北平、绥远后性别比第三高，为 159.18；1936 年的全国各选举区户口统计结果显示，青岛、天津和天津租界的性别比分别为 145.90、141.53 和 141.22。[4] 从表 2—3 可知，两市性别比严重失衡，同时期上海的男女性别比例经常在 130 以上，较高的是 1935 年，达 141。[5] 按照 1933 年主要城市出生婴儿性别比来看，各市出生性别比（计出生数包括活产和死产）是：南京 118.65，上海 118.83，北平 108.67，青岛 112.51，杭州 122.18，广州 112.58，汉口 127.24，天津 140。[6]

---

[1] 侯杨方：《中国人口史第六卷：1910~1953 年》，复旦大学出版社 2001 年版，第 240、252 页。

[2] 侯杨方：《中国人口史第六卷：1910~1953 年》，第 248 页。

[3] 侯杨方：《中国人口史第六卷：1910~1953 年》，第 288 页。

[4] 侯杨方：《中国人口史第六卷：1910~1953 年》，第 289、291 页。

[5] 邹依仁：《旧上海人口变迁的研究》，上海人民出版社 1980 年版，第 47—50 页。

[6] 国民政府主计处统计局编：《中华民国统计提要（廿四年辑）》，商务印书馆 1936 年版，第 264—266 页。

成年人口中的性别比失衡现象表明男性移民远远超过女性人口。性别比的失衡反映出已婚夫妻两地分居的普遍和适婚男性的婚姻挤压，近代城市中的拐骗妇女和娼妓服务亦有利可图而兴盛一时，这样的性别结构不仅无形中刺激了妨害婚姻家庭案、诱拐案、潜逃案等犯罪现象的增加，也使得天津等市在现代化浪潮中应声而起的废娼运动成效不彰。

表2—3　　　　　近代天津和青岛华人的性别结构[①]　　　　（单位：人）

项目 年份	天津（华界）			青岛		
	男	女	性别比	男	女	性别比
1903	196069	130483	150.26	市区 25221	市区 1694	1488.84
1928	595386	343823	173.17	210746	125259	168.25
1929	608948	346127	175.93	224200	137951	162.52
1930	587290	349763	167.91	233864	145218	161.04
1931	551582	293360	188.02	246760	155992	158.19
1933	539631	341665	157.94	270446	174244	155.21
1934	604127	425624	141.94	274114	178265	153.77
1935	626393	444679	140.86	312537	214613	145.63
1936	633481	447591	141.53	331669	238368	139.14
1937	625413	454816	137.51	326230	232820	140.12

在年龄构成中，1935年天津市区华界人口年龄分布中，人口总数1031520人，0—15岁占28.6%，16—30岁的占29.5%，31—45岁占23.2%，46—60岁的占13.1%，60岁以上占5.6%。1937年总人口1080229人，16岁以下的占30.11%，16—30岁的占28.9%，31—45岁的占21.83%，46—60岁的占13.03%，60岁以上的占5.22%，年龄不详者占0.84%。[②] 两个年份中16—60岁的劳动适龄人口分别达65.8%，63.76%，其中16岁至45岁的青壮年比例均占一半多，65岁以上老年人

[①] 天津数据计算依据为李竞能主编：《天津人口史》，南开大学出版社1990年版，第290页；青岛1903年数据见青岛市史志办公室：《青岛市志·人口志》，五洲传播出版社2001年版，第44页；1928—1936年数据全部以12月份数目为准，见《青岛特别市警察局历年户口比较表》，青岛市档案馆藏，档号：B23-1-1904。1937年数据见《青岛市户口统计表（1937年5月）》，青岛市档案馆藏，档号：B22-1-217。

[②] 李竞能主编：《天津人口史》，南开大学出版社1990年版，第329—330页。

口不足4%，65岁以上与16岁以下者的老少比不足15%。这在工人最多的纺织行业中体现明显，天津纺织工人的年龄，以16岁至50岁者为最多，14至16岁者次之，14岁以下者为最少，[①] 成年工平均年龄为24.92岁。童工平均年龄为13.89岁。[②]

青岛1931年的人口总数为410064人，年龄结构中，15岁以下的占21.47%，16—45岁的群体最多，占59.47%，46—60岁的占14.11%，60岁以上的老人占4.95%。[③] 青岛劳动适龄人口占比达73.58%，老少比为13.23%。两市均属于年轻型人口结构，尤其青岛人口中的青壮年比重更大，年轻人的增加为城市发展提供了充足的劳动力，而近代工业生产力的不足造成劳动力相对过剩，大量失业人口的存在一直是困扰近代城市发展的难题，劳动力供过于求为城市工商业发展提供廉价工人的同时，也恶化了城市工人间的生存竞争，两市居民尤其是移民群体生活长期处于糊口状态。城市因农民的大量涌入而过度膨胀，形成失业、无业、犯罪、性别比失调等社会现象，加剧了移民的艰难处境。

二 社会结构

人口的社会结构是人口按照具有社会意义的特征而形成的分布状况，包括籍贯、职业、宗教信仰、文化教育、婚姻家庭、民族、收入的分布等，它反映了人口的社会位置及其分化与互动，并呈现了迁移人群的共性社会特征。出于研究主旨的需要及资料零散的考虑，下文重点分析两市人口的籍贯与职业（收入将在日常生活中探讨），这制约着移民的城市生活方式和社会交往。

失业与无业者过多是困扰近代城市社会具有共通性和严重性的问题。天津华界1928年、1929年、1930年的无职业人口占总人口的比重依次为38.77%、36.53%和35.15%，有业者超过六成，在业率相对较高，到

[①] 吴瓯主编：《天津市纺纱业调查报告》，李文海主编：《民国社会调查丛编二编·近代工业卷（中）》，福建教育出版社2010年版，第510页。

[②] 吴瓯主编：《天津市纺纱业调查报告》，李文海主编：《民国社会调查丛编二编·近代工业卷（中）》，第528页。

[③] 《青岛市公安局调查管界人口年龄统计表》（1932年6月），青岛市政府秘书处编：《青岛市行政统计汇编（二十年度）》，编者1933年版，"公安"类，第8页。

1936年天津职业人口比重则下降至39.25%，1937年总人口1080229人，无职业者中，就学者60311人，不事生产者559868人，其他11992人。另失业28766人，总计无业和失业人口为660937人，占天津华界总人口的61.18%，生存状况更为恶化。① 具体而言，1928年12月，天津市总户数257210；人口总数1252838，男性752902人；女性499936人，有职业者中，男性462084人，女性86985人；无业者中男性91253人，女性196720人。② 有业者占43.83%。61.37%的男子在业，而仅有17.40%的女性有职业。再以天津1930年12月的户口调查为例，全市281017户，人口总数1343183，男性805938口，女性537245口，有职业者男520630人，女86900人，无职业者男131454人，女273239人。③ 则劳动适龄人口中的失业比达30.13%，几占三分之一。考虑到老人及儿童尚占330960人，则有业者占总人口的45.23%，天津抚养比超过100%。男子的有业者占64.60%，女性的有业者仅为16.18%。综合1929年和1930年的数据来看，男性就业六成多，女性不足两成，则男性的就业率远远高于女性，城市就业结构中女性处于不利地位。总体上，1928—1930年，华界的无职业人口绝对数字呈上升趋势，1935—1937年失业与无职业人口已超过总人口的一半，并且呈增长趋势。④ 即使暂时已有职业的工人，因工作性质的不同和经济状况的波动，劳工常有工作变动或失业的危险。如北洋纱厂1927年工人2000人，1928年1750—1800人，1929年则为2041人，劳工职业并不稳固。尤其是缺乏技艺的粗工，流动性较强。用度艰难，不仅养成游荡性质和无恒心的习惯，即使有固定工作亦无耐心，工作亦因常不稳定技艺不熟，且无力为子女创造求学或学艺机会。⑤ 这种贫困与不稳定形成代际传递，其子女亦往往为永久粗工。

---

① 此处包括市内五区三个特别区和八个乡区，李竞能主编：《天津人口史》，南开大学出版社1990年版，第244、245、248页。

② 《天津特别市公安局户口统计表一》（1928年12月），天津档案馆藏，档号：J0054-1-001387。

③ 《市区户口详细统计》，天津《大公报》1931年2月20日第7版。

④ 李竞能主编：《天津人口史》，南开大学出版社1990年版，第447—450页。

⑤ 吴瓯主编：《天津市纺纱业调查报告》，李文海主编：《民国社会调查丛编二编·近代工业卷（中）》，福建教育出版社2010年版，第645—646页。

青岛 1929 年失业工友，约 13000 人。① 1935 年全国失业人数统计中，青岛失业人数 104500 人。② 按当年总人口 456642—520841③ 来测算，则当年总人口中的失业率在 20.01%—22.88%，但此数据依然模糊，按照青岛 1935 年 6 月份统计（见表 2—4），总人口 442631 人，无职业者 159827 人，则无业者占总人口的 36.11%。当然，考虑到各城市统计数据偏低的情况④，民众生活压力普遍较大，天津城市劳动力的抚养人数明显大于青岛。

从两市职业类型来看，天津和青岛为华北工商业人士荟萃之地，总体而言，两市工业力占华北全工业力的 84%⑤，此经济发展情形决定了城市职业结构，在有职业者中，从事工商业者占六成以上。如表 2—4 所示，两市工业人口主要分布于棉纺业、服用品制造业、饮食品制造业和化学工业。商业服务者以从事贩卖为主，如青岛 41335 名商贩中，从事贩卖业者有 24783 人。天津有职业者，以商人为最多，除一般门市大商之外，负贩小业，亦属极多。⑥ 继工商业后，交通运输业及人事服务业吸纳了众多就业人口，交通运输业包括邮递、电信、水陆空运、堆栈、转运、挑挽等从业者，人事服务包括家庭管理和侍从佣仆等。此四行业主要是体力型、初级技术型工作而非智力型，也是乡村移民最集中的行业。自由职业者多是具有一定文化程度的知识阶层，包括教科文卫、宗教、社团、律师、会计、工程师等，乡村移民分布于此业中少。天津本籍人则因平均文化水平高于来自农村移民，城市里的社会关系较多，因此一些需要一定文化水平的职业、收入较高的职业和与社会习俗有关的行业，

---

① 《青岛失业工人之救济》，《申报》1929 年 8 月 7 日第 6 版。
② 程海峰：《一九三五年之中国劳工界》，《东方杂志》1936 年第 33 卷第 17 号，第 155 页，另《沪杭平津失业工人日增》，《实业部月刊》第 1 卷第 4 期，1936 年 7 月 30 日，第 157 页，统计 1936 年青岛失业人口亦为此数。
③ 1935 年人口统计变动较大，因崂山乡区的划界并入青岛，故按照 1 月至 12 月的人口数量计算，见青岛市政府秘书处编印：《青岛市政府市政公报》第 67—77 期，编者 1935 年 4 月—1935 年 12 月版。
④ 李竞能主编：《天津人口史》，南开大学出版社 1990 年版，第 246 页，认为旧社会统治者往往缩小失业人口数字，旧天津市失业人口统计数字偏低。而青岛的失业统计数据 1935 年差异较大，也令人存疑。
⑤ 李洛之、聂汤谷编著：《天津的经济地位》，南开大学出版社 1994 年版，第 91 页。
⑥ 《天津市之风俗调查》，《河北月刊》1933 年第 1 卷第 3 期，第 1 页。

往往天津籍占多数。①

两市职业分布呈现一定的性别隔离，如表2—4所示，1936年天津全体人口中有业者占39.38%；男性中的有职业者占62.05%；女性中的有职业者仅为7.39%。天津女子职业以人事服务为最，其次是商业，分别占女子从业者的38.43%和32.90%；天津女工，1929年为5.4%，1933年为6.31%。1938年，按统计资料较完整的358家企业计算，女工比例上升到23.7%。② 以行业论，纺纱女工最多，据1930年的调查，全市纺纱工人16898人，女工1543人，③ 占9.13%。总体上，天津女性在工业中仅占2.21%，交通运输业占0.03%，公务员中占0.46%，商业中有9.28%，自由职业者中有11.84%。除去乡区农民，青岛市区全体人口中有业者为53.30%；男性中的有业者占58.60%，女性中的有职业者为44.93%。市区女性以人事服务业和工业为主，分别占女子从业者的45.70%和42.13%。两市男子就业比例相差不大，而青岛女性就业比例明显高于天津。

表2—4　　1936年10月份天津市华界市民职业统计④和
　　　　　　1935年青岛本国籍市民职业统计⑤　　　　（单位：人）

类别		天津职业统计			青岛职业统计		
		男	女	计	男	女	计
有职业	农业	5472	14	5486	64079	36297	100376
	矿业	817	17	834	2369	40	2409
	商业	105958	10833	116791	37542	3793	41335
	工业	160582	3637	164219	42720	25107	67827

---

① 罗澍伟主编：《近代天津城市史》，中国社会科学出版社1993年版，第587页。
② 《北支那工场实态调查报告书——天津之部》，第18页，转引自罗澍伟主编《近代天津城市史》，第541页。
③ 吴瓯主编：《天津市纺纱业调查报告》，李文海主编：《民国社会调查丛编二编·近代工业卷（中）》，福建教育出版社2010年版，第526—527页。
④ 天津市政府秘书处编印：《天津市政府公报》第95期，1936年12月，"统计类"第3页。
⑤ 青岛市档案馆编：《青岛数字全书》，中国文史出版社2003年版，第56页，该书表头注明1934年青岛市民职业分类统计表，但从正文中的表格附记来看，表中职业以1935年6月为主，且整个1934年的青岛人口数量并未超过46万，故此处应为1935年的职业类别，另原书数据合计错漏之处本表予以修改。

续表

类别		天津职业统计			青岛职业统计		
		男	女	计	男	女	计
有职业	交通运输	52831	18	52849	18376	30	18406
	公务员	15999	74	16073	6511	74	6585
	自由职业	9997	1342	11339	4790	3322	8112
	人事服务	20948	12655	33603	10524	27230	37754
	其他	17666	4341	22007			
	计	390270	32931	423201	186911	95893	282804
无职业	就学	41847	17877	59724	21466	10662	32128
	不事生产	169836	387022	556858	5852	10277	16129
	非法生活	837	3228	4065	249	465	714
	囚犯	1635	61	1696	355	31	386
	慈善收容	1422	292	1714	658	122	780
	老弱残废不能生产者				58051	51468	109519
	失业	23078	4379	27457	142	29	171
	计	238655	412859	651514	86773	73054	159827
总计		628925	445790	1074715	273684	168947	442631

　　从两市人口籍贯来看，华北的乡村移民及其后代构成城市居民主体，天津从传统的卫所到府县再到北方第一大都市，其人口来源也从最初的以士兵、商人为主转而以省内及邻省农民为主，愈是邻近天津的地区，愈是贫困落后的地区，愈是灾祸连年的地区，移民城市的农民越多，故总体而言，天津市移民多来自河北和山东省。如"工人籍贯，以河北为最多，山东次之"。[①] 据估算，从1840年到1936年迁移至天津的非本籍人口占78.89%，其中20世纪初到20年代末迁津人数最多，每年有3万余人，占年净增人数的95.86%。[②]

[①] 刘大钧：《中国工业调查报告上册》，经济统计研究所1937年版，"第三编"第33页。
[②] 罗澍伟主编：《近代天津城市史》，中国社会科学出版社1993年版，第461页。

工业是移民就业的重要领域，纺织工人在天津工厂工人中占最多数，[①] 达六成以上，[②] 20 世纪 30 年代初期，天津华新、裕元和恒源三大纱厂共有 3898 名工人，原籍天津者 927 人，占 23.78%；河北籍共 2155 人，占 55.28%；山东籍 409 人，占 10.49%；河南籍 293 人，占 7.52%，其他江苏、浙江、山西、安徽、辽宁等省籍的工人共 114 人，占 2.92%。[③] 按照南开大学社会经济研究委员会对天津地毯业、针织业、织布业 1815 名工人及学徒的调查，来自天津本籍的共 62 人，占 3.42%，河北其他县的占 85.07%，山东籍的 10.52%，来自其他省份的工人仅占 0.10%，河北省内的以武清、枣强、冀县和南宫的工人最多。[④] 若将此数与同时期社会局对北洋纱厂工人籍贯的调查相结合（见表 2—5），则选样调查的 3855 名天津纺织业工人中，本籍是天津的有 758 人，占工人总数的 19.66%，河北籍工人最多，占 57.90%，山东籍占 10.04%，河南籍主要是纱厂设立时招聘的技术工人，占 9.49%，其他各省共 112 人，仅占 2.91%。由此可见，纺织业工人一半以上来自河北，山东和河南籍工人共占五分之一，而其他省份工人寥寥无几，亦可见天津对华北省份尤其是河北省的吸纳能力较强，具有鲜明的地域性，与其华北区域经济中心的地位正相适应，而对更广泛地区移民的辐射能力较弱。

表 2—5　　　　　　　　天津纺织业工人学徒籍贯[⑤]　　　（工人学徒单位：人）

籍贯	天津	河北	山东	河南	其他	总计
北洋纱厂	696	688	196	366	94	2040
地毯业	12	554	44		5	615

---

① 吴瓯主编：《天津市纺纱业调查报告》，李文海主编：《民国社会调查丛编二编·近代工业卷（中）》，福建教育出版社 2010 年版，第 510 页。

② 如 1929 年天津工人 47519 人，纺织工人 34264 人，占工人总数的 72.1%，参见天津市社会局编印《天津市社会局统计汇刊》，编者 1931 年版；1933 年棉纺织业工人占天津工人总数的 66.31%。邓庆澜主编：《天津市工业统计（第二次）》，天津市社会局 1935 年版，第 65 页。

③ 方显廷：《中国之棉纺织业》，商务印书馆 1934 年版，第 134 页。

④ 《方显廷文集》第 2 卷，商务印书馆 2012 年版，地毯业工人学徒籍贯见第 72—73 页；针织业工人学徒籍贯见第 173 页；织布业工人学徒籍贯见第 270—271 页。

⑤ 北洋纱厂数据参见吴瓯主编《天津市纺纱业调查报告》，李文海主编：《民国社会调查丛编二编·近代工业卷（中）》，福建教育出版社 2010 年版，第 648 页。

续表

籍贯	天津	河北	山东	河南	其他	总计
针织业	11	304	14		4	333
织布业	39	686	133		9	867
总计	758	2232	387	366	112	3855
百分比	19.66%	57.90%	10.04%	9.49%	2.91%	100%

纺织业外，其他行业工人亦基本来自河北和山东的农村，工人条件、地理位置和社会关系影响着工人的职业类别，拥有一定文化程度、技术条件和社会关系的农民在就业过程中处于优势地位。

一是厂主籍贯和厂址位置与工人籍贯相关。如久大盐厂和永利碱厂工人，"从他们的籍贯与以前工作来看，居多来自直隶山东京兆三省的农间。"[1] 1927年7月永利碱厂管工处名册显示，全厂工人中直隶人最多，其次是山东人。因有一位工头是广东人，7名工匠都是广东人，其他南方工人仅一二人。[2] 1931年嘉瑞合记面粉公司工人153人，因股东多天津人，领班为静海人，故这两地工人最多，有74人；来自河北其他县共54人，山东籍13人，江苏籍7人，浙江籍5人。[3]

二是工作粗重、技术要求低的职业往往由他籍人士充任。如南开经济研究所调查的磨夫83人中，多从河北及山东内地募来，因磨面工作繁重，且收入甚微，本地工人认为无利可图。83名磨夫中，天津本地的仅有5人。[4] 前述针织业、地毯业中天津人少，而纱厂较多。

三是地理位置、家乡经济状况与移民就业有一定关联。对151家铁路工人家庭籍贯的抽样调查表明，河北省籍者共127家，占总数的84.11%，山东省籍者13家，占8.61%，另有浙江省籍者5家、安徽与山西省籍者各3家，共占7.28%。河北省籍的127家中，天津市县的52

---

[1] 林颂河：《塘沽工人调查》，北平社会调查所1930年版，第264页。

[2] 林颂河：《塘沽工人调查》，北平社会调查所1930年版，第220页。

[3] 吴瓯主编：《天津市面粉业调查报告》，李文海主编：《民国社会调查丛编二编·近代工业卷（中）》，第802页。

[4] 方显廷：《天津之粮食业及磨房业》，《经济统计季刊》1933年第2卷第4期，第984页。

家，占40.95%，其他主要来自滦县、宁河、武清和丰润县，天津铁路工人以天津市县及邻接天津或沿铁路各县籍者为多。① 1929年底至1930年5月份的调查显示，天津市2910名妓女中，来自天津本市和北平市以及天津邻县，河北人为最多（1004人），其次是天津人（944人），再次是北平人（376人），河北省籍妓女中，武清县人（94人）、文安县人（85人）、通县人（65人）又占多数。沦为娼者多为生计所迫，山东省连年兵荒马乱，入津为妓者318人，文安县连年水灾，有妓女85人。②

青岛移民中以山东人尤其是男性农民为最多，本省移入人口，以胶县平度为最。③"当地劳工除本市附近及即墨胶州数县土民外，以来自鲁南一带者为多"④。现存的青岛市公安局人口统计资料表明，青岛华人来自21个省份，市区人口以山东籍移民为主，如1929年山东移民占外来移民的87.98%，1932年山东籍移民占83.75%，1936年占81.02%。⑤ 1930年代初，从籍贯来看，青岛成为客籍的天下，特别是就中心市区的第一、二区而言，本地原有居民约占11%，而外地移民达89%，其中，山东人占60%以上。⑥

在人口素质方面，同全国人口识字程度较低的状况相一致，两市居民识字率普遍较低。1930年前后，天津纱厂"工人中识字者仅占22.98%，不识字者超过识字者3倍有奇"⑦。不识字人口中有职业者91464人，其中从事工业和运输部门人数最多，达6万余人，尤其是从事

---

① 刘东流：《天津铁路工人家庭与人口的分析》，《现实生活》1937年第1卷第6期，第19页。
② 天津市社会局编：《天津市妓户妓女调查报告》，李文海主编：《民国时期社会调查丛编·底边社会卷（下）》，福建教育出版社2005年版，第544页。
③ 民国《胶澳志》卷3《民社志三·移殖》，（台北）成文出版社1968年影印本，第502页。
④ 《胶济铁路二十二年份各站年报》，《铁路月刊》（胶济线）第5卷第3期，1935年3月31日。
⑤ 青岛市档案馆编：《档案资料第三辑：人口资料汇编（1897—1949）》，1982年7月，青岛市档案馆藏，档号：C21374，第17—18页。
⑥ 青岛市政府秘书处编：《青岛市行政统计汇编（二十年度）》，编者1933年版，"公安"编，第11页。
⑦ 吴瓯主编：《天津市纺纱业调查报告》，李文海主编：《民国社会调查丛编二编·近代工业卷（中）》，第535页。

运输业的所谓"苦力",有3.5万人,手工业者有2.2万余人;在从事商业的不识字人口中,负贩即小贩有12600余人,店员有7000余人,学徒有5967人。① 1931年时嘉瑞合记面粉公司共153名工人,未受教育占60.1%,受教育一年者占7.5%,两年者占11.7%,三年者占14.7%,四年者占1.9%,五年者占3.4%。② 1929年青岛市全市市民概况分类统计表显示,全市人口平均识字率为22.3%,山东人最集中的第二区识字率为18.7%,仅略高于第六区(基本是乡区)的15.4%。③ 较低的识字率制约了移民获得更高收入的工作,也反映出乡村移民在城市就业的不易。

小　结

本章探讨了近代城市移民的由来及其与城市发展的互动关系。首先,从农民进城的原因来看,作为约开商埠,天津和青岛是在外力推动下迈向近代城市行列,随着贸易范围与类型的扩展及生产能力的提高,工厂、商店招纳工人、学徒,城市经济的发展提供了多样的工作机遇,其多元化生存空间也吸引了大量谋求改善生活的劳动力。其次,近代乡村逐渐走向衰落,兵匪成灾,捐税繁杂,天灾频仍,外货倾销,乡村经济崩溃,农民生活困苦。同时乡村风气恶化,拐卖盛行,亲情纽带弱化,大量妇女被诱骗进城。乡下人进城是民元以来乡村生态环境逐渐恶化的结果,包括自然灾害、匪患兵灾、治安恶化等自然与政治环境的破坏;农村人多地少和税收沉重等原因所致的经济贫困和家庭关系的紧张,而城市经济的发展,先期移民的引荐与信息刺激,推动着在城市里有一定社会关系的乡下人开始选择新的职业。从天津、青岛两地人口激增的时期来看,在19世纪末20世纪初城市化启动时期,由于基础建设的兴起和工商业的发展,天津和青岛吸引了技术工匠、产业工人和商人等外来人口,大批

---

① 天津市识字运动宣传委员会:《天津市不识字人口统计》,编者1931年版,第1—4页。
② 吴瓯主编:《天津市面粉业调查报告》,李文海主编:《民国社会调查丛编二编·近代工业卷(中)》,第801页。
③ 青岛市政府秘书处编印:《青岛市行政统计汇编(十八年度下期)》,"公安"编,第13页。

华北青壮年农民通过招雇方式进城。1920年以来,农民流动的主要原因则是整个社会政治与自然环境的异常变动,尤其是政治形势的动荡。

进城农民存在着明显的群体差异。首先,在移民籍贯方面,城市乡区和周边农村最先感知城市发展的变化及对个体的机会,是最先城市化的区域群体。其次,在移民进城的渠道方面,集体性的对农民招工和跟从性的随亲友进城,是最主要的进城方式。最后,在移民性别方面,生活的艰难常常是男性选择流动的主要原因。而对于女性来说,进城是摆脱家庭虐待的出路,也是受到拐骗出卖的陷阱。乡下人进城体现了自然灾害、经济萧条、时局动荡的结构性变动下民众被迫流离的时代趋向,更体现了个体或群体命运的颠沛流离处境与危机应对方式。最重要的是,从进城的决绝性来看,近代农民进城有两种类型:生存型和发展型。那些被乡村灾荒和兵匪逼迫得家财荡尽趋于绝望的人会义无反顾地进城,他们卖掉土地和房产,举家迁移,这几乎断绝了他们对家乡的归路,这样彻底地告别故土,也促进他们必须积极地投入城市生活。发展型移民是为寻求更好改变自身生活状态的路径,更多人的会保留在家乡的产业,或者将他们妻子儿女留在原籍,虽然工作在城市却瞻前顾后,割不断与家乡的往来,有的人在辞退、生病或受挫后会返回家乡。

从进城的途径来看,铁路和公路的兴修以及航运的扩展不仅影响了人们的出行方式和货物流通的速度与规模,更提供了一种新的人口集聚和流动趋向。铁路、航运将城市中心与沿线郊区、乡村连接起来,在新式道路附近的村民更便于进城并谋取相应的职业。从进城的人际关系来看,中国乡村的社会结构和伦理关系特别推动着移民的链式迁移。对乡下人而言,外界环境的变动激发了进城的必要性,而乡土资源则提供了进城的可能性。推动进城的微观力量——"关系",是邻居、亲戚、同乡等有过一定程度交往的熟人。亲缘与地缘关系是人口流动时依托的主要媒介,社会关系不仅促进移民的流动,更在未来的城市社会中影响着他们的日常生活。由于中国人浓厚的乡土观念,异乡人总是竭力提携自己的同乡亲友,使乡村移民的进城具有被迫性(生活压力)与跟从性(亲友召唤)的行动逻辑,并导致一种潜在的意外成果,形成工商业发展中的同乡而聚的特点及城市经济生活中县域力量的集中现象。

从城市人口结构来看,天津和青岛同样是华北典型的移民城市,外来人口占据城市各业主要部分，但天津主要吸纳河北移民，青岛主要影响山东尤其是邻县农民，亦反映出近代华北的移民主要是省内移民。更大距离的省际迁移未形成规模。那些有一定文化程度和社会关系的移民在就业中处于优势地位，更多的移民处于城市社会的底层。由于近代工商业盛行的学徒制、招工制，青壮年男子成为近代乡村移民的主要部分。近代天津和青岛人口的性别失衡、年轻人多、失业率高、帮派强大、空间隔离等社会特征一定程度上反映着近代乡村移民的流入背景，亦长久地影响了农村移民的城市生活。

第三章

谋生之道与影响因素

从天津和青岛乡村移民的迁移背景来看，城市工商业兴起初期的人口聚集主要是发展型人口迁移。自20世纪20年代起，灾荒匪祸、捐税剥削、治安恶化等带来的乡村生态环境的恶化成为乡村移民进城的更重要的推力，使得20世纪二三十年代的人口迁移主要表现为生存型迁移。这种绝望式处境推动的生存型迁移使得进城农民无论是在工作还是生活中均极度能忍耐，能吃苦，并尽力适应新的职业要求与生活方式，以融入新的生存环境。而通过初级社会关系网进城，强化了移民在城市生活中对亲友们的依赖，给近代城市打上了深深的乡土烙印，在某种程度上乡土关系的移植为进城农民提供了重要的社会资源，成为他们在异地应对困境的缓冲器和融入城市的加速器。

近代以来，城市社会的分层首要表现为职业的分化，根据1933年6月24日国民政府公布的职业分类，居民业别有农业、矿业、工业、商业、交通运输业、公务、自由职业、人事服务、无业九大类。[①] 按照职业类别城市居民一般被分为上、中、下三个社会阶层，一是以官僚、买办、企业家等代表的上流社会，二是以从事非体力劳动的公务员、公司职员、大学教员、自由职业者和中小企业家为主要职业群体的中间阶层，还包括中介人群体、高级店员与批发零售店主、包工头群体和高级妓女，三是城市下层，有小学教师、工人、店堂学徒、商贩群体，底层有自谋生

---

① 《全国内政统计查报通则》（1933年6月公布），广东省统计科学研究所、广东省统计志编辑室合编：《民国时期统计史料选编（1912~1949）》，内部资料，1989年，第109—111页。

计者、苦力群体、下层妓女、贫民与乞丐。① 不同的社会阶层代表着并要求具有相应的权力资本、经济基础、文化素养、社会声望、技术经验、社交资源等，而被乡村政治和经济环境恶化推动进城的农民，由于先赋条件处于劣势，能谋得公差和自由职业者绝少，其工作选择主要在工商业、交通运输业和人事服务业等体力型和服务型职业间流转。

人们的谋生方式，反映了特定地区在特定时期的经济结构，近代天津和青岛均是新兴的商业大埠和工业中心，职业构成发生重大变化，城市本身的高聚集性、高异质性与分工的细致创造了众多的谋生机会。总体来看（见表2—4），城市工业和商业发展对劳动力需求最大，其次是交通运输业和人事服务业。② 棉纺、化学和机器业吸纳八成左右工业人口（见表1—2和表1—4），商业中尤其是贩卖服用品、饮食品和日用品的商店吸纳了六成的商业人口（见表1—3），故工人、店员、搬运工、车夫等成为农村移民最主要的城市角色。由于知识水平的不足与专业技能的缺乏，进城劳动力主要是体力输出型，年轻、强壮、勤劳成为乡村移民就业中的优势禀赋。

第一节　工业生产

近代工业既有使用机器生产的规模较大的近代化工厂，也有沿用传统雇佣关系的人数较少的手工业作坊，天津和青岛作为北方最大的现代工业中心，工业生产力占华北一半以上，并形成以轻纺工业和出口加工业为主体的工业架构，工人尤其是纺织业工人为数众多，占两市产业工人的一半左右。其他手工作坊或小工厂则使用年轻的学徒工最多，占六成左右，工厂因市场波动和季节性影响，常常大量雇用短工，或者委托给散工，工人们的就业非常不稳定，劳动强度大。除烟草、蛋厂外，各工厂女工人数尚少，工厂基本是青壮年男人们的阵地，并因行业、技术、

---

① 李明伟：《清末民初中国城市社会阶层研究（1897—1927）》，社会科学文献出版社2005年版，第99—119页。

② 考虑到青岛的乡区人口占全市总人口一半以上，农民在城市人口职业中占较大比重，但近代新兴职业主要分布在市区，故本章主要针对市区而言。

身体、工作年限和性别差异待遇不同,年轻的学徒们工作最为辛苦,还要忍受工作外的人身剥削。

由于近代工厂实施的工头招雇和保人举荐制度,乡村移民多依亲族乡友而进厂谋生,进厂作工成为吸纳农村移民人数较多的行业。据天津1933年统计(见表3—1),全市各业工人数量36702名。青岛1932年工人总数33630。(见表3—2)1933年,青岛男工3.9万余人,女工3700余人。[①] 1935年,青岛各类工厂(包括工业和手工业)总数300余家,工人总数5万余人,占全市总人口的八分之一。使用电力蒸汽作动力的近代工厂,工人达4万余人,其中棉纺工人约占一半。[②] 1936年,青岛产业工人数略有下降,也达41534人。[③]

表3—1　　　　　　　天津1933年各业工人人数[④]

类别	纺织	化学	饮食	服用	金属	土石	竹木	印刷	文具	精盐
男	18995	2593	1087	276	1384	585	115	223	175	602
女	1903	159	15	119	0	30	0	4	0	85
童	4282	773	34	249	2017	225	137	160	38	448
合计	25180	3515	1136	644	3401	840	252	387	213	1135

表3—2　　　　　　　1932年青岛工厂工人人数[⑤]

类别	纺织	化学	饮食	服用	机器	砖瓦	木材木器	印刷	水电
合计	20300	3980	4566	未计	2548	450	997	439	350

棉纺织业是中国最主要的新式轻工业,全国约有纱厂130家,总计纱厂工人约25万名。华北方面仅天津及青岛两地有纱厂10余家。[⑥] 以中资

---

① 《工业调查表》(1933年),青岛市档案馆藏,档号:B21-3-89。
② 董志道:《青岛工业之鸟瞰》,《青岛工商季刊》第3卷第2号,1935年6月,第1页。
③ 杨子慧主编:《中国历代人口统计资料研究》,改革出版社1996年版,第1397页。
④ 《津市工人统计》,《市政评论》1934年第2卷第9期,第18页。
⑤ 青岛市社会局编:《青岛市工商业概览》,编者1932年版,第14—53页。
⑥ 刘心铨:《华北纱厂工人工资统计》,《社会科学杂志》1935年第6期,第141页。

纱厂而言，除青岛华新纱厂历年人数稳定在 2500 人左右外，其余各厂工人数量均有所增加。1926 年至 1929 年的三年间，天津华新纱厂工人由 1626 人增加到 2153 人，恒元纱厂由 1345 人增至 2002 人，裕元厂由 3536 人增至 4799 人。①

因资本制约和政局变化，天津织布业、针织业、地毯业等采用近代工厂制的同时，也采取主匠制与商人雇主制，② 故除正式工厂工人外，还有大量散工、临时工，工人中又以学徒为主。天津织布厂规模普遍不大，1929 年总计 327 厂，7873 名工人。雇工数不足 30 人的有 244 家，共 3540 人，雇工在 30 人以上的有 83 家，共雇 4333 人。织布厂工人以学徒为主，共 5117 人，工人仅有 2758 人。③ 工人多用于专门指导及监管学徒。学徒初入厂，常常从事织造的初步工作，如缠线、轮轴、穿经等，此外还要为厂主及工人奔走差遣，之后会在工人指导下从事浆纱、染色及增光等工作。缠线也偶尔由女工在厂或家从事。④ 工人、学徒大都来自河北和山东各县农村。工人年龄多在以 18—31 岁，学徒在 11—18 岁。工人与学徒每天工作时间往往在 10—13 小时。⑤ 据南开大学经济学院调查，1929 年天津有针织厂坊 154 家，雇佣工人 1610 人，其中学徒 1159 人，占 72%。另有从事编织、缝袜的散工 1135 人。⑥ 由于针织品大部分为袜子，缝袜工作除少数作坊雇佣女工于坊内从事外，大半委托给散处工人。手工编织品如围巾、披巾、手套、毛衣等都由散处工人在家编织，厂坊雇佣中间人为针织业的特征。中间人以本地人为多。每名中间人雇佣 4—13 名缝工，平均每人雇佣散处缝工 7.7 人。缝工分职业与非职业两种。职业缝工都是贫民，赖此生活，多为长工。非职业工人多半是中下家庭的未婚女子，常为短工，可随时辍业。⑦ 住在西广开祥吉里的居民，十之八九，男

---

① 刘心铨：《华北纱厂工人工资统计》，《社会科学杂志》1935 年第 6 期，第 145 页。
② 方显廷：《天津织布业之组织》，《安徽建设》1931 年第 3 卷第 27 期，第 53 页。
③ 方显廷：《天津织布业之组织》，《安徽建设》1931 年第 3 卷第 27 期，第 60—61 页。
④ 方显廷：《天津织布业之组织》，《安徽建设》1931 年第 3 卷第 27 期，第 62 页。
⑤ 挹峰：《天津之织布工业》，《国货研究月刊》1932 第 1 卷第 1 期，第 72—73 页。
⑥ 方显廷：《天津针织业之组织》，《清华学报》（社会科学版）1934 年第 6 期，第 37、52 页；荀文：《天津之针织工业》，《国货研究月刊》1932 年第 1 卷第 3 期，第 75 页。
⑦ 荀文：《天津之针织工业》，《国货研究月刊》1932 年第 1 卷第 3 期，第 76—77 页。

的到外面去拉洋车,女的在家纺羊毛,这样维持着他们的家庭生活。① 在地毯工厂,徒工的比例也大,一般占工人总数的2/3。因国外订货不能固定,地毯业的生产有间歇性,厂主便大量雇佣临时工,活忙时大批招工干活,干完立即解雇。被解雇的工人,有的回农村生产,有的在城市中拉人力车或做小买卖,有的甚至讨饭为生。②"资本家把从农村招来的徒工叫'赶来猪'。他们都在十一二岁之间,来了后给老板娘看孩子、做饭、倒尿盆、洗衣服等,什么活都得干。学手艺时,常常挨掌柜的和工头的打。"③

天津制革业技工分工头、工匠、工徒和小工四种。工头的职责是设计制造、指示工作及调动工匠与工徒。在人事方面主理雇佣工匠、收纳工徒事宜,并传达厂方及工方之意见。工匠通称手艺人,工徒称之为"师傅",对上受工头支配,执行技术操作,对下指使并训练工徒,各厂工匠,多由工头介绍或为其"师兄弟",或为其徒弟。小工属临时雇佣,33厂中仅1厂雇佣。因工徒服从指使,且待遇平均较工匠低25%,故其数量最多,工徒由厂方职员介绍,新入厂时,大部分均为伺应琐事,再逐渐着手笨重的劳力工作,练习技术一般要在一年半或二年之后。④ 工徒学习期限普通为四年,期未满不得借故脱离,否则须赔偿厂方"饭"钱;各厂为减少开销多用工徒,待遇严酷。⑤ 根据对33家制革厂的调查,职工共525人,其中职员125人,技术员及工人400人,工徒占技工总数68%,各厂工人数目依营业情形而有变动,1935年即较1933年减少130余人。⑥ 各厂每天工作时间不同,最少的9小时,最多的11.5小时,普通为10.5至11小时,实际上工匠工作时间较工徒约少一小时,因工徒上

---

① 蒋逸霄:《津市的职业妇女生活(四十四续):纺羊毛的老妇人》,天津《大公报》1930年5月24日第9版。
② 芮允之:《天津地毯工业的兴起与发展》,中国人民政治协商会议天津市委员会文史资料研究委员会编:《天津文史资料选辑》第1辑,天津人民出版社1978年版,第76页。
③ 芮允之:《天津地毯工业的兴起与发展》,中国人民政治协商会议天津市委员会文史资料研究委员会编:《天津文史资料选辑》第1辑,第77页。
④ 《天津制革业之职工——营业清淡解雇者多》,《劳动季报》1935年第7期,第135页。
⑤ 《津市制革业技工待遇》,《新新月报》1936年第1期,第19页。
⑥ 《天津制革业之职工——营业清淡解雇者多》,《劳动季报》1935年第7期,第134页。

班前后要沥扫厂房，整理工具。①

　　火柴厂工人，一般临时雇佣记件工人较多，包装部以女童工最多。如中华火柴公司1930年有男工700人，女工100人，领日工资的有200人，最忙时加上临时雇佣工人有1200名。按月计资的固定工人须在厂里练习三年后再给工资，凡新进厂工友，根据能力高低及体格强健与否，每日多者三角，少者二角。收入主要看工人成绩如何，如有特殊技能，或工作较长，负苦耐劳，即擢升为工头，改为月薪。②

　　天津磨房业中的雇员，层级从上到下有经理、司账、店员、厨司和学徒，甲种磨房雇有磨夫。在南开经济所调查的510家磨房中，共有雇员3854人，其中：经理535人，司账341人，雇员1626人，学徒925人，磨夫272人，厨司155人。③ 本地雇员，每10日可回家住一晚，河北籍雇员，每年可请假回家二次或三次，每次10天左右，山东或其他省籍的，每年可回家一次，每次多为一个月。因磨面工作繁重，收入甚微，本地人少，多从河北及山东内地募来，如抽查的83名磨夫中，天津籍只有5人。④ 磨夫来天津的年数较长，不足5年的33人，6年及以上的有50人。"多系因农田歉收或为灾害所迫，或因家境困窘，不得不背井离乡，远出谋生。"⑤ 面粉厂多依靠机器生产，工人数量因市面不同而时有增减，少则103人，多则185人，据1929年的调查，半技能工人近一半，无技能工人占1/3强。⑥

　　对151家铁路工人的调查显示，天津市县占52家，其他则来自天津邻县或铁路沿线的县份，来自外省65家。⑦ 与商店店员学徒不能带家眷不同，

---

① 《津市制革业技工待遇》，《新新月报》1936年第1期，第19—20页。
② 吴瓯主编：《火柴业调查报告》，天津市社会局1931年版，第31、58页。
③ 方显廷：《天津之粮食业及磨房业》，《经济统计季刊》1933年第2卷第4期，第977页。
④ 方显廷：《天津之粮食业及磨房业》，《经济统计季刊》1933年第2卷第4期，第984页。
⑤ 方显廷：《天津之粮食业及磨房业》，《经济统计季刊》1933年第2卷第4期，第985页。
⑥ 王子建：《天津面粉厂工人及工资的一个研究》，《社会科学杂志》1931年第2卷第1—4期，第449页。
⑦ 刘东流：《天津铁路工人家庭与人口的分析》，《现实生活》1937年第1卷第6期，第19—20页。

铁路工人多是家庭生活，在151家铁路工人家庭中，共有人口807人，男性418人，女性389人。168位铁路工人中有156位夫妻团圆。① 能当上铁路工人，无论是工资收入还是居家生活，都是乡村移民不错的去处。②

天津、河北缝制军衣事业发达，故在天津缝制军衣的女工人数较多，成为天津一种重要的妇女职业，一些家庭妇女仰仗着操着这种工作而维持生活。③ 待遇较好、工作稳定、环境优雅的公职部门，如政府公务员、教师、医生、护士、打字员等职业均要求应聘者至少中学文化程度，因而一般乡间女子多从事社会底层工作。天津女子以人事服务、商业和散工居多。天津的大英烟厂工人待遇较其他工厂为优，是女工不错的就业选择，女工粘贴烟盒，每日可得六角至一元工资，正式工还有年终花红及休假日工资照给，每天工作8小时，厂方供给大米稀饭作午餐，并备有饭厅，分男女两部就食，男女工人3000余名，多居住特三区大王庄附近，约万人赖此维持生活。④

青岛女子职业以进厂做工者最多，她们分布在纺织、花边、织袜、蛋品等工厂中，在沧口、四方等靠近纱厂的村庄中，女性进厂务工者尤其多。因女工较适合棉纺业的精细活计，工资亦较男工为少，公大、华新、上海等厂，每日验用女工人数极多，女工往往不费丝毫之力，即可录取。但蓄发、小脚、目不识丁的女工，即使奔走各厂验工达一月之久，最终并未获录取。因为不识字做工不便，包小脚做工不得力，所以厂里不收这样女工，而识字、剪发、天足之青年女性，厂方极为欢迎。⑤ 所以乡间稍识字又强壮的女子多能轻易在青岛进厂工作。青岛除纱厂女工和蛋厂女工外，还有分散在各土产商洋行公司工作之女工，1938年时这些散女工有2289名。⑥

---

① 刘东流：《天津铁路工人家属的婚姻疾病与教育程度的调查》，《新中华》1937年第5卷第13期，第117—118页。

② 刘东流：《天津铁路工人家庭经济的来源（续完）》，《现实生活》1937年第1卷第9期，第12—13页。

③ 《津市的职业妇女生活（卅九续）：军衣庄的女工》，天津《大公报》1930年5月12日第9版。

④ 《大英烟厂参观记》，天津《大公报》1934年3月13日第10版。

⑤ 《各厂正待用女工 欢迎识字、剪发、天足嫚》，《沧口民众》第18期，1936年3月15日。

⑥ 《普通劳工生活状况》，青岛市社会局厚生科劳工股：《劳工状况》第2期，1939年8月。

第二节　经商贩卖

　　商业主要包括日用贩卖和生活供应业如旅馆、饭铺、理发店、茶社等，还有经纪介绍、金融保险业。天津和青岛在近代的迅速发展均源于中外商业贸易的活跃，两市具有鲜明的消费性特点，从事商业人员一直为数众多。天津在明朝时即为华北地区百货集散之地，清初为漕运和盐业转运的主要集散地，在道光年间，天津盐商、流动小贩和店铺商人计17709户，占天津城区总户数的54.27%。[1] 青岛则为胶东地区贸易转运之区。开埠以来，津、青商业贸易规模和范围进一步扩大，分别成为北方和山东最大的对外贸易中心和金融中心，生活供应类的坐商摊贩和走街串巷的流动小贩是商业人口的主体。1930年，天津不识字人口中，有职业者91464人，从事商业者占28%，其中有小贩12600余人，店员7000余人，学徒5967人。[2] 自1937年至1947年为天津就业人口最多的领域，总数在11万以上。1936年商业人口占27.20%，1937年为22.78%。[3] 如1936年3月统计（见表1—3），全市商人总数111987人，饮食店员工，占商人总数23%，服用店员工占24%，60%多的商贩从事生活食品、用品售卖。[4] 青岛1927年商业人口31132人，1929年28317人，分别占当年市区华人有业人口的19.64%和16.62%。[5] 青岛从事商业者1930年至1935年在4万人左右。[6] 1935年统计，青岛中国商店店员数22721人，工友数21953人。[7] 两地本已有一定的商业根基，又适应了

---

[1] 道光《津门保甲图说》，天津市地方志编修委员会编著：《天津通志·旧志点校卷》（下），南开大学出版社2001年版，第435—441页。

[2] 天津市识字运动宣传委员会：《天津市不识字人口统计》，编者1931年版，第1—4页。

[3] 李竞能主编：《天津人口史》，南开大学出版社1990年版，第251页。

[4] 《天津市商店及商人数目统计》，《冀察调查统计丛刊》1936年第1卷第1期，第91页。

[5] 1927年资料见《胶澳志》卷3《民社志六·职业》，第384—386页；1929年资料见青岛市政府秘书处编：《青岛市行政统计汇编（十八年度下半期）》，编者1929年版。

[6] 1930年数据见青岛市公安局编印：《青岛市公安局业务报告》（十九年度），编者1931年版；1931年数据见青岛市公安局编印：《青岛市公安局业务报告》（二十年度），编者1932年版；1934年数据见《本市中外工商统计》，《青岛民报》1934年4月25日第6版；1935年数据见青岛市档案馆编：《青岛数字全书》，中国文史出版社2003年版，第56页。

[7] 易天爵：《青岛工商业之概况》，《都市与农村》第5、6合期，1935年6月11日，第6页。

近代对外贸易发展的需要，商业提供了非常丰富的就业岗位，加之准入门槛低，无论资本丰歉、身体强弱，均可以在大中小商业领域中一显身手，而从事商业者周期较短、收效较快，加之传统商行雇用老乡的习俗，大量移民进入此业谋生，成为商店和货栈店员、学徒和走街串巷的小商贩。乡村移民服务于杂货零售、饮食业最多，其次尚有旅馆客栈业、理发业、娱乐业、浴池、照相、修配等，在各商号之伙友，土著原无几人，籍隶内地者居大多数。[①]

坐商一般汇聚于商业繁荣区，天津1931年前的商业集中区在北门外大街一带，如同蜻蜓状分布，南北向的北门里大街是头部，北门外大街是尾部，东西向的估衣街、锅店街、侯家后大街、洋货街、竹竿街、针市街是翅膀。荟萃各类批发商和零售商的门店。[②] 虽然天津商业中心在1931年后移到租界的劝业场，[③] 但传统商业中心依然是乡村移民居住、经商、购物的重要场所。南运河北面的河北大街上，河北省南宫、冀州帮售卖日常生活用具如瓷器、竹货、铁器。与其垂直的一条街，西段为估衣街，集中着绸缎、布匹、呢绒店等，山东人擅长经营绸布和饭馆，估衣街上的"祥"字号即为山东人开设。东段的锅店街集中着纸行、眼镜店、皮货店、南纸局、戏装店、鞋帽店、茶叶店、药店等。针市街主要是纱布、茶叶、药店批发业，竹竿巷则聚集着竹制品店、银钱号、颜料庄和土杂货店，外地的山西、河南人较多。[④] 20世纪20年代，地道外人口逐渐密集，食品摊点应需而生。"其中有卖大碗茶的，卖烧饼、油条的，卖切糕、炸糕的，卖面茶、茶汤、锅巴菜的，卖破梨、烂枣的，卖烟卷、糖豆的，卖手抓面条的，卖驴打滚、豆面糕的，卖围锅转羊肠子的，卖水爆肚儿的，卖水饺、馅饼的，特别是卖'折箩'的和卖'堆饽

[①] 《旧历年临迩 商号伙友多请假还乡舟车皆拥挤》，《青岛时报》1934年2月3日第6版。
[②] 王绣舜、张高峰：《天津早期商业中心的掠影》，中国人民政治协商会议天津市委员会文史资料研究委员会编：《天津文史资料选辑》第16辑，天津人民出版社1981年版，第61—62页。
[③] 张高峰：《劝业场一带的变迁——一片郊野怎样发展成为商业中心的》，中国人民政治协商会议天津市委员会文史资料研究委员会编：《天津文史资料选辑》第16辑，天津人民出版社1981年版，第81—87页。
[④] 王绣舜、张高峰：《天津早期商业中心的掠影》，中国人民政治协商会议天津市委员会文史资料研究委员会编：《天津文史资料选辑》第16辑，第64—67页。

悖'的最显突出。"① 渐渐形成露天娱乐市场。

坐商大量雇佣店员、学徒、厨师、勤杂等，大商家的学徒，要经过严格店规的约束和专业技能的训练，经过多年实践，熟悉商品质量、特点、产地等，还需明了进货、销售、货运、存储、记账等流通环节，并具备待人接物、交际应酬等商业交往素养。经此历练的店员常常被称为"穿木头裙子的"（因商店的木质货柜遮住店员腿部故云）②。在天津瑞蚨祥，除东家、经理、吃股人员外，普通劳作者有内伙计、外伙计、学徒、后司。各职务间界限分明，外伙计是纯粹工资劳动，占总人数的20%，在当地随时招进，可随时无理由解雇，内伙计原是瑞蚨祥学徒，和东家有师徒之谊，大都与东家或经理非亲即故，虽工资与外伙计相同或更低，但往往因与东家关系密切而获得提升。后司是一般勤杂工，劳动强度大，工资较低，最被看不起。内外伙计和后司年节均有福利，伙食好，但每天工作长达十七八个小时。学徒头两年不准坐下，要整理商品、沏茶、打水、扫地、刷痰桶，白天忙不停，晚上给大师兄打铺。除50天的探亲假和其他4天假期外，终年不得休息。一般劳累过度得病的非常多。③ 天津谦祥益的人员一是管理者，二是售货员，管理人员包括收款员、库房管理者、采购员、各部门负责人、经理、总经理等，是从原来的学徒一步步成长起来的，因与东家孟家的关系，绝大部分是山东人，又以章邱人居多数。专职售货员则大部分是外省外市的，小部分是学徒。谦祥益招徒工很严格，初选时看长相、身材、写字，也看举荐人的关系，工作中看诚实、肯干和能干。平时严格要求，年底时经理会对职工谈话，有肯定，但主要是批评，甚至可能解雇。④ 祥字号都不许带家眷，都住在商店里，山东籍的只能一年回家一次。职工很少有出门的机会。不许打架、

---

① 姚士馨：《解放前的天津"地道外"》，中国人民政治协商会议天津市委员会文史资料研究委员会编：《天津文史资料选辑》第45辑，天津人民出版社1988年版，第193—194页。
② 马庆株、谭汝为、曾晓渝：《天津方言研究与调查》，天津人民出版社2014年版，第164页。
③ 刘越千：《天津瑞蚨祥》，中国人民政治协商会议山东省章丘县文史资料研究委员会编：《文史资料第4辑：章丘旧军孟》，编者1987年版，第61—64页。
④ 宋广林：《天津谦祥益概述》，中国人民政治协商会议天津市委员会文史资料研究委员会编：《天津文史资料选辑》第49辑，天津人民出版社1990年版，第91—93页。

吸鸦片、赌博、嫖妓、盗窃，一经发现立即解雇。① 老美华鞋店于民国初年创办，创办人庞鹤年对店员要求非常严格，店员须站姿端正，前不靠货柜，后不倚货架，伙计们的肩上还要搭着马尾做的掸子，售货过程中，无论上高或弯腰掸子都一动不动。店员要精气神好，主动热情。②

天津粮食商业中，大粮店除经理外，一般雇佣职员、店员及学徒。职员俗称"大同事"，承担账户、采购、推销等重要业务，多在本号工作多年的店员中提升；店员俗称"同事"，负责一般业务；学徒一般是15岁上下的青少年，负责店内勤杂事务，三年期满可升为店员。③ 青岛义聚合钱庄学徒大部分来自农村，年龄20岁左右，故经常受到勤俭节约、艰苦朴素、遵守店规的教育。学徒晚上12点以前不能睡觉，有的学写字，有的学算盘，训练方法是会计大声念账，学徒们跟着打算盘，看谁打得准确，以反复练习计算。职员都不准带家属在青岛，学徒每月写信回家，每三年探亲一次。④ 与亲人的密切联系使学徒在后来面临裁员与停职时返回到家乡。

规模小的商家，店员要承担跑腿打杂、兼做家务的安排，工作时间长，自由时间少，⑤ 店员工资因职位而不同。学徒有膳食而无工资，伙食待遇因商家而异，有的商号年终会给学徒发一些鞋袜衣服钱，多数商号招收学徒主要从事杂务或业主的家务。⑥ 一代报人王芸生曾在天津一间小布店里当学徒，清早起来要给店掌柜和老板娘打洗脸水、倒尿盆，白天

---

① 宋广林：《天津谦祥益概述》，第94页；刘越千：《天津瑞蚨祥》，第65页。
② 肖东发主编，周红英编著：《百年老号 百年企业与文化传统》，北京现代出版社2015年版，第55页。
③ 朱仙洲：《天津粮食批发商业百年史》，中国人民政治协商会议天津市委员会文史资料研究委员会编：《天津文史资料选辑》第28辑，天津人民出版社1984年版，第80页。
④ 杨浩春、周岱东：《青岛义聚合钱庄》，青岛市政协文史资料委员会编：《青岛文史撷英》（工商金融卷），新华出版社2001年版，第271页。
⑤ 天津1934年的店员支部只有两个同志，因箱店学徒和杂货店学徒工作很忙，同时不能自由，故经常不能开会。《天津组织状况——与苏同志谈话笔记（1933年7月至1934年1月）》，中央档案馆、河北省档案馆编：《河北革命历史文件汇集（甲种本第13册）》，内部资料，1997年，第321页。
⑥ 沈祖炜主编：《近代中国企业：制度和发展》，上海人民出版社2014年版，第112—113页。

扛布、量尺，晚上受老板娘支遣，挑水、扫地、哄孩子。①

进厂无门、进店无保但有一定技术或资金的乡村移民往往从事小商业，包括流动商贩、小手艺者或在街头院口摆摊设点。天津负贩小业极多，②总数相当于商店店员和学徒数量之和。近代中国城市或为区域政治、文化中心，或为外货倾销地，但民族工商业实居少数。故大城市的职业机会虽多，直接从事生产者则甚少。"乡人入城市谋生，非以工厂为集聚地，大半为人力车夫，仆役及小本叫贩"③。坐摊走贩业吸纳了许多进城后无力气当车夫、无门路谋他业的乡村移民，一般失业工人或人力车夫也以此为最终去处。如久大工人每年自请告退的约 20 名，其中归家耕田的约占 60%，作小买卖的约占 20%。④那些没有固定职业或失业的人，相当一部分以"打八岔"（即有什么干什么）为生，如做小本生意和小手工业，一些家境没落者、小偷扒手及一些地近天津天明市场的家庭妇女，也都为各自利益而临时加入个体商贩的行列。⑤天津西南角沿西马路地带、南门外大街与二纬路结合部、河北大街等处，都有摊贩集结成市。另外还有一些以个体商贩为主的常年经营的市场，如宫北、宫南大街、估衣街、西广开天明鬼市、城隍庙街、北营门等市场 14 处，共 13891 户。⑥

种地种菜是农民的老本行，农民进城贩卖蔬菜者为数极多。天津主要的菜市场有东浮桥菜市、小西关、东楼、旱桥、凤林村等，至七七事

---

① 王芝琛：《一代报人王芸生》，长江文艺出版社 2004 年版，第 6 页，王芸生父亲因家里破产，从静海县来到天津乞讨，被天津西头芥园庙和尚留下帮厨，成为厨工，王芸生也算移民后代。
② 《天津市之风俗调查》，《河北月刊》1933 年第 1 卷第 3 期，第 1 页。
③ 《近年冀察平三省市之人口状态》，《冀察调查统计丛刊》1936 年第 1 卷第 2 期，第 10 页。
④ 林颂河：《塘沽工人调查》，北平社会调查所 1930 年版，第 45 页。
⑤ 沈国祥：《回顾天津个体工商业的几度兴衰》，中国人民政治协商会议天津市委员会文史资料研究委员会编：《天津文史资料选辑》第 45 辑，天津人民出版社 1988 年版，第 179 页。
⑥ 此处只道是新中国成立前，未涉及具体时期。沈国祥：《回顾天津个体工商业的几度兴衰》，中国人民政治协商会议天津市委员会文史资料研究委员会编：《天津文史资料选辑》第 45 辑，第 180 页。

变前，东浮桥菜市坐商已发展到近百户。① 坐商中除自营户和代理户外，还有一些"赶羊"户，是资金较少或没有本钱的小户和摊贩，他们从自营户或代理户赊进一批蔬菜整理后加价出售。有些"赶羊"户亦农亦商，蔬菜上市旺季时"赶羊"，淡季时回农村种地。② 小西关菜贩都是沿运河静海、天津两县的村民。③ 菜贩们有的走街串巷沿街叫卖，有的固定一处摆摊设点，有的送货上门，也有的凑到大中型菜场门前或人流较多的地方出售。至新中国成立前天津市有1.8万多零售蔬菜摊贩，市区各个角落都有他们的足迹。④ 鲜果业中除批发零售的坐商行栈、下南家、鲜货铺外，摊贩数量亦为数众多。从事鲜果业的摊贩聚集于锅店街及归贾胡同等一带，他们从梨栈或下南家买入鲜货，经过整理后，第二天拂晓拉到估衣街晓市去卖，至九点多钟后回家。价格较铺货低廉，主顾多属肩挑小贩，糖摊掌柜、一般用户等。⑤

固定及游动的摊贩经营商品种类繁多，除蔬菜水果外，主要有民间食品、工艺美术品和日用品。食品包括秫米粥、茶汤、面茶、煎饼果子、锅巴菜、牛羊杂碎、羊肠子、肉烩火烧、江米粥、江米藕、煎焖子、水爆肚、素焖子三角、油炸蚂蚱、炸豆腐干、十香乌豆、素卷圈、香酥豌豆、嘎嘣脆、散子麻花、糊皮崩豆、什锦糖堆、糖块、药糖、梨膏糖、砂板塘等。工艺美术品如窗花、吊钱、花样子、风筝、唢呐、空竹、泥人、竹笛、绢花、耍具等。⑥ 日用品包括白兰花、茉莉花、大条帚、鸡毛掸子、鞋、洋锁、冬季取暖用的稻草、煤炭，女人们用的生发油、桂花油、雪花膏和粘刨花等，他们的叫卖声构成城市的一道风景。⑦

---

① 董师贤等：《天津市蔬菜市场的变迁》，中国人民政治协商会议天津市委员会文史资料研究委员会编：《天津文史资料选辑》第45辑，天津人民出版社1988年版，第158页。
② 董师贤等：《天津市蔬菜市场的变迁》，第161页。
③ 《旧腊中之津市民生（四）：各种集市之一瞥》，天津《大公报》1931年2月9日第5版。
④ 董师贤等：《天津市蔬菜市场的变迁》，中国人民政治协商会议天津市委员会文史资料研究委员会编：《天津文史资料选辑》第45辑，第163页。
⑤ 孟梅：《津市鲜果业概况》，《商职月刊》1936第3卷第1期，第47页。
⑥ 沈国祥：《回顾天津个体工商业的几度兴衰》，中国人民政治协商会议天津市委员会文史资料研究委员会编：《天津文史资料选辑》第45辑，第180页。
⑦ 微女士：《津市叫卖声（四）》，《玲珑》1931年第1卷第40期，第1789页；微女士：《津市的叫卖物（三）》《玲珑》1932年第2卷第42期，第1693页。

天津有一百多户售卖冰块的小贩，用车送冰到户。从业者多出自冰窖头目的同乡，受灾的青县人和沧县人来津谋生，因冰窖里有乡亲，便每天携带扁担和绳来搬运冰块，赚辛苦钱。有了积蓄和主顾后，遂趸冰自营贩卖，因供应及时，送货上门，受到用户的欢迎和冰窖的依赖。冰车因籍贯的不同而分为青县帮、沧县帮和杂帮。青县帮 50 多户，住何兴村；沧县帮 30 多户，住新开路；杂帮 50 多户，住佟楼及谦德庄一带，他们的营业地区有严格的界线，互相排斥。河西区、小白楼、黄家花园、意租界都属于青县帮范围；法、日两租界属于沧县帮；其他地区都属于杂帮。①

　　天津还有一种工作极为重要的粪夫职业，粪夫的工作约为两部分：一种是出去拾粪，一种是在粪场内晒粪；前一种中，有的是在路上拾取零粪，有的是专去各住户茅房收粪俗名"磕灰的"，晒干后卖给农民作肥料。天津粪夫大半是山东人，每天早晨六七点钟时候，许多粪夫从郊外旷野走进市内，有的背着小筐，有的挑着挑子，手里拿把粪叉，分赴个人所管地盘工作。一般每人收拾一百家的粪，计四五挑。每收满一挑，就挑到粪场存放，如是者每日四五次，由早到晚，与粪为伍。粪夫很少有家眷，多合住伙屋。每日生活，非常单调，除去吃饭睡觉，便是收拾大粪，他们没有所谓娱乐、影院、戏园等娱乐场所，轻易看不见他们的足迹。② 却维护着城市的清洁和家庭的卫生。

　　这些肩挑负贩，均系颠沛流离之贫民，冀谋蝇头微利，以资糊口。青岛营此业者须向公安局请领执照后即可营业，但并没有营业税的规定。③ 天津市政当局对他们基本采取不收税（有的只收牌照费）的放任管理政策。④ 早市摊贩本有摊捐，1935 年 11 月萧振瀛任内，免除菜市等八种苛杂，除去清洁费以外，并无任何花销，⑤ 所以额外负担并不算

---

　　① 王霭堂、赵炳文、王忠纯：《天津的冰窖行业》，中国人民政治协商会议天津市委员会文史资料研究委员会编：《天津文史资料选辑》第 11 辑，天津人民出版社 1980 年版，第 112—113 页。

　　② 刘炎臣：《津门杂谈》，三友美术社 1943 年版，第 94—96 页。

　　③ 《公安局长体恤肩挑小贩不准收营业税》，《青岛时报》1933 年 11 月 23 日第 6 版。

　　④ 沈国祥：《回顾天津个体工商业的几度兴衰》，中国人民政治协商会议天津市委员会文史资料研究委员会编：《天津文史资料选辑》第 45 辑，天津人民出版社 1988 年版，第 181 页。

　　⑤ 孟梅：《津市鲜果业概况》，《商职月刊》1937 第 3 卷第 1 期，第 47 页。

多，其生计视市面情况、时节变动而有不同。但从业者众，免不了同行竞争，甚至大打出手。如号称药糖商第一香的王宝山与字号千里香的李林兴（大兴县人）均以卖糖为生，两人同推糖车至三不管处叫卖，互相讥讽，继而诟骂，最后拳足交加，打成一团。① 阴历年节是小贩活跃的时节，节庆期间小贩出没于各类集市与庙会中，这也是他们难得的好机会。青岛四方路以洗衣池附近最为热闹，路旁一圈一圈的人围着，有听唱戏的，有听说书的。各卖玩具小贩，大声叫卖，五光十色的玩具，引动小孩伸手张口的要买，有的站在路上不走，有的想走却走不得，汽车洋车几乎不能通过。② 每逢阴历正月初九，青岛台东镇道口路、桑梓路口的清溪庵庙上有作萝白会，每届会期，卖香的、卖纸箔的、卖儿童食物玩具的、卖爆竹等各种物品的小商们，都自庙的门口，向道口路至桑梓路等处的墙边屋角，蜿蜒里余，一个挨一个，一个挤一个的摆布下了。③ 届时到会的老人小孩、姑娘媳妇，甚至还有平康里的妓女们都来烧香祈福，正是小贩们生意兴隆的时期。

女性在商业的就业人员除摊贩外，还有商店学徒、店铺职员和各类女招待。据不完全统计，在1930年天津已有职业的24401名不识字妇女中，从事负贩、店员、学徒和铺长的共计1833人，占7.51%。④ 到1934年，按当年9月至12月平均计算，商业从业妇女已达3988人，主要分布在第2区。⑤ 商贩们在西广开一带摆摊售卖食品，小摊子只卖着花生、花生仁、红萝卜以及糖果之类。大摊子还卖蒜葱、白菜以及其他蔬菜。摊贩陈孙氏因家乡闹匪来到天津，两儿子留在家乡种地。丈夫在西广开祥吉里开设小铺子，卖油盐酱醋以及其他日用物品，妻子摆摊卖花生、红萝卜、各类瓜子、白梨等，摊子一端另放着一只木制圆形的转机，设转

---

① 《到底谁香 第一香遇见千里香 倒要分个上下真假》，天津《大公报》1930年3月21日第9版。
② 《巡阅天后宫四方路台东镇吴家村小记》，《青岛时报》1934年2月19日第6版。
③ 《东镇萝卜会巡礼记》，《青岛时报》1934年2月23日第6版。
④ 天津市识字运动宣传委员会编：《天津市不识字人口统计》，编者1931年版。
⑤ 《平津两市人口职业分配及失业之统计》，《冀察调查统计丛刊》1937年第2卷第2期，第6页。

盘游戏。① 还有一名卖纸花样子的妇女，来自保定农村，公婆去世而卖地后无法生活，一家人来到天津已6年，靠卖纸花样生活，不论刮风下雨，都出来卖。下雨天穿上雨鞋出来，在烂泥中泞滑地走着，晚上回去，两只脚冻得麻木。②

在商业娱乐场所中有一些专门服务员，如从事红白杂活的和在戏院、饭馆、澡堂、旅馆等服务的"茶房"。虽然天津旅馆茶房月薪很低，店方管饭外每人每月不过两三块钱，收入主要仰仗旅客给的小费。但在旅馆中当茶房须托情送礼，还得有保人，保证不偷摸旅客的东西，不私留旅客赏给的小费，立下字据，才能获得当茶房的差事。③ 随着电影院、饭馆、茶社和球房等兴起，女服务员——女招待也被划入"茶房"的行列。

女招待是随着城市服务业发展而出现的新兴职业，在20世纪30年代盛行一时，为女性谋生开辟门路。天津国货售品所于1924年招收女店员10人，开天津市雇佣女店员的先声。④ 此后，各茶楼旅馆、影院球场等均有女招待。女招待出身复杂，品格有别。有受过浅近教育，能写得很好，更有能操很流利外国语的；球房里的女"记分员"或"看案"，都曾受过相当的训练，也有娼妓出身。⑤ 女招待在各服务业中发展迅速，女性经济一时兴起，一些点心铺也应时而动，"十九雇有女子招待顾客"⑥，故媒体感慨："自从女招待盛行以来，贫苦女子，多一出路，于是人才辈出，到处都满坑满谷，戏院、影院、茶馆、酒楼、商店等等，差不多除了浴室，都有女招待了。"⑦实则天津已出现了澡堂女堂倌，如1930年天津日租界

---

① 《津市的职业妇女生活（四十三续）：摆小摊子的老妇》，天津《大公报》1930年5月22日第9版。

② 《津市的职业妇女生活（廿四续）：卖纸花样子的妇人》，天津《大公报》1930年3月27日第9版。

③ 刘炎臣：《旧时天津的各类茶房》，中国人民政治协商会议天津市委员会文史资料研究委员会编：《天津文史资料选辑》第61辑，天津人民出版社1994年版，第175页。

④ 马寿颐等：《宋则久与天津国货售品所》，中国人民政治协商会议天津市委员会文史资料研究委员会编：《天津文史资料选辑》第16辑，天津人民出版社1981年版，第107页。

⑤ 《社会经济高压下津市女侍生活一斑》，天津《大公报》1933年12月7日第13版。

⑥ 汪慕庐：《津门杂识》，《生活》第6卷第22期，1931年5月，第452—453页。

⑦ 《女招待人浮于事》，天津《大公报》1933年4月16日第13版。

新园女澡堂有 5 个女堂倌。① 女招待的年龄一般在十二三岁到三十岁，大多数是十七八岁。② 虽然月薪不多，但有小费可助益，故吸引各阶层女性就业，对于乡村女性而言，她们因教育水平的限制无缘应聘大餐馆、大酒店、咖啡馆等待遇较好的招待职位，但不少小饭馆、戏院均以女招待作为营业招牌，竞相引进。普通饭馆多有女招待，早来晚归。其收入主要凭招待手段和姿色而不同。女招待多数专担任斟茶、递水、点烟卷、打手巾把，重要责任为收钱，社会一般谓女招待为不正经之妇女，其实也不尽然。③ 但饭店以女性作为秀色可餐之佐饰，故不少女招待在工作中亦常受客人骚扰，常有影视戏院里顾客胡乱摸索、饭馆座客拥抱强吻之事发生。④ 青岛市最初的女招待出现在 1924 年大窑沟的一家饭铺里，每月薪金 13 元，警察调查户口时认为妨碍风俗停雇。⑤ 但女招待一业此后又逐渐兴起，20 世纪 30 年代达百余人。

　　1928 年前，天津只有永记理发铺有一位女理发师。1929 年后各理发铺陆续雇佣女理发匠，比较上等一点而设有女子理发部的理发铺，都已雇佣了女理发匠。永记女理发师均来自宁波，是老板娘的同乡，学习期满的玉英，月工资 22 元，正在学习期的杏弟，每月 12 元，两人每月可分得三四块的小账，理发店还提供饭食住处。她们从 9 点工作到晚 12 点；除了年节放假 5 天，端阳中秋各放半天以外，没有假期。⑥

第三节　人事服务

　　人事服务业是受人雇佣靠出卖劳力助理家务者，包括家庭管理、侍从佣役等，如保姆、奶娘、佣人、厨役、家庭司机、洗娘、门房等，是

---

① 《津市的职业妇女生活（三十四续）：女澡堂的女堂倌》，天津《大公报》1930 年 4 月 25 日第 9 版。
② 《天津的妇女职业：女招待生活一斑》，天津《大公报》1933 年 3 月 2 日第 13 版。
③ 《旧腊中之津市民生（五）：吃的社会阶级》，天津《大公报》1931 年 2 月 10 日第 5 版。
④ 《社会经济高压下津市女招待生活一斑（续）》，天津《大公报》1933 年 12 月 8 日第 13 版。
⑤ 《有伤风化》，《中国青岛报》1924 年 6 月 24 日第 6 页。
⑥ 《津市职业的妇女生活（十二续）：永记的女理发师》，天津《大公报》1930 年 3 月 7 日第 9 版。

近代女子城市谋生的重要方式。天津1936年人事服务业中,女性12655人,占女性有业者的38.43%。男子营此业者20948人,共33603人,①青岛1935年人事服务业中,男性10524人,女性27230人,共37754人,人事服务业的女性占有业女性的28.40%,如果除去乡村务农的36297名妇女,则占市区59596名有业女性的45.69%。② 当老妈子(女佣)的,多是丈夫去世,无以为生,或是受了乡村崩溃的驱使,兵燹水旱的摧残,逼得丈夫出来卖苦力,媳妇出来当老妈。③

女佣待遇因服侍对象的社会地位、经济状况等不同而有差异。作为工商大埠和有过租界的城市,天津和青岛是达官贵人、军阀政客、工商富户、外国侨民乐于寓居的地方,故人事服务业较为发达。有的女佣日常工作并不棘手,生活也较舒适。38岁的张阮氏,自幼长在滦县的乡下,丈夫素以种田为业。本来家境还可以,后来因为年岁歉收,再加上了兵灾匪祸,无法度日,因此在25岁那年到天津当女仆。开始她在一个公馆里工作,什么事都不懂,甚至叠被都不会,后来慢慢地学习,一件一件事都学会了,工作很能得主人的欢心。她在公馆里做了三年后,由人介绍到娼寮里去充当佣妇。她先后在三家娼窑里服役共10年,经验很丰富,在娼窑里的生活比在公馆里自由得多。每月所得,少则十几元,多则四五十元,全看姑娘的生意好不好。④ 董妈是一家上等家庭的佣妇,文雅而有礼貌。她是沧州人,原来经济状况不错,因27岁时丈夫去世,田园家产无人照管,家道渐渐衰落,便在28岁时到天津来谋生。初到天津时在张勋公馆做细活,六个月后换到一位总统家服侍总统夫人,早上八点多起床,替太太梳头,绣花、缝衣服,扫地、擦桌子、开饭则由其他当差的老妈管理,因为太太打牌不时要到晚上一两点钟,所以睡觉较

---

① 天津市政府秘书处编印:《天津市政府公报》第95期,1936年12月,"统计类"第3页。
② 青岛市档案馆编:《青岛数字全书》,中国文史出版社2003年版,第56页。
③ 《怨声载道 凄楚动人的明华贫苦储户悲酸泪(二)》,《青岛日报》1935年7月7日第6版。
④ 《津市职业的妇女生活(六续):最舒适的一种佣妇》,天津《大公报》1930年2月21日第11版。

晚。① 另一位在外国家庭当保姆的佣妇，经济状况也不错。她是杨柳青人，因家乡闹灾，无法度日，便来天津。丈夫在法汉学校当厨役，认识外国人，便介绍妻子到外国人家当女仆照顾孩子。每天早上八点给孩子喂奶后，便一起到马路或花园遛一趟。十一点回家替孩子洗澡换衣服，十二点再喂一次奶。吃饭后再拉着摇篮到花园晒太阳，到下午三点多回家，四点钟给孩子喂奶，六点喂橘子汁，自己吃饭后，八点再喂奶即完成一天的工作，遇到雨天就在家里陪孩子。每月赚21块钱，丈夫赚15块钱，但都花在给儿子治病上。②

多数家庭佣妇，勤劳终日，收入微薄。她们伺候主人一家，刷马桶、拭地板、买菜做饭，强颜为欢，以残饭度日，而每月的收入，最多也不过三四元，但她们力事撙节，积年累月，也能攒着三四十元。③ 若遇家庭变故，则终日受其所累，生活艰辛。在天津，有专门雇佣奶妈的中介机构，为贫苦农村妇女提供了一定的生计来源，奶妈一般来自城市周边郊区。④ 王奶妈是武清县人，15岁嫁到王家时，夫家有田70亩，瓦房8间，只因公公、大伯不务正业，以致家产荡尽。丈夫在本县茶叶铺当学徒，满年以后，他不肯再做下去，又不会种田，只好在家安居坐食，家境实在困难到了极点。王奶妈21岁时生了大女儿，满月后，便到北京张家充当奶妈。把自己的女儿寄养在别人家里，女儿3岁多时去世，王奶妈便回到家里。24岁时又生了女儿，产后未满一月，把她寄养在人家，到北京李家去当了7个月的奶妈。此后的几年，在几个公馆里充当女仆，所赚的钱很少，只是混一口饭吃。29岁时生了一个男孩子，满月后又到北京韩公馆当奶妈，34岁时生了女儿，两个月后来天津周公馆家当奶妈，把女儿送给别人。⑤ 十多年来，王奶妈生育子女四人，却因家庭困难未亲

---

① 《津市职业的妇女生活（续）：上等家庭的佣妇》，天津《大公报》1930年2月9日第11版。

② 《津市职业的妇女生活（五续）：保姆式的佣妇》，天津《大公报》1930年2月18日第11版。

③ 《怨声载道 凄楚动人的明华贫苦储户悲酸泪（一）：当老妈的存款之来历》，《青岛时报》1935年7月7日第6版。

④ 周锡瑞：《叶：百年动荡中的一个中国家庭》，史金金、朱琳菲译，山西人民出版社2014年版，第187页。

⑤ 《津市职业的妇女生活（四续）：奶娘之痛》，天津《大公报》1930年2月15日第9版。

自哺育长大，轮流到四家当奶妈，在韩家的两年和周家的四年先后各积蓄了100多元，都被丈夫赌光卖光，生活至苦。

充当老妈一般需有引荐之人，或者由亲人乡邻推荐，或者由老妈店介绍。女店一般给前来找事的农妇提供住宿、煤炉和茶水。每人每天八个小铜子，老妈自己准备被褥和饭食。上工后，从主雇两边抽成十分之一。① 老妈们在不同的主人家流转的间隔，常常住在老妈店。尽管二三十人挤在一个大土炕，或者是住在半空架起来的木板上，卫生情况也糟糕，但老妈们却愿意住在这里，原因就是不受别人的管束，自己喜欢吃的东西买一点，做一点，此外还可闲谈与睡觉，最喜欢的赌具就是纸牌。② 从乡间新来的老妈，朴实厚道，因为还没有染上都市老妈那种狡猾习气，用时比较容易。但因为来自乡间，不习惯都市生活，这也是一种使用她们的最大困难。③ 如清苑县农妇张王氏，15 岁时嫁给同乡农民张世忠为妻，因家乡迭遭兵灾，王氏在同乡赵张氏介绍下来天津荆宅充当女仆佣工，可王氏因久居村野，不谙仪节，做活拙笨，被主人申斥，10 天不到，即被辞去。④ 男仆们都从事厨师、人力车夫和门房等杂事。

第四节　交通运输

交通运输行业包括邮递业、电信业、陆运业、水运业、空运业、转运业、堆栈业、挑挽业等。⑤ 天津、青岛两市运输工人的主体是人力车夫和挑挽工人，这也是农村男子谋职的主要去处，从事挑挽业的运输工人即是在港口码头和货栈搬扛、运输货物的脚行、码头苦力和人力货车夫。天津 1930 年不识字人口中有职业者 91464 人，工业和运输部门人数最多，达 6 万余人，尤其是从事运输业的"苦力"，有近 3.5 万人之多。⑥ 1936

---

① 《津市职业的妇女生活（七续）：介绍职业的女店主》，天津《大公报》1930 年 2 月 24 日第 12 版。

② 北碧：《天津市的老妈店》，天津《大公报》1934 年 2 月 20 日第 13 版。

③ 《咬文嚼字室随笔：老妈》，《青岛时报》1934 年 3 月 1 日第 10 版。

④ 《老妈上城忽然变心》，天津《大公报》1929 年 10 月 2 日第 9 版。

⑤ 《全国内政统计查报通则》（1933 年 6 月公布），广东省统计科学研究所、广东省统计志编辑室合编：《民国时期统计史料选编（1912～1949）》，内部资料，1989 年，第 110 页。

⑥ 天津市识字运动宣传委员会：《天津市不识字人口统计》，编者 1931 年版，第 1—4 页。

年的天津华界市民中交通运输业者有52849人,占有业者的12.49%。其中男子有52831人,女性仅18人。① 青岛1935年交通运输业者计18406人,占有业者的6.51%,占市区有业人数的10.09%,其中男子18376人,女性30人。②

一 人力车夫

人力车夫是随着近代城市的发展和交通工具的改进而出现的新式职业。我国最早出现人力车是在1886年的天津和北平,1896年,人力车在市面上出雇,人们可随时在街头雇到,费用经济。随着车轮从笨重的铁轮到轻柔的气胎轮,人力车由粗俗笨重到轻便稳快,③ 乘坐便捷舒适,被称为"放大了的婴儿车",市内费用常常一二角,一般平民均能接受,故成为国内各商埠、都会及城镇的交通利器。车行诱人的利润也吸引了投资者的兴趣,为车行的普遍设立和人力车的流行提供了经济条件。1929年,青岛人力车的价值,无车照者每辆80元左右,有车照者每辆自180—220元不等。每车每年的修理费需40—50元,每年车照的捐税为8元,但利润却比较丰厚,每辆车租收入,每天4角,月入12元,年入144元,除去车捐、修理费、资本利息与其他杂项费用,每车每年可赚得纯利80元以上。④ 天津车厂在各铁工厂自行车铺采办材料,配制起来,材料都坚固异常,每辆成本在五六十元,分期付款卖给车夫则80余元,车夫经保证等手续按月或按天支付。⑤ 车行的收益相对较高,故天津、青岛车厂遍布市区,拉人力车成为乡村移民的重要营生。

人力车夫是"受天灾、人祸打劫的农民,被排斥的苦力,停歇工厂的工人及一批给机械工业淘汰下来的手工业工人"⑥。车夫工作只需要有一些力气,并懂得红绿灯、上下街沿、左右拐弯、识别街道等交通规则

---

① 天津市政府秘书处编印:《天津市政府公报》第95期,1936年12月,"统计类"第3页。
② 青岛市档案馆编:《青岛数字全书》,中国文史出版社2003年版,第56页。
③ 吴平:《农工衰败与人力车夫》,《劳工月刊》1936年第5卷第2—3期,第115页。
④ 叶雪裁:《青市的人力车问题》,《青岛社会》创刊号,1929年10月10日。
⑤ 《天津的洋车夫》,天津《大公报》1933年12月12日第13版。
⑥ 吴平:《农工衰败与人力车夫》,《劳工月刊》1936年第5卷第2—3期,第115页。

即可。车夫的劳动强度并非会将人压垮,拉车所需的体力其实小于其他的码头苦力活,相对于繁重的农村劳动,拉车并不比种田苦。多数人力车夫并不是每天工作而是隔天拉车,而人力车载客通常跑的是短距离。① 因此,缺乏奖金和技术的农民在城市谋生以人力车夫为多。② 河北"农村破产,(农民)只得逃来天津,以图最后的挣扎。强悍的男人,多去租赁了车,终日作那牛马生活"③。上海工部局人力车夫委员会调查的 49 个人力车夫中,农民有 30 人。言心哲调查南京人力车夫生活,1350 人中,有农民 769 人,手工业者 75 人,苦力者 71 人,小贩 100 人。④ 1930 年天津华界有人力车厂 360 余家,车 18000 余辆,加上四个特别区和租界,总计天津车厂在 550 家左右,人力车数总在 21000 辆以上。⑤ 据 1933 年《各大都市人力车夫统计表》载,天津人力车 60000 辆,车夫 120000 人。⑥ 虽然统计数字有很大出入,但天津人力车夫人数至少 5 万人。青岛有人力车行 60 多家,全市 2000 多人力车,5000 多人力车夫。⑦ 自 1930 年至 1939 年,青岛人力车一般保持在 2500 余辆的规模,车夫总数在 5500 名左右。如 1933 年青岛市人力车 2524 辆,车夫 5048 人,1934 年营业人力车 2524 辆,人力车夫 5668 人(可能包括自用人力车车夫 600 余人)。⑧ 1936 年政府按征捐牌照统计,自用黄包车有 312 辆,营业黄包车有 2524 辆。⑨ 1939 年有 2574 辆人力车,车夫 5552 名。⑩ 整个 20 世纪 30 年代,青岛人力车夫保持在 5000 余人的规模,发放的车牌数量几乎没有变化。1929 年初,青岛各界在开放与限制人力车业的讨论中显然已经达成一致,

---

① [美]卢汉超:《霓虹灯外——20 世纪初日常生活中的上海》,段炼、吴敏、子羽译,上海古籍出版社 2004 年版,第 83—84 页。
② 《近年冀察平三省市之人口状态》,《冀察调查统计丛刊》1936 年第 1 卷第 2 期,第 10 页。
③ 《准备拆除了的新开河岸贫民窟》,天津《大公报》1933 年 3 月 5 日第 13 版。
④ 吴平:《农工衰败与人力车夫》,《劳工月刊》1936 年第 5 卷第 2—3 期,第 117 页。
⑤ 《维系贫民生活的人力车调查》,天津《大公报》1930 年 4 月 27 日第 11 版。
⑥ 巫宝三主编:《中国国民所得(1933 年)》下册,上海中华书局 1947 年版,第 219 页。
⑦ 山东省档案馆、山东社会科学院历史研究所合编:《山东革命历史档案资料选编》第 2 辑,山东人民出版社 1981 年版,第 225 页。
⑧ 《青岛市各种车辆及人伕马匹数目统计》(1934 年),青岛市档案馆藏,档号:B22-1-188。
⑨ 《青岛市兽车人力车调查表》(1936 年 5 月),青岛市档案馆藏,档号:B22-1-421。
⑩ 青岛市社会局厚生科劳工股:《劳工状况》第 2 期,1939 年 8 月。

即为确保现有人力车夫的生计,采取了限制政策。当然,也不排除有伪造同一车牌编号的野车。

人力车有自用、营业两种,自用车车夫专为雇主家拉车,薪资固定,生活尚好,但营业车的车夫,因收入不定,生活太苦。① 自用车夫人数较少,营业车夫自己无力买车,故绝大多数车夫向车行租车。车行租赁的一般规则是,一天分做两班,每班定 12 小时,所以一车常常有两个车夫。天津人力车夫苦恼的是车捐杂、收入少。如果自己购置一辆胶皮车,要有八道捐——华界、特别一二三区及英、法、意、日各租界——才能在全市里通行无阻,还有当地混混恶霸要勒索一天二十枚的无名捐。② 全捐每月须纳 5.8 元,在华租界五警区内逾限不上捐者,罚二三角不等,其他各界则罚款在一二元不等。③ 且自办车辆成本与维护都高,故车夫一般都是向车行租车。租一辆八道捐的车,每整天四角五分钱,不拉整天者,可分"拉早""拉晚"两种,拉早的从清晨拉到下午三点,拉晚的则从下午三点一直到天亮,八道捐要 120 枚上下(合二角五分)。④ 单在华界里一道捐的洋车,赁价最廉,每整天一角钱,半天有 30 枚铜元即可,但整齐干净的新车,每整天也有要二角。⑤ 1935 年的车租也大致如此,天津华界每天车租五六十枚(一角余),租借地的,四五角不等。⑥ 还有一种不成文的陋规,即停车费。天津有些停车处要收取每日十枚至十二枚铜元的费用,车夫便可随意揽座,否则稍有不慎,即被警棍殴打车板,或扣留车垫。⑦ 车夫每日所得,幸运的可以有块八角钱,而许多车夫每天拉不上三四角钱。⑧ 每天要是能拉到一元以上,那么付过车租,勉强能维持一

---

① 《本市各种车辆状况之调查续》,《青岛时报》1934 年 3 月 13 日第 6 版。
② 《天津人力车夫生活一斑》,《劳动季报》1935 年第 1 卷第 5 期,第 137 页。
③ 《维系贫民生活的人力车调查》,天津《大公报》1930 年 4 月 27 日第 11 版。
④ 八道捐以下有"六道捐"的洋车,而六道捐又分上六道和下六道两种,上六道无英国及特一区捐,下六道则无意国和特二区捐,每半天实要车钱 80 枚上下,六道捐以下又有四道捐,这种车单走华界和河东一带,每半天赁价须铜元 60 枚。
⑤ 《天津的洋车夫(续)》,天津《大公报》1933 年 12 月 13 日第 13 版。
⑥ 《天津人力车夫生活一斑》,《劳动季报》1935 年第 1 卷第 5 期,第 137 页。
⑦ 《维系贫民生活的人力车调查》,天津《大公报》1930 年 4 月 27 日第 11 版。
⑧ 《天津的洋车夫》,天津《大公报》1933 年 12 月 12 日第 13 版。

家人最低限度的生活。① 车夫普遍一天拉个七八角，顶多一块，② 去除三角的车费，养活老少是成问题的，基本只够车夫自给。

　　青岛人力车夫最苦恼的一是车租重，二是有淡季。青岛人力车租价，有淡旺月之分，淡月每日每辆租价为3角，旺月每日每辆租价则为3角8分。此为政府规定价目，行之已久。③ 1933年4月，公安局批准车业公会的呈文，将车租由3角加至4角收取。各家车行遂按4角收租，酿成了人力车夫的罢工斗争，④ 但车租并未见减少。车租常常在三角四角。⑤ 旅游业在近代青岛城市发展中占重要地位，每年春末至秋初间，往来的游客、外国避暑的水手大量增加，车夫的生意也逐渐升温。夏天是车夫们一年引颈相盼的最欢快的季节，到了秋季后，游人返回，市民出行减少，车夫们也随之遭遇收入的"寒流"，人力车夫在旺季每天平均收入一元左右，在淡季每天收入五至八角，除去车租，实际所得不过自二三角至五六角，间有一无所得，或且不能缴足车租及供给膳食者。⑥ 1936年，车夫"一天挣的，除去车租，只赚两三毛钱，只够一人吃的，带家眷的就不能养活"⑦。由此看来，人力车夫勉强能维持个人的生活，远不能供养一家衣食所需。车夫家庭，大多数食指繁多，负担甚重。⑧

　　车夫之苦况，不仅在于收入微薄、捐税过重，更在于其工作不可预期的危险与随处可见的停工状态和警察的驱赶。洋车夫是早出晚归的劳动阶层，在夜幕渐渐消逝，天空还未大亮，他便要趁着黎明的时光，预备一切，开始他一天的工作。他老早便拖着车，跑到街头路角守候着，希望找到一个主顾，⑨ 却常常会遭受他们财神爷的拳打脚踢。外籍乘客常

---

① 《天津人力车夫生活一斑》，《劳动季报》1935年第1卷第5期，第137页。
② 《呼吁声中的人力车夫生活一斑》，天津《大公报》1930年12月17日第9版。
③ 《人力车增加租价 每日每辆三角》，《青岛时报》1933年4月19日第7版。
④ 山东省档案馆、山东社会科学院历史研究所合编：《山东革命历史档案资料选编》第2辑，山东人民出版社1981年版，第225—227页。
⑤ 《本市各种车辆状况之调查续》，《青岛时报》1934年3月13日第6版，载车租三角；《青岛市政府训令第7538号》（1934年），青岛市政府秘书处编印：《青岛市政府市政公报》第61期，1934年11月。载每日车租昂至四角；应分淡旺季而不同。
⑥ 叶雪裁：《青市的人力车问题》，《青岛社会》创刊号，1929年10月10日。
⑦ 《五千多名人力车夫 生意不良街头呻吟》，《青岛时报》1936年6月22日第7版。
⑧ 叶雪裁：《青市的人力车问题》，《青岛社会》创刊号，1929年10月10日。
⑨ 《青岛之晨》，《益世报》1935年3月12日第14版。

常少给车资，甚或导致双方的冲突，受伤者全是中国车夫。侍候醉醺醺的美国水兵是一件危险而刺激的活，有时他们头脑沉闷得可以多给一大笔车资。拉一次外国兵，较平常客座收入多，唯美兵每多酗酒，有时坐车竟不给钱扬长而去。[①] 美国兵有时会在烂醉之下大打出手，出手之重，非常人所能承受，常被殴打成重伤。车夫安茂真被水兵打到当场昏迷。[②] 车夫孙殿顺与美国水兵在拉扯中跌伤。[③] 张河清被不照章付钱的美国海军稽查打伤。[④] 车夫尹成德也因拉醉酒的美国水兵，不付车资反被打伤。[⑤] 车夫马鸿盛、杨玉成则被少付车资的日本乘客殴伤致死。[⑥] 拉中国乘客也往往受欺负和歧视，一个姓臧的乘客，从青岛台东镇坐洋车来到前海邮局，却只付一角钱，车夫问他要，不但不给，回手还打了车夫两巴掌。[⑦] 故有诗云："独怜倒霉洋车夫，眼前迷蒙路模糊，乘客不管雨之大，犹骂混账太糊涂！"[⑧] "洋车逐尘去如飞，车上频感微风吹，车下臭汗频频挥，车下喘粗气，车上笑迷迷，臭汗随风吹上脸，车上骂了声呸！"（车夫的汗吹上坐车人的脸而受责骂，是常有的事）[⑨]

车夫的劳苦还来自同行竞争，常见两个车夫因争一个座主相持不下，[⑩] 洋车夫之间也会因争揽座客互相殴打，[⑪] 还要提防抢车贼的偷袭。[⑫]

[①]《维系贫民生活的人力车调查》，天津《大公报》1930年4月27日第11版。

[②]《美水兵殴伤车夫》，《青岛时报》1933年9月5日第6版；《车夫安茂真受美兵殴伤之续讯》，《青岛时报》1933年9月6日第6版。

[③]《车夫孙殿顺为美兵少给车资致伤请交涉》（1930年8月10日），青岛市档案馆藏，档号：B22-1-173。

[④]《美海军稽查欧烈温殴伤车夫张河清》（1931年9月7日），青岛市档案馆藏，档号：B22-1-174。

[⑤]《美水兵酒醉滋事打伤尹成德》（1931年5月17日），青岛市档案馆藏，档号：B22-1-174。

[⑥]《日本人小谷太一郎殴死车夫马鸿盛》（1929年6月21日），《日本人平俊光刺死车夫杨玉成等》（1937年8月29日），青岛市档案馆藏，档号：B22-1-170。

[⑦]《欺人》，《中国青岛报》1928年1月16日第3页。

[⑧]《因下雨而作庄户诗》，《青岛时报》1935年7月14日第10版。

[⑨]《天热词四阕》，《青岛时报》1935年7月17日第10版。

[⑩]《天津的洋车夫（续）》，天津《大公报》1933年12月13日第13版。

[⑪]《洋车夫争座 互殴成伤》，《青岛时报》1934年3月16日第6版。

[⑫]《抢洋车》，天津《大公报》1934年5月15日第10版。

与车夫竞争的不仅有同行,更有电车、公共汽车,比洋车便宜,又快。①如 20 世纪 20 年代,天津电车票价 2—6 枚铜元,人力车一里须铜元 2—3 枚,往租界价较昂。② 青岛永兴公共汽车行成立后继起者十余家,驶行市内外,代价既廉,往来又快,市民多称便利,而人力车夫大受影响。新年是车夫期盼的时刻,"自西之东,腿如飞篷,岂惧休憩,谁济吾穷"。③ 1930 年春节期间公共汽车不仅未照例停业,反而不按地点任意载客,引发人力车夫对公共汽车夫的群殴与台镇车夫的罢工。④ 电车也会在行驶中与其他车辆相互影响,天津特二区 28 号红牌电车即在行驶到桥东口时,一辆大车奔驰而来与电车后旁边的小车相撞,小车夫张洛三伤重身死。⑤

不过车夫们更多的身体痛苦来自揽座或搁车时巡警的敲打。警察会在车夫权益受到侵害时(丢车、主顾纠纷等)提供帮助,也会辱骂并殴打车夫。"他们的冻毙、热毙,他们的被警棍痛打、撬照会、拿坐垫、拳打、足踢,已成为普遍的现象"⑥。车夫多数无知识,无团体,"偶有小失,常为警察所毒打,见者无不伤心"⑦。洋车夫是靠着跑马路活命,一旦违犯路规,警棍会在车夫脑袋上来一节狐步舞;或是警察把车垫,奋力地扔到马路那边小试身手,再不然,顺手回过来,在你的脸上,奏一节清脆幽雅的交响乐。这几种,都是马路英雄最拿手的三部曲。⑧ 巡捕打扶手板、扣车垫等,车夫是要赔偿车行的,故车夫对站岗的警士,多少要纳些费用,或替巡捕当杂役,如沏茶等。⑨

新车夫有道路不熟的烦恼,长期拉车则有病倒累死的忧虑。新从乡村进城做人力车夫者因路况或规则不熟悉有更多麻烦。他们既不知道路

---

① 《天津人力车夫生活一斑》,《劳动季报》1935 年第 1 卷第 5 期,第 137 页。
② 孙学谦编:《天津指南》,天津新华书局 1922 年版,"卷上",第 52 页。
③ 《咬文嚼字室随笔:新诗经》,《青岛时报》1934 年 2 月 19 日第 7 版。
④ 《青岛旧年之轩然大波:人力车夫群殴公共汽车,为了饭碗问题不惜拼命》,天津《大公报》1930 年 2 月 4 日第 7 版。
⑤ 《红牌电车撞伤车夫》,天津《大公报》1934 年 1 月 20 日第 10 版。
⑥ "读者来信",《华年》1935 年第 4 卷第 2 期,第 36 页。
⑦ 孙学谦编:《天津指南》,天津新华书局 1922 年版,"卷上",第 52 页。
⑧ 《天津人力车夫生活一斑》,《劳动季报》1935 年第 1 卷第 5 期,第 137 页。
⑨ 《天津的洋车夫(续)》,天津《大公报》1933 年 12 月 13 日第 13 版。

远近，亦不知索价多少，常常直言"我刚拉车，你老告诉我怎么走"。其情颇堪怜悯，惟此等车夫，对于热闹街市交通上的惯例，多不谙习，如何躲避汽车，如何让开电车，常有错误，故乘坐时易发生危险。① 有的车夫奔波劳碌，或带病拉车，或寒暑相侵，竟至病倒或累死。城东大毕庄人张树林，40岁，为生活所迫来天津拉车。因生病欠下债务，张氏病体初愈即外出拉车，遇雇主催促速行，张氏舍命狂奔，后力竭汗流，倒地而亡。② 天津车夫张镇方（清河县人，46岁），拉主人至日租界，路经南市清和大街时，一时昏晕倒地，急经抬送附近慈善医院施救。同日热晕的还有22岁的李富贵，河间人，在河坝当苦力为生。③ 1935年1月28日上午12点，青岛车夫张智金（即墨人，42岁，无家属）拉一日本人由市内赴大港二路码头，日人上船后，车夫坐于车上，突然气绝殒命。④ 茌平县人邢义祥，43岁，儿子邢树林，15岁，父子均拉胶皮车，惟树林年纪尚幼，发育未全，遇劳力过度，倒地身死。⑤ 因拉车而丧命者，还有55岁年老体衰的沧县人姜世臣。⑥

二 搬运工人

作为贸易大埠和华北两大港口城市，两市在车站、码头、堆栈、仓房纯凭臂力或肩力起卸货物、承担搬运工作的工人数量较多，而各种数据统计不一。据1925年7月"满铁"对各地码头工人的调查，天津有5500人，青岛有1300人。⑦ 天津1935年资料记载有码头工5500人。青岛1932年记载有7000人。⑧ 因表中青岛数字系指加入搬运工会的人数，未加入工会的未计入，天津仅指码头工人，是否包括水陆码头不得而知，

---

① 《维系贫民生活的人力车调查》，天津《大公报》1930年4月27日第11版。
② 《一个苦车夫为了三十枚铜元拼命狂奔力竭而死》，天津《大公报》1930年1月28日第9版。
③ 《前日热死者五名 均系恃力为生之劳动者》，天津《大公报》1933年7月12日第10版。
④ 《车夫张智金无病气绝》，《青岛时报》1935年1月29日第6版。
⑤ 《十五岁洋车夫猝然倒地身死》，天津《大公报》1935年5月29日第6版。
⑥ 《老车夫倒毙街头》，《青岛时报》1935年6月8日第6版。
⑦ 王清彬等编：《第一次中国劳动年鉴》，北平社会调查部1928年版，第625页。
⑧ 巫宝三主编：《中国国民所得（1933年）》下册，上海中华书局1947年版，第222页。

故两地搬运工人数多于上述数字。如1936年运输工会反对天津市政府颁布的《取缔脚行把持客货办法十条》的呈文即指出"津市脚行百有余处，工人约计数万"[1]。青岛1939年人力货车约5000辆，车夫数5223人，但因车主常雇佣散工，实际车夫约在10000人，码头苦力有9307名，季节劳工2612名[2]，则青岛搬运工人总计2万余人。

  天津居五大河流交汇之处，并经海河贯通渤海，为华北漕运、盐运、海运和河运中心，作为北方最大的贸易中心和转运枢纽，承担货物搬运起卸的脚行自清初以来即成为重要行业。自清初政府设立"四口脚行"之后，各类官商脚行不断发展，[3] 至20世纪初，各码头、铁路、工厂、堆栈附近有大小脚行130多处，[4] 包括运输脚行、码头装卸脚行、铁路装卸脚行和驻厂脚行四类。[5] 1906年秋季调查中，天津有脚行402户，3641人。[6] 脚行中的搬运工即脚夫，大都是来自河北、山东等省的贫苦农民及天津近郊农民。[7] 由于租界扩张和车站修筑，失地农民就在附近车站或堆栈当搬运工。如天津东站和东货场占用民地，当地村民无法谋生，成立脚行装卸铁路货物来维持其生计，河东一带有名的脚行即有12家。[8] 码头工人有长工和短工之分，或称固定工和散工。散工以山东人居多，

---

[1] 《天津市运输公会呈请取缔脚行把持客货办法情形》，《关于制定脚行办法影响民生给社会局的呈》（1936年5月12日），天津市档案馆藏，档号：J25-2-160。

[2] 青岛市社会局厚生科劳工股：《劳工状况》第2期，1939年8月。

[3] 天津市历史研究所资料室：《天津的脚行》，刘志强、张利民主编：《天津史研究论文选辑》，天津古籍出版社2009年版，第217页。另阎润芝、李维龙：《天津脚行的始末》（载天津市文史研究馆《天津文史丛刊》第4期，编者1985年版，第162页）指出四口脚行制度在嘉庆、道光年间形成；李金铮、咸树娜：《"苦力帮"组织：近代天津脚行探析》（载徐秀丽、郑成林主编《中国近代民间组织与国家》，社会科学文献出版社2014年版，第320—324页），追溯了天津脚行的兴起，指出四口脚行设立于清嘉庆时期。

[4] 阎润芝、李维龙：《天津脚行的始末》，天津市文史研究馆：《天津文史丛刊》第4期，编者1985年版，第163页。

[5] 天津市历史研究所资料室：《天津的脚行》，刘志强、张利民主编：《天津史研究论文选辑》，天津古籍出版社2009年版，第218页。

[6] ［日］中国驻屯军司令部编：《二十世纪初的天津概况》，侯振彤译，天津市地方史志编修委员会总编辑室1986年版，第101页。

[7] 陈惠涪：《旧社会天津码头工人收入概况》，中国人民政治协商会议天津市和平区委员会文史资料委员会编：《天津和平文史资料选辑》第3辑，编者1991年版，第142页。

[8] 姚士馨：《解放前的天津"地道外"》，中国人民政治协商会议天津市委员会文史资料研究委员会编：《天津文史资料选辑》第45辑，天津人民出版社1988年版，第196页。

1930年日本同文学院对天津码头工人的调查报告记载：搬运工人中流入天津者，山东省为67%，天津及其附近占12%，其他地区占21%。①

青岛为山东、苏北与各埠转运枢纽，大小港和胶济路货运繁盛，大小仓库堆栈云集，搬运工由苦力帮进行组织，苦力帮的负责人是苦力头，其下还有很多小苦力头，手下分别雇佣一批搬运工人。②青岛的搬运工主要有码头工人和运输工人。码头工人分为常工和毛子工（临时工）两种，常工由包工头亲自招领，须有一定的关系和财礼才当得上。毛子工则由包工头手下的二领工随时到东镇出卖劳动力的"人市"去挑选。③德占以来，货物装运即由船行、货主包办给一些工头。搬运工在码头界内的一切行为，由搬运工头负责。他们喜欢到他们的家乡或附近农村招募新工人，而1927年后山东兵匪交乘，灾荒绵延，大批农民流离失所。把头趁机网罗工人，宣传"进青岛，闯码头，除了大米是白面，每月二十多块大洋钱"，同时将城市中的失业者与流浪汉招骗进港。④1933年，青岛港码头运输管理处有领工常工共约2259人。⑤

运输工人活跃于港口堆栈与各商行、汽车站和火车站间，即人力货车夫或称大车夫。按1934年统计，青岛市有二轮运货马车310辆，二轮运货人力车3200辆，一轮运货人力车150辆，⑥工人数较车辆少，常用工人数在2000人以上。人数不敷使用时，临时雇佣散工。⑦1936年初调查，仅大港区即有大车苦力2253人。其中，各商号洋行把头所常用的大车夫1717人。货运加紧，土产畅销时，大车夫人数还会增多，另有青海路候工处大车苦力536人。⑧在小港区，有固定帮把头31人，包揽商号29家，管有工人513人；临时帮工人在春秋货运旺盛之月约有500人，

---

① 李华彬主编：《天津港史（古、近代部分）》，人民交通出版社1986年版，第267页。
② 《大港沿之速写》，《青岛时报》1936年2月12日第6版。
③ 胡汶本等编著：《帝国主义与青岛港》，山东人民出版社1983年版，第34页。
④ 胡汶本等编著：《帝国主义与青岛港》，第117—119页。
⑤ 青岛市史志办公室编：《青岛市志·海港志》，新华出版社1994年版，第135页。
⑥ 《青岛市各种车辆及人伕马匹数目统计》（1934年），青岛市档案馆藏，档号：B22-1-188。
⑦ 《指令第0270号 附：一件为奉谕调查小港区工人种类及车辆数目祈鉴核由》（1936年1月14日），青岛市政府秘书处编印：《青岛市政府市政公报》第78期，1936年8月。
⑧ 《青岛市大港区建设办事处呈》（1936年2月），青岛市档案馆藏，档号：B21-2-34。

冬季淡月仅300人左右，每日拂晓即由各区相偕来此，鹄立街头港沿，等候工作。① 则1936年初，仅大小港的大车苦力中，固定工有2230人，临时散工在1000人左右。这些苦力主要由工头从家乡招募，一些青壮年农民进城后也常常恃此谋生。

天津的码头搬运夫每天劳动时间10—12小时，随着季节与市况上下班时间不定，任务繁重时，常常连续工作十几个小时。② 起卸货物工作中，堆垒搬移由脚行自己养的"锅伙"做，其余杠抬背负工作在人力不足时雇散工。那单管负重的小工，俗称"扛大个儿的"，每扛两袋洋面，才能得一个大铜元，从早到晚不歇脚，一个人挨次扛50几次往来于货栈和码头间，便已筋疲力尽了，所得不过百枚铜元上下而已，扛重约百斤的花生米、核桃，给价也只一大枚。③ "几百斤重的货箱麻包，压得工人驼了背、折了腰；几千斤重的地车，拉得工人腿肿脚烂。"④ 装卸货物重，时间紧，连轴转，对身体耗损严重，故工人作工有年限制约，"普通工厂工人为8年，人力车及大车约5年，过期多罹职业病，不能继续工作。"⑤ 搬运工是城市中劳动强度最大的阶层，肩扛手提者，负重达100—200斤，拉大车者，货物达300—800公斤。⑥ 其工作场所污秽恶浊、人声嘈杂，马路上尘土飞扬，因此，大车夫往往煤屑满面、鹑衣百结，褴褛不堪。他们或者因长期超负荷的体力劳动与恶劣的工作环境而过早地衰弱，并倒毙街头；或者因被脚行或把头盘剥过重，收入微薄而贫病交加。如在青岛拉大车的崔绍武，50余岁，1931年夏劳苦过度，一病不起，家中所有积蓄耗尽，至冬季天气骤寒，一家三口无法度日，出外讨饭，崔因年

---

① 《指令第0270号 附：呈一件为奉谕调查小港区工人种类及车辆数目祈鉴核由》（1936年1月14日），青岛市政府秘书处编印：《青岛市政府市政公报》第78期，1936年8月。

② 李宝刚：《搬运工人苦难的过去》，《历史的见证第3集：满纸辛酸的保单》，天津人民出版社1966年版，第38页。

③ 《负苦力食的扛抬夫与小工》，天津《大公报》1934年1月7日第13版。

④ 李宝刚：《搬运工人苦难的过去》，《历史的见证第3集：满纸辛酸的保单》，天津人民出版社1966年版，第38页。

⑤ 《指令第0270号 附：呈一件为奉谕调查小港区工人种类及车辆数目祈鉴核由》（1936年1月14日），青岛市政府秘书处编印：《青岛市政府市政公报》第78期，1936年8月。

⑥ 《青岛市各种车辆及人伕马匹数目统计》（1934年），青岛市档案馆藏，档号：B22-1-188。

老体病而冻毙路旁。① 天津的冬季，到粥厂里受接济就食的人数中，除一部分"白面客""街头乞丐"和洋车夫外，要算负苦生活的贫民为最多。②

沉重的车驾和不利的交通条件往往成为车夫杀手。在天津拉地车的孙寿华（25岁，大城人），一次从英租界东方铁厂拉铁管100余斤，由王二（30岁，山东人）拉套，和跟车人刘桂森同往西南城隅赵宅输送，不料走到广仁堂西，因该地系上下坡，致车翻倒，立将王二砸毙。③ 平度人彭学文（32岁）和王洪斌（39岁），在青岛以拉大车为生，一次二人同拉一车，由禹城路向三号码头运土，至市场三路拐角时，刚好是下坡，载量又重，一时停止不住，彭学文滑倒，土车由其身上轧过，将其左腿轧断，鲜血直流，惨不忍睹，幸有派出所警士将其送至市立医院医治。④ 李富贵，22岁，河间人，在天津河坝当码头苦力为生，前日正在工作，一时晕倒。⑤

天津脚行有限，地域划分又严，团结力极为坚固，⑥ 因彼此间的利益冲突常常发生脚行间、脚头和脚夫间及固定脚夫与散工间的械斗。如1934年河北堤头村嘉隆面粉公司脚夫头目张美芝（55岁，天津人），平日对于脚夫剥削过甚，如运资一元，张得七角，脚夫仅分三角，而该处脚夫，都来自堤头村，众愤难忍，遂私下集议，相机动武，以推倒其势力。故70余人冲进脚行屋内，对张美芝痛殴，各小头目闻讯赶到，双方在公司门外肉搏，造成一死七伤。⑦ 1936年，河北堤头、辛庄脚行为津浦铁路卸煤运煤，一般采取抽签卸煤，脚夫田起明未中签，但因经济近迫，欲强行卸运，与前来阻止的脚行头林长福发生殴打。⑧

---

① 《崔绍武一家三口冻毙道旁 经人救治其妻子死而复生》，《中华报》1931年12月3日第2页。
② 《负苦力食的扛抬夫与小工》，天津《大公报》1934年1月7日第13版。
③ 《风驰电掣中的惨剧》，天津《大公报》1930年3月12日第9版。
④ 《拉车滑倒 轧断左腿》，《青岛时报》1934年4月3日第6版。
⑤ 《前日热死者五名 均系恃力为生之劳动者》，天津《大公报》1933年7月12日第10版。
⑥ 《天津堆栈业调查》，《工商半月刊》1931年第3卷第19期，第39页。
⑦ 《嘉隆面粉公司脚夫七十余人械斗》，天津《大公报》1934年9月23日第6版。
⑧ 《辛庄脚行昨晨凶殴，田起明情急持刀行凶》，《天津商报》1936年7月30日第2版。

第五节　自由谋生

此处自由谋生非指自由职业中的教育及学术研究事业、医生、律师、会计师、工程师、新闻业、宗教业和社团等，而是为工商业、交通运输和人事服务业所未涵盖的非法生活者及不受工厂、商店、旅馆、家庭等正式或非正式机构雇佣而自谋生计者。包括无业中的娼妓、赌博等非法生活者，也包括乞讨者、缝穷妇、街头艺人、拾荒者、算卦占卜、媒婆、接生婆等。

一　娼妓

娼妓业在中国由来已久，自清朝废除官妓、大兴私娼后，民国时期出现规模化与泛滥化的倾向，娼妓是一种女子职业，也是一个社会问题，它为近代女子提供生存下去的途径，也葬送了年轻女性的生活期待。城市妓业是商业兴盛的伴生物和性别失衡的衍生品，而近代女性地位的低下与家庭贫困的普遍助推了娼业的繁荣。1928—1937 年，天津成年人口中的性别比长期在 100∶137—173，青岛在 100∶140—165，性别比的失衡反映出已婚夫妻两地分居的普遍，和适婚男性的婚姻挤压，近代城市中的拐骗妇女和娼妓服务亦有利可图而兴盛一时。天津妓业在明代建城以后随着运河沿岸三岔口贸易的发展而在侯家后一带出现。清中叶时，贫困的妓女到填平的北门外落马湖搭起苇席窝铺，有钱人盖了 200 多间房子出租给妓女，落马湖遂成为妓院聚集地。随着租界经济的繁荣，日本租界西边由三不管的洼地形成的南市成为新兴的妓院林立区，[①] 1920—1925 年是天津妓业的全盛时期，权乐部由 8 家增加到 12 家，群英部增加到 40 家上下，1925 年，庆云部开市，南市增加了 30 多家妓户，还有落马湖、西门外三角地、东西坑沿、赵家窑等都增加了不少妓户，谦德庄的妓户也在此期产生。1926—1930 年，由于连年战争、海河淤塞，工商

[①] 周利成：《民国风尚志》，花山文艺出版社 2015 年版，第 54—55 页。

业萧条，妓业随之凋萎。① 至1928年后妓馆多移入日租界内，但人数仍不少，1930年统计，天津共有妓户571户，妓女2910人。② 实则明娟之外，还有暗娼及兼营娼业的女招待、茶房、戏子、明星等。全市娼妓，除一部分女工，女招待和旅馆小姐以外，上捐挂牌与秘密经营窑业的，总数在万人以上。③

青岛妓业开始于德占时期。④ 1900年，一位广东人招来原在广东、香港的妓女数人，居于黄楼⑤，接待洋人，青岛始有娼妓。⑥ 粤妓自日德交战后离去，日本占据青岛后，沧口路有俄妓、临清路一带和第三公园附近有日本妓女和高丽妓女营业。⑦ 中国接收后，中国妓女人数日增，到20世纪30年代，青岛的明娟，有平康一二三四五六各里，还有三等乐户升平里等。一等乐户多为有一定知识背景的女子，可以应付上流社会或商店老板的交际需要，平康各里妓业兴盛，1931年妓女有1169人。⑧ 那些社会底层的单身苦力劳工，也去三等妓户或找暗娼满足一时生理需要，故青岛暗娼业屡禁不止。一般情况下，暗娼的数目相当于明娟的2—3倍，⑨ 1931年调查，全市暗娼在二千余家。⑩

据1930年的调查，天津妓女的籍贯以河北人为最多（1004人），其次是天津人（944人），再次是北平人（376人），河北人中以武清县为最多（94人），其次是文安县人（85人），再次是通县人（65人）；山东妓女有318名。城市及其周边县乡和灾荒贫瘠的地方易于产生妓女。妓女的

---

① 李文海主编：《民国时期社会调查丛编·底边社会卷（下）》，福建教育出版社2005年版，第533—534页。

② 李文海主编：《民国时期社会调查丛编·底边社会卷（下）》，福建教育出版社2005年版，第525页。

③ 《津市娼妓的生活》，天津《大公报》1933年12月19日第13版。

④ 《本市娼妓之递嬗（一）》，《青岛时报》1936年2月5日第12版。

⑤ 黄楼位于海泊路北的广兴里，居海泊、易州、高密、博山四路之中心，广兴里初系一洼下之土炕，中设布棚，多卖饼子、豆腐之类的苦力食品，俗名小饭市。在小饭市时期，四周多为土墙，仅东隅蓦有洋楼一所，墙涂黄色，故以黄楼名。

⑥ 《本市娼妓之递嬗（二）》，《青岛时报》1936年2月6日第12版。

⑦ 《本市娼妓之递嬗（六）》，《青岛时报》1936年2月12日第12版。

⑧ 青岛市公安局编印：《青岛市公安局业务报告》（二十年度），编者1932年版。

⑨ 全国妇联：《中国妇女运动史1919—1949》第4编，内部资料，1988年，第23页。

⑩ 《半掩门用机巧 遮蔽警士耳目》，《中华报》1931年12月5日第3页。

年龄在 11—55 岁，妓女平均年龄越低，等级也越高，二等妓女平均年龄 18 岁，而五等是 27 岁。妓女为娼二年内的最多，有 1012 人，3—4 年的 729 人，5—6 年的 212 人，9—10 年的 150 人，最长时间有二十五六年者共 3 人。4 年内的妓女共 1918 人，占 67.34%。① 统计的 2847 名妓女堕落的原因，1836 人是因经济压迫，家长变故的（如家长死、父病残、父业败、父外出、父不良、母病残、母再嫁等）有 158 人，夫妻变故的（如夫死、夫病残、夫业败、夫不良、被夫遗弃、夫妇不合等）共 394 人，自己原因（被熏染、年幼无知、希望经济富裕、虚荣心、放荡不羁、自甘、负气等）共 144 人，天灾人祸的 52 人，其他原因 263 人。实则因家庭穷困和家庭变故产生的生存危机为妓女堕落的最主要原因。故妻女常常被作为物品押到娼寮，抵换若干金钱，以女性为妓来偿还借款。在调查的 2910 名妓女中，被押入妓院的女性有 1722 人，占 59.17%，自己堕落的有 866 人，占 29.75%。② 从二等至五等妓女堕落的主动人来看，2847 名调查者中，由母亲主使为娼的有 644 人，由丈夫主使为娼的有 550 人，父亲主使为娼的 540 人，自己堕落的有 846 人，由亲戚朋友乡邻等熟人主使的 136 人，不相识的男女主使的有 3 人，主使不明的 128 人。③ 则亲人的押卖往往是推动女性堕入此业的最主要原因，占所调查人数的 60.91%，自己堕落的占 29.72%。娼妓尤其是暗娼数量和经济状况密切相关。1933 年以后，青岛市面萧条，商业凋落，没有正当职业的人们，生活不能维持，便公开卖淫。为了迎合一般人心理，妓女打扮成小家碧玉或时髦女子，或冒充女学生，她们既无花捐，又少开销，接客一次，可低至一二元或四五元不等，一般好色之徒，争乐就之，暗娼业大盛。④ 可见，妓女现象在某种程度是家庭和社会问题的延伸，女性充当着缓解家庭危机的财物功能。

---

① 《天津市妓户妓女调查报告》，李文海主编：《民国时期社会调查丛编·底边社会卷（下）》，福建教育出版社 2005 年版，第 544—546 页。

② 《天津市妓户妓女调查报告》，李文海主编：《民国时期社会调查丛编·底边社会卷（下）》，第 550—551 页。

③ 《天津市妓户妓女调查报告》，李文海主编：《民国时期社会调查丛编·底边社会卷（下）》，第 553—554 页。

④ 《市面萧条下　北里销金窟今非昔比》，《青岛时报》1936 年 3 月 21 日第 6 版。

天津妓女主要分布在华界的南市、侯家后、落马湖、谦德庄、万德庄、三角地、日本租界的旭街一带。而暗娼则集中于侯家后、南市和谦德庄,①尤其是日本租界的天安和益津等里、南市的福顺里、谦德庄坑边、运河东地道外,河北新大路公园后等地方,都是暗娼出没之地。②担筐携篓的小贩、拉车扛包的苦力等常常光顾此地。三不管处的南市是妓馆新兴区,如竹枝词所言,"花妍月媚六街春,部落区分姓字新。自筑香巢三不管,侯家后渐少游人"③。谦德庄原是乡区,人口稀少,随着北洋、裕元、宝成、裕大等纱厂成立,谦德庄逐渐繁荣,出现娼妓,而随着1926年法租界取消娼寮区,租界里的妓院迁来,此地娼妓更为增加,工友亦乐于趋赴。谦德庄有上百家妓院,妓女500多人。④青岛暗娼也多分布于劳工集中的沧口、四方以及小鲍岛一带。⑤除主动的暗娼外,被动的暗娼,实有两种不同的境遇,一种是被贫所迫无奈出此下策的穷家妇女,另一种却是被人拐骗卖到火坑里的无知乡妇。⑥还有一种虽非暗娼,实为出卖身体谋利的行为在天津盛行,即租妻之风。如南市住的庞大,41岁,保定人,以负苦为生,因收入不足糊口,让妻姘度他人。西广开住的徐某,34岁,也是负苦为生,因生活困难,令妻与友人姘度。⑦

正式的妓女身份有三种,一是本班妓女,大部分是娼主的养女,最不自由,收入全归娼主;二是搭班妓女,与娼主有债务关系,收入一半交给窑主;三是玩票妓女,也是搭住,但与娼主无债务关系,比搭住的自由些。上等妓院的妓女待遇较好,而一般下级娼窑中本班和搭住的妓女,出入受到娼主的监视和跟随,包括鞭打唾骂等虐待。除二等三等妓院交门捐外,其他妓院只有妓女捐,从五等的每月0.5元、四等的1元到三等1.5元,二等2元。实际担负时,等级越低,妓女负担的捐税比例越

---

① 《天津市妓户妓女调查报告》,李文海主编:《民国时期社会调查丛编·底边社会卷(下)》,福建教育出版社2005年版,第530页。
② 《津市娼妓的生活(五)》,天津《大公报》1933年12月23日第13版。
③ 雷梦水等编:《中华竹枝词》,北京古籍出版社1996年版,第523页。
④ 米秀洋等:《话说当年的谦德庄》,中国人民政治协商会议天津市委员会文史资料研究委员会编:《天津文史资料选辑》第29辑,天津人民出版社1984年版,第245、249页。
⑤ 《社会罪孽 岛上之转运公司》,《青岛民报》1936年12月8日第8版。
⑥ 《津市娼妓的生活(五)》,天津《大公报》1933年12月23日第13版。
⑦ 《经济压迫下租妻恶风》,天津《大公报》1935年12月23日第6版。

多，多数是妓女担负 2/3，娼主担负 1/3，也有部分是妓女自身担负，二等妓女的捐税完全由娼主负担。① 妓女在社会中得不到地位，在生活中失去自由，还要受到娼主百般盘剥、重重压迫。花春喜 18 岁时流落到天津庆云后为娼，领家狡猾多疑，接熟客则怀疑将从良，有客不回头，则怀疑招待不周，百般虐待，痛不能生。② 妓女王艳芳，23 岁，遵化人。1935 年随母来津，在南市丹桂后中乐堂当搭班妓女，押帐 300 元，后因地方不靖，游客稀少，收入微薄，娼主嫌收入少，全部扣押，不问艳芳衣食，艳芳严词质问，要求详算，却被娼主及其弟、伙友等多人殴打，将其全身砍伤。③

　　堕入娼门于多数妓女而言实属无奈，有机会时会脱离此业。平康里不少有见识的妓女，接待客人之时也潜心观察，寻找能托付终身的殷实人家。如即墨城阳乡人万宝玉，貌仅中等，应酬技术颇佳，1921 年嫁得商人去。④ 又有莘县路东海楼的妓女刘桂伶，20 岁，胶州人，留发天足，中等身材，一日外出未归，据说是随其客人潜逃。⑤ 定县尹女，19 岁时为义母及其两侄设计拐出，轮流奸宿后将尹女以 160 元押入三角地娼窑内。尹女后找机会逃到警所，同乡韩福前将其领回，嫁与天津理发师李凤歧。⑥ 济良所是清末出现的以救助妓女为主要职能的慈善组织，不愿为娼的妓女或受到虐待而无处申诉的婢女、媳妇或女儿，可以到济良所避难，原来主人不得干涉，所中女子可自行择陪嫁人或习得技艺后做工。事实上要保护从良妓女，需要与各种强大势力周旋，并不容易成功，而且一旦班主得知从良妓女回乡或嫁人的消息，又会派人将其抓回毒打，使其重操旧业。⑦ 但济良所为救助妓女提供正式途径，1930 年 5 月，天津济良

---

① 《天津市妓户妓女调查报告》，李文海主编：《民国时期社会调查丛编·底边社会卷（下）》，福建教育出版社 2005 年版，第 536—537 页。

② 《津市生活　本报社会调查之十一：济良所写真》，《益世报》1930 年 5 月 24 日第 11 版。

③ 《淫窟中惨剧：妓女王艳芳得罪窑主全身被砍伤》，天津《大公报》1935 年 11 月 30 日第 6 版。

④ 《本市娼妓之递嬗（七四）》，《青岛时报》1936 年 5 月 17 日第 12 版。

⑤ 《妓女潜逃忙了老鸨子》，《青岛时报》1934 年 2 月 20 日第 6 版。

⑥ 《少女贪繁华被拐为娼》，天津《大公报》1935 年 12 月 20 日第 5 版。

⑦ 王铎：《青岛掌故》，青岛出版社 2006 年版，第 164 页。

所所女40名，多半是不堪折磨的妓女。①

二 乞丐

向人乞讨维持生存，在某种程度上是乡村移民或城市贫民最后的正当职业机会。乞丐的盛衰多寡，和一个时代的政治、教育、经济、社会情形关系密切，时势愈糟愈乱，乞丐数量愈多，时势愈稳愈固，乞丐数量自然削减。②乞丐数目也依年份和季节而不同，灾年和冬季较多。③尤其在阴历腊月的时候，善男信女较平时来得多，因此平日不当乞丐的，到了这个时候，也要去玩一回票，下一次海，所以每到年底年初乞丐特别多。④因居无定所，讨无定时，乞丐数目难以确定，但观察者一般都认为近代中国都市乞丐众多。天津的乞丐比上海还多，无论走到哪条街上，都有乞丐跪在地上讨钱，或跟着跑来要钱。⑤1934年，据媒体报道，天津乞丐2万余人。⑥当地人做乞丐的寥寥无几，大都是天津附近各县和邻近山东各县的农民。⑦青岛乞丐人数未有定数，但从相关记录来看，青岛乞丐收容所每月新进的乞丐在8—35人不等，且全部来自外地。⑧从1931年4月和8月收容的35名乞丐来看，年龄最小的8岁，最长的63岁，多为30岁左右、体质弱而无技能的沿街行乞者，来自即墨最多，有7人，其次是平度和胶州各3人，省外的仅河北的3人和上海的1人。⑨10月份

---

① 《一对可怜虫逃出孽海》，《益世报》1930年1月23日第17版；《津市生活 本报社会调查之十一：济良所写真》，《益世报》1930年5月22—25日第11版。

② 《青岛社会的一角：风雪交加中的乞丐》，《青岛时报》1934年1月31日第6版。

③ [日]长野朗：《中国社会组织》，朱家清译，上海光明书局1930年版，第394页。

④ 《青岛社会的一角：风雪交加中的乞丐》，《青岛时报》1934年1月31日第6版。

⑤ 培根：《谈谈天津特别市乞丐问题》，《津声》1930年第2卷第2期，第1页。

⑥ 涤亚：《救济乞丐》，上海市社会局编印：《社会半月刊》第1卷第4期，1934年10月，第6页。

⑦ 刘嘉岐：《旧天津的乞丐种种》，中国人民政治协商会议天津市委员会文史资料研究委员会编：《天津文史资料选辑》第62辑，天津人民出版社1994年版，第185—187页。

⑧ 青岛市政府秘书处编印：《青岛市政府市政公报》第23—68期，1931年8月—1935年5月，65期记录1934年11月抓获乞丐8名，66期记录1934年12月抓获35名。

⑨ 《青岛市社会局乞丐收容所收容月报表》（1931年4月），青岛市政府秘书处编印：《青岛市政府市政公报》第23期，1931年8月；《青岛市社会局乞丐收容所收容月报表》（1931年8月），青岛市政府秘书处编印：《青岛市政府市政公报》第27期，1931年12月。

出所的 11 名乞丐中，由亲属领回原籍的有 6 名。①

他们乞讨的目标不一样，第一类是挨户要饭。这类乞丐一般是家乡发生旱涝灾害的难民。行乞者多数是三四十岁的妇女，提着破饭罐和小篮，挨门乞讨残羹剩饭。第二类是伸手要钱。他们专在大街上追赶坐人力车的要钱，或者精心安排小孩们分别追人要钱。有的在居民区大门内外喊，有的到商店区挨门乞讨。第三类是要粥，他们主要的乞讨目标是"粥厂"，天津的慈善团体每年冬令在西头、南马路等地设立粥厂，每天清晨七八点钟开门施粥，小米粥半稠不稀，可当场喝足但不准带走。一些贫农为了节省冬天在家里的吃用，每年都来天津"赶粥厂"。到了转年春暖，便回乡种地，男女老幼皆有，专来天津过冬。②

乞丐按行乞方式不同，有叫街花子、沿门乞讨花子、追逐亲朋的叫花子、在路旁写"告地状"的叫花子、跪在路旁哭泣叫苦连天的叫花子、站在电车站口向坐车人伸手哀求钱的叫花子。还有一部分乡下人多趁农家闲时来津，以乞讨为职业。此外，还有专在旧历新年时以敲打骨头板作乞讨工具的说唱叫花子。说着一些吉祥词，如："新年新月过新春，花红对子贴满门，前门进的摇钱树，后门进的聚宝盆，聚宝盆插金花，富贵荣花头一家"。③ 还有一类为数不多的"打砖叫街"的乞丐，以自虐方式打动行人。他们腿脚不好，坐在地上，用脚踢动着一个要钱的小笸箩，一步一步向前挪动，敞着衣襟，用砖头或破鞋底子用力敲打自己的胸部，"啪！啪！"有声。然后叫嚷："老爷、太太们呀！可怜、可怜我这个前生现世作了孽的人吧！"围观者有的会扔下几个钱。还有一些依靠庙会行乞。排列在各庙门外依靠庙会行乞的，常有百八十人之多。特别是在市内春节时期的天后宫，乞丐成群。每年 4 月，卫南洼峰窝庙的庙会也是天津附近乡村乞丐的总动员会，从八里台到峰窝庙前，沿途两旁，排列着难计其数的乞丐，坐着的，跪着的，躺卧的，追赶或包围香客和游人

---

① 《青岛市社会局乞丐收容所收容月报表》（1931 年 10 月），青岛市政府秘书处编印：《青岛市政府市政公报》第 29 期，1932 年 2 月。
② 刘嘉猷：《旧天津的乞丐种种》，中国人民政治协商会议天津市委员会文史资料研究委员会编：《天津文史资料选辑》第 62 辑，天津人民出版社 1994 年版，第 187 页。
③ 刘炎臣：《津门杂谈》，三友美术社 1943 年版，第 46—47 页。

的，爷爷、奶奶叫个不停，凄厉哀求。① 各类方式都是以最大限度地唤醒行人同情心而获得实惠为务。

乞丐的来源有两类，一是因自然灾害和农村破产、政治腐败而被迫沉沦，二是由于染上不正嗜好，如吸食鸦片、吗啡、金丹和白丸或烟酒等，自动堕落。② 1927年时，天津四乡农民，迭遭水旱灾害和军事影响，以致生活极感困难，男子多半外出，另谋生业，妇孺老幼，则纷纷来津行乞，故津埠各街市乞丐，日渐增多，状极可惨。③

青岛的乞丐，不会多到触目惊心，也不是寥寥数人，在乞丐最少的区域——中山路上，常常有"老爷，可怜可怜我吧"的乞讨声，或一群群小乞丐接二连三地对商人磕头，他们蓬头垢面，鹑衣百结，逢人伸手，到处乞哀。乞丐不敢贸然打扰西装革履的老爷们，而身穿长袍马褂、不十分阔绰的商界先生是他们最乐意纠缠的主顾，跟来磕去，磕去跟来，常达三四分钟之久。四方、潍县路、博山路、易州路附近一带，是乞丐荟萃的地方，无论你在任何的一个时间，只要踏入他们的势力圈内，除非你穿着很漂亮阔绰的洋服，撑起门面，否则，任便你长有三头六臂，也难免要被窘个三四分钟，前迎后送，左护右卫，大有应接不暇之势。④ 由于青岛沿海一带市容尤其重要，常常捕获乞丐加以收容或驱逐出境，故东镇、沧口、大小港等地乞丐更多。烟台对于乞丐，向来只采取消极的放任办法，济南对于乞丐，1933年采取积极的放逐办法，青岛设立乞丐收容所，供应衣食住处，并授以技艺或参加市容整理等体力工作，但收容量有限，到一定时期，便会加以驱逐，收容只是权宜之计。天津则慈善事业较发达，乞丐乐于趋附，虽也偶尔驱逐，奈何贫穷过甚，津市吸引力大，故乞丐层出不穷。

---

① 刘嘉燊：《旧天津的乞丐种种》，中国人民政治协商会议天津市委员会文史资料研究委员会编：《天津文史资料选辑》第62辑，天津人民出版社1994年版，第188—189页。
② 《巡阅天后宫四方路台东镇吴家村小记》，《青岛时报》1934年2月19日第6版。刘炎臣：《津门杂谈》，三友美术社1943年版，第46页也认为，"大多数乞丐是为饥寒所迫而不得不低头求人援手施助，也有因不良嗜好而坠落沦为乞丐"。
③ 《四乡贫民来津乞食》，天津《大公报》1927年7月31日第7版。
④ 《青岛社会的一角：风雪交加中的乞丐》，《青岛时报》1934年1月31日第6版。

三　其他职业

乡村移民进城，有一定的社会关系或自身资源者可以经引荐者进厂做工人、到商店做伙计、经商做买卖或从事佣工业，无门路的青壮年男子拉车做苦力，极度贫困残弱者或做乞丐，或被押为娼妓，还有大量活跃在城市边角的老幼妇孺，依靠自身技能自食其力。如手艺人、缝穷妇、街头艺人、接生婆、拾荒者、占卜算命等。

凭借技艺走街串巷谋生的手艺人类型繁多，如手工业有焊壶补锅、锔碗、打竹帘子、修伞、绱鞋、理发、磨刀等。工艺美术品有窗花、吊钱、花样子、风筝、唢呐、空竹、泥人、竹笛、绢花、耍具等。① 还有其他走江湖的营生，凡是走南闯北、到处流浪的各种生意都称为"走江湖"。有的依靠技术，有的仗着能说会道，行业达数十上百种。走江湖的分赶庙会和入城市两种。赶庙会的在固定时间到固定地盘，进城的没有固定地点，"随时随地都可以作生意，及至创出名誉，得到当地人信任，便择一个相当地点，设立门面，作为永久的基业，行话叫'安座子'"。② 走江湖最典型的类型是"金批彩挂"，"金"是相面、算卦；"批"是说唱；"彩"是变戏法；"挂"是卖艺。其他还有耍猴、弄蛇、玩田鼠、耍傀儡的，都是穿州过县跑生意。③ 虽然流动性较强，但说唱类的艺术形式在天津扎根，影响城市文化娱乐方式至深至远。如西河大鼓分变出天津调的大鼓、包头落子改良为"评戏"。

据天津记者蒋逸霄的报道，农村女性在天津的职业除了佣妇、摊贩、卖纸花样的、提花厂倒线的，还有缝穷的、纺羊毛、唱曲的、卖艺的、接生的、洗衣的、看管游艺场厕所的（见表2—1）。传统耕织互补的家庭分工使男人们除了专业裁缝以外，并不做任何缝补与裁剪的事情，而城市劳工阶层庞大，尤其单身男性较多，这样，擅长女红的妇女们有了新

---

① 沈国祥：《回顾天津个体工商业的几度兴衰》，中国人民政治协商会议天津市委员会文史资料研究委员会编：《天津文史资料选辑》第45辑，天津人民出版社1988年版，第180页。

② 李然犀：《走江湖的形形色色》，中国人民政治协商会议天津市委员会文史资料研究委员会编：《天津文史资料选辑》第25辑，天津人民出版社1983年版，第201页。

③ 李然犀：《走江湖的形形色色》，中国人民政治协商会议天津市委员会文史资料研究委员会编：《天津文史资料选辑》第25辑，第202—215页。

的用武之地：做针黹活和缝穷妇。天津军衣庄、针织业发达，且有雇佣散工传统，那些进城的妇女们，"有的到军衣庄，在缝衣机旁缝扣子、缝帽边的，有的到外国皮毛洋行，在货厂子的门口，缝寄往外埠包裹的，更有的坐在十字街头，替些工商各界作客的人们，缝破裤、旧袜底的……这都是下层社会可怜的姐妹们干的"。① 有的妇女在成衣铺和军衣庄缝衣边订纽扣，也有一些女性在街头给劳工缝补衣物。在天津新开河岸的贫民窟，青年妇女或坐在马路两旁，或坐在厂房附近，给异乡的单身汉缝补衣裳。② 如王宋氏，51 岁，河南归德府人，来天津 13 年。夫妇俩因孩子在曹锟部下当兵，久无音讯，便同到天津寻子，找到后便在天津住下。父子三人均在外拉大车，因生活困难，便出来缝穷。有时替人缝上一双袜子，补缀一两套小袴褂，冬天给军队里和巡警局里的警士把夹被翻成棉被，春天替人缝夹衣裳。③

那些多半不能组织家庭或带家眷到城市生活的小职员、学徒、贫穷苦力和工人是缝穷妇的主顾。无论春夏秋冬，走在青岛各个马路上，都会见到缝穷妇们。这些人居多是四五十的老妈妈，间或也有二三十的少妇，她们多半是乡间的自耕农和佃农，因为饥荒、兵燹的迫逼，跑到青岛来，丈夫或儿子作苦力营生，收入太薄，不能糊口，便不得不自食其力，聊作家庭的一点帮助。当老妈子无门引进，而且因年龄关系，也不能干那种生活，所以唯有出之于缝穷一途了。她们穿着薄衣服，但也很干净，规规矩矩的十足的中国典型农妇，面前里放着一个针线盒，里头盛着针头线脑。④ 一些贫穷的居民区甚至形成固定的缝穷摊。

家庭贫困的妇女们有的出来做洗衣妇、纺羊毛、接生等。洗衣妇有的为洗衣店做工，有的自己揽活。天津洗衣业，"多系小资本经营，其工人待遇，亦极艰苦，每日工作时间，达十八小时之多，而取得工资甚微，每日二三角不等"。⑤ 那些利用零散时间为他人洗衣的妇女，活计不定，

---

① 《天津妇女的家庭职业：做针黹的生活写实》，天津《大公报》1933 年 4 月 16 日第 13 版。
② 《准备拆除了的新开河岸贫民窟》，天津《大公报》1933 年 3 月 5 日第 13 版。
③ 《津市职业的妇女生活：缝穷妇》，天津《大公报》1930 年 2 月 8 日第 11 版。
④ 《街头路角树荫下的缝穷妇》，《青岛时报》1935 年 7 月 31 日第 6 版。
⑤ 《洗衣工人一部罢工》，天津《大公报》1933 年 6 月 20 日第 9 版。

生活艰难。如来自文安的一名洗衣妇，因家乡水灾，田园荒芜，全家到天津谋生。丈夫在火车站替人扛洋面，自己则替人做鞋、洗衣裳。有些公馆里的老妈子，工作太忙的时候，没有工夫替主人洗衣裳，便把衣裳交给她洗。① 李魏氏到天津后，丈夫在外面拉车，自己纺羊毛，但丈夫因一条腿上生疮不能走路，故有羊毛纺时，还可维持生活，没有货做，就得挨着饿，曾出门要了几个月的饭。② 陈姥姥，文安人，也是因乡下水灾逃到天津，因母亲在乡下做接生婆，自己懂得一点，到天津后，常常替邻近乡亲接生，生意逐渐扩大到租界的大公馆，每月接生一两次到七八次，接一次生，小户人家给两三块，大户人家给三四块。到了三朝，亲友的添盆钱，多的有三四块，少的几十个铜子。因房租贵，赚的钱只不过在家用紧急时垫补垫补。③

有一定条件的可以卖艺谋生，城市的歌女中，一半是来自残破的农村，一半是来自没落了的都市小市民层。④ 歌女正月里，37 岁，山东临清人。因家乡水灾，和前夫来到天津，丈夫每天买卖栗子山芋，妻子每天到外面去唱在家乡学习的"正月里"。初到天津时，只会唱这一支歌。后来跟老师学唱，丈夫去世后嫁给老师。除了下雪刮风，每天出来唱，能赚上二三百个铜子，不至于饿死。⑤ 姜氏父女则是东光县姜庄人，世代以卖技为生，后在天津三不管赵家冰窖后卖艺。⑥ 还有来自德州，自幼习艺到平津等地演出的小姑娘。⑦

男子和孩子们还可打些小工贴补用度。天津人重视婚丧嫁娶，所用

---

① 《津市职业的妇女生活（十四续）：搓搓洗洗，她终日为人忙》，天津《大公报》1930 年 3 月 10 日第 9 版。

② 《津市的职业妇女生活（四十四续）：纺羊毛的老妇人》，天津《大公报》1930 年 5 月 24 日第 9 版。

③ 《津市职业的妇女生活（十续）：专门接生的陈姥姥》，天津《大公报》1930 年 3 月 3 日第 9 版。

④ 《歌女感化》，《青岛时报》1936 年 5 月 21 日第 10 版。

⑤ 《津市的职业妇女生活（四十二续）歌女正月里》，天津《大公报》1930 年 5 月 19 日第 9 版。

⑥ 《津市职业妇女生活调查（四九）：由皮鞭下磨炼来的两位卖解女郎》，天津《大公报》1930 年 6 月 16 日第 7 版。

⑦ 《津市的职业妇女生活（廿九续）：耍玩意的小姑娘》，天津《大公报》1930 年 4 月 10 日第 9 版。

依仗，非常讲究。"综观全国各大都市，最富为上海，排场为北京，其婚丧大事都不若天津，奢侈浪费之巨，实为全国之冠"，[1] 在办红白大事的时候，常是穷极奢侈，招摇过市，示阔亲朋。[2] 全天津市，吃红白饭之茶房，大概有600人。他们专侍候婚、丧、喜、庆诸项事务。[3] 另还需要有抬轿、抬座的脚夫和抬杆等打执事的儿童。故媒体称素日凭执仪仗以谋生活者，其人数在十万人有奇。[4] 婚丧礼仪中雇佣贫苦儿童"打小空"，虽为弊制，却正是调剂贫民生活的妙道。每日所得，打旗杆20个铜元，打锣的30枚。喜事用人甚少，限八个轿夫，所得只在三五角钱，白事用人较多，工价极其复杂，扛"伞"的约可得一角钱，扛"亭座"的三角钱，肩"雪柳"的儿童不过三二十枚，这些人是由杠房里雇佣，而一切小空都是在赁货铺里讨着生活。[5] 虽有红白货铺各项头目的盘剥，也是一条生钱的方法，每每吸引大批贫民前往。抬轿的，抬座的，多属脚行；抬杠的及各种打执事的，有乞丐、贫民、小贩、洋车夫等。打执事时出来赚钱，平时则各归其业。[6]

拾荒是进城之老弱妇孺一大谋生门道，女人、孩子们去码头或厂区捡拾煤核和花生、大米等杂物，以补充生活所需，或折换其他物品，贴补家用。随父母进城的小孩子们都尽其所能寻找工作的机会，他们多半是拾海蛎子，或拣煤核。那些拾煤核的男女小孩或年长的妇女，常常成群结伙，奔驰于马路上或杂院之中，捡得煤末，换来些许金钱，维持他们的生活，他们的脸和手以及身上的破烂衣服都附着一层煤的黑色。记者称之为"都市社会中的煤末阶级"。煤末阶级的工作方式有两种：第一种是专在马路上捡扫煤末的，他们在络绎于途的各类车辆中穿梭，并时常遭受警察的棍打和推车夫的脚踢，极富危险性；第二种是专在杂院的废煤堆里捡拾煤核，转卖于杂院的贫家，收入在一二角至五角，最高纪

---

[1] 杨绍周：《解放前天津吃红白饭儿的》，中国人民政治协商会议天津市委员会文史资料研究委员会编：《天津文史资料选辑》第46辑，天津人民出版社1989年版，第234—235页。
[2] 刘炎臣：《津门杂谈》，三友美术社1943年版，第41页。
[3] 刘炎臣：《津门杂谈》，第38页。
[4] 《婚丧慈善捐杠房业再请缓征》，天津《大公报》1935年9月11日第6版。
[5] 《负苦力食的扛抬夫与小工（续）》，天津《大公报》1934年1月8日第13版。
[6] 刘炎臣：《津门杂谈》，第34页。

录，有一天能换得一元多者。极少数的人捡来煤末自用。小孩子们因为争夺煤块，容易打起架来，其内部也分出许多派别来，往往这一群打那一群，那一群骂这一群，弄得马路上的警察，忙于应付。有些狡猾分子，不是捡，而是抢，不是扫，而是偷。或者公开抢大块，或者小刀割破煤袋偷上几块，令车夫防范不及。到杂院中捡煤核的，有时也乘机偷大块的煤，所以各杂院差不多家家有煤箱之设，用之则开，不用则锁，以防范拾煤核者。"煤末阶级"，在青岛市区到处可见，最集中地带则在青岛的车站附近。[1]

无业可做者亦有其活法，如放高利贷或加入混混。交河人石氏，48岁，孀居7年，儿子15岁，母子靠放利息钱生活，利息成为生活的唯一来源，为讨要利息会不惜拼命。如丈夫生前好友借50元三个月，分文未还，屡要不给，故拿菜刀讨要借款。[2] 无业游民可能加入混混群体。天津混混儿主要来自邻近乡村，彼此仍紧密保持着亲族与地缘关系，他们通过强化彼此的认同感凝聚地盘势力。混混儿多半从鞋匠、学徒、负贩、拉手推车者、挑水夫、地痞流氓、水会伍善或脚行工人等衍生而来，其中也不乏女性的身影，她们多半是随其父亲或取代已故丈夫而加入某一地盘团体。[3]

小　结

明了乡村移民的进城原因即可理解为何城市求职的艰辛和城市生存的代价无法抵挡农村移民涌向城市的潮流。既有追求更好生活，更有避免最坏结局的设想使乡村移民对城市的向往和在城市的扎根义无反顾，这样执着的生存渴望因应着城市发展的需要，催发着古老职业在城市的延续与新兴职业的近代兴起。本章主要探讨了进地农民的职业类型、就业渠道（工头招工和各类介绍人）、就业特质（有熟人的、有技术的、身

---

[1] 《都市社会中的煤末阶级》，《青岛时报》1934年3月3日第6版。
[2] 《拿菜刀拼命，为的是要五十元钱》，天津《大公报》1930年3月18日第9版。
[3] 关文斌：《乱世：天津混混儿与近代中国的城市特性》，《城市史研究》第17—18辑，天津社会科学院2000年版，第21—23页。

体强壮的）等，以此了解乡村移民城市生活的常态及群体间的差异。

从近代城市职业分类及天津和青岛的职业类别统计表来看，乡村移民进城主要分布在五大行业，按其就业人数依次为商业、工业、人事服务业、交通运输业、其他自由谋生类。不同的职业准入条件不同，三个主要因素影响着移民的就业渠道。一是城市经济状况。世界政治经济形势与城市工商业状况较好的时期，工业发展、贸易活跃、服务业兴盛，社会各业需要量大，移民的就业情况较好。二是社会关系。由于保人制度的流行，为工厂、商店、车行、饭馆、茶园、戏院、家庭等正式或非正式组织雇佣的职业，均须通过一定的社会关系引荐作保才可能入职试用，故熟人关系影响着移民是否进城，也影响着移民的城市职业。三是个人条件，包括身体、品行与技能等。拉车、脚夫、盐厂工人等体力活要求身体壮实，年富力强，有利于青壮年男子就业，而商店乐于录用为人诚实、踏实努力的伙计，有一定技能者则可恃技谋生。

城市人口的高度聚集和城市经济的多元化，使近代城市职业非常庞杂，既有一大批新兴的生产性和服务性工作，又传承着中国民间的古老行当。进城乡民的生活复杂性与职业丰富性远超出资料的记录。窘迫的经济环境、严峻的生存形势，使乡村移民尽家庭与个人的最大能力开拓生存机会，可以从事最劳累、最肮脏的工作，可以忽略亲人骨肉的分离，可以接受十七八小时的工作时间，可以忍受最微薄的收入，可以面向记者时毫不掩饰他们的苦楚，这一切，只为了生存下去。这样一种坚韧的求生本能和生存意志是乡村移民谋生及至融入城市生活的最坚实基础。

第四章

乡村移民与城市生活的交互影响

　　社会融入最基本的维度是经济的融入，包括相对稳定的收入和相对固定的住处，这是衡量乡下人获得市民资格的重要指标，也是移民在生活、心理、政治等方面融入社会的前提条件与基本保障，决定着乡村移民居住城市的时间久暂。移民社会融入的最根本性要求体现在就业与居住的保障，以及对城市生活的适应。日常生活从其内容上看，包括吃穿住行、冠婚丧祭、生老病死、休闲劳作、人际交往等。① 李长莉指出，"我们需要回到民间社会，回到历史上普通人的日常生活里，去探寻中国社会生活近代化的实态，从中追寻中国社会近代化变革的内在源流"。② 本章考察乡村移民在城市中的日常生活，以探寻其融入城市生活的基本面相，关注其生存问题，审视不同群体的成长与困顿。

第一节　收入和支出

一　收入

　　人口的生产和再生产取决于个体或家庭的经济收入及其带来的物质供给。一定的收入是个体生存与发展及延续生命的基本需求。乡村移民的工资收入根据行业种类、技术程度、从业时间、性别与国内外经济形

---

① 李俊领：《日常生活——社会史研究的对象、视角与跨学科对话》，《徐州工程学院学报（社会科学版）》2017年第5期。

② 李长莉：《晚清上海社会的变迁——生活与伦理的近代化》，天津人民出版社2002年版，第4—5页。

势而有差异，以下依据农民进城后比较重要的职业类别加以叙述。

同上海一样，一个能够在工厂内找到并且保持一份稳定工作的成年人，从社会阶层来讲肯定不属于最低等的层次。① 产业工人是进城农民比较理想的职业选择，因工作较稳定，收入亦不算低。表4—1、表4—2是1934年天津、青岛各业工人的工资情况，总体来看，该年两市每小时工资收入差别不大。天津男工劳动时间稍少于青岛工厂，故平均工资天津略低，但天津女工工资略高于青岛，由表中可知，决定工人收入水平的两项基本指标是行业与性别。1934年天津制造业中，男工每月平均工资最低者为造纸业的9.17元，每天工作12小时，最高的是电气业，每月工资52.25元，每天工作10小时。各业月工资多数在10—20元，只有少数技术工匠如机器制造和修理、制碱、制酒、造钟业在25—30元，32项制造业男工的平均月工资为18.94元，平均每天工作10.39小时。天津招收女工的工厂很少，烟草业女工收入最高，每月达23.46元，超过男工。7个制造业中女工平均月薪13.30元，每天平均工作10.25小时；童工平均月薪7.13元，每天平均工作9.71小时。表4—1统计似乎较高，如天津提花业在1933年，工人每月至多不过20元，而12元者比比皆是。② 结合下文所述，此表更接近正式工人，尤其是技术工人的工资额。

1934年青岛制造业中，男工每月平均工资最低者为织花边业的9.68元，每天工作10.3小时，最高的是制针业，每月工资46.43元，每天工作10小时，各业月工资亦多数在10—20元，制铁钉业、机器制造和修理、颜料业、烟草业技术工人收入较高，在25—45元，38项制造业的男工平均月工资为19.73元，每天工作时间平均10.71小时。有女工的10项制造业中，缫丝业女工收入最高，每月13.5元，女工平均月工资9.41元，平均每天工作10.36小时。16个制造业中的童工每月工资平均8.7元，平均每天工作10.90小时。1936年，青岛男工工资最高者为缝衣针业，月得46.36元，织花边业最少，月得9.68元，女工工资最高者为缫

---

① ［美］卢汉超：《霓虹灯外——20世纪初日常生活中的上海》，上海古籍出版社2004年版，第119页。

② 《津市提花工厂调查》，天津《大公报》1933年11月9日第13版。

丝业，月得13元，制缝衣针业及丝光线球业最少，月均5元。①

表4—1　　　　天津市工人工资及工作时间（1934年）②

业别		每月工资（元）			每日工时（小时）		
		男	女	童	男	女	童
机器制造业	机器制造兼修理业	29.44			10		
金属品制造业	制钉业	11.92			11		
	制针业	20.76			12		
	印铁制罐业	20.00			10		
土石制造业	瓷器业	19	12.41	9.04	8	8	8
	料器业	16.81		5.33	12		12
	电气业	52.25			10		
	火柴业	11.58			11.5		
	碱业	25.56		7.03	8		8
纺织工业	棉纺织业	16.20	15.30		11.88	11.76	
	毛纺织业	16.39	14.70		10	10	
	地毯业	18.00			10		
	毛巾线毯业	20.17			10		
	棉麻毛纺织业	20.33		7.27	10		10
	染炼业	15.17			10		
	制药棉花及纱布业	9.84			12		
服用品制造业	织凉席业	19.06	10.50	7.25	10	10	10
	制帽业	13.47	12		12	12	
	纽扣业	11.00		7.00	10		10
	织袜衫业	10.54		7.00	10		10
	腊光线业	10.75	4.75		12	12	
皮革及橡胶品制造业	制革业	20.34			10		

---

① 《工资统计》，中国社会问题研究会主编：《中国社会》第3卷第2期，1936年10月15日，第82页。
② 《天津市工人工资及工作时间》，《实业统计》1935年第3卷第3期，第31—32页。

续表

业别		每月工资（元）			每日工时（小时）		
		男	女	童	男	女	童
饮食品制造业	面粉业	23.65			8.19		
	烟草业	13.22	23.46		8	8	
	制酒业	30.00			12		
	酱油业	14.66			9		
	制盐业	19.03			8		
印刷制订业	印刷业	20.11			12		
造纸及纸制品业	造纸业	9.17			12		
饰物制造业	造钟业	27.90			13		
其他工业	牙刷业	20.49			8		
	桅灯业	19.39			12		

表 4—2　　青岛市工人工资及工作时间（1934 年）①

业别		每月工资（元）			每日工时（小时）		
		男	女	童	男	女	童
木材制造业	制杆业	20.00		9.00	11		11
家具制造业	木器制造业	22.22		7.00	11		11
	藤器制造业	20.00		9.00	11		11
机器修理兼制造业		31.43		9.00	11		11
金属品制造业	制缝衣针业	46.36	10.00	5.00	10	10	10
	制铁钉业	43.75			10		
土石制造业	砖瓦业	14.57			11		
	玻璃业	15.00		9.00	11		11
化学工业	火柴业	14.13	12.00		10.95		11
	肥皂业	22.64			12		
	制烛业	21.00			10		
	颜料业	28.28			10.93		
	肥田粉业	14.00			11		

① 《青岛市工人工资及工作时间》，《实业统计》1935 年第 3 卷第 3 期，第 37—38 页。

续表

业别		每月工资（元）			每日工时（小时）		
		男	女	童	男	女	童
纺织工业	棉纺织业	17.97		8.00	11		11
	缫丝业	17.13	13.50		9	9	
	染炼业	15.38			10.92		
	织地毯业	12.00		7.00	10		11
服用品制造业	织袜业	24.43	7.73		11	11	
	织花边业	9.68	9.00	7.50	10.3	10.21	10
	丝光线球业	15.00	5.00	8.00	11	11	11
皮革橡胶制造业	制革业	20.86		12.00	11		11
	皮革品制造业	19.33		10.00	10		10
	胶皮品制造业	14.71	9.00		11	11	
饮食品制造业	榨油业	13.00			12		
	面粉业	21.00			11		
	烟草业	25.00			11		
	制蛋业	20.75	11.00		11	11	
	制酱业	15.89			11		
	啤酒业	22.92			10		
	制肠业	15.00	10.83		9	9	
	制牛乳业	12.50			10		
	糖果饼干业	17.93		10.00	10.21		11.33
	汽水业	21.00		13.00	11		11
	制精盐业	15.59			11		
	凉粉业	16.83			11		
印刷制订业	印刷业	18.76		7.00	10.94		12
	装订业		24.00			11	
造纸及纸制品业	纸盒制品业	9.75	6.00		11	11	

材料：本处调查员之报告。

说明：表内材料仅限于制造部分工人之工资。

同业中的普通工人，男性普遍每月工资高于女性3—10元，按照1934年天津、青岛各工厂统计，女性比男性平均月收入低5—6元，女性常常为厂主或各级工头盘剥。如天津特四区和记洋行营鸡蛋业，收买后磕破混合运往国外，该厂原有女工2000余人，由该行雇员王培甫在外国人侯利顿手内包出，后由小工头包作，层层剥削，女工每日工作10余小时，所得工资不过一角左右。后又增加工时却减少工资，从而激起女工罢工。①

官办企业的工资普遍较高，如1932年青岛港务局职工最低月薪9元，最高90元。② 四方机厂工人和铁路工人每月工资最少10.5元，最高21元，③ 天津铁路工人家庭收入，最少的96元，最高的达1600余元，平均每家每年实际收入547.3元，每月收入竟达45.6元以上，这个数目，即使在都市的天津说来，也已经不算少了。④ 高收入者往往为管理者或技术工人，普通工人工资依然在10元至30元。

不同行业工资收入不同，同一行业内因工人来厂先后、能力的高下和工作的勤惰而不同。如棉纺行业工人约占天津、青岛工人总数一半以上，各时期数据记录虽然有所出入，但排除经济形势与企业差别的影响，成年男工收入基本在10—30元，新手、女工与童工则在10元左右。1934年天津纺织行业平均工资16.59元，青岛为15.62元。但因工种、性别不同，纺织业收入差异较大，以1929年华北部分纱厂为例（见表4—3），各纱厂工人平均工资率以机务工人为最高。各类女工工资大多低于同类男工，甚者仅为男工一半。纱厂最低工资率男工自2元余至6元余，女工自1元余至4元余。工头的工资最高，男工自36元至72元，女工自17元至24元。布厂制造男工工资稍高于纱厂制造男工，亦高于同业女工。而女工因缺工普遍较男工多，故男女工实得之差往往较表中更大。⑤ 青岛华新纱厂是棉纺行业中工资不算高，但福利待遇较好的工厂。1929年，老工人工资每天0.35元至1.2元，新工人，每天成年工在0.3元上下，

---

① 《天津和记洋行女工总罢工》，《劳工月刊》1932年第1卷第2期，第6页。
② 青岛市史志办公室编：《青岛市志·劳动志》，新华出版社1999年版，第82页。
③ 山东省总工会工运史研究室、青岛市总工会工运史办公室编：《青岛惨案史料》，工人出版社1985年版，第36页。
④ 刘东流：《天津铁路工人家庭与人口的分析》，《现实生活》1937年第1卷第6期，第9页。
⑤ 刘心铨：《华北纱厂工人工资统计》，《社会科学杂志》1935年第6期，第157—158页。

童女工，约0.25元，"经练习三个月后，视其技术之如何，再酌量增加数分，至完全练熟后，则列入论货给价。"①

表4—3　　　　1929年各纱厂各类工人之平均实际所得②　　　（单位：元）

	制造工人男	制造工人女	机务工人	杂务工人男	杂务工人女
华新津厂	10.6	8.0	22.4	10.9	6.7
恒元厂	11.9		19.0	5.7	
裕元厂	14.4	10.9	21.5	13.1	11.5
华新青厂	10.4	8.5	18.4	11.2	5.7
华新唐厂	10.3	9.0	25.0	10.7	7.8

天津久大精盐厂和永利碱厂是华北比较规范的新式企业，管理完善，建立了严谨的薪资体系。根据李景汉和林颂河对两厂的调查，久大工人分普通工人和有技能工人，有技能工人又分为工匠、工人和艺徒三种，工匠是有完全技能的匠人，曾在其他地方正式学过手艺，待遇稍优厚。③1927年，久大工人556人，工资从4.75元至31.75元不等，普通工人最高工资限到16.75元，而有技能的外来工匠月工资18元，每年二七两月还可增加月薪，且没有最高限度。④久大工人有工资、申薪、奖金、溢盐金、加工津贴五种工薪，初来的工人每月工资7.5元，加上其他四类收入，每月实得11.29元。⑤永利碱厂的正式工人在1927年6月共计511人，工头6人，都是很有技能的工匠，铁工头每月多达75.75元，最少的木工头也有24.75元，比工厂管理员还高。⑥工人每月工资，自6.75元至35.75元不等。⑦两厂每月工资的平均数，永利为11.25元，久大为

---

① 陈基复：《华新纱厂调查报告》，《青岛社会》创刊号，1929年10月10日，第16页。
② 刘心铨：《华北纱厂工人工资统计》，《社会科学杂志》1935年第6期，第153页。
③ 林颂河：《塘沽工人调查》，北平社会调查所1930年版，第35页。
④ 林颂河：《塘沽工人调查》，第55—58页。
⑤ 林颂河：《塘沽工人调查》，第61页。
⑥ 林颂河：《塘沽工人调查》，第219页。
⑦ 林颂河：《塘沽工人调查》，第230页。

10.15元①。虽然久大的日工资为0.25元,低于纱厂、火柴厂和面粉等厂;但久大和永利有申薪、加工津贴、奖金、福利事业等,工人实际收入可能比他厂工人要高许多。②

工厂中的学徒和散工收入最低。多数工厂和商店学徒无工资,只供食宿或年终分红。以青岛成衣业为例,洋服店所用匠人月工资在20元至30元,膳宿均由铺方供给。学徒3年出徒,在学习时期,仅供膳宿和衣服。③ 制鞋业中,鞋铺伙计依鞋铺大小,每人月工资约在20元或15元,学徒满4年出徒,学习期无薪金,仅供膳宿,至端午节、中秋节与春节时,由掌柜酌给花红,每年所得在20元上下。④ 1930年统计的天津390家磨坊的2413名雇员中,加上工资、食宿费及年终花红,经理每月实得工资为24.04元,司账为16.83元,店员为14.85元,磨夫为12.56元,厨司为12.07元,学徒仅为8.19元。⑤ 525名学徒无工资,平均每人每月0.46元零用钱,人均年终分花红8.73元,学徒年限愈多所得年终花红愈多,每月所供膳食费按7元计。⑥ 天津地毯业工人实行计件工资,男工每月可得五六元至7.5元不等,童工实质是学徒,除年终花红一二元外,大都只供膳宿,无工资。⑦ 天津针织业中,七成是学徒工,实行按件计薪,超过规定的件数标准则按件另加,不足则照扣。每月得工资4—7元者最多,占工人总数73.45%。每月得工资8—10元者占工人总数的14.16%。⑧

针织业散处工人工资按件计资,织袜每打约一角。缝工中有职业与非职业两种。职业缝工都是贫民,赖此谋生,多为长工。非职业工人则

---

① 本调查第266页记为10.50元,根据前文第57页《久大工人每月工资表》的月工资数,应为10.15元。
② 林颂河:《塘沽工人调查》,北平社会调查所1930年版,第266—267页。
③ 《本市成衣业之调查》,《青岛时报》1934年3月4日第6版。
④ 《本市皮鞋业之调查》,《青岛时报》1934年3月5日第6版。
⑤ 方显廷:《天津之粮食业及磨房业》,《经济统计季刊》1933年第2卷第4期,第982—983页。
⑥ 方显廷:《天津之粮食业及磨房业》,《经济统计季刊》1933年第2卷第4期,第995—996页。
⑦ 《天津之地毯业》,《工商半月刊》1929年第8期,第11—12页。
⑧ 荀文:《天津之针织工业》,《国货研究月刊》1932年第1卷第3期,第76—77页。

多半为中下家庭未婚之女子，常为短工，可随时辍工。散处工人多数每月织袜五十打至六十打，大概月缝三十打以上者俱为职业缝工。① 则针织业散工每月可得 3 元至 6 元不等。缝制军衣的女工在天津较多，仰仗这种工作而维持家庭生活的下层社会的妇女，为数不少，机器助手女工每月 6—18 元，而纽扣散工每月 3—5 元。② 火柴厂散工收入更低，糊纸盒每千个工价 28—32 个铜元，手工快的小女孩，每天能糊出两三千个，工资一两角钱，为数虽微，却于用度上不无小补。③ 比较好的是天津东亚毛纺织厂的散工和为出口洋行加工货物的短工。东亚散工 80 人左右，每日工资三四角，相较于长工每月一二十元的工资，差别不算太大。④ 天津为出口商行做工的男女短工达数千人，他们择核桃、缝皮子、分草帽辫，每天工作八小时以上，收入每天在二角至七角钱。每年秋冬核桃和核桃仁出口忙碌时，手拣和包砸的女工，每日可得二角到四角，男工过筛则每天工资五六角。⑤

不同年份工人工资收入虽有波动，但差异不太大。从全国物价水平来看，1926—1931 年物价缓慢上升，而 1932—1936 年是一个物价水平相对较低，也较稳定的阶段。⑥ 青岛 1924—1928 年五年间，工资指数，无甚升降。1930 年工潮迭起，约占工人半数的棉织工人，所得酬资增加 5% 到 10%。"普通每人每月所入，约得银元十五元至二十元不等，平均每人最少月入十元，最多三十元。其中三分之二，除足敷生活外，犹可稍事积储，余者类多资生不足，其穷困情形，殆与人力车夫无异也。"⑦ 1925—1929 年，面粉业技术工人月均 22.89 元，半技能工人 11.81 元；

---

① 荀文：《天津之针织工业》，《国货研究月刊》1932 年第 1 卷第 3 期，第 77 页。
② 《津市的职业妇女生活（卅九续）：军衣庄的女工》，天津《大公报》1930 年 5 月 12 日第 9 版。
③ 《火柴公司厂外工人》，天津《大公报》1933 年 10 月 4 日第 13 版。
④ 力工：《平津毛织工业调查（六）》，天津《大公报》1933 年 11 月 5 日第 13 版。
⑤ 《为出口行商雇佣之男女短工生活》，天津《大公报》1933 年 12 月 16 日第 13 版。
⑥ 陈其广：《百年工农产品比价与农村经济》，社会科学文献出版社 2003 年版，第 52 页。
⑦ 《胶海关十年报告》（1922—1931），青岛市档案馆编：《帝国主义与胶海关》，档案出版社 1986 年版，第 215 页。

无技工人 8.63 元；全体工人月均实际所得 12.67 元。① 80% 的工人工资在 10—14 元。② 1930 年时，火柴业工人月工资在 4—22 元，多为 10 元左右。③ 地毯业普通工人工资收入微薄，每月一般不过六七元钱，能挣 10 元的不多，很难养活家口，所以很多地毯工人不能结婚成家。④ 相较于 1934 年的统计表，其他年份的工人收入略低，但普通工人月薪在 10 元左右。

在市场不景气时，厂方经常减少工资，或用女工和童工取代熟练工人。如青岛纱厂工人 1931 年、1932 年最高工资二十八九元，至 1933 年减低一半。产品滞销时，会大量开除熟练工人，使用童工和女工，童工占全部工人的一半。烟草业在业务不振时，会压缩工作时长，从每日 10 小时到 4 小时，工资按时计算；甚或每周实行双休日，不给工资，无宿舍。⑤ 1934 年天津制革业童工月收入 10 元，一般工人平均 20.34 元。⑥ 后来皮革业销路滞涩、日就衰微，1936 年，天津制革业 11 厂中，工头平均月薪 23.7 元。工匠多为 10 元至 16 元。工徒普遍为 2 元。⑦

从工业收入来看，多数工人收入在 10—20 元，技能工人、管理者、工头在 10—40 元，女工往往不足 10 元，童工 2—8 元，学徒食宿外仅分红数元。使用机器生产及新兴行业工资相对较高，如电气业、机器制造及修理业、金属品制造业中的制针业、造钟业、化工业中的制碱业和颜料业、饮食品业中的制酒业和汽水业、烟草业等。织花边业、地毯业和火柴业收入相对较低。

商业服务业中，工资待遇视不同行业以及同一行业内技术含量与熟练程度的不同而有差异。青岛照相业在 20 世纪 30 年代，技工每月工资

---

① 王子建：《天津面粉厂工人及工资的一个研究》，《社会科学杂志》1931 年第 2 卷第 1—4 期，第 462 页。

② 王子建：《天津面粉厂工人及工资的一个研究》，《社会科学杂志》1931 年第 2 卷第 1—4 期，第 466 页。

③ 吴瓯主编：《火柴业调查报告》，天津市社会局 1931 年版，根据第 31、56、58 页各厂日工资统计所得。

④ 芮允之：《天津地毯工业的兴趣与发展》，中国人民政治协商会议天津市委员会文史资料研究委员会编：《天津文史资料选辑》第 1 辑，天津人民出版社 1978 年版，第 76 页。

⑤ 山东省档案馆、山东社会科学院历史研究所合编：《山东革命历史档案资料选编》第三辑，山东人民出版社 1981 年版，第 175—176 页。

⑥ 《天津制革业之职工，营业清淡解雇者多》，《劳动季报》1935 年第 7 期，第 134 页。

⑦ 《津市制革业技工待遇》，《新新月报》1936 年 1 月第 1 期，第 20 页。

20—25元，徒工的工资只有2—3元，但包食宿，生活可以自给。① 青岛饭馆的厨师，掌灶、掌案者每月20余元，助手10余元，掌灶案者还可与经理平均分得花红。学徒除供衣食外，每月可得二三元，并且还可分得客人的赏钱。② 普通饭馆女招待，每月工资平均分10元、8元、6元三级，外分小账。③ 天津澡堂女堂倌的月薪只有2元，但澡堂每天供给两餐，加上小账，每月平均有20元左右。④ 天津洗衣业，每天工作18小时，工资每日仅二三角。⑤

售卖业的普通店员工资与市场行情和营业利润相关，店员一般每月收入在6元至15元。如磨坊业中店员工资每月4.41元，加分红和食宿费，则月收入14.85元。⑥ 天津瑞蚨祥内伙计和后司（勤杂工）年薪最低为20元，一般50—60元，最高80—120元。学徒两年内者10元，满三年增加10元。外伙计是月薪，6—12元不等，月终给钱，内外伙计和后司年终有相当于低薪30%—50%的馈送，年节还有福利。⑦ 1935年，受商业萧条影响，卖零食的小贩连本带利一天卖两角钱左右。⑧

运输业中，体力支出重，工资因职业层级和季节而波动。1935年青岛港普通工人和高级职员的工资差距悬殊，高级职员月薪200元以上，常工每月工资20元，毛子工每月工资仅12元，有技术的木工等可达60元。⑨ 在码头转运货物的大车工人，都是乡村农民，每月收入大洋10元上下。⑩ 人力货车夫的工资因工作性质、分工和季节、时期而不同，固定

---

① 中国人民政治协商会议青岛市四方区委员会文史资料工作委员会编：《四方文史资料》第2辑，内部资料，2001年，第292页。
② 《本市饭馆业之概况》，《青岛时报》1934年3月7日第6版。
③ 《旧腊中之津市民生（五）：吃的社会阶级》，天津《大公报》1931年2月10日第5版。
④ 《津市的职业妇女生活（卅四续）：女澡堂的女堂倌》，天津《大公报》1930年4月25日第9版。
⑤ 《洗衣工人一部罢工》，天津《大公报》1933年6月20日第9版。
⑥ 方显廷：《天津之粮食业及磨房业》，《经济统计季刊》1933年第2卷第4期，第980、983页。
⑦ 刘越千：《天津瑞蚨祥》，中国人民政治协商会议山东省章丘县文史资料研究委员会编：《文史资料第4辑：章丘旧军孟》，编者1987年版，第61、64页。
⑧ 《津市商业萧条日甚》，天津《大公报》1935年7月18日第6版。
⑨ 胡汶本等编著：《帝国主义与青岛港》，山东人民出版社1983年版，第122页。
⑩ 山东省档案馆、山东社会科学院历史研究所合编：《山东革命历史档案资料选编》第三辑，山东人民出版社1981年版，第175—176页。

帮工人为把头常备苦力，收入较有保障，平均掌把者有四角至五角，搬卸者有一角五分至二角。临时帮则受季节限制较大，工作并不稳定，维持生活毫无把握。① 临时工根据道路远近和拉车次数，每日所得自二三角至五六角，每两天或三四天才能找到一次工作，在青岛居住长久的临时工，大都对寻找工作情形及固定帮苦力均有认识，所以临时工一日之饱勉可维持，外来新手做苦力则不容易。② 天津在河坝上辅佐"架车把"的苦力，或称拉小套者，从英法各租界码头上，到华界北大关或城厢一带，往返三小时以上，每人才三数十枚铜元。③ 缝穷妇王宋氏的丈夫在脚行拉大车，每月7.5元，孩子每天在外拉地扒车，生意好的日子，可赚得铜子二百几十枚。④

人力车夫一般收入在10—30元，如果是雇主的包月车夫，每月不管饭可得十五六元。此外在饭局中可得三四角的车饭钱或牌局中有一元至数元的车度钱。⑤ 普通人力车夫每日所得，幸运的有块八角钱，但许多人拉不上三四角。⑥ 马车车夫中，受雇者每日工资五角；自己有车有马的，冬春淡季时，每天只能赚五六角或一元上下，车主是亏本的，夏秋旺季则能赚到一百六七十元，总算起来，萧条得很。⑦ 天津长途汽车行司机每月工资25—30元，车夫8—10元。⑧ 同样是交通运输服务业，汽车营业尚佳，马车营业萧条，人力车夫生计较艰难。

人事服务业中，雇工收入因雇主家庭收入和待遇而差异较大，除工资外，一般由雇主提供食宿。杨柳青的一名妇女在外国人家当保姆，每月赚21元钱，比在法汉学校当厨房的丈夫还多6元。⑨ 在二等妓院当佣

---

① 《指令第0270号 附：呈一件为奉谕调查小港区工人种类及车辆数目祈鉴核由》（1936年1月14日），青岛市政府秘书处编印：《青岛市政府市政公报》第78期，1936年8月。
② 《青岛市大港区建设办事处呈》（1936年2月），青岛市档案馆藏，档号：B21-2-34。
③ 《负苦力食的扛抬夫与小工（续）》，天津《大公报》1934年1月8日第13版。
④ 《津市职业的妇女生活（绪言）：缝穷妇》，天津《大公报》1930年2月8日第11—12版。
⑤ 《天津的洋车夫（续）》，天津《大公报》1933年12月13日第13版。
⑥ 《天津的洋车夫》，天津《大公报》1933年12月12日第13版。
⑦ 《本市各种车辆状况之调查续》，《青岛时报》1934年3月13第6版。
⑧ 《津市长途汽车调查记》，《工商半月刊》1931年第3卷第12期，第20页。
⑨ 《津市职业的妇女生活（五续）：保姆式的佣妇》，天津《大公报》1930年2月18日第11版。

妇，每月所得，少则十几元，多则四五十元，比在家庭中当佣妇更自由。① 王奶妈在四户人家当过奶娘，待遇不一样，一般每月三四元，另有零钱或分红，合计每月可得十几元。②

收入最低廉而且没有保障的是大多数凭技能或体力谋生的个人，一般收入好时每天有2—5角，有时则整天没有收获，是一群随时可能堕入饥饿边缘的贫民。王宋氏，51岁，在天津做缝穷妇，最多时一天赚二三百铜子，相当于四毛到六毛钱。③ 有的专给汽车夫和洋车夫做鞋，做一双需要三天，除去材料钱，一天可赚三毛多钱，洗衣服一天，赚三毛至五毛。比丈夫在火车站扛洋面一天两毛钱还要多点。④ 王马氏做提花业散工，每天赚两毛钱，若是天天有货做，也还不致饿死，可是常常无工可做。⑤ 李魏氏每天可纺羊毛两斤，得72枚铜子，相当于一二角，有货可维持生活，没货就得挨饿。⑥ 接生婆接生一次，小户人家两三元，大户人家三四元。⑦ 歌女正月里，每天赚二三百个铜子，约五角。⑧

进城务工者收入普遍较低，故家里的男女老少都会加入到劳动大军，增加家庭收入，采取混合式生存策略。如西广开祥吉里的居民，十之八九，男的到外面去拉洋车，女的在家纺羊毛，以维持着他们的家庭生活。⑨ 青岛西岭贫民多来自日照与赣榆，衣服褴褛，食物粗劣，房舍狭陋、矮小，壮年男子，多以拉大车、洋车、作工等为生，也有游手好闲

---

① 《津市职业的妇女生活（六续）：最舒适的一种佣妇》，天津《大公报》1930年2月21日第11版。
② 《津市职业的妇女生活（四续）：奶娘之痛》，天津《大公报》1930年2月15日第9版。
③ 《津市职业的妇女生活（绪言）：缝穷妇》，天津《大公报》1930年2月8日第12版。
④ 《津市职业的妇女生活（十四续）：搓搓洗洗，她终日为人忙》，天津《大公报》1930年3月10日第9版。
⑤ 《津市的职业妇女生活（卅二续）：一个被迫自立的苦妇女》，天津《大公报》1930年4月17日第9版。
⑥ 《津市的职业妇女生活（四十四续）：纺羊毛的老妇人》，天津《大公报》1930年5月24日第9版。
⑦ 《津市职业的妇女生活（十续）：专门接生的陈姥姥》，天津《大公报》1930年3月3日第9版。
⑧ 《津市的职业妇女生活（四十二续）：歌女正月里》，天津《大公报》1930年5月19日第9版。
⑨ 《津市的职业妇女生活（四十四续）：纺羊毛的老妇人》，天津《大公报》1930年5月24日第9版。

之人。老年女子，为人缝补，或打海蛎子、拾草，与在家煮饭，均自食其力，中年女子，因子女较多，料理家务，少年女子多往工厂做工，在家闲住者极少，幼女拾煤核、拾草、找海蛎子等，补助生活。一些少年，禀性强悍，又未受教育，家长放任其自谋生活，竟至习于窃盗，在路上抢取商号运输的花生、粮食或其他货物，被称为"吃马路"。①

从天津社会局的妓女调查报告来看②，不同年龄、姿色、等级的妓女收入差距很大，月收入从10元至100元不等。张金红每月收入10元，仅可维持自己生活。张双红，为娼两年，月收入20余元。马金铃，每月收入20余元，差堪自给，有债务200元，日利42枚。孙少兰，为妓一年，月入50元，其夫赖她生活。金小凤，为妓一年，每月40余元，母亲赖她养活。贫民区的暗娼，月收入则仅3元。赵家窑娼寮，有六七十家，土妓二三百人，其中16岁的花荣桂，天津杨家庄园人，父母早亡，遂沦入娼窑，平均每日3元，吃饭加服饰，则一文不剩。③据天津社会局的妓户调查（见表4—4），2847名妓女中，除三等妓女略有富余外，其余二等、四等、五等均有亏损，总体来看各等妓女平均有1.19元的盈余，实则因79.46%的妓女均有各类债务，平均担负190.34元，每月9.71元的利息，以平均收入26.48元减去利息，剩余16.77元，每日只有0.559元的剩余，要支付衣食、招待、家具等费，非常困难，这也是妓女不能脱离苦海的原因。④

表4—4　　　　各等妓女收支比较（平均每人每月）⑤　　　　（单位：元）

等级 收支	二等	三等				四等	五等	各等平均
		上三等	一元随便	下三等	六角随便			
收入	33.31	34.84	36.10	23.63	26.70	18.96	19.68	26.48

---

① 《西岭贫民生活之一瞥》，《青岛时报》1933年3月6日，"自治周刊"第31期。
② 《剩粉残脂录——羞道秋伶亡姓氏，误将此骨媚黄金：社会局调查妓女报告之三》，《益世报》1930年1月11第17版—1930年1月19日第17版。
③ 《旧腊中之津市民生（一）：赵家窑与三角地，天津《大公报》1931年2月6日第5版。
④ 李文海主编：《民国时期社会调查丛编·底边社会卷（下）》，福建教育出版社2005年版，第543页。
⑤ 李文海主编：《民国时期社会调查丛编·底边社会卷（下）》，第540页。

续表

等级 收支	二等	三等				四等	五等	各等平均
		上三等	一元随便	下三等	六角随便			
支出	42.52	29.89	28.65	21.43	22.36	21.25	21.29	25.29
盈		4.95	7.45	2.20	4.34			1.19
亏	9.21					2.29	1.61	

根据政府统计部门和学者及记者的调查，1928—1936年，进城工作的农民们，如果有一份为工厂、商店、脚行、车行、妓院等组织雇佣的稳定工作，月薪一般在10元至20元。人事服务的佣工们也能有月薪约10元的收入，各业散工收入在6元上下。收入最不稳定的是走街串巷自谋职业的妇女们，媒体记载中常常传递出她们生活的苦况与对命运的哀叹。在城市普通职业收入中脱颖而出的有两种角色，一是工匠或技能工人，二是工头，他们的收入常常是普通工人两倍至数倍。月收入在20元以上者，相当于城市中学普通教员的薪金，每月可吃上白米或大米，可称得上城市的中间阶层了。

二 支出

劳工群体在城市生活的消费数额和内容反映着移民的生活状况，家庭收入和支出额决定了个体或家庭财富的积累，是居民个人生活程度最直接的反映。由于大样本的关于近代天津和青岛城市居民生活收支调查的缺失，只能根据南开大学社会经济研究委员会和北平社会调查所及1930年工商部的劳工调查等资料加以梳理，并结合媒体的微观报道，以期较客观地反映乡村移民的经济状况。

无论从工作稳定性还是收入的保障性，进厂作工都是近代农民进城后令人满意的职业选择，但普通工人家庭的支出几乎耗光他们的收入。如表4—5所示，从1927年至1930年的调查中，既包括有132户在天津城西城北居住的以手艺工人为主的贫民家庭、占工人最大比例的棉纺织工人，也有在工厂管理、薪资待遇和员工福利方面堪称模范的久大精盐厂的工人。在四类有收支数据的群体中，塘沽盐厂和青岛劳工家庭从总体平均数来看入不敷出，而天津手艺工人和天津棉纺业工人仅有微薄的盈余。

表4—5　天津、青岛各类工人家庭平均支出额及百分比分配① （单位：元）

类别	塘沽久大盐厂 1927.4—7		天津手艺工人 1927.9—1928.6		天津棉纺织业 1929.11—1930.10		天津各类工人 及苦力 1928		青岛劳工 1930	
家庭数目（家）	61		132		87		199		8	
每家等成年人数（人）	2.74		3.3		2.80		3.7		4.6	
平均收入	215.66		184.34		291.37		—		405.00	
平均支出	220.35		177.28②		290.57		288.16		428.28	
支出类别	数额及百分比		数额及百分比		数额及百分比		数额及百分比		数额及百分比	
食品	122.73	55.7	109.59	61.82	185.36	63.79	162.03	56.2	179.28	41.9
房租	15.65	7.1	24.91	14.05	20.50	7.06	46.22	16.1	29.28	6.8
衣服	20.95	9.5	10.73	6.05	19.58	6.74	21.02	7.3	60	14.0
燃料	17.77	8.1	22.60	12.75	28.14	9.68	10.46	9.6	34.56	8.1
杂项	43.27	19.6	9.45	5.33	36.99	12.73	48.44	16.8	125.16	29.2

在家庭收支平衡方面，132户手艺工人家庭，有23户家庭平均亏空15.78元，占总户数的17.42%。③ 天津棉纺织业中，调查的是小刘庄纱厂的87户工人家庭，其中家庭年收入在300元以下的，有51家，亏空9.33—13.90元，年收入在300以上的家庭共36家，盈余12.37—22.47元，平均每家盈余仅0.80元。而支不抵收的家庭占58.62%。④ 调查的塘

---

① 林颂河：《塘沽工人调查》，北平社会调查所1930年版，第185页；冯华年：《民国十六年至十七年天津手艺工人家庭生活调查之分析》，《经济统计季刊》1932年9月第1卷第3期，第501、505页；方显廷：《中国之棉纺织业》，上海商务印书馆1934年版，第166页；王子建：《中国劳工生活程度——十四年来各个研究的一个总述》，《社会科学杂志》1931年第1—4期，第238、242页。

② 按表中统计应为177.29，原书中统计数字有零星误差之处，一并按照原书抄录。

③ 冯华年：《民国十六年至十七年天津手艺工人家庭生活调查之分析》，《经济统计季刊》1932年9月第1卷第3期，第504—505页。

④ 方显廷：《中国之棉纺织业》，上海商务印书馆1934年版，第166页。

沽久大盐厂61家工人家庭中，41家平均盈余18.83元，20家平均亏短51.51元，亏短家庭比例32.79%。①有详细数据的天津各类工人家庭280户中，支出超过收入的家庭约占33.57%，多数工人家庭在保持相当俭省的生活水平下能收支平衡或略有盈余。手艺工人家庭10个月有平均7.06元的盈余，冯华年认为，因支出达一二十项，报账者难免有漏报错报匿报之时，"果尔，则支出总数常易略失于低，而非真有尔许盈余也"②。

收支平衡情况只是反映工人家庭生活费中量的积累，而工人生活费的支出细别及比例则反映出工人生活质量的状况。食物支出比例越低，杂项支出比例越高则劳工生活程度越高，反之越低。根据69个中国劳工生活费用的调查，大概食品占57.5%，衣服房租各占7.5%，燃料灯火占10.0%，杂项占17.5%。③天津132户手艺工人家庭支出中，食物费占61.82%，衣着费占6.05%，房租占14.05%，燃料灯光及水占12.75%，杂用占5.33%。纱厂工人食品支出达63.79%，杂用占12.73%。与全国劳工相比，生活程度较低。而久大精盐厂和青岛劳工调查在食物支出和杂项结构方面均优于全国水平，亦可见盐厂工人和青岛8户工人生活程度略高。④据1927—1928年天津非工厂工人和苦力生活费用的统计，食物费用占生活费用总额的六成。⑤

从工人日常消费内容来看，以132户手艺人家庭为例，谷食以玉米面、机器白面、白米、切面、小米为主。蔬菜以白菜、土豆、萝卜、韭菜为主。荤腥有猪肉、羊肉、牛肉、海带、虾米等物。在衣着上，平均每人有单裤褂二套，夹棉袄裤各一套。一家之主以外，均靠一套棉衣过冬。衣料纯为棉织品，用洋缎泰西缎的为数寥寥。卧具方面，平均每家有三条被、二条褥、三个枕，毡片苇席各一张，被子重二三斤，褥重是

---

① 林颂河：《塘沽工人调查》，北平社会调查所1930年版，第199页。
② 冯华年：《民国十六年至十七年天津手艺工人家庭生活调查之分析》，《经济统计季刊》1932年9月第1卷第3期，第504—505页。
③ 王子建：《中国劳工生活程度——十四年来各个研究的一个总述》，《社会科学杂志》1931年第1—4期，第266页。
④ 青岛劳工调查平均每户亏空20元有余，生活程度虽高，但债务亦较多，且此项调查样本数量较少，未具典型性，列表此处仅供参考。
⑤ 李文海主编：《民国时期社会调查丛编·城市劳工生活卷》，福建教育出版社2005年版，第495—496页。

被子的一半。按户均有成人3.3人，则人均不足一条被。7成以上的家庭仅住土房一间，约8.8平方米。燃料以柴火为主，煤球木炭次之。全家娱乐、教育等费用仅占支出的0.08%和0.22%。则总体上，贫苦的工人家庭中"食物不足以养生，衣服不足以御寒，居室则陋而且隘，诚最低之生活也"[1]。久大精盐厂工人杂用比较多，户均43.27元，其中婚丧费即达13.38元，交际费和新年费共计13.51元，而用于教育和娱乐的分别为0.33%和0.45%。用度不足的家庭多为习俗或疾病所困，借债款数以结婚和医药所耗最多。[2] 乡村人比较向往的城市生活，往往需要极度节俭才能维持自给。

按照上表各地工人生活支出的一般情形，保持一个最低度的生活水平，如手艺工人那样，则一个成年（17岁以上）的男子，月均支出需5.37元，其中食品支出3.32元。若按照上述五类工人的每人月均消费数额来看，则城市成年男子月均支出在5.37—8.65元，一般需要六七元。其中，食物支出最少为青岛劳工的3.2元，天津盐厂工人为4.48元，棉纺厂工人食物月需最多，达5.52元，应与1926年至1930年的生活费指数不断增加有关。[3] 此生活自给标准至1935年仍相差无多，据青岛调查，每一个人力车夫，每月平均收入为27.36元，支出生活费用8.16元，家庭负担11.32元，车租10.23元，收支两抵，尚差8.25元。[4] 从1933年的调查来看，青岛普通工人工资每月在10元至20元，每月白面一袋，需2.8元，房租需3—4元不等，以及衣服燃料零用等费用，每月需10元左右。[5] 根据1931年《各类工厂工人数比较表》和《青岛各类工厂工资比较表》[6] 来计算，各类工厂工人月薪达到20元可以养家糊口的还不足

---

[1] 冯华年：《民国十六年至十七年天津手艺工人家庭生活调查之分析》，《经济统计季刊》1932年9月第1卷第3期，第529—531页。

[2] 林颂河：《塘沽工人调查》，北平社会调查所1930年版，第201页。

[3] 以1926年天津生活费指数为100计，则1927年为108.36，1928年为114.22，1929年为117.47，1930年为120.52，参见王子建《中国劳工生活程度——十四年来各个研究的一个总述》，《社会科学杂志》1931年第1—4期，第255页。

[4] 吴平：《农工衰败与人力车夫》，《劳工月刊》1936年第5卷第2—3期，第126页。

[5] 《工业调查表》（1933年），青岛市档案馆藏，档号：B21-3-89。

[6] 青岛市政府秘书处：《青岛市行政统计汇编（二十年度）》，编者1932年版，"社会"编，第43、47页。

一半。

从1926—1937年的天津工人生活费指数来看，十多年中，天津生活费呈现"倒S"形曲线，1931年生活费上升到最高点，此后缓慢下降，至1933年达到最低点后又逐渐缓慢回升到1926年的生活费指数。此间，1932年生活费与1926年和1937年水平最接近，可视为民众生活状况的一个参考点。按照当年物价水平①，最便宜的主食是山海关产玉米面，一市斤0.043元（折合1斤0.054元），西河小米每升0.076元（按一升2斤，则每斤0.038元）。最便宜的菜是萝卜、白菜和豆芽，分别是每斤0.017元、0.018元和0.019元，自来水0.015元一担，盐1斤0.104元，香油1斤0.285元，1斤柴禾0.0097元，每间土房2.03元，灰房2.01元。按最低的生存状态，一个成年男子每月米面各一半共30斤，蔬菜30斤，盐3两、油1斤、燃料30斤，水1担，需要食物费2.06元，三四人合租一间灰房，衣服可以旧市场买，一套3毛，加上鞋、日用品等，则生活费至少在3元。

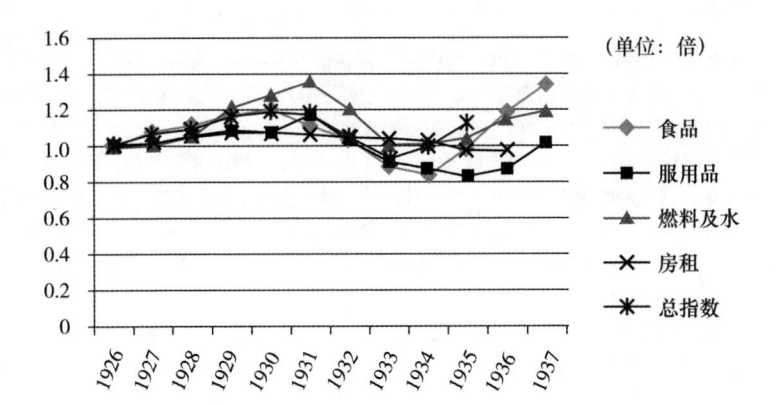

表4—6　　　　天津工人生活费指数（1926—1937年）②　　　　（1926 = 1）

---

① 南开大学经济研究所编：《南开指数资料汇编（1913年—1952年）》，统计出版社1958年版，第264—268页。

② 南开大学经济研究所编：《南开指数资料汇编（1913年—1952年）》，第48页。

可以认为，近代天津和青岛的城市居民要维持最基本的生命延续，每人每月收入至少需要3元，维持生活自足则需要7元。① 则据前此对各职业群体的收入考察，除工人、车夫、妓女、人事服务有固定收入可以维持个体温饱，其他散工、短工及自由谋生而收入不定者，尤其是无业或失业者，如果没有家庭其他成员的工作收入调剂，则大抵只能处于饥饿边缘。家庭或个人月均不足3元和7元基本构成极端贫困线和一般贫困线标准，老弱病残则常成为最底层的贫民。如天津河北法政桥附近的约千余户贫民中，生活状况较佳者，为人力车夫、缝穷妇及提篮贩，较次者为捡煤核之幼童及乞讨之妇孺，而生活尤为困难者，为孤儿寡妇及残废之男子。② 在天津，贫民一直是困扰社会的难题，1928年社会局估计全市有10万户属于赤贫户，占48万户的1/5。③ 1930年全市贫民30余万，占全市人口1/4。④ 他们主要是无业或收入微薄的乡村的移民和难民，这些贫穷的家庭往往只能通过借债、典当、社会救济维持生存。⑤ 对贫困人口的赈济与帮助，是近代城市的善政，一定程度上加强了移民对城市的认同感。

---

① 根据资料记载，织布厂、纱厂、地毯厂、磨房等各类企业、商店、脚行、理发店、成衣店、饭馆等均提供住宿，折算用费在3元至7元。参见挹峰《天津之织布工业》，《国货研究月刊》1932第1卷第1期，第73页；方显廷：《天津之粮食业及磨房业》，《经济统计季刊》1933年第2卷第4期，第989页；《天津之地毯业》，《工商半月刊》1929年第8期，第12页；《本市成衣业之调查》，《青岛时报》1934年3月4日，第6版；中国人民政治协商会议青岛市四方区委员会文史资料工作委员会编：《四方文史资料》第2辑，内部资料，2001年，第292页；王清彬等编：《第一次中国劳动年鉴》，北平社会调查部1928年版，第604页，等等。天津火柴业凡在厂内居住之工人，都在厂内食饭，每日午晚两餐，午餐为白面、馒头、咸菜，晚餐与午餐同，多加小米稀饭，每人每月出饭费4.8元，每日合洋一角六分。惟工人饭量稍大，往往费用不足，每月由厂方再津贴饭费若干，以求体恤。参见吴瓯主编《火柴业调查报告》，天津市社会局1931年版，第45页。

② 《冯社会局长调查贫民窟》，天津《大公报》1930年3月18日第9版。

③ 天津特别市社会局编印：《天津特别市社会局一周年工作总报告（1928.8—1929.7）》，编者1929年版，第230页。

④ 《彻底救济贫民》，《益世报》1930年10月28日第6版。

⑤ 《津市的职业妇女生活（廿四续）：卖纸花样子的妇人》，天津《大公报》1930年3月27日第9版；《津市职业的妇女生活（十四续）：搓搓洗洗，她终日为人忙》，天津《大公报》1930年3月10日第9版。

第二节　日常生活

一　物质生活

天津和青岛均为西化渐开之城市，20世纪以来，外国人居住区的建筑与日常生活逐渐漫散开来，中产阶层也竞相在着装与居住等方面学习外国人。在青岛，"乡间尚能力守俭朴古风，而市区则年来踵事增华，迥非昔比"。① 浴场、体育场、舞场开始设立，大酒馆、电影院、戏剧场逐渐增加，那些职业较高或较为有钱的人，住洋房，穿洋服，开始新式的休闲活动，如游泳、散步、打球等，"成了欧化型的中国人了"。② 天津在开埠以前，民风古朴，普通人皆布衣帛冠，辟为商埠后，华洋杂处，服饰趋新。普通市民衣着以布料为主，商人多穿长袍马褂；劳动界着短装土布；学界穿制服与长袍参半。③ 由于整体收入的限制，普通城市居民的衣食均以维持温饱为目的。

劳动界以蓝、黑布褂、棉衣为主，冬季普遍御寒不足，根据冯华年的统计，天津100家手艺工人中，一家之主平均每人不到一件夹棉长袍，主妇没有棉长袍，单夹棉袄裤比家主稍多，但只有半数的主妇和孩子有棉夹衣一套。严寒隆冬，仅凭一层棉絮度过。其他家人平均每人有一套棉夹衣，但单褂裤不足两件，有的人连换洗的都没有。④ 天津火柴业的工人衣服，多穿毛月布（一种粗布）短衣，因经久耐穿，做事便利，每人每年衣费最多者30元，最少者10元。⑤ 纱布业工人多数有两身夏装，有的只有一身，10天换洗一次，冬天棉衣则每年拆洗一次。⑥ 普通中老年妇

---

① 民国《胶澳志》卷3《民社志五·生活》，（台北）成文出版社1968年影印本，第372页。
② 倪锡英：《青岛》，上海中华书局1936年版，第135页。
③ 《天津市之风俗调查》，《河北月刊》1933年第1卷第3期，第3页。
④ 冯华年：《民国十六年至十七年天津手艺工人家庭生活调查之分析》，《经济统计季刊》1932年9月第1卷第3期，第516—518页。
⑤ 吴瓯主编：《火柴业调查报告》，天津市社会局1931年版，第45页。
⑥ 吴瓯主编：《天津市纺纱业调查报告》，天津市社会局1931年版，第343—344页。

女通常穿着蓝或黑色上衣、黑布裤、白袜子、黑鞋。① 一般平民从旧货市场淘衣服，二三毛钱就可买一套破军装或旧棉袄，小孩子往往穿着一件妇人的棉袄拖拉着，男人则穿一件小孩的夹袍或破军装。② 极贫移民则衣服褴褛，脸有病色。③

天津人口繁密，工商发达，食品繁多。一般每日两餐，以大米、面粉及玉米面等为主。早点以烧饼馃子、豆浆、煎饼馃子、锅巴菜、面茶、秫米饭，糕干、蚕豆切糕等为常品。午餐普通以稀饭、烙饼、炒肉、熬鱼、饽饽、干饭、菜汤、小米粥、油炸蚂蚱等为家常便饭。④ 按照1932年⑤和1933年⑥的食品价格，各类主食价格从高到低依次是：津粉、美粉、申粉、小站米、胜芳米、秈米、绿豆、小米、切面、玉米面。菜类价格便宜的有：萝卜、豆芽、白菜、菠菜、豆腐等。故玉米面和小米、面粉和大米分别成为贫穷与普通人家的主食。工人们的伙食普遍较打短工和临时工的要好些。久大工厂的普通工人家庭，以面食为主，每月赊机器白面一袋，与本地白面、玉米面混着吃，煮粥则用大小米和绿豆。偶有一两家月收入20元以上的，用白米或大米蒸饭吃。家庭经济困难的，主食为黑面或玉米面。没有钱的家庭吃点咸菜或虾酱，讲究的吃青菜、豆腐、油盐酱醋、喂鸡晒虾。工人家庭，平时很少吃肉，但逢阴历年节，不吃肉者亦少。⑦ 差一点的工人伙食是像火柴厂的外工友，早晨上工时自带馒头咸菜，中饭时以开水就食。⑧

全市饭店按照每餐花费分四类，一是贵族化，五元到八元；二是普通化，三元到五元，三曰平民化，一元以下二角以上，四曰贫民化，如

---

① 《津市的职业妇女生活（廿四续）：卖纸花样子的妇人》，天津《大公报》1930年3月27日第9版；《津市职业的妇女生活（四十四续）：纺羊毛的老妇人》，天津《大公报》1930年5月24日第9版。

② 《平民院生活之写真》，《青岛时报》1936年3月15日第6版。

③ 《都会的所谓阴暗面与光明面》，《青岛时报》1934年2月4日第6版。

④ 《津市风俗调查报告》，《益世报》1932年5月5日第6版。

⑤ 南开大学经济研究所编：《南开指数资料汇编（1913年—1952年）》，统计出版社1958年版，第264—268页。

⑥ 《天津市之风俗调查》，《河北月刊》1933年第1卷第3期，第2页。

⑦ 林颂河：《塘沽工人调查》，北平社会调查所1930年版，第190—191页。

⑧ 吴瓯主编：《火柴业调查报告》，天津市社会局1931年版，第54页，荣昌火柴厂。

二角以下的食摊或便馆。① 无论贵贱，天津为各类人士提供了多样化的选择。天津饭铺中适合劳动大众的食物品种繁多，且售价低廉。会吃的只三五十个铜元，便吃得饱饱的；如在秫米饭铺烧饼馃子一阵吃，平常人有一角钱已足充饥。② 机关职员、洋行外柜、工头、脚行是饺子、大饼、包子饭铺的常年主顾。普通猪肉包子铺，每个卖两个大铜元；狗不理则特别便宜，只卖一个大铜元，大小与别处两大枚的一样。狗不理的包子因原料精美而为人称道，包子馅都是成块的"肉丁"，没有难嚼的筋肉在内。③ 工人、苦力、小贩劳动的地方总是各类食物摊的云集之所，在河坝上、在大王庄的烟草公司前、在各低级娱乐场所如南市老三不管、西广开新三不管、河东地道外、东北城角鸟市和特一区下的谦德庄，遍布饭摊。卖的食品有烧饼、馃子、鸡子、"合乐面"、"煮羊汤"、"绿豆丸子"、"肉火烧"与"羊肉饼"，或支一个棚子，或露天贩卖。有门面的很少，实际有门面也只不过一间矮的椽子而已。买食的人，或就摊前大嚼；或随走随吃。大王庄和河坝上就食工人和苦力都席地而食。负苦的人只要30个铜子大饼、两个铜元的咸菜，便已解决了吃饭问题。拉洋车的随便有几个玉面饽饽——只要两个大铜元一个——也一样抵得一日之粮。④

青岛和天津都是五方杂处，食物品种丰富多样，天津平民食物擅长烤制烹饪面肉结合、荤素皆有的速食成品。相较而言，青岛平民饮食以煎饼与鱼类较多，费润泉先生描写青岛中下层社会的日常饮食是："大葱硬饼身常健，白薯青菘乐有余。待到晚春天色好，家家户外晒刀鱼。"⑤ 大葱硬饼加开水一碗，蒜头两枚，不用小菜，也是美膳，有人说："北方的人牙劲特别好。而肺痨不易生。这也要归功于大饼和葱蒜的。"这也算是劳作阶层的强身之了。青岛收入较多的乡村移民，常常以面食为主，经济困难的贫民，则以小米、苞米等为主食。团岛二路板房里住的贫民，

---

① 《旧腊中之津市民生（五）：吃的社会阶级》，天津《大公报》1931年2月10日第5版。
② 《天津市的小饭馆》，天津《大公报》1933年11月14日第13版。
③ 《天津市的小饭馆（三）》，天津《大公报》1933年11月16日第13版。
④ 《天津市的小饭馆（八）》，天津《大公报》1933年11月21日第13版。
⑤ 钱醉竹：《青岛的平民生活》，《新闻报》1934年7月2日第19版。

食物为煎饼、苞米、豆腐渣等，萝卜为上等熟菜。① 贫穷的车夫，早上起来后只喝两碗稀粥，拉车到下午，再吃硬食（煎饼或锅饼），这样，一家四口的一顿早饭甚至只用三分钱。喂养年幼的孩子，母亲没有奶水，便用蒜臼一粒一粒的将黄豆捣烂，调成糊状给小孩充饥。② 青岛因"鱼价较菜蔬为廉，一般贫民，均乐于食鱼"③，沿海浅滩上的海蛎子、蛤蜊等海产品，也可供市民免费食用。

那些单身的苦力，车夫和来青谋事赋闲无聊的游民常常是小饭铺的主顾，山东人喜面食，饭馆中比较好的面条、烩饼、包饼子等，大碗的水饺、家常饼、脂油饼、大碗卤面、鸡丝面和馄饨等，每份售价均在 0.1 至 0.12 元，火腿炒饭每碗 0.25 元。④ 青岛小港沿、莘县路一带露天饭摊较多，锅饼、包子、面条、煎饼、水饺、火烧、馍馍、地瓜面包子、麦子、小米饼、小米粥等均为主要面饭，腊肠、冻肉、小豆腐、煎鱼、炒菜等则属佐餐和主要菜蔬，每日可供给 600 名工人食用。⑤ 一般劳工有六七分钱就能吃饱。⑥ 有的车夫常年光顾成为常客，临时工无收入时，可以向附近饮食摊贩赊卖食用。⑦

普通劳动大众的住宿方式主要有四种方式，一是租住或借住在杂院，二是在工厂或商店提供的员工宿舍及店铺里，三是市场上的集体出租屋，如老妈店、饭铺，四是自己搭建窝棚。杂院是移民们陆续进城后的落脚地，"天津大杂院既有别于老北京四合院，又不同于老上海里巷弄堂，它有着自己的特色。这特色其一便是'大'。大到什么程度？最大的大杂院里住着几百户人家，当然这是少数，更多的是院子套院子地住着十几户或几十户人家；其二则为'杂'。杂又有多种'杂'法。即有平房楼房混

---

① 《团岛二路一带调查报告》，《青岛时报》1933 年 1 月 9 日，"自治周刊"第 23 期。
② 《平民院生活之写真》，《青岛时报》1936 年 3 月 15 日第 6 版。
③ 《胶海关历年华洋贸易统计报告书（1929 年）》，青岛市档案馆编：《帝国主义与胶海关》，第 379 页。
④ 魏镜：《青岛指南》，平原书店 1933 年版，"生活纪要"类，第 23—24 页。
⑤ 《市府第 12602 号指令》（1935 年 12 月 20 日），青岛市政府秘书处编印：《青岛市政府市政公报》第 77 期，1935 年 12 月。
⑥ 《闲话岛上小饭铺》，《青岛时报》1936 年 3 月 22 日第 6 版。
⑦ 《指令第 0270 号 附：呈一件为奉谕调查小港区工人种类及车辆数目祈鉴核由》（1936 年 1 月 14 日），青岛市政府秘书处编印：《青岛市政府市政公报》第 78 期，1936 年 8 月。

搭的'杂',又有院落里各户人家门前不同景致的'杂',更有五方杂处从事不同营生的人员之'杂'。"① 青岛的大杂院又称里院,1930年青岛市规定:"凡同一大门出入住居五家以上均以杂院论。"② 杂院是西式楼房和中国四合院的结合,由几幢两层或三层小楼围成的院落,房间从十余间至二百间不等,户数在七八户至百余户。③ 杂院住户多样,既有机关公务员、公司职员、军警人员、中小学教员和小业主等中等收入者,也有下层贫民。以一门一窗为一间,一间通常有14—16平方米,④ 一般在院内有公共厨房和厕所。天津的普通住房分布在狭窄曲折的胡同里,胡同中的小院内围建着几间平房,聚居着3—8家。⑤ 住房按建筑材料分有瓦房、灰房和土房。瓦房最安全,以砖为墙,以瓦覆顶。灰房以泥坯为墙,以高粱秆为顶,内外用石灰浆粉刷。土房则用泥土涂抹。每到雨季,灰房、土房不仅有雨水渗漏,还有倒塌的危险。⑥

普通工人家庭,多数人家仅有一间房,以土房最多,北方人习惯卧室中用炕而非床;炕由砖坯靠窗砌成。冬季烧炕取暖。因窗户少,室中光线不足。⑦ 天津城西、城北的132家手艺人,103家住土房,占78%。20家住灰房,占15%。只有9家住瓦房,占7%。76%的家庭住一间房,平均每家占屋1.25间,每间相当于容纳成年男子2.56人。最小的房间约6.2平方米,最大的约13.3平方米,最常见的房屋大小长约3.3米,宽和高约2.67米。⑧ 1930年前后天津、青岛市面上出租的房屋最便宜的每间需要1元,平均价在两元,一般情况是一家三四口挤在不足9平方米的房间里,单身则二三人合租一间,工厂一般建有集体宿舍,仅工人居住,

---

① 倪斯霆:《旧文旧史旧版本》,上海远东出版社2012年版,第139页。
② 《青岛特别市公安局公函第3897号》(1930年5月16日),青岛市档案馆藏,档号:B21-2-44。
③ 《青岛市杂院一览表》(1935年),青岛市档案馆藏,档号:A17-2-1118。
④ 鲁海:《青岛旧事》,青岛出版社2003年版,第17—18页。
⑤ 对陈桂兰的采访,见贺萧:《天津工人,1900—1949》,天津人民出版社2016年版,第96页。
⑥ 冯华年:《民国十六年至十七年天津手艺工人家庭生活调查之分析》,《经济统计季刊》1932年9月第1卷第3期,第520页。
⑦ 《天津市之风俗调查》,《河北月刊》1933年第1卷第3期,第5页。
⑧ 冯华年:《民国十六年至十七年天津手艺工人家庭生活调查之分析》,《经济统计季刊》1932年9月第1卷第3期,第520—521页。

少数工厂租房给工人家庭。久大工厂自建有33间工人住宅，另又购买当地旧房以每月0.5元至0.8元廉价租给工人，工人大半一家一间，灶旁连着睡炕，屋里狭小。① 约有半数工人住旧土房，经济困难的家庭就住在矮小的土房，黑暗闭塞，破漏不堪，甚至门窗都是七拼八凑的。②

那些住在厂房的工人们和住在商店堆栈的店员们，有严格扫洒规定，住处较为整洁，如东亚毛纺厂和久大盐厂工人室。居住工人较多的宿舍和多数贫民家庭尚未形成讲究卫生的习惯，一般约10平方米的房间，一门一窗，光线不足，居处脏乱。宝成纱厂女工310多人，有专门宿舍，十间一列，相对排成一个胡同，房间都一门一窗，红砖砌墙，室内刷白，每间约11平方米，月租七角。③ 地毯业工人大都在厂住宿，但因工厂规模小，宿舍肮脏难堪，尤其是光线无多，空气污浊。④ 针织业的149家作坊都是租赁的，多数小作坊仅租每间可容五六人的小屋两间，空气流通差，既是工作室、货栈又兼作厨房、饭厅、卧室。在较大作坊中，工人多住在工作室。⑤ 虽然简陋，但不花钱，也算是一笔隐形的福利。

城市高密度的住宅区在贫民区，这也是移民们最集中的地方，那里的住房基本都是黑暗、狭小、潮湿且难闻的。小王庄峻业里的住户，都是流离失所的四乡灾民，该里院有54间房屋，都是泥土筑成，茅草做顶，面积约5.3平方米，每间月租1元，光线黑暗，土地潮湿。里面的居民，最阔绰的赵家，主人是一位四十余岁的妇人，身上穿着一件半旧的蓝布大褂，耳朵上还戴着一副银耳环，她本是冀州人，丈夫早年去世，又加上兵灾匪祸，年岁苦旱，以致田园荒芜，便将两间瓦房，变卖了80块钱，带着3个孩子到了天津，花40块买了一辆洋车，靠每天60多枚的铜子生活，专吃棒子面，很难求得一饱。屋里面有一把矮凳，炕上有一条破席以及一两条深蓝色单被，炕头上放着一碟窝窝头，旁边还生着一只煤球炉子。⑥ 这些外乡人的住所常常什物凌乱纵横，炕沿上满是泥灰，

---

① 林颂河：《塘沽工人调查》，北平社会调查所1930年版，第67页。
② 林颂河：《塘沽工人调查》，第193—194页。
③ 《宝成纱厂女工生活概况》，天津《大公报》1929年8月1日第13版。
④ 《天津之地毯业》，《工商半月刊》1929年第8期。
⑤ 方显廷：《天津针织业之组织》，《清华学报（社会科学版）》1934年第6期，第39页。
⑥ 《腊尽春回中的贫民窟写真》，天津《大公报》1930年1月29日第11版。

简直找不出一块比较洁净的地方可以坐下。还有那充满大葱气味的空气。① 刘云若笔下的天津贫民大杂院,从外面看,"见这两丈见方的院子,却有十几间鸽笼似的小土房。各房的窗子,全是用旧报纸糊着,每窗上差不多全有一块四寸见方的玻璃,和看西湖景洋片的镜子差不多一样,大约是各住户向外眺望的特别设置。满院里的檐下,横七竖八平扯着许多根绳子上晾着花花绿绿的破旧衣服,乍一看仿佛进了染坊"②。三角地一带的低等妓女住在仅容一人行走的胡同院落,胡同口外堆满垃圾。屋大如斗,有炕无席,白被单变成黑被单,漏油的棉被,或有或无。臊气难闻之尿桶排列门前。③

小王庄还不算极端的贫困,天津最穷的白骨塔一带,"遍地都是栖身无所的灾民,大地为坑(炕),破席为被,瑟缩寒战于冰天雪地之中,至于衣食,当然更是谈不到。"④ 记者认为三角地是地狱的话,白骨塔以南以西则是地狱中的刀山油锅。天津各地拾破烂的人在一万人以上,广开一带是拾破烂的集中地,各家贫民,都在户外进行破烂分类。臭水坑、垃圾堆,触目皆是。各胡同内外小儿屎尤多,房屋是用苇草涂上稀泥制成,经年累月,泥片剥落,或是苇把腐烂,四壁裂缝,或用破席堵上,或任其露天,不能遮雪避雨。家具是土台当桌子,炕沿为椅子,炕席多是窟窿,三人盖一被为富户,一家六口,通腿睡觉,共用一个破被为中等户,无被者属下等户,"一间屋子半拉炕",炕头安锅,有吃纯玉米面窝头的,有吃豆腐渣掺玉米面,有仅食豆腐渣的,都用白开水当稀饭。⑤

在苦力和工人们集中的地方,有些专门经营住宿的店铺。租不起单间的单身汉常常借苦力窝铺栖身。苦力窝铺,是苦力寄身宿舍与苦力饭铺合并组成。宿舍、饭铺仅隔吊铺一条。上为宿舍,下为饭铺。由同一个主人经营,多开设于平民住所内。门外悬挂招牌,声明来此用饭者,

---

① 《津市的职业妇女生活(四十四续):纺羊毛的老妇人》,天津《大公报》1930年5月24日第9版。

② 刘云若:《小扬州志》,倪斯霆:《旧文旧史旧版本》,上海远东出版社2012年版,第141页。

③ 《旧腊中之津市民生(一)》,天津《大公报》1931年2月6日第5版。

④ 《腊尽春回中的贫民窟写真》,天津《大公报》1930年1月29日第11版。

⑤ 《旧腊中之津市民生(三)》,天津《大公报》1931年2月8日第5版。

可获免费寄宿权。吊铺上，无论冬夏仅铺设咖啡色破席一张，柴块、红砖或小凳作枕头。夏天时，吊铺中尚可享受清凉空气，但冬季来临，朔风凛冽，吊铺住宿非常寒冷。二三个寄宿者，常结伙租条破被，共同取暖。有时为争执盖体多少，发生内讧。但只须店主出声干涉，双方遂即停止，因店主对不守秩序者有驱逐权。更有苦力连合租破被的财力也没有，冬天为避冻冷，不得不在白天屈服于有棉被者，希望夜间睡觉时能一沾破被之惠，平时购得香烟一支，也要留半截，以贡献于被主。① 还有苦力店，由一人包租三四间房，室中再高架木板，备独自来青者赁居，每人月租三五角不等。② 在青岛四方的工人住宅区，一些能干的中老年妇女租上几间房屋经营包饭事业，设上几张床铺，拉拢一些未婚小女工来住，供给食宿，有时还可以给她们洗洗衣服，梳梳头发，每月讲定包银若干，女工的薪水往往只够给老妈子做生活费。不过，这种包饭铺却给女工提供了便利，她们大多住在青岛市内或市外乡区，远离家人，食宿托给老妈子，也节省了精力与时间，而老妈子也有利可图，可赚几个钱维持生活，因而老妈的税屋包饭成了女工公寓。③

无力租房的移民们在铁路、河海沿岸、租界边缘，搭建些棚户，暂且栖身。这些简易的住房多用炉渣、碎砖搭垒，房屋以破旧木板支持，"顶盖覆以种种锈破铁皮，色调复杂，似由垃圾桶中拾来者"。④ 高仅二米，间距米余。⑤ 这些用破席茅草、木板铁皮搭建的应急住所，低矮简陋，黑暗潮湿，聊避风雨。而移民辗转迁入，相沿成习，形成一些集中的外来贫民居住区。如青岛台西的西合庄本是荒草空地，一些农民扶老携幼由外逃荒，寄居此地，初时仅有数十家，后增加到三百余家，均系贫民。⑥ 1931 年居住在台西挪庄、马虎窝和西广场等处的棚户达 1848 户，

---

① 贺伯辛：《八省旅行见闻录》，重庆开明书店 1935 年版，第 95—96 页。
② 《为呈报奉派调查公安第一分局第五分驻所管辖界内杂院情形并填具杂院调查表请鉴核由》（1930 年 5 月 24 日），青岛市档案馆藏，档号：B21-2-44。
③ 《上四方工人住区之杂写》，《青岛时报》1936 年 2 月 17 日第 6 版。
④ 贺伯辛：《八省旅行见闻录》，重庆开明书店 1935 年版，第 95 页。
⑤ 杨秉德主编：《中国近代城市与建筑（1840～1949）》，中国建筑工业出版社 1993 年版，第 292 页。
⑥ 《为恳请恩准自行建筑平房以恤困难而维安居由》（1932 年 6 月 11 日），青岛市档案馆藏，档号：B21-3-142。

男女老幼共 7704 名。① 窝棚如此简陋不堪，却为苦力寄身之处，天津直到 1948 年还有若干间，对 1797 名搬运工人住处的统计显示，住窝铺的有 234 人，住小店的有 955 人，到处寻宿的 388 人，露宿街头的 220 人。②

二　婚丧病医

嫁娶丧葬，为个体生命历程中的最重要节点，自古为国人重视。在西方新式礼仪传入国门的同时，处于新旧交点的城市，在尝试接纳文明礼仪、沐浴时代新风的同时，大多数民众依然保留着传统的婚嫁丧葬模式。对移民而言，迁移本是一个重要的人生轨迹，远离家乡和传统的人际交往圈子，如何择偶便成为重要的个人和家庭及至社会问题，而落叶归根的情结与死无葬身之地的恐惧也令如何安放生命成为重新面对的问题。

民间最为重视婚礼和丧礼，往往倾尽家产，大摆筵席，牵沿多日，礼数烦琐。青岛和天津政府为革除陋习，特地颁布《本市婚丧礼制草案》《天津市征收婚丧仪仗慈善捐办法》来限制铺张，崇尚节约。③ 但施行仍有阻碍，④ 毕竟相沿已久的社会风俗不是一纸禁令能革除的。在婚姻的流程和仪式上，大多数城市居民依然延续着传统的三媒六聘，父母之命，媒妁之言，由媒婆居中说合，完成从提亲、换贴、送日子、过嫁妆、请期、亲迎、回门等一系列仪式。⑤ 尤其是天津的婚丧仪式，耗资巨大，民众极为重视。

移民们的婚姻有三种情况值得关注。一是基本以父母之命为规范、以同县同乡为范围择偶。在 1933 年，"青岛乡区，虽密逾都市，但民性守旧，恋爱摩登之风，尚未沾染，男女订婚，依然全凭媒妁三寸之舌以

---

① 青岛市社会局：《建筑贫民住所计划大要》（1931 年），青岛市档案馆藏，档号：B21-1-4。

② 凡宗、宝刚：《搬运工人的窝铺》，《天津日报》1965 年 11 月 9 日第 3 版。

③ 筱斋：《本市婚丧礼制草案》，《青岛时报》1932 年 11 月 15 日第 11 版；《天津市征收婚丧仪仗慈善捐办法》，《天津市政府公报》第 77 期，1935 年 6 月，第 102 页。

④ 首先便受到打小空的贫民和红白喜事组织者的反对。《市府公布婚丧仪仗办法后　轿行杠房拟要求暂缓实行》，天津《大公报》1935 年 7 月 1 日第 6 版。

⑤ 梦白：《天津之婚嫁风俗》，《社会杂志》1931 年第 1 卷第 6 期，第 9—12 页。

为定"。① 移居城市的青年，也常常在家乡定亲。在中国，多数在城里找到工作的村民与其亲属仍保持着密切的联系，他们攒钱寄回家，购买土地和建造房屋。在他们结婚后，仍把妻子和孩子留在老家。如果他们离开村庄时还未结婚，总是回来与家里选中的姑娘结婚。② 在男女到十六七岁的时候，父母便会张罗着说一门亲事。陈桂兰12岁来到天津，已经和家人在天津工作了7年多。"和许多乡下来的人一样，她的父母还是依靠乡下的关系给自己的儿女找对象。就像男人们回到他们的村里去找媳妇，许多家有时也会把他们的年轻女孩送回村里结婚，或至少设法通过家族和同乡网络给他们找对象。"③ 1930年的133起离婚案件中，从婚姻形式看，属于父母媒妁类的共118起，其他自由恋爱类、价卖类、姘识类、婚约不合法类共15起。④ 即使考虑到其他类型婚姻离婚较少，还是可以推断缔结婚姻的主要形式依然是传统媒妁。也有直接在城里物色中意的对象，衡水县人乔金发，在天津经营麻绳铺，20岁时娶同乡胡振山的姐姐胡氏为妻。⑤ 沧县人王官奎，为谋生来到天津，官奎在警所当临时警察，儿子15岁，在华新纱厂做工，王感觉寂寞，遂托三位女邻居为媒，续娶居住在附近的孀妇孔王氏。⑥ 虽生活一段时间后因孔王氏失踪，王始知受骗，但也透露了移民的婚配方式。天津有收童养媳的习俗，徐小翠，通县人，11岁时丧父，随母亲杨氏在家做针线度日，12岁时被外祖父带到天津，因举目无亲，经同乡李姓为媒，以彩礼50元，将小翠许配给河东大王庄福兴里的常三（22岁）为童养媳。⑦ 天津孀妇陈王氏有子20岁，操瓦匠手艺，哑巴，11岁时，经媒用20元，娶得青县孤女小兰，过门

---

① 《青岛礼俗考》，《青岛时报》1933年6月12日，"自治周刊"第45期。
② ［美］杨懋春：《一个中国村庄：山东台头》，张雄、沈炜、秦美珠译，江苏人民出版社2001年版，第222页。
③ ［美］贺萧：《天津工人，1900—1949》，许哲娜、任吉东译，天津人民出版社2016年版，第270页。
④ 《民国十九年离婚案件婚约类别比较》，吴瓯主编：《天津市社会局统计汇刊》，天津市社会局1931年版。
⑤ 《卖女还债》，《益世报》1936年1月13日第5版。
⑥ 《鸳胶巧续曲折迷离》，天津《大公报》1930年2月4日第9版。
⑦ 《难为了童养媳》，天津《大公报》1930年3月10日第9版。

童养。①

  二是因为收入低下和性别比失衡，适婚男性的结婚率低。大多数移民均为乡村破败所推动入城，家境窘迫，进城后，收入普遍仅够自身糊口，流动性强，生活难以稳定，故各行各业中呈现出普遍的男性结婚率低的问题。1929 年天津六大纱厂的 16898 人中，男性 14662 人，已婚者 4834 人，占 32.97%，女性 954 人已婚，占 2236 女工的 42.67%。② 如果考虑到 2350 名童工，则成年男女已婚率为 39.79%。因工资仅足自给，很多行业的适婚男子婚配率也不到一半。丹华火柴厂，工人 1075 名，16 岁以下的 111 人，16—20 岁的 258 人，20 岁以上的有 706 人，工人平均年龄 24.7 岁。已婚者 327 人，占 30.41%；未婚者 748 人，占 69.59%。③ 仅按照 20 岁以上的群体来看，所有年龄段的已婚者不足一半。北洋火柴厂共 588 名工人，其中男工 480 人，平均年龄 21.6 岁。已婚者仅 68 人，占 11.56%。④ 荣昌火柴厂工人多出身寒苦，家庭人口多，负担重，故三四十岁者，尚多独身。已婚者 65 人，仅占 27.78%。⑤ 即使考虑到童工的问题，则火柴厂适龄的已婚者依然较少。地毯工人工资很低，每月一般不过六七元钱，很难养活家口，故很多工人不能结婚成家。⑥ 79 名 20 岁以上的天津磨夫中，已婚者 42 人，占 55%。不结婚的原因，"半由于收入之低微，半由于生活习惯之不良。"⑦ 工人身世不幸，担负又重。在火柴厂中，最擅技能之工人，日入不过七角，而抚养人数最多者达十余口，平均抚养 4.5 人。⑧ 中国传统社会的重男轻女观念下失衡的出生性别比使得男女先天性比例失衡，加之进城务工者以男性为多，天津和青岛的性别比例常在 140 以上，形成强劲的婚姻挤压，经济实力成为左右婚姻状态

---

  ① 《妙龄女难伴缄口金人》，天津《大公报》1929 年 11 月 4 日第 9 版。
  ② 吴瓯主编：《天津市纺纱业调查报告》，天津市社会局 1931 年版，第 49 页。
  ③ 吴瓯主编：《火柴业调查报告》，天津市社会局 1931 年版，第 30 页。
  ④ 吴瓯主编：《火柴业调查报告》，第 47 页。
  ⑤ 吴瓯主编：《火柴业调查报告》，第 54—55 页。
  ⑥ 芮允之：《天津地毯工业的兴趣与发展》，中国人民政治协商会议天津市委员会文史资料研究委员会编：《天津文史资料选辑》第 1 辑，天津人民出版社 1978 年出版，第 76 页。
  ⑦ 方显廷：《天津之粮食业及磨房业》，《经济统计季刊》1933 年第 2 卷第 4 期，第 986 页。
  ⑧ 吴瓯主编：《火柴业调查报告》，天津市社会局 1931 年版，第 55 页。

的重要条件，也使得家底薄弱、收入不丰的男性望而却步。

相对而言，经济状况好的男性以及女性结婚率较高，如针织厂的200名散处女工。21岁以上的102人中，已婚者95人，占21岁以上女性的93.14%。① 在天津168名铁路工人中，"夫唱妇随"过着团圆日子的，有156位，占全数的92.86%；妻亡未娶的有4位，未曾结婚的有8位。铁路工人中，女性出嫁年龄，90%在22岁以下，男的结婚年龄在17—25岁的约70%，男女结婚最早的都是15岁。男性26岁以上，女性在23岁以上结婚的，为数不多。② 铁路工人结婚率高，但初婚年龄偏高于当地普遍的男子20—22、女性17—19的岁数。磨夫业中亦是如此，41名已婚磨夫中，25岁以上结婚的有38人，占93%。③

三是自由恋爱、自由离婚与租妻、卖妻冲击着传统的婚姻伦理。城市对新婚姻形式如自由结婚、离婚、征婚、集体婚的鼓励与倡导，以及都市中陌生男女接触机会的增加，冲击了乡村移民的婚姻观念，他们向往并开始了自由择偶，女性自主离婚案件增加。一些青年为自由恋爱甚或私奔出走，而都市则为青年人提供了逃婚之所。另外，城市大量单身男性的存在为女性经济价值开发提供可观的前景，女性成为缓解家庭经济危机的有效途径，租妻、押妻、卖女大为盛行。

时代的变化激发了女性对美好生活的憧憬，城市提供的生活机会远远大于农村，在某种程度上，城市也是女性的避难所，日照人周田氏，其夫病故后来青岛与人姘度，女儿周玉20岁，在原籍小王庄周姓家佣工，与周家男佣胡善兰相恋，因在主人家诸多不便，遂相偕逃来青岛，组织小家庭。④ 青岛公大纱厂女工侯秀珍，高密人，与厂内铁匠杨乃歧相恋，因怀孕唯恐母亲发觉，打胎后，两人逃往天津小刘庄。⑤ 静海县人王惠贞（26岁）与妹妹淑贞（18岁）、哥哥王竹荣（33岁）都是天津大英

---

① 方显廷：《天津针织业之组织》，《清华学报（社会科学版）》1934年第6期，第52页。
② 刘东流：《天津铁路工人家属的婚姻疾病与教育程度的调查》，《新中华》1937年第5卷第13期，第118—119页。
③ 方显廷：《天津之粮食业及磨房业》，《经济统计季刊》1933年第2卷第4期，第986页。
④ 《男女私奔》，《青岛时报》1934年3月19日第6版。
⑤ 《侯秀珍酷嗜自由　愿与情侣共偕白首　宁死不愿随乃母回家》，《正报》1937年1月26日第7版。

烟草公司工人，因农村破产而到都市佣工。在淑贞 13 岁时，曾说与独流镇一 26 岁农民为妻，王惠贞等自来到天津充当女工后，因受环境熏陶，见闻焕然一新，沉醉都市繁华，嫌男子为乡愚，遂蓄悔婚之心，因曾使用财礼，不便公然拒绝。后夫家亲自来津催婚，但王惠贞姊妹与王竹荣都不答应定期迎娶，遂发生争执入警所讯办。①

一些女性因家庭矛盾、口角之争而选择离家出走，城市是她们的避难所，也是她们新生活的起点。赵张氏因受丈夫虐待，便自行由胶县婆家逃来青岛，以捡破烂为生，托乡亲在青岛租赁房屋，被丈夫发觉后，以拐卖潜逃罪告发。② 还有的女性是为改善不幸处境、追求幸福生活而到城市谋生，如 18 岁的刘江妮和 22 岁的朱荣成两情相悦，因刘在家受继父虐待，两人相约离开家乡益都，去济南没找到事做后，又到青岛投奔朱荣成的姐姐。③ 即墨人张孙氏，丈夫去世后，受婆母虐待，不给吃喝，便来到青岛以讨饭为生，并与一老乡结婚，但还是被婆母以拐卖罪告发。④ 诸城人赵张氏，因受婆母天天责骂和丈夫的经常殴打，自行逃来青岛，丈夫找来后，跳海寻死也不愿回家，表示如果丈夫来青岛，自己还是愿意跟丈夫生活。⑤

城市的离婚案件也逐渐增加，而且由女性主动提出来的离婚案件占多数。进城为女性提供了摆脱传统家庭束缚的新的生存空间，天津的离婚案件增加"殊令人可惊"，"此类现象在今日社会上已成为一大问题"⑥。来自地方法院的材料（见表 4—7）显示，1928 年离婚案 33 件，1929 年增加到 83 件，1930 年增加到 133 件。从中可以看出一些夫妻问题和家庭矛盾，尤其是近代女性的困境与挣扎。请求离异的 223 个案件中，

---

① 《醉心都市繁华女工有意悔婚》，天津《大公报》1034 年 1 月 26 日第 10 版。
② 《四分局送赵小生告赵张氏被拐潜逃一案》（1932 年 12 月 19 日），青岛市档案馆藏，档号：A17-3-1038。
③ 《五分局送朱荣成诱拐刘江妮一案》（1932 年 7 月 6 日），青岛市档案馆藏，档号：A17-3-1036。
④ 《四分局送张于氏告司克滨诱拐妇女一案》（1932 年 4 月 7 日），青岛市档案馆藏，档号：A17-3-1035。
⑤ 《三分局送赵张氏潜逃不愿回籍投海一案》（1932 年 4 月 26 日），青岛市档案馆藏，档号：A17-3-1039。
⑥ 吴瓯主编：《天津市社会局统计汇刊》，天津市社会局 1931 年版。

原因最多的是虐待、逼娼，共 94 例，占总数的 42.15%。意见不合的有 48 例，丈夫的不务正业、遗弃、骗婚为女性所不能容忍。父母之命媒妁之言的传统习俗也受到挑战，在请求解除婚约的十件案例中，有 5 件理由是未得当事人同意。这三年中，随着时间推移，请求离异、解除婚约、请求同居、请求认约的申诉也在不断增加。可以看到，许多农村女性开始利用现代法律解决旧式婚姻，或寻求法律手段保护其新式婚姻，从 1929 年和 1930 年离婚案件的主动提出者来看，190 件单方申诉案中，由女性主动提出的有 142 件，占 74.74%。请求解除婚约的 10 个人中，有 9 位是女性主动提出。① 由于法律取证的困难，以及女性对新式法规并不熟悉，她们的请求会屡屡受挫。如王孝浦和李龙两对夫妻的离婚案中，都是女方对丈夫的家庭暴力、不务正业不满，要求离婚，但法院以不能提出确切证据为由驳回女方的请求。② 毕王氏因丈夫有婚外情行为要求离婚，但因超过两年的起诉期也未能如愿。③ 栾刘氏则因丈夫有偷盗罪而很幸运地获得法院的离婚批准。④

表 4—7　　　　天津市最近三年离婚案件发生原因比较⑤　　　　（单位：件）

		1928 年	1929 年	1930 年	合计
请求离异	因妻不守妇道	5	6	9	20
	意见不合	1	22	25	48
	逃匿	1	4	6	11
	因夫不务正		4	3	7
	虐待	8	23	28	59
	逼娼	8	12	20	40

---

① 《最近两年离婚案件主动者性别比较》，吴瓯主编：《天津市社会局统计汇刊》，天津市社会局 1931 年版。

② 《王王氏与王孝浦离婚案》、《侯祥云与李龙离异案》（1934 年），《山东青岛地方法院关于人、民事案件报部判词表册》，青岛市档案馆藏，档号：A68-4-234。

③ 《毕王氏与毕元顺离异一案》（1932 年），《山东青岛地方法院关于人、民事案件报部判词表册》，青岛市档案馆藏，档号：A68-4-234。

④ 《栾刘氏与栾振山离异案》（1932 年），《山东青岛地方法院关于人、民事案件报部判词表册》，青岛市档案馆藏，档号：A68-4-234。

⑤ 吴瓯主编：《天津市社会局统计汇刊》，天津市社会局 1931 年版。

续表

		1928 年	1929 年	1930 年	合计
请求离异	遗弃	2	5	9	16
	骗婚	1	1	5	7
	亲族逼奸	3		2	5
	妻有残疾			1	1
	夫有残疾	1			1
	妻与人通奸			2	2
	夫有恶嗜好			1	1
	因妻泼悍	2			2
	重婚	1			1
	因夫行为不法		1		1
	其他			1	1
	共计	33	78	112	223
请求同居	控妻不归		1	3	4
	控夫遗弃		1	1	2
	共计		2	4	6
请求解约	因未得当事人同意		1	4	5
	因未婚夫行为不法			2	2
	因未婚夫有花柳病			1	1
	因未婚夫游荡无业		1		1
	欺诈订约			1	1
	共计		2	8	10
请求认约	悔婚不娶			4	4
	悔婚不嫁			4	4
	撤销再婚		1	1	2
	共计		1	9	10
总计		33	83	133	249

男性长久的失婚状态也容易引起诸多社会问题，如娼妓尤其是暗娼业的盛行、租妻押妻的恶习。天津社会局调查的 2910 名妓女中，被家人

押入妓院的女性共1722人，占59.17%，①妻子女儿也成为家庭的一笔可观财富。动辄二三百的押账和五六十元的财礼，足够贫贱之家一年甚至几年的生活消费。租妻姘度一时在城市习以为常，②新城县人王殿武，因在新城无法谋生，举家来津，但生活困难，后由妻李氏与族兄王桂芬姘度，希望养活一家。③为贫穷与开化催生的女性身体的商业化，与传统伦理对女性的禁锢形成强大的冲击，一方面给予女性肉体以新的摧残，另一方面又以极端藐视的方式打破了女性的婚姻期待，促使她们重新审视婚姻与生活，开始新的尝试，大量女性离婚案件的爆发，未尝不是女性觉醒与进步的一种表征与对旧式婚姻的一种控诉。

生老病死是生命历程中不可避免的事情，穷人生病最为凄凉，最为无奈。活不起、病不起也死不起。经济的困窘粉碎了许多常态的生活样式而把普通人家逼入绝境。一次门诊，可能花费一个月的工资，吃一副西药，要花掉半年的血汗钱，穷人一旦生病，就只好坐以待毙了。④但普通的乡村移民，从事的是长达十一二小时的工作、有的处在危险的工作环境，住在肮脏潮湿的狭小居室，食用的是仅供糊口的饭菜，营养不良、劳累过度、卫生糟糕，铁打的身体也会为脏、穷、累的生活与劳作方式耗尽精力，生病因而是不该有却不免有的不速之客，光临之时，积蓄一空，穷人至有因病自杀者。各大杂院和平民住所，住户繁多，因清洁卫生又未能完备，致儿童多患皮肤病及其他各种病痛。⑤1935年天津法院检验的死亡人数比往年增加一倍，共计3174名，死因包括：服毒67人，自缢64人，自刎3人，煤气中毒31人，烧死13人，车轧死31人，车撞死4人，溺死79人，病亡2728人，枪伤死17人，被勒死13人，初生死亡8人，其他原因116人。⑥因病死亡者最多，占85.95%。张瑞成，39岁，儿子二三岁，张拉人力糊口，后来不幸半身不遂，其妻则一臂一腿，均成残废，全家三口单靠其妻之一足一手出外乞讨，以资生活，如讨饭较

---

① 《段家埠村调查报告书》，《青岛时报》1932年12月12日，"自治周刊"第20期。
② 《经济压迫下租妻恶风》，天津《大公报》1935年12月23日第6版。
③ 《困于衣食 一妇两夫》，天津《大公报》1935年4月13日第6版。
④ 《穷人生病只好等死》，《益世报》1933年4月4日第10版。
⑤ 《青岛市区社会问题最近施政方针》，青岛市社会局1934年版，第25页。
⑥ 《法院在去年度检验死亡人数》，天津《大公报》1936年4月5日第6版。

多，尚可图一饱，如遇雨天，则数日不得食。① 来自杨柳青的一位佣女，每月赚 21 块钱，丈夫赚 15 块钱，可是继儿媳病死后，儿子也生病，钱都花在儿子的病上，不然还可以有一些积蓄。② 山东人张敬士在天津车站地道外负苦为生，久病不愈，日用维艰，后在屋中自缢。③

近代城市都陆续兴建了一批平民医院，慈善机构也常常组织施医施药行动，救济民众疾苦。天津主要有 4 所平民医院，其一是设在特二区的市立第一医院，可以免费收治经确认为贫寒的病人，其他人只收极少的挂号费，初诊者收十大枚（约 2 分），复诊者收八大枚，每天就诊约百人。其二是设在河北狮子林的市立第二医院，地势宽敞，病房广大，器械完备，每次收费五分，赤贫者免收，药费普通在两三角钱左右，就诊人数也在百人左右。其三是红十字会医院，中等病者收一等号二角，下等病者十五大枚（约 3 分）。三等则系军区及赤贫者，概行免费，该院的特点是不收药费，注射药针时，也比市价低，每天就诊约 50 人。其四是崇仁施医所，完全以慈善为宗旨，挂号费和药费全免，每天就诊约三四十人，附近赤贫病户，获益匪浅。④ 青岛公立的平民医院有普济医院（在上海路）及隔离医院（在台西镇），均免费施诊，惠及贫民。1931 年初，市政府将两医院合并改组，名为市立医院。以普济原址为总院，隔离医院为第一分院，同时将李村所设医院改称第二分院。凡传染病及疯病等，归第一分院诊治，其余普通病症，由总院及第二分院诊治。各院经治病人，每月总计可达 3 万余人。⑤ 以上七所医院均属慈善性质，为乡村移民提供应急就诊之所，但他们似乎并不能充分利用对他们而言非常有利的免费施诊信息。从一些资料来看，移民们只是在他们贫病交迫、有性命之忧并晕倒路旁时才会被警士送往医院施救。

天津市政府在 1933 年秋，也曾一度择定市立第二医院为劳工医院。

---

① 《冯社会局长调查贫民窟》，天津《大公报》1930 年 3 月 18 日第 9 版。
② 《津市职业的妇女生活（五续）：保姆式的佣妇》，天津《大公报》1930 年 2 月 18 日第 11 版。
③ 《老翁缢死》，天津《大公报》1936 年 8 月 28 日第 6 版。
④ 《天津的平民医院》，天津《大公报》1933 年 12 月 30 日第 13 版。
⑤ 《胶海关十年报告》（1922—1931），青岛市档案馆编：《帝国主义与胶海关》，档案出版社 1986 年版，第 237 页。

由社会局召集各工厂代表，讨论各厂分摊经费办法。各厂代表，或以营业萧条无力担负为辞，或以厂址过远工人就医不便为借口，致经费久无着落。此项工作遂又中途停顿。① 经济之困难，不唯普通人，亦令政府德政之出台举步维艰。另一可在非常情况下救治病人的途径是各类收容或救助机构，天津收容的游民乞丐，患内科症的都拨入病人区，由医师疗治。患外科症者，拨送救济院医疗所。因病死亡者，由救济院发给棺木，抬赴该院公墓葬埋。② 青岛人力车夫救济会，由中外人士捐资成立，凡人力车夫有疾病而无力就医者，可由该会送到特约医院医治，并担负所有费用。1933年内共医治车夫62次，共支医药费1026.06元。③

工人们常受到职业病的困扰，因厂房光线差、空气流通不畅，又有纱线粉尘侵入，1929年裕元纱厂的工人最常犯的病症是咳嗽和眼疾，分别占疾病类型的13.50%和12.28%。④ 织布工场内，大都狭隘污秽，加以棉丝纤维，飞散空中，工作之时，四肢俱动，眼不停视，故工人、学徒患肺病及砂眼症者极多。⑤ 火柴厂工人，春天多眼疾，夏秋多霍乱、腹泻，冬季多咳嗽。卸轴、列轴二部多痨伤，油灶药盘多牙骨漏、眼病，装包多手毒症。对于牙骨漏及手毒重症，厂方会不计较费用多少送往医院救治。⑥ 久大工人常患的疾病，一是感冒，工人做重活后，偶然受了风寒，就致感冒，肩胛部、腰背部、足跟部等着力点常因肌肉紧张后风寒侵入而肿痛，受个人习惯和工作影响，工人也有咳嗽和营养不足现象；二是皮肤炎症，全年达437次；三是外科的局部炎症，如烫伤；四是外科的小划伤。盐坑工人还容易患三类疾病：咳嗽、腿部软弱和眼皮结膜，都与盐坑热度高有直接间接的关系。⑦ 一些新式工厂和较大工厂成立了专门厂办医院，其正式员工有比其他普通民众有更方便的医疗条件，东亚

---

① 林颂河：《民国二十一年之劳动界》，《社会科学杂志》1933年第4卷第2期，第218页。
② 《游丐收容所现状》，天津《大公报》1936年8月28日第6版。
③ 《人力车夫救济会工作积极》，《青岛时报》1934年4月22日第6版。
④ 《工人所患疾病统计表》（1929年6—10月），吴瓯主编：《天津市纺纱业调查报告》，天津市社会局1931年版，第105页。
⑤ 挹峰：《天津之织布工业》，《国货研究月刊》1932第1卷第1期，第73页。
⑥ 吴瓯主编：《火柴业调查报告》，天津市社会局1931年版，第27页。
⑦ 林颂河：《塘沽工人调查》，北平社会调查所1930年版，第95—97页。

毛织厂有运动场,浴室等设备,疾病医疗方面,厂方委托意大利医院,并有一名中医,为厂方专用医士。[1] 制革业中仅两个工厂有嘱托医士或委托医院,为工人免费医治。[2] 各铁路皆设有铁路医院,铁路工人及其家属因病就医,享受半价待遇。[3] 久大永利、裕大、宝成、恒源纱厂,都附设有医院或医药室,聘有医师,医治疾病。[4] 久大医院颇有成绩,1924年至1925年,共接诊病患9059名,从治疗成绩看,未治与不明者仅占2%强。医院接诊总数9059,平均每日25名多。[5] 此期两厂有工人900名,虽有少数外人来此看病,但工人就诊率已经相当高了。

虽然中国传统习俗中重死不重生,丧事葬礼往往倾尽家力,富有之家务尽隆重,贫穷之家亦举债为之。如果不厚葬父母,会被认为违反孝道,德行有亏,不仅得不到祖先庇佑,还会受到乡邻指责。风俗所尚,虽家境贫寒,亦必悉心安排。天津的手艺工人家庭,有一户为年迈的母亲送葬,衣衾棺木共花费22.8元,系赊欠而来,以后未见清偿;一户埋葬夭折的孩子,木匣费4元,杠夫费8角,花费4.8元。[6] 久大工厂61户调查者中,计有29家借债,借款数自2元至200元不等,每家平均18.83元,款数以婚丧医药为最多。[7]

对于移民而言,远离故土,举目无亲者,一旦不测,贫者无力安葬。天津在康熙年间即成立施棺局,为无力安葬者施舍棺木,1771年,在天津士绅的推动下,官府在西门外拨地20余亩作义塚,葬埋异地贫民,并成立掩骨会,专门负责掩埋无人收殓的露骸。[8] 此后,天津施棺赈济的传统延续下来,1928年到1932年,天津公善施材总社等善堂,帮助收葬饿

---

[1] 力工:《平津毛织工业调查(六)》,天津《大公报》1933年11月5日第13版。

[2] 《津市制革业技工待遇》,《新新月报》1936年第1期,第20页。

[3] 刘东流:《天津铁路工人家属的婚姻疾病与教育程度的调查》,《新中华》1937年第5卷第13期,第120页。

[4] 林颂河:《塘沽工人调查》,北平社会调查所1930年版,第271页;吴瓯主编:《天津市纺纱业调查报告》,天津市社会局1931年版,第347页。

[5] 林颂河:《塘沽工人调查》,第271—274页。

[6] 冯华年:《民国十六年至十七年天津手艺工人家庭生活调查之分析》,《经济统计季刊》1932年9月第1卷第3期,第528页。

[7] 林颂河:《塘沽工人调查》,北平社会调查所1930年版,第201页。

[8] (清)张焘:《津门杂记》,丁緜孙、王黎雅点校,天津古籍出版社1986年版,第50页。

殍、施放棺木，平均每年施材3350余具。① 天津近郊、静海等地有专门安葬棺木的义地、义塚。天津南边穷人聚居的白骨塔地区，原是收殓掩埋尸骨的义地。后陆续为移民栖身，成为天津著名的贫民窟。天津各警区及乡区都有义塚及各省义园。② 一些较大规模的工厂多设立公墓，天津纱厂常在附近地区招募学徒，三年为期，事实上此辈学徒进厂后，所受待遇极坏，死后多由厂方葬于工人墓地。③ 裕元纱厂四里地外有一处5亩多的公墓，异乡工人或本地工人身故后，多寄埋于此。④ 华新纱厂，工人如有父母丧事，由厂中给棺木一口，仅收费6元，若其家无坟地，可葬于华新纱厂的义地内。⑤ 移民客死他乡，家庭有足够财力者会扶柩返乡，归葬乡里，而那些为破落的乡村所驱迫进城的农民，无财力可安顿，无墓地可托身，只有草草掩埋于城市周边荒野，年长日久，雨水侵凌，尸骨外曝，故1929年，天津市卫生局筹办公墓的调查过程中发现公安局辖区内各处的荒冢浮厝竟有26800余具。⑥ 即使有各处义冢，往往缺乏管理，朽棺暴露于外，有碍卫生与市容。故1935年天津市组织迁葬委员会，计划在宜兴埠和东局子设立公墓，将无主棺柩重行掩埋。⑦ 天津市区内，北宁铁路两旁，历年穷苦市民埋葬棺柩颇多，后天津市政府为公共卫生考虑，组织迁移，并下令禁止续埋。⑧

青岛施棺的义举由同乡会开办，旅青各同乡组织都将"敦睦乡谊""办理慈善""互相友助""利济桑梓"等作为其宗旨，掖县旅青同乡会平素造棺木多具，供乡亲付钱选用，如贫穷无力即行施舍。⑨ 青岛市自德占以来，先后有万国公墓和湖岛子的义冢以供安葬，但随着城市人口的

---

① 天津市地方志编修委员会编著：《天津通志·民政志》，天津社会科学院出版社2001年版，第170页。
② 宋蕴璞：《天津志略》，（台北）成文出版社1969年影印版，第260页。
③ 方显廷：《中国之棉纺织业》，上海商务印书馆1934年版，第138页。
④ 吴瓯主编：《天津市纺纱业调查报告》，天津市社会局1931年版，第110页。
⑤ 吴瓯主编：《天津市纺纱业调查报告》，天津市社会局1931年版，第187页。
⑥ 《人鬼杂居之天津市》，天津《大公报》1929年5月29日第12版。
⑦ 《津市府组织义冢迁葬委员会》，天津《大公报》1935年5月31日第6版。
⑧ 《北宁路旁棺柩市府设法迁移，严禁继续埋葬》，天津《大公报》1936年9月18日第6版。
⑨ 《青岛掖县同乡会会务报告书》，青岛市档案馆藏，档号：B38-1-39。

增加，均不够使用，故又于1932年在第一炮台和第四炮台分别新筑收费和免费公墓，但仅一年，免费区新公墓便已埋葬殆满，故1933年又将湖岛子村北面新开辟为第二个免费区新公墓。收费公墓的租地费成年人十元，未成年人五元；免费公墓中，如果有家属和主事人的死者，需要缴纳许可证等费用1元，无家属和主事人的死者或属赤贫之家的，可以完全免费。[①] 没有更进一步的资料表明墓地可容纳数量及民众的选择。落叶归根是中国游子的传统，义地的不敷使用与荒郊大量无主骸骨折射出在巨大的生活压力面前，丧葬传统在贫苦移民群体中出现断裂。

三 节假休闲

节假休闲活动常常被用于衡量一个阶层或群体生活质量的指标，休闲娱乐业的发达也被视为城市经济发展和城市文化特色的象征。如同成都的茶馆文化、青岛的旅游文化、天津的戏曲文化一样，一个城市内在的风格常常通过节假休闲活动体现出来。居民们借助休闲娱乐活动调剂生活、放松心情、彰显品位、社会交际、宣示地位、传承礼俗等，节假娱乐一直承载着超越形式本身的厚重内涵。对于普通劳工而言，节假日的存在提供了三种社会生活的可能性。一是休闲娱乐；二是改善生活；三是社会交际。

节假休闲的初始要求是在劳作以外从事无功利的事情来放松自己，享受自由时光。古今中外，人们创造并传承了五花八门的娱乐休闲方式，近代城市的休闲方式一是来自于外国侨民的传入，二是乡村移民的移植，并在此基础上逐渐改进创新，形成日益丰富多样的文化娱乐活动。新式的如赛马、音乐会、跳舞、电影、画展、博览会、网球、足球、排球等，传统的如国术、唱曲、社戏、秋千、风筝、郊游、纸牌、灯谜、宴饮、杂耍、嫖赌等。

天津和青岛在城市变迁中发展出专门的娱乐场所和休闲区域。两地均为官僚外侨群集的繁华商埠。天津由北大关东行，南折至各国租界，

[①] 青岛市政府秘书处编印：《青岛市政府行政纪要（1933年）》，"社会"编，第39—41页。

大厦鳞比，危楼接天，道路清洁平坦。① 青岛高档消费区域则在中山路、潍县路、天津路、高密路，以及汇泉湾一带。有巍峨的银行高楼、堂皇的"山东"和"福禄寿"戏院、国际俱乐部、跑马场、体育场等，成为富人们的天堂。② 而繁华的都市实处于艰苦社会的环抱中，天津平民娱乐场分布在南市老三不管、西广开新三不管、河东地道外、东北城角鸟市、城南的谦德庄。鸟市有为数众多的露天食品摊，诱人垂涎，生意兴隆。还有书场、戏园、赌场、烟馆、白面馆和下等妓院。③ 从20世纪20年代到30年代，随着人口逐渐密集，地道外开始向北京桥、南京夫子庙、上海城隍庙、天津老"三不管"的样子发展，既纳垢藏污，又包罗万象。④ 谦德庄原系灾民避难安置点，后移民陆续增多，形成居民点，绝大多数是卖苦力气的劳动人民，"扛河坝的，拉小套的，打短工的，再有就是种菜园子的，干小买卖的。当年在谦德庄到处是贫民窟"。⑤ 谦德庄有上百家妓院，两个大烟馆，七八个白面馆，十来个押当铺。⑥ 据1930年统计，天津华界娱乐场所102家，最多的是茶社，有38家，说书场35家，戏院9家。⑦ 主要节目便是曲艺、说书。最便宜的节目只需要一个铜元，收费不高，故趋之者众多。评书馆多附茶铺内，费用一二角。各类游艺场晚八点到早两点营业，活动有大鼓、戏法、京戏、电影、口技、苏滩等。票价最多不过五角。⑧

天津早期的曲艺大多在城乡接合部演出，初在西城根和北城根，而后发展至南开、三角地、谦德庄、地道外等处。经营书场者，为了招徕观客听众，邀请北京由票而艺的子弟们、各地原来摆地的民间艺人们、

---

① 《旧腊中之津市民生》，天津《大公报》1931年2月6日第5版。
② 《都会的所谓阴暗面与光明面》，《青岛时报》1934年2月4日第6版。
③ 周恩玉、谢鹤声：《侯家后的早年风貌》，中国人民政治协商会议天津市委员会文史资料研究委员会编：《天津文史资料选辑》第29辑，天津人民出版社1984年版，第237—238页。
④ 姚士馨：《解放前的天津"地道外"》，中国人民政治协商会议天津市委员会文史资料研究委员会编：《天津文史资料选辑》第45辑，天津人民出版社1988年版，第195页。
⑤ 米秀沣等：《话说当年的谦德庄》，中国人民政治协商会议天津市委员会文史资料研究委员会编：《天津文史资料选辑》第29辑，天津人民出版社1984年版，第241页。
⑥ 米秀沣等：《话说当年的谦德庄》，第245页。
⑦ 吴瓯主编：《天津市社会局统计汇刊》，天津市社会局1931年版。
⑧ 宋蕴璞：《天津志略》，（台北）成文出版社1969年影印版，第361、363页。

江湖上卖艺的杂技演员们，同台演出。到 20 世纪二三十年代，京津两地，书场林立，艺人名家辈出，各显身手，曾称一时之盛，曲艺演员好像不来天津镀镀金，就不能成名。① 各类旧的曲艺在城市获得新的生机。如评剧，来源于冀东唐山、蓟县、宝坻、三河一带的俗曲小调，多在田间地头演唱，俗称莲花落，随着移民传播到城市，日益发达。其他乡村地头哼唱的山东梨花大鼓、河北乐亭大鼓和京东大鼓等也在城市扎根。

中山路的劈柴院、博山路的广兴里和东镇商业市场是青岛中下层贫民娱乐身心的地方。在 1935 年前后，全市已有书场十五六处之多。这些书场演出的种类主要有落子杂耍、评词、鱼鼓、梨花大鼓等，满足了各个阶层移民的不同需求。台东由乡村集市渐渐发展为固定的市镇，成为城市底层人民的购物与娱乐天堂，尽管时称穷汉市，但为众多移民提供了就业机会和最基本的生活必需品。东镇的商业市场，是东镇一带民众唯一娱乐消遣的地方，建筑颇为壮观，里面除京剧与说书外，尚有玩洋片及露天小电影等。② 其中往来者，皆农夫苦力、肩担背负之流，妇孺特多。两枚铜子，可看西洋镜中洋姑娘洗澡，四枚铜子，可看梅兰芳之仙女散花，五铜子喝茶，更可听大姑娘京音或梨花大鼓。场中货物，都是劣质下品，但游人众多，往来拥挤。③ 到了春节，则是打麻将、支小骰、推牌九最风行。④ 除赌钱外，春节娱乐还有看电影和看戏，平时电影院和戏院的门前，真是门可罗雀，春节以后，平度路大舞台、中山路国民戏院、台东镇商业舞台，以及山东大戏院，天天人满为患。⑤

一般平民多以听书、听曲、打牌为乐，也有赌博或嫖妓来打发无聊时光。北洋火柴厂的工人们往往在下班后，"或闲谈或下棋，藉资消遣，每逢放假日，亦有赴各地小书馆或小戏院听书听戏者，亦有在下班时，秘密聚赌者，幸厂方管理较严，不至习染太深"。⑥ 永利工人常工来自乡

---

① 张鹤琴：《津门曲坛沧桑录》，中国人民政治协商会议天津市委员会文史资料研究委员会编：《天津文史资料选辑》第 14 辑，天津人民出版社 1981 年版，第 117 页。
② 《巡阅天后宫四方路台东镇吴家村小记》，《青岛时报》1934 年 2 月 19 日第 6 版。
③ 贺伯辛：《八省旅行见闻录》，重庆开明书店 1935 年版，第 96 页。
④ 《废历年后　街头风光素描（续）》，《青岛时报》1935 年 2 月 9 日第 6 版。
⑤ 《废历年后　街头风光素描（续）》，《青岛时报》1935 年 2 月 10 日第 6 版。
⑥ 吴瓯主编：《火柴业调查报告》，天津市社会局 1931 年版，第 45 页。

间,有吸烟嗜好。工匠和助手衣服整洁,有象棋和大正琴的娱乐,常工的娱乐,种数极少,听书看戏以外,几乎没有第三种。① 久大工人的娱乐活动最为丰富多样,既传承旧的走会民俗,又有新的益智健身项目,其活动由工人室管理员指导工人办理,共有户内游戏、户外运动、新年走会、夏令会、新剧五种类型。久大和永利职员常组织足球赛,参加的大半是年轻的有技能工人,尤其是工读班的特别班学生。工人最重要最普遍的娱乐是新年走会,分为龙灯会、狮子会、高跷会、低秧歌会、旱船会、小车会六种,这也是春节期间民间的传统娱乐形式。夏令会只限于工读班的工人,形式新颖活泼,有谈话会、竞走会、说书会、跳高跳远比赛、音乐会、游泳比赛、猜谜益智会、武术比赛、电影等。新剧由职员工人合演,剧场设在工人室食堂。② 久大工人实行三班倒后,休息时间增加,工人会参加读书、游艺运动等活动,精神面貌随之焕发,"单就工读班来说,从前工人上班,就疲倦的想睡觉,现在不仅没有这种现象,课外自修的工人,已日见多了。"③ 过穷苦生涯的人们,却没有这样的闲暇。他们凭借体力讨生活,多半都有饮酒的嗜好,有时饭可以不吃,酒却不能不喝,所以劳工群居处酒肆特别多。青岛的后海一带,每到下午下工的时候,各酒馆里,都坐满了一桌一桌的劳工大众,吃着即墨老酒、景芝白干,大家谈着笑着,真是一醉解千愁,把平日的劳苦忧虑全都忘掉了。④

节假日也充满着改善经济状况的机会,工厂的假日津贴和利用假期做工,无形增加了工人的收入,而每逢节假日,小贩们的买卖增多,车夫的顾客增加,真是劳工阶层的福利,更不用说节假日可以打打牙祭,改善生活。一些身背债务的贫民,每到春节期间吃饺子时,可缓解被债主追逼的紧迫情势。固定的节假日休息都不会影响务工者的工资,如果在假期上班或全年没有请假还会得到额外的薪资奖励。北洋火柴厂工友,每周休假半天,还有八分饭钱,国庆、劳动纪念日照发工资;端阳、中

---

① 林颂河:《塘沽工人调查》,北平社会调查所1930年版,第257—258页。
② 林颂河:《塘沽工人调查》,第101—103页。
③ 林颂河:《塘沽工人调查》,第51页。
④ 《西大森一带之速写》,《青岛时报》1936年4月20日第6版。

秋、元旦节时，厂方准备饭食，不就餐者每天给饭费四角。① 永利碱厂规定工人每年例假 11 天，公假 24 天，但永利从未停工放假。"所有各假日的加工工资，折合工资三十天，每年年终发给。"② 久大职工全年有八天半假期，即春节五天半，端午和中秋各一天半。那些辛苦劳作、平时很少有 16 小时以上休息时间的工人，厂方在每年年终时，给一月双薪，以资奖励。另外，管理部会根据全年考勤报告，核定年终薪金（年节赏金）的等级。③ 德和木号在二十年代生意最好的时期，学徒在期满后，有节日福利：中秋节 5 斤月饼，年终 2 匹布、2 袋白面；三大节日可轮流回家探亲，每次假期 10 天，每年三次，每次补助路费 1 元。④ 按件计资的磨夫，终年无假，得年薪者，只有在新年时，才有四五日的休息时间。⑤ 制革厂对全年不请假的有特别奖励，请假在若干时日内有次等之奖励，在一定期限内，不奖不罚，超过期限则扣工资。⑥

假期经济的效益已经充分为商贩们知晓，节假日或庙会、市集，正是小贩们生意繁忙的时候。青岛清溪庵庙的萝白会，正是小贩们生意兴隆的时期。平时，卖糖果的小贩们走街串巷累了，便来到游人如织的公园里，与游客讲一番乡间掌故。⑦ 荣昌火柴厂有少数工人，"每逢星期及国庆休假等日，则出外拉车，藉补生活费之不足。但此类工人，仅限于乡间住户，城市住民则不多见也"。⑧ 年节时，商铺小贩们利润翻倍自不必说，更是乞讨者的福音，那些叫花子，专乘年节作乞讨的机会，敲打着"呱哒呱"的骨头板的乞丐，活跃在闹市。清理马桶的清洁工（天津人称磕灰的）每到年节，或立春、立冬等小节，他们便要借题发挥，向

---

① 吴瓯主编：《火柴业调查报告》，天津市社会局 1931 年版，第 31 页。
② 林颂河：《塘沽工人调查》，北平社会调查所 1930 年版，第 228 页。
③ 林颂河：《塘沽工人调查》，第 51、59 页。
④ 王植如：《德和木号的兴衰史》，中国人民政治协商会议天津市委员会文史资料研究委员会编：《天津文史资料选辑》第 46 辑，天津人民出版社 1989 年版，第 209 页。
⑤ 方显廷：《天津之粮食业及磨房业》，《经济统计季刊》1933 年第 2 卷第 4 期，第 990 页。
⑥ 《津市制革业技工待遇》，《新新月报》1936 年第 1 期，第 19 页。
⑦ 《春光烂漫中广西路上的儿童战》，《青岛时报》1934 年 4 月 5 日第 6 版。
⑧ 吴瓯主编：《火柴业调查报告》，天津市社会局 1931 年版，第 54 页，荣昌火柴厂。向

各住户要点零钱。①

"送信的腊八,要命的糖瓜,救命的饺子。"除夕的到来可以缓解债权人的逼迫。端午、中秋和新历节时分,街市繁忙、生意最旺,也是民间约定俗成的债主讨钱的最佳和最后时机。每逢年关,送信、要债便是债权者追加积欠的重要时刻,天津70%的贫民需要借债赊欠助其生活。借贷法之一的"打印子",一角起码,每天二枚,一月为期,共打60枚,合月息70分。方式二"追儿把",借一元日息铜元二枚,一年利息有720枚铜元,时间不限,利息一直计算下去。赊醋、赊盐、赊油、赊酱,是愈少愈赊,愈赊愈多。大宗的不敢赊,到了腊八打账条,阴历二十三开始要账,日紧一日,故曰要命,直至吃罢饺子完事,故过年的饺子真是债务人救命的活神仙。②

假期也是移民回乡探望、走亲访友、联络感情、扩展交际的重要时机。每到新年,在外劳作一年的人们都要返回家乡,这种对乡土的依恋与认可是强大的城乡心理纽带,回乡走亲访友的仪式与交流增强了亲友间的联系,传递了城乡的信息,并会带一些亲人朋友来到城市,而乡村的破败与停滞也进一步坚定了移民的进城选择。乡村的习俗,除夕薄暮时,携酒带肴,祭奠祖先,节日的来临,唤起了移民对乡间的回忆:"墓田深处,纸箔灰飞,爆竹声声",远处在都市有家归不得的游子,到了除夕,便会激起他思归的心弦,所谓"家家除夕祭祖坟,俺是客居万里身;老辈墓前谁烧纸,心中常愧泉下人",③ 故在外的游子为还乡买办年货,朋辈间互购礼物以壮行色。④ 节日的互相馈赠,在人情往来中联络了乡谊,也进一步扩大了人们的社会关系,加强了乡村关系纽带在城市的延伸。在青岛附近胶县的台头村,"年轻人可能去青岛当学徒,如果获得成功,所有村民和集镇上的人都把他看成最好的商人,他周围总有一批人

---

① 刘炎臣:《津门杂谈》,三友美术社1943年版,第47、95页。
② 《旧腊中之津市民生(二)》,天津《大公报》1931年2月7日第5版,原文中打印子钱的月息是70分,按1930年一枚银元合301枚铜元,60枚当20分,则此处似与实际情形不合。
③ 《腊鼓声中的社会风光》,《青岛时报》1935年2月3日第6版。
④ 《年节花絮之二》,《青岛时报》1936年1月20日第6版。

请他推荐，或跟他商量他们的计划"。①

第三节　社会流动

"社会流动可以被理解成个人或社会对象或价值——被人类活动创造的或修改的任何变化——从一个社会位置到另一个位置的任何转变。"②按照流动的指涉对象，社会流动包括社会地位的升降与地理空间的转变，社会流动不仅对于个人有着重要意义，而且对社会结构也会发生影响。王先明认为，传统中国在以耕织相结合的封建农本经济基础上形成了四民等级身份结构，其流动模式是混合型的，是一种适度型封闭的社会流动，它既严格限制垂直流动在任何阶级、阶层间自由发生，同时又保证一定范围内的上升性流动。这种流动主要通过旧式教育来实现，其流动主要是士绅、地主与官僚阶层之间的竞争性流动，向上流动的社会集团主要限于地主、士绅阶层，向城市的地域流动甚小。③

民元以来，中国社会处于急剧变动之中，乡村社会流动出现新的态势。不仅传统上层社会中的士绅官僚向着工商、军政和教育界流动，社会下层的广大农民也开始了多元复杂的社会流动，城市多样化的职业选择，开辟了广阔的多元的社会流动途径，农民不仅开始了广泛的地理空间流动和同一阶层内的水平流动，而且他们通过职业转换和自己的勤奋，实现了教育手段以外的向上流动。社会地位的上升可能也激发了更多移民的主观能动性和开拓进取精神，给社会发展注入生机与活力。进入城市的移民们，大多数人依然在温饱线的社会底层挣扎，他们的生活状态并没有随着农民向工人或苦力的职业变化而获得身份与地位的提升，有的生活状态更为恶化，但也有一些乡村移民凭借个人的智慧与努力，开始脱贫致富，并通过经商、进厂、嫁人、入教、求学等方式实现社会地

---

　　① ［美］杨懋春：《一个中国村庄：山东台头》，张雄、沈炜、秦美珠译，江苏人民出版社2001年版，第182—183页。

　　② ［美］戴维·格伦斯基编：《社会分层》，王俊等译，华夏出版社2005年第2版，第264页。

　　③ 王先明：《变动时代的乡绅——乡绅与乡村社会结构变迁（1901—1945）》，人民出版社2009年版，第75—81页。

位的上升。

一　水平流动

水平流动包括社会地位与地理位置的流动。传统社会的职业选择受父辈与家族影响较大，而在近代城市中，人们可以凭借工作技能的积累、艰辛的努力和广泛的社会接触增加多样的选择。乡村移民原本生活艰难者多，入城后多以工人、商贩、车夫和人事服务等为业，虽然职业不同，但其地位并无特殊变化，依然处于社会底层，他们虽然能够调换工作，但进入中产阶级较为困难。因为进城农民自身的教育程度与社交网络的有限，他们经常在同一个行业或同一个阶层间流动。前述那些工人、商贩、佣妇等，收入在十元左右能维持生活，都与在乡间安宁时期相差不多。久大盐厂每年辞退和自请告退的有 20 多人，工人离厂后的职业，"据厂方当局的估计，归家耕田的约占 60%，作小买卖的约占 20%，余 20%，仍在他处从事劳动"。[①] 永利碱厂的工人调查中，50 位工人进厂前的工作有五种：农人 22 人，工匠 12 人，商人 7 人，苦力 5 人，学生 4 人。有技能的工匠都是他处工匠或学徒转移而来，来的原因有：工厂倒闭、塘沽近家、学艺出师等。[②] 选择同一行业进行流转，也是一个明智的选择。一些久大的技术工人，工作时间较长且勤劳吃苦的，月收入能有 30 多元，在经济上相当宽裕了。他们的职业流转中间人常常是老乡和朋友。

从农民到工人，是不错的职业转换，除非工厂倒闭或被迫裁员，工人的流动率并不大。久大 500 余工人中，仅 20 余名离职。在 1930 年天津三大纱厂 3898 名工人中，进厂在三年及以下的有 1095 人（占 27.8%），留厂五年及以下的有 2326 人（占 59.4%）。"换言之，内有 2803 人或 72.2% 曾留厂至三年以上，有 1572 人或 40.6% 曾留厂至五年以上。"大体而言，因工人受雇机会少和劳工组织的建立，天津纱厂劳工的流动率呈现低落趋势。[③] 当然更主要的是，工人是份不错的职业选择。他们也会

[①] 林颂河：《塘沽工人调查》，北平社会调查所 1930 年版，第 45 页。
[②] 林颂河：《塘沽工人调查》，第 243—244 页。
[③] 方显廷：《中国之棉纺织业》，上海商务印书馆 1934 年版，第 144—145 页。

在安定后，陆续将亲友们、乡邻们陆续介绍进城，由个体的迁移变为集体的行动，所以天津和青岛在商业中出现以籍贯类聚的行业和帮派，以及工厂中同乡扎堆的情形。

城市周边的农民们有时还可能回家种植田地，像候鸟那样往返于城乡之间，一些移民在灾荒消退和兵匪平息后，返回家乡。在1930年前后，胶东匪患，县乡里较为有钱的人家，都跑到青岛来避难，因此房子常感供不应求，房租高涨起来，1933年前后胶东一带开始平靖，避难的人，都搬回家去。① 尤其是城市化的早期阶段，季节性的短工多而永久定居的劳工少，移民的流动性很大，在德占时期的1902—1913年，市区的中国人数增加不足4万。在天津，20世纪初，天津有户籍而没有住家，春季外出挣钱，冬季回天津租房过年的约3万人。另外，"从山东、河南、山西、陕西以及其他各省，在每年春季为了做工而来津，冬季又因河流结冰而回省的，也不下三、四万人"；"居住在天津市外，经常往来于天津，从事于各项业务的还有很多人"。② 此时的城市还未显示出对外来人口的强劲吸引力，但自20世纪20年代以来，随着两市港口贸易的兴盛和工业生产能力的提高，人口迅速增加，并出现更多的举家迁移者。据久大厂方1927年报告，"三年前远方的工人很少带有家属，近两年渐渐加多"，从1926年冬天的70多家增加到1927年夏天的136家，有技能的工人住家比例高，原因有三：多是本地塘沽人；工资稍高，养家能力强；乡间兵匪骚扰，租税繁重，家属不能或无力在乡间安居。③ 这些工匠的技术获得，来自洋务运动以来机器工厂开办时对当地青年的培养。城市移民的籍贯和各业调查报告显示出城郊或城市邻县村民更有进城做工的优势，因往来方便，工业和农活均能兼顾，青岛四方、沧口等地村民和天津县、塘沽、静海地区农民常常能把握进厂做工或售卖蔬菜的先机，并适时地将家人迁往城市。这样一种城乡间的机会把握，为农民提供更多的工作选择，城郊农民也成为社会流动中最先抓住职业转换可能性的群体。城

---

① 《市面不景气中谈谈本市的房荒》，《青岛时报》1936年4月25日第6版。
② ［日］中国驻屯军司令部编：《二十世纪初的天津概况》，侯振彤译，天津市地方史志编修委员会总编辑室1986年版，第17页。
③ 林颂河：《塘沽工人调查》，北平社会调查所1930年版，第42—43页。

市人口在20世纪20年代的激增，表明早期季节性的短期移民、劳务输出正逐渐转换为长期的举家移民。

城市也是梦想破碎的地方，进城的农民，因为生活环境的变化与个人际遇的变故，有的会回到家乡。1929年天津提花业供过于求，14家工厂因营业亏损而停业，工友学徒均由工厂或社会局根据道路远近给以资费遣散回籍。① 1929年天津四家纱厂解雇的3968名工人中，因长久缺工而解雇者最多，达1583名，占39.9%。由于两班制下工作时间过长，尤其夏季溽暑逼人，工作之后极感疲乏，多愿离厂休息数日。归还原籍为工人解雇之第二主因，占解雇者的12.9%，因天津各纱厂工人，多从邻县或邻省招募，他们略有积蓄，即欲回故里而不愿逗留他乡。第三大原因为疾病，因病解雇者占10.8%，第四个原因为盗窃，占6.2%，由于天津纱厂女工较少，因婚嫁生育而被解雇者仅占1.4%。② 在城市生意冷清的商人也会被迫逃走。住在青岛东镇顺兴路余善里的莱阳人张俊和即墨人郭春堂，都经营小商店为业，因欠数月房租，时届年关，房东催讨，无法应付，便于夜间留下室内衣物器具，潜逃无踪。③ 山东大土匪刘桂棠，平邑县南锅泉村人，家里贫穷，20岁时，到青岛扛大包，干了一年，什么也没挣下，不得已回到本村给地主打工，父亲死后，开始了土匪生涯。④

1929年工潮中，日本纱厂联盟停工，当时失业工人1.5万余人，连同工人家属，一共七八万人，如何安排这些罢工人员让青岛市社会局相当为难，199名工人主动请求到上海去寻找工作。社会局派员护送工人运往上海。但去上海的工人中，一些人借口待遇不好，一哄而散，上海社会局将未曾散去的105名工人运送回青岛，社会局便发给他们每人津贴2元，于1929年9月6日一律遣送回籍。⑤ 在东镇寄居的200人左右，由社

---

① 天津特别市社会局编：《天津特别市社会局民国十八年工作报告书》，编者1930年版，第74—83页。
② 方显廷：《中国之棉纺织业》，上海商务印书馆1934年版，第141、143—144页。
③ 《拖欠房租相偕逃匿》，《青岛时报》1934年2月9日第6版。
④ 王秉伦等搜集：《杀人魔王刘黑七》，中国人民政治协商会议山东省委员会文史资料研究委员会编：《文史资料选辑》第16辑，山东人民出版社1985年版，第147—148页。
⑤ 《日厂停工潮中之救济》，《青岛社会》创刊号，1929年10月10日。

会局派员劝导，令其另谋生计并发给每人 3 元旅费，加以遣散。其他日资六大纱厂的工人，有 1000 多名自愿回家，由社会局发给车票，并给资遣送。① 此次工潮后，返乡人口近 2000 人。

由于第一代乡村移民在职业选择与经济能力上的局限性，以及诸多先赋资源的不足，制约了移民后代的向上流动。20 世纪 30 年代，青岛工人中识字者仅在 30% 左右，苦力十有八九是文盲，极少数人不过略识几个字而已。不少工人家庭节衣缩食供子女上小学，但能继续供应子女入中学的寥寥无几。1930 年，青岛统计的 2000 多个工人子女中，16 岁以上仍能坚持读书者仅有 3 人。② 这固然因为中学教育经费的不菲（公立中学费用每生每学期需 7—14.5 元，私立中学每生每学期需 20.5—33 元），③也因贫困家庭的成员都是十足的劳动力，生存需要成为乡下移民的第一需求，所以，即使有青岛市政府免费提供的社会教育，极少有平民子女参加。

二　垂直流动

城市与农村的生产结构不同，市场力量主导更多行业的生存及其发展。农业社会的靠天吃饭、靠力气吃饭，靠勤劳致富的理念和实践，在城市中不一定奏效，这是一个互相依存度更高的生活与生产空间。世界经济的形势，政治局面的影响，行业发展的趋向总在左右城市居民的收入，进而影响着他们的生活。无法掌握的力量下，人们生活中的偶然性不断增加，一些人的生活更为糟糕，而另一些人抓住时代的机遇，选择新的方向，实现了财富与地位的升值。如同在上海一样，"发迹的只是华人居民的少数"④，乡村移民先赋条件的不足，成为他们进入上一级社会阶层的重要制约因素。同时，他们脱离开原有的生活与交往圈子，又没有能力与机会在城市中摆脱贫穷，一些人甚至成为真正的无产者。

---

①　《救济失业工友之统计及复工后之处置》，《青岛社会》第 2 期，1930 年 1 月 1 日。
②　青岛市社会局编印：《青岛市社会局行政纪要》，编者 1930 年版，"劳动行政"编，第 129 页。
③　青岛市教育局编印：《青岛教育概览》，编者 1935 年版，第 40—41 页。
④　朱维铮：《音调未定的传统》，辽宁教育出版社 1995 年版，第 126 页。

时运不济的乡村移民沦为游丐、盗贼，城市中乞丐收容所每月爆满的人数和盗窃罪与诈骗罪的增加，可以说明此点。还有些女性被押卖或诱拐为妓女，另一些家庭则因为人事的变动而失去健康的身体、可观的收入，呈现向下的流动。那些冻毙、饿死、累倒、撞伤的家庭劳力们，脆弱的身体难以支撑生活的意外，最终使整个家庭陷入绝境。山东冠县人王陈氏，68岁，务农为业，夫故，女儿金芳20岁，容貌秀丽，召赘高志良为婿，生子名大立。因连年兵荒举家来津，居住在河东陈家沟子，因人地生疏，谋事无成，高乃拉人力车为生，因不识路，得利甚微，不足糊口，思虑过深，遂卧病在床。山东唐邑人胡某，与高相识，介绍王氏在英租界袁公馆充当保姆，因举止俗鄙，被辞退回家，得洋五元，暂维生活，不久，胡登科将王氏领往侯家后三等娼窑内为妓。① 更多的妓女均为良家女性转卖而来，她们为家庭挣得一份收入，却再难以回复往日的自由。山东济南府人来津的妇女，原开设三个水铺，买卖很好，不幸丈夫去世，将水铺兑给人家，得了几百块钱，收一点利钱过日子。后来钱都花完了，于是做了游艺场厕所的看管。② 天津小王庄峻业里的居民中，无子无夫的老妪少妇占多数，年轻妇女在丈夫活着的时候，还可以勉强度日，到丈夫一死，幸运一些的为人佣工，无路可走的只好沦为乞丐。③ 城市中的诱惑与压力远远大于相对封闭的乡村，不适应者在进城后只有每况愈下，甚至妻离子散。刘广柱和妻子徐氏结婚十年，女儿8岁，因农村破产，变卖田园，来天津以拉洋车糊口。留津后，刘广柱竟因堕落颓废不堪，家中债台高筑。其妻良言苦劝，刘始终置若罔闻，夫妻情感日恶。一天，刘要将仅有的洋车出售，以抵亏累，其妻劝阻，刘不听劝告，受到妻子的责备，遂用剪刀乱刺其妻女。④

从饥荒骚乱、交通阻塞、农业破产，生活枯寂的乡村来到安定整洁、生活便利、富有生机、物质丰富的城市，本身便是一种生活环境的改良，一些拥有技术和社会资源的人，做了技术工人、管理职员或工头，甚至

---

① 《交友不慎闹得家破人亡》，天津《大公报》1930年4月2日第9版。
② 《津市的职业妇女生活（卅五续）：看管游艺场厕所的妇人》，天津《大公报》1930年4月28日第9版。
③ 《腊尽春回中的贫民窟写真》，天津《大公报》1930年1月29日第11版。
④ 《忠言逆耳，洋车夫刺杀妻女》，天津《大公报》1935年3月2日第6版。

在积累了工作经验、适应了市场变化后,自己办厂成为资本家,实现了财富的积累和地位的上升,崛起为城市工商界精英。如王统照所述:"为了金钱,为了新生路的企图,靠近胶州湾几县的农民,工人,用他们的汗血与聪明,在德国人的指挥之下,把青岛完全改观。……他们有的因此得了奇怪的机会,由一个苦工后来变为有钱有势的人物,有的挣得一分小家私,不在乡间过活,也有的一无所得,或者伤了生命。"① 城市潜藏着各种危险,也充满了各种机遇。市内的青岛贫民,"苦力居多,其初来自外县恒属赤贫,来青二三年后稍知奋勉者大都变赤贫为次贫,更由次贫而化小康者不乏其人"。② 在工业生产与商业贸易中逐渐积累技术和经验的普通工人与学徒,常常能跻身技术工人或包工头、买办等社会中层。③ 天津火柴厂那些有特殊技能的工人,或工作多年,负苦耐劳,即擢升为工头,改为月薪。其他待遇,与厂方职员相同。④

天津新式企业创办人多是归国留学生,如创建久大盐厂和永裕碱厂的范旭东留学日本,创办仁立毛织厂的朱继圣和东亚毛织厂的宋棐卿均留学美国,更多大企业则由外资或军阀官僚买办建立。早期在天津机器厂和大沽船厂的学徒工人,成长为天津制造业最早的工匠技师和管理者。如亚光电器商行创办人黄保安、盛锡福帽庄创办人刘锡三等,均由乡村移民成长为实业界的巨子。一些商店、洋行或工厂的学徒工,学徒期满后就自立门户,成立自己的手工工场、作坊或小商店。如春合体育用品厂创办人傅泊泉,从河北安次县来天津后,先在华北制革厂当学徒,出师后联合师兄弟三人开办皮件作坊,后发展成企业家。⑤ 刘锡三(1896—1982),掖县湾头村人,先在青岛的外国饭店里当茶房时,自学英语后进入美商美清洋行工作,学习出口草帽辫业务,1911 年与其表兄合资在天

---

① 王统照:《青岛素描》,《王统照文集》第 5 卷,山东人民出版社 1982 年版,第 315 页。
② 民国《胶澳志》卷 3《民社志五·生活》,第 376 页。
③ 李明伟:《清末民初中国城市社会阶层研究(1897—1927)》,社会科学文献出版社 2005 年版,第 403 页,载"工头有的来自工人、学徒,有的是包工头、白相人"。
④ 吴瓯主编:《火柴业调查报告》,天津市社会局 1931 年版,第 31 页。
⑤ 傅南雷:《天津春合体育用品厂史略》,中国人民政治协商会议天津市委员会文史资料研究委员会编:《天津文史资料选辑》第 43 辑,天津人民出版社 1988 年版,第 166—171 页。

津开设盛聚福帽庄，在本族刘子山的帮助下，发展为盛锡福帽庄。[1] 黄保安（1880—1956），天津王庄子人，16岁时在天津铸币局学钳工，先后学过造枪、修船、修理电机，靠技术当上天津电车公司电器修理部的工头。适值天津近代工业起步，使用电机的工厂日渐增多，黄保安便利用业余时间在家修理，积累资金后于1931年投资开设"亚光电器商行"，并由修理电机、变压器到制作小型电机和变压器，日益发展起来。[2]

在天津三条石冶铁业中的许多工厂，也是由出师后的工匠开办的，有的发展到一定的规模。一些技术工人，沿街叫卖的小商贩，以及走街串巷的小手工业者，经过自己的努力和同乡间的合作，资金和经验不断增加，逐渐形成了具有一定影响和特色的经营方式，在一些行业中占有重要的地位。如河北冀州农民经过一段时间的积累和互相之间的业务协作，逐渐在天津的五金、竹木、钱业和铸铁、染整等行业形成一定的支配力，在天津工商界称为"冀州帮"。[3]

近代青岛的民族工业，包括小手工厂，许多都由有技术、懂管理的工人创办。青岛各厂主要工程负责人或经理本人，"均悉德管时代之工人出身，因随德人经营各项建筑制造事业及船舶修理，遂得丰富之经验"。[4]这些原来的普通工人成为20世纪30年代各条生产线上的精英。如尹致中在日商洋行卖杂货和制衣针等，学得日语后又到日本制针厂当学徒，后创办冀鲁针织厂，滕虎忱在教友协助下考入青岛的德国水师工务局船坞厂学徒，技术熟练，先后担任船坞厂锻工车间和北京民生工厂工头，后回家乡创办柴油机厂。青岛行栈商和中小企业主多出身于下层平民，主要靠个人奋斗而致富，如刘子山、宋雨亭、曹海泉和陈孟元等[5]。

---

[1] 张鹏程：《驰名中外的天津盛锡福帽厂》，中国人民政治协商会议天津市委员会文史资料研究委员会编：《天津文史资料选辑》第31辑，天津人民出版社1985年版，第179—183页。

[2] 黄兆友：《亚光电器工厂概述》，中国人民政治协商会议天津市委员会文史资料研究委员会编：《天津文史资料选辑》第31辑，天津人民出版社1985年版，第200页；孔令仁、李德征主编：《中国老字号2（工业卷）》上，高等教育出版社1998年版，第198—199页。

[3] 周俊旗：《民国天津社会生活史》，天津社会科学院出版社2002年版，第40页。

[4] 董志道：《青岛工业之鸟瞰》，《青岛工商季刊》第3卷第2号，1935年6月，第6页。

[5] 山东省政协文史资料委员会编：《山东工商经济史料集粹》第1辑，山东人民出版社1989年版，第83、188、209页；《民国山东通志》第5册，山东文献杂志社2002年版，第3298—3299页。

民国时期，教育依然是正式制度体系内社会流动最重要的手段，青岛政府的职员，包括青岛各级学校教职员均有中等程度以上的教育背景，市政府职员中三分之一有大学本科或专科学历，城市的各类学校、港口、铁路、医院招收职员时也对学历有较高要求，天津一些饭店的女招待也需要英语流利，青岛港甚至要求通晓日语或英语等语种。但移民识字率低，较有文化者仅在家乡读过几年私塾，如刘子山、刘锡三和滕虎忱，读过私塾，而尹致中完全没有上过学。他们进城后的初始职业或者是学徒或者是小贩，或当仆役，都是城市最普通的职业，但他们能从社会底层经过十多年的奋斗成为富甲一方的工商业巨子，跻身社会上层。这样的人生流动与他们的勤奋上进相关，通晓一种或两种外语和技术往往成为其事业转折的重要手段，因为语言优势，尹致中、宋雨亭、刘子山、刘锡三等人均能顺利进入洋行，成为买办或中介人，积累了他们创业之前的第一桶金，黄保安则利用独到的电机修理技术成就一番事业。20世纪30年代中国民族资本工业有了很大的发展，但日资企业无论是资本总额还是生产能力都占据支配地位，能在日本工商企业中任职成为重要的晋升阶梯，所以青岛流传着这样的俗语："从小就愁没饭吃，赶紧去学日本话。"[①] 外语并不是每个人都能轻易学会的，技术的精深也非普通人能习得，正是这些工商业巨子个人加倍的努力和不懈追求的志向成为他们改变命运的决定力量，城市工商业发展的时机和前期职业生涯或教会中建立的人际关系亦成为他们创业成功的重要条件。

小　结

近代中国的社会裂变与城乡的背离式发展给乡下人进城之旅奠定了宏阔的时代与社会背景，构成了决定进城乡下人命运的总体性安排。米尔斯认为，"我们在各种特定环境中所经历的事情往往是由结构性的变化引起的。所以，要理解许多个人环境的变化，我们需要超越这些变化来

[①] 《沧口新闻》，《沧口民众》第22期，1936年5月21日。

看待它们"。① 由于移民们是被迫从乡村生态与政治环境恶化中逃出来的，难民、灾民和移民交相汇聚，1928年至1936年间天津和青岛的人口平均每年增加2万多人，加剧了城市就业压力，而近代工商业在20世纪30年代的发展受到世界经济形势与国内政治环境影响而发展不力，多重因素交相影响，城市移民一直面临着严峻的生存压力。除收益不错的工厂、商号能大体维持自给的生活水平，那些工作不稳定的移民，只能挣扎在糊口线上，每月收入3元至7元是移民生活的糊口标准，贫穷是近代城市共同的问题。多数的普通乡村移民发展出混合式的生存策略来应对生活的窘迫，男女老幼全家总动员，挖掘城市生活的各种谋生机会，而人口的聚集本身扩张了城市的工作机会，生存的原始渴望是移民必须要适应并融入社会的初始动力。

对于进城的农民而言，那些有一技之长的各类机器操作工和修理工、各类工匠，是各工厂的骨干力量，月薪在20—40元，甚至更多。而这种技能的获得常常得自于长久的学习与实践，更早来到机器工厂的塘沽学徒们往往成为后来化学工业、棉纺工业、机器制造业的技术人才，从青岛德国四方机车和造船厂出来的许多工匠日后成为青岛企业的管理人员和企业家。早期来到城市积累资金与技术的移民后代往往成为各界翘楚，时间在某种程度上成为乡村移民能更有力地扎根城市的重要因素。乡村移民跻身收入中上层的另一种常见方式是做工头，利用与厂方经理或商店掌柜的乡土关系，经过持久经营，成为工厂、洋行、脚行的工头，收入可达40元以上至数百元，体现出社会关系在个体职业生涯与生命历程的重要支撑作用，从当初离开家乡，至进城谋职，到日后提拔与向上流动，在时间的流动中，血缘与地缘体现出其强大的推动力。无疑，近代城市最基本的分层已经体现为职业的分别，而能够推动乡村移民进入更好生活状况与更高社会地位的，恰恰与个人技术、社会关系、勤恳上进及更长久的进城时间有关。

妇女和孩子们大量进入社会公共生活领域，一定程度上带来了妇女经济地位和家庭地位的提升和她们婚姻伦理观念的变化。婚丧节日中对

---

① [美] C. 赖特·米尔斯：《社会学的想像力》，陈强、张永强译，生活·读书·新知三联书店2005年版，第9页。

传统习俗的遵循，使得近代城市打上乡土烙印，加强了城乡连续性。从城市生活的整体情况来看，移民群体间的差异性已经显现，首先是城郊和邻县的农民们有更多的机会在城市获得较稳定的职业，个体的季节性流动逐渐发展为家庭的长期迁移，技术性工人和与管理者有地缘关系的农民会在城市有限的生存竞争中获得有利地位。在不同的职业中，无论是从假期福利、食宿安排、收入保障还是娱乐生活，进厂作工，尤其是在新式的更大规模的企业中作工是相当不错的人生选择。

第五章

生存困境与社会支持

　　守望相助、出入相扶，一直是个体的内在心理需要，也是群体功能的价值体现，社会支持作为精神病学引入的概念，强调个体社会关系对疾病的防御与治疗的积极作用，此后为社会学者应用于社会弱势群体的心理和社会问题研究。"社会支持网在规范个人的态度和行为时发挥着重要的影响，它也是个人的一种重要的社会资源。从一般意义上说，社会支持指人们从社会中所得到的、来自他人的各种帮助。"① 社会支持的施予者既有政府机构和社会正式组织如企业、商店、学校等的制度性支持，也有来自亲朋好友、邻里同事和社会力量的非制度性支持。农民离开家乡进入都市，经历着生活环境的转换、工作内容的更替、社会关系的重建以及文化规范的变化，并普遍面临经济收入较低、工作不稳定、消费项增加、抚养人口多等生活问题，常常有失业、借贷、疾病等的突发状况，通过社会支持系统解决日常生活问题，不仅可减轻生存压力，提高个人技能，还可维系人际关系，更好地适应并融入城市生活。根据近代乡村移民在城市工作与生活中面临问题时的帮扶主体与干预力量，本书将乡村移民的社会支持主体按照互动密切程度分为微观、中观和宏观三个层面。微观类主体是移民的首属群体，包括基于血缘和地缘关系形成的家庭、邻居、朋友、乡亲等首属群体；中观类主体是对移民工作和生活有较大影响的次级群体，如社会各类慈善机构等；宏观类主体指隶属

---

① 张文宏、阮丹青：《城乡居民的社会支持网》，《社会学研究》1999 年第 3 期。尽管社会学者强调社会支持网由具有密切关系和一定信任程度的人组成，是对个人的精神支持与物质帮助，但本书旨在关注各类社会救助与规范力量对移民生活的救助与规范，涉及政府、企业、老乡及亲邻，更亲密的关系中，由于缺乏资料的支撑，不能构成重要分析单元。

群体，包括国家及城市的各级政府组织等。本章探讨家庭、亲友、社会慈善机构和政府对城市生活中陷于困境的贫民的帮助方式，梳理不同社会关系网络对乡村移民城市生活的影响。

第一节　亲友老乡

以老乡、亲戚、邻居为主体的熟人关系在很大程度上决定着农民在城市的就业、居住方式这些生存层面的支持，也在日常交往中密切交流，建立精神纽带，同时提供慈善救助、工作技能及商业合作，帮助移民适应城市生活，融入城市社会。本章所涉及来自血缘与地缘关系的救助由两个部分组成：一是与个体生活息息相关的亲友乡邻，二是建立在地缘关系上的同乡组织。

一　熟人网络

费孝通先生提出中国乡土社会中人与人之间的关系，是以亲属关系为主轴的网络关系，并呈现出以自己为中心一圈一圈推开去的亲疏远近的差序格局，不但亲属关系如此，地缘关系也如此，每一家以自己的地位做中心，周围画一个圈子——街坊，并因势力的大小而伸缩变化。[①] 基于血缘与地缘关系结成的亲戚近邻是人们最亲近的人际网络，他们在长期的共同生活中互相了解，亲密往来，建立深切的情谊，这种传承数代的情感积累成民众内心深处最质朴而强烈的彼此认同，亲人间的情感依恋与礼义人伦是人之为人的基本品性，也是社会有序团结的基本要求。老乡见老乡，两眼泪汪汪，生于斯、长于斯的乡邻们拥有共同的家乡回忆，不需要语言的交流便自有那份乡土情缘。过上好日子的城里人，总是负有一种天生的道德感：帮助家乡的亲人，否则便是忘本。这样的具有宗教信仰般神圣的朴素使命形成村民们追随亲友向城市的链式迁移。那些被经济恐慌、天灾人祸逼迫到城市的难民也在异地中寻找老乡，在城市中移植乡村的人际关系，可以减轻对城市生活不确定性的担忧。事实上，正是家乡的熟人关系为他们在城市建立较强大的后援团，对移民

[①]《费孝通文集》第 5 卷，群言出版社 1999 年版，第 334—335 页。

的生活和事业发挥着重要作用。

(一) 提供工作

近代天津和青岛人口,主要来自河北、山东各县尤其是邻县地区的农民。城市,于大多数移民而言,是一个陌生而充满危险与机会的场所,亲属、朋友与同乡是他们在城市最基本的人际关系和最重要的依靠。日本人在谈到华北商人时,认为他们坚守信义、敦厚朴素,但顽固守旧,他们与同乡人互相信赖而与外省人不能相容。不仅只限于与同乡做生意,"每当雇人见习、徒工及其他的店员,也要选择同乡或亲戚"。[1] 故天津和青岛的大多数商铺、货栈均录用同村及同县人。而工人的录用中,熟人关系占主导地位。如表5—1所示,织布业雇用工人主要由雇主的社会关系网推荐。1929年天津有织布厂坊327家,工人共7873人,其中学徒有5117人,调查者中由雇主朋友介绍者占40.83%,同乡介绍的占26.30%,由雇主的亲戚们介绍的占18.57%,朋友、老乡、亲戚三大群体介绍的工人占所雇佣工人总数的85.7%。地毯业工人的雇佣方式,三分之二来自雇主或朋友的关系。磨坊业在所调查之83名磨夫中,由官店介绍者达41名,而那些经营磨夫官店的人常常是居住天津较久的磨夫,他们会向官店介绍由其本县来天津找工的磨夫。其他的学徒则由学徒的亲友老乡们介绍。

表5—1　　　1929年天津各业工人和学徒入厂介绍人概况[2]　　　(单位:人)

厂家＼介绍人	朋友推荐	同乡	亲戚	家庭家族	自请	其他	总计
织布业工人与雇主关系	178	58	28	7	28	师兄弟16 邻居2	317
织布业学徒与雇主关系	176	170	133	42		29	550

---

[1] [日] 中国驻屯军司令部编:《二十世纪初的天津概况》,侯振彤译,天津市地方史志编修委员会总编辑室1986年版,第251—252页。

[2] 李文海主编:《民国社会调查丛编二编·近代工业卷(中)》,福建教育出版社2010年版,地毯业见第268、275页;针织业见第332、338页;织布业见388、397页;磨坊业见第470、477、480页。

续表

介绍人＼厂家	朋友推荐	同乡	亲戚	家庭家族	自请	其他	总计
合计	354	228	161	49	28	47	867
百分比	40.83%	26.30%	18.57%	5.65%	3.23%	5.42%	100%
针织业工人	23	47	23		10	师兄弟7 邻居3	113
针织业学徒	24	91	78	22①		邻里5	220
磨坊业磨夫	13	18			6	46	83
磨坊业学徒	63	94	78	47		邻居同学等7	289
地毯业学徒	35	124	37	32		33	261
合计	158	374	216	101	16	101	966
百分比	16.36%	38.72%	22.36%	10.46%	1.66%	10.46%	100%

在针织业、地毯业、磨坊业中，调查的工人学徒共计966人，由同乡介绍的占38.72%，亲戚和朋友介绍的分别占22.36%和16.36%，家族家庭中人介绍占10.45%，总计由亲戚朋友和老乡介绍者占87.89%，当然老乡与朋友的关系亦可交叉重叠，则同乡和亲友在移民们的就业中占据至关重要的地位。那些没有亲友介绍的农民如前来城市谋职，多数也自知没有把握。②

在同乡开办的企业商号内从业，还可能因为乡缘或亲缘关系获得较快的提升，实现向上的社会流动。如天津瑞蚨祥帽庄的外伙计均由当地市场随时雇进，也随时可以解雇，内伙计和东家有师徒之谊，且大都与东家或经理非亲即故。所以瑞蚨祥的经理和持股人员，都是从内伙计提升。③ 刘锡三创办盛锡福帽庄更离不开朋友、表兄和族人的提携与资助。④

---

① 其他均为由家族介绍，仅针织业学徒写由家庭介绍。李文海主编：《民国社会调查丛编二编·近代工业卷（中）》，福建教育出版社2010年版，第338页。

② 刘东流：《天津铁路工人家庭与人口的分析》，《现实生活》1937年第1卷第6期，第20页。

③ 刘越千：《山东孟家与瑞蚨祥》，中国人民政治协商会议天津市委员会文史资料研究委员会编：《天津文史资料选辑》第2辑，天津人民出版社1979年版，第110页。

④ 张鹏程：《驰名中外的天津盛锡福帽厂》，中国人民政治协商会议天津市委员会文史资料研究委员会编：《天津文史资料选辑》第31辑，天津人民出版社1985年版，第179—180页。

傅泊泉联合师兄弟三人开办皮件作坊，在资金困难时，是兄弟四人和家乡的本族人共凑800元作为资本，才能正式开店并发展成天津春合体育用品厂。① 黄保安创办亚光电器离不开长子和徒弟们的技术和时间投入；綦官晟创办同丰益商号则离不开族叔对其商业才能的发掘、鼓励与支持。在移民们个人发展、事业起步与扩展的关键时期，朋友、亲人、族人、师徒关系发挥了非常重要的推动作用。如研究者认为的，这种以同乡、亲朋为纽带织成的关系网在动荡的社会中形成了一股力量，演变为在工商业中同籍移民行业垄断的现象，构成了以地缘关系为纽带的帮派，其中出名的有"广帮""宁波帮""山西帮""山东帮""冀州帮""天津帮"等。②

（二）生活照应

在最平凡孤寂的城市生活中，乡友亲朋是移民温润岁月的亲密伙伴，在工作中互相引荐，在生活上彼此照顾，闲暇时共同游玩。血缘和地缘关系是城市生活的坚实后盾。他们提供的生活便利包括：提供住处、资金借贷、互相帮扶等。在城市拥有一定亲属与乡邻关系有助于他们获得工作，帮助他们在城市生存下来，同时对同乡的依赖在移民的居住格局中有所体现。同一条船上架船的工人、同一个商号的学徒、同一个店铺的伙计，这些依铺户居住的移民基本以同乡为主，同乡的大车苦力或洋车夫也往往居住在一起，来自同一籍贯的贫民居住也较集中。③ 传统的乡土情结与同乡认同在城市中得到充分的体现，先期入城者成为乡下人向城市延伸的重要纽带，借助同乡网络，后续的乡村移民得以在城市定居、工作或做些城乡间的小买卖。青岛的富润里，是众多平民杂院中的一处，在公共通道里，摆满了装有鸡鸭的笼，这些鸡鸭都是附近各路的乡亲们贩运来的，以在市场出售。④ 进城的乡邻为他们提供了临时或长期的落脚点。

---

① 傅南雷：《天津春合体育用品厂史略》，中国人民政治协商会议天津市委员会文史资料研究委员会编：《天津文史资料选辑》第43辑，天津人民出版社1988年版，第166页。

② 莫振良：《近代天津人性格形成的社会历史因素》，《城市史研究》第22辑，天津社会科学院出版社2004年版，第128页。

③ 《青岛市公安局贫民调查表册》（1932年4月），青岛市档案馆藏，档号：B21-3-69。

④ 《富润里之杂写》，《青岛时报》1936年5月12日第6版。

天津塘沽久大盐厂的工人中山东人约占一半，他们由至亲好友介绍进厂做工，山东人注重情谊，彼此照应，所以工人间的关系很亲密，这是久大工人的特别现象。盐厂附设的铁工房电机房，多用有技术的塘沽人，而工匠也多照应乡友，所以塘沽人在技能工人方面占了绝对多数。① 在他们经济困难时，亲友同乡也是借贷的主要来源。如久大盐厂调查的61 户工人家庭中，有29 家（占47%）借债，28 家借自同乡亲友，24 家无利息，4 家有利息，利息在15%—20%，只有一家由转子局借贷，利息约20%。② 任清山，45 岁，山西灵石人，1928 年来天津谋生，经友人介绍，充当男仆，工作一年后，有同乡程元熙多次向任清山告贷，任念同乡之情，不时周济。③ 又如宛平县老翁李德桂，66 岁，住南市以负苦为生。右邻住有同乡全常明及其妻全王氏，全氏夫妇怜其孤独，让李在自家吃饭，李德桂每日给一百枚。后李因欠钱三天，不辞而别。④ 虽然因同乡借贷常常引发纠纷，但可以确定同乡亲友在移民经济困窘时常常是他们最重要的依靠。

　　俗语说远亲不如近邻，家有红白喜事时，邻里的老少都可以帮上忙，这也成为孩子们捞取外快的机会。谁家有红白大事，需要雇打旗的小孩时，只要一敲锣，在一个平民院中，二三百小孩子马上就会很容易地召集起来。⑤ 邻里间有孩子生病、或有不识字者、或看门、或买米搬运，经常可以得到邻居中有力气、有知识者的帮助。⑥ 青岛文兴里的綦氏，平度沙岭村人，她善用偏方，"小到口舌生疮、牙疼失枕、鱼刺卡喉，大到产后虚风、羊癫疯、哮喘咳嗽，她都有办法治愈"。且分文不取，也不求任何回报，成了邻居们的免费医生。文兴里的小商铺则成为居民的"保险箱"，大到老太太的存折、光棍们的现金钞票，小到房门钥匙、书包、马扎子等，只要来历正当，均可无偿存放保管。小铺也是大家的文化站和

---

① 林颂河：《塘沽工人调查》，北平社会调查所1930 年版，第39—40 页。
② 林颂河：《塘沽工人调查》，第199、201 页。
③ 《小题大做》，天津《大公报》1929 年12 月12 日第9 版。
④ 《头破出血》，天津《大公报》1934 年10 月4 日第6 版。
⑤ 《平民院生活之写真》，《青岛时报》1936 年3 月15 日第6 版。
⑥ 王度庐：《龙虎铁连环 灵魂之锁》，群众出版社2001 年版。

消息的传播中心。①

(三) 精神慰藉

同乡们的节庆往来和闲暇聚会也极大丰富了移民们的城市生活，缓解了他们对陌生城市的不适感与孤寂生活的空虚感。如久大住厂工人以来自山东和河北的农民为主，山东人重义气，天津人和塘沽人讲面子，他们的交际费较多，并且收入越高，交际费也随之递增。"他们遇有远来的亲友，不免请吃饭，管住店，招待一番，逢年过节，又要买鱼肉菜蔬，送到至好乡亲的家里去。此外婚丧饯行，要随人情份子，同村乡亲回家去，又有送礼或带物回家等事，讲究交际的工人，不免多破费几文"。86位住厂工人的平均交际费为10.28元，占平均总支出数的8.9%。② 久大住家工人，虽说比其他行业的普通劳工收入较高，福利较好，但平时很少吃肉，但常常会在年节时买肉买鱼，送给至好亲友。"各家差不多都要收到一二份礼物，借此饱餐一回。"③ 久大住家工人家庭事务多，平均娱乐费，比住厂工人少。带小孩子玩耍、与乡友聊天分别是有子女和无子女工人的主要娱乐方式，"天热的时候，同院住的人家，在院中乘凉，天气冷了，一家人围着火炉取暖，全有一种快乐"④。

那些住在店铺的伙友们和住在各杂院的邻居们，多半亦有同乡关系，互相聊聊天、打打牌，结伴去街头听戏，便是他们放松身心、调解压力的主要方式了。假期里，工友们或同乡们结伴游玩，节日时，互相送点美食，联络情谊，因亲友的迁移而有人际交往的亲切感与熟悉感，从而大大减轻了移民们的思乡之情，也便利了他们的城市生活。通过血缘或地缘网络他们获得工作和住所，并借助这一网络系统传承家乡文化习俗，那些节日庆典和婚丧礼俗借助移民网络而在城市中扎根成长，如同贺萧研究的那样，其身份认同与文化习俗也都与乡土关系紧密相连。⑤

---

① 青岛市市南区政协编：《里院·青岛平民生态样本》，青岛出版社2008年版，第40页。
② 林颂河：《塘沽工人调查》，北平社会调查所1930年版，第145—146页。
③ 林颂河：《塘沽工人调查》，第191页。
④ 林颂河：《塘沽工人调查》，第209—210页。
⑤ [美] 贺萧：《天津工人，1900—1949》，许哲娜、任吉东译，天津人民出版社2016年版，第265—278页。

（四）不义之举

善意的扶持与谋生的艰难容易养成移民对乡邻朋友的依赖心理，长期的接济与不平衡的交换也令许多老移民不堪其扰，相互间甚至反目成仇或巧取豪夺。有借贷不成谋取财物或性命者，如不时周济同乡程元熙的任清山，在一次拒绝程的贷款后，程怀恨在心，在某肉铺内窃得菜刀一把，到其住处打算偷走任身上盖着的一床破棉褥，却惊醒正睡觉的任清山，任挟褥而逃，幸免于难。① 平度县人杨高成在青岛台东镇开杂货铺为业，同乡王绪寿至杨处借贷钱款未成，第二天下午，王竟手持菜刀将杨的屋门拨开，直向铺上乱砍，伙友苏某头部被砍三刀，曲某被砍两刀，伤势均重，王于行凶后旋即逃逸。② 有因经济困难而老乡反目者，如前述受老乡全常明夫妻关照的李德桂，因拖欠搭伙费用300枚，未露面，后两人相遇，全将李诓至家中，索要欠资。李未付与，被全王氏以茶杯猛击头部负伤。③ 51岁的安徽人石鞠氏，随亲戚江鲍氏来到青岛，经其介绍充当佣工，因年老无能，半年后被雇主辞退，只好住在江鲍氏家，时常遭到江鲍氏白眼相待，后得知儿子有癫病不能谋生，痛心之时，又与江鲍氏等发生口角后被殴打，遂上吊自杀。④

还有干扰老乡、同事的生活或破坏对方家庭者，如盐山县人徐子方，52岁，因家乡天灾频仍无法耕种，便带着妻子马氏来到天津，打算充当苦工糊口，因人地生疏，便到西广开同乡刘刘氏家中投宿，刘氏之子刘三为无赖之徒，垂涎马氏貌美，将其强行霸占，徐生性懦弱，未敢声张，打算携妻离去，以免纠缠。但刘三不肯放弃马氏，招来暴徒数名各持斧把，将徐拖翻痛殴，并携马氏而去，众暴徒逃逸后，徐外出鸣警。⑤ 另一南宫县杨家圈村陈国凯，33岁，1927年间，经媒妁撮合，续娶同乡农家女白氏为继室，生子已7岁。陈在天津河北南竹林村织布工厂作工，因勤谨耐劳升任工头，每月工薪14元，年节尚有花红，生活充裕。便接妻儿来津，在工厂附近租房同居。白氏自来天津后，受繁华都市的熏陶，

---

① 《小题大做》，天津《大公报》1929年12月12日第9版。
② 《无赖王绪寿借贷不遂深夜行凶》，《青岛时报》1933年11月20日第6版。
③ 《头破出血》，天津《大公报》1934年10月4日第6版。
④ 《安徽妇人石鞠氏因事自缢而死》，《青岛时报》1934年12月2日第6版。
⑤ 《乡愚偕眷来津谋事，投靠同乡妻被霸占》，天津《大公报》1935年9月23日第5版。

加意修饰。陈的同事马景章，23岁，景县人，性好渔色。因与陈国凯同事多年，自陈眷属到天津，不时到陈宅串门，后与白氏有私通之事。①

乡友亲朋是乡村移民在城市最主要的社会关系网，这种熟人网络一方面是他们应对生活困境的保障网，另一方面也常常被一些走投无路者或别有用心者作为缓解危机或谋取私利的工具。如前述天津社会局调查的2847名妓女中，由母亲主使为娼的有644人，由丈夫主使为娼的有550人，父亲主使为娼的有540人，自己堕落的有846人，由亲戚朋友乡邻等熟人主使的有136人，不相识的男女主使的有3人，主使不明的有128人。②有的进城者为生活所迫而出卖妻子。如范玉长与其妻谷氏，由山东原籍来津谋事，数月后生活毫无着落，乃托邻人刘玉贵介绍，将谷氏以120元转嫁王毓宾为妻。③

二　同乡组织

同乡组织是离开故土在异地打拼的移民们基于地域认同而设立的联系乡情、互助互济的服务性组织。关于近代城市的同乡组织研究，学界成果显著，在关注同乡组织类型和数量梳理的基础上，进一步探讨运作模式和社会关系网络（其与地缘组织、政府和行业组织的关系等），更多的研究指向同乡组织的社会功能。窦季良指出同乡组织的社会功能的变化，由原来注重丧葬、公祭等传统事业，抗战后逐渐转向救济、职业介绍、医疗甚至包括对于政府政策的宣传等方面。④顾德曼亦认为同乡组织在民国时期具有某种程度的革新，从消极救助到积极救助（如教育和医疗服务方面的投资），救助范围扩大，甚至承担某种类似政府的职能；拥有不同财力和关系资源的同乡会其能够建立的社会网络体系不一样。⑤宋钻友认为同乡会馆到同乡会所的变化，实质是由商业同乡组织到服务性

---

① 《人言可畏，生生针织工厂昨晨奸杀案》，天津《大公报》1935年7月19日第6版。
② 李文海主编：《民国时期社会调查丛编·底边社会卷（下）》，福建教育出版社2005年版，第553—554页。
③ 《买卖婚姻　生活压迫下竟将发妻价卖》，天津《大公报》1935年8月17日第6版，《益世报》载王毓宾为王玉慧。
④ 窦季良：《同乡组织之研究》，重庆正中书局1943年版。
⑤ ［美］顾德曼：《民国时期的同乡组织与社会关系网络——从政府和社会福利概念的转变中对地方、个人与公众的忠诚谈起》，《史林》2004年第4期，第112—118页。

同乡组织的转变；其社会职能逐步扩大，承担着慈善救助、举办教育、职业指导、化解纠纷等多种公益事业与同乡帮扶活动。① 唐力行指出同乡组织具有开展同乡教育、增进公众幸福、失业救济、援助乡人免除不正当损害、调解劳资纠纷等的作用。② 宋珍珍对宁波旅沪同乡会在社会福利、教育、中介服务、援助家乡建设等方面的作用进行了研究。③ 徐松如探讨了同乡组织如何帮助移民融入都市社会以及如何促进城市管理等问题。同乡组织对乡村移民的帮助有：一是移民教育（包括移民子弟教育和成人移民教育如夜校或补习学校、创办图书馆并开展讲演活动、开展针对性教育如方言学习）；二是慈善救济，如办理丧葬事宜、提供医疗服务、救济同乡；三是调解纠纷，这些活动不仅对同乡融入上海社会起到作用，也在一定程度上推动了近代上海城市化进程的良性运行。④

随着各类移民的增加，天津和青岛的同乡组织也陆续建立。这些原来由大商人、大官僚倡导成立并参与其事的会馆或公所，为同乡的城市生活提供了一定帮助。清朝中叶，天津各地移民以联络乡谊、发扬乡里互助、举办慈善事业为名修建会馆。天津开埠后，人口迅速增加，闽粤、江西、山西、怀庆、浙江、江苏、广东、安徽、云贵、山东会馆等相继成立，举办的公益事业主要有兴办义园、公墓、学校、医院、养病所，开展救灾，资助贫苦同乡回籍、灵柩返里等。⑤ 从已有资料来看，多数的天津会馆在1928年至1937年并未发挥如上海一些同乡组织那样的作用。各大会馆最日常的活动是购买义地，建立义园，供在天津死难的同乡放置棺柩或安葬，其次是资助有困难的同乡回到原籍，为同乡提供临时住处。少数会馆办有学校，免费或半价供本乡子女就读，但成效多不甚显

---

① 宋钻友：《民国时期上海同乡组织与移民社会关系初探》，《上海社会科学院学术季刊》1996年第3期，第159—166页。
② 唐力行：《徽州旅沪同乡会的社会保障功能（1923—1949）》，《上海师范大学学报》（哲学社会科学版）2012年第3期，第33—44页。
③ 宋珍珍：《近代宁波旅沪同乡会社会保障功能研究（1921—1949）》，《宁波教育学院学报》2013年第4期，第110—113页。
④ 徐松如：《同乡姐织在移民融入都市社会中的作用研究》，《都市文化研究》2014年第1期，第97—117页。
⑤ 齐羿：《天津部分会馆简介》，中国人民政治协商会议天津市委员会文史资料研究委员会编：《天津文史资料选辑》第56辑，天津人民出版社1992年版，第158页。

著。对于乡民救助较有影响者，有山东会馆、浙江会馆、江西会馆、广东会馆、山西会馆。

江西会馆，约建于乾隆年间，开始在西关外李家园，举办义地4亩，民国初年又建有宜兴埠二道桥江西义庄，有大三合院房15间、停灵厝室40多间，连同坟茔碱地共计24亩多。[①] 1929年在法租界成立旅津江西小学，招收附近失学儿童30余名，根据家庭经济情况收费，或者每学期收取学杂费五六元，或按月收取一两元不等。因班级不分明，科目无固定，一年以后，学生不足10人。[②]

宁波帮于清光绪年成立浙江会馆，1920年前以筹建义园为重点，1921年至1945年以办理学校为重点。三义庄的义园50余亩，房屋数十间，供同乡死后盛殓及停柩之用，但是收费昂贵。黑牛城的义园数十亩，同乡死后可免费埋葬，后改称浙江第一公墓。1933年宁波同乡在东局子捐地几十亩，建立浙江第二公墓。宁波帮兴办浙江学校，以浙江籍学生占多数，亦酌收外省人，后添办中学，成为天津较有规模的私立学校。宁波帮还联合江苏、安徽三省旅津同乡于光绪年间开办广仁堂，收容寡妇及孤儿、孤女并施以教养。[③]

广东会馆成立后于1920年办旅津广东学校，可容纳学生800余人，广东籍和外省籍学生各占一半，粤籍学生学费减半。1926年在东局子唐家口买地120亩，成立新山庄，以停棺木。[④] 1929年傅作义在天津当政时期，重新修建山西会馆。成立山西小学校、山西旅津中学，招收同乡子弟入学。并在西营门外设立义地10余亩，凡由山西来津死亡者，由会馆予以办理埋葬，来津就业而生活困难者由会馆管吃管住。至1937年1938年间，会馆设立粥厂两处，一处在城隍庙，另一处在侯家后。[⑤]

[①] 涂培藩：《天津的江西会馆》，中国人民政治协商会议天津市委员会文史资料研究委员会编：《天津文史资料选辑》第56辑，天津人民出版社1992年版，第192页。

[②] 涂培藩：《天津的江西会馆》，第194—195页。

[③] 张章翔：《在天津的"宁波帮"》，中国人民政治协商会议天津市委员会文史资料研究委员会编：《天津文史资料选辑》第27辑，天津人民出版社1984年版，第85—86页。

[④] 杨仲绰：《天津"广帮"略记》，中国人民政治协商会议天津市委员会文史资料研究委员会编：《天津文史资料选辑》第27辑，天津人民出版社1984年版，第64页。

[⑤] 谢鹤声、刘炎臣：《天津的各省会馆始末概述》，中国人民政治协商会议天津市委员会文史资料研究委员会编：《天津文史资料选辑》第56辑，天津人民出版社1992年版，第180页。

山东旅津同乡会成立于 1931 年,成立时间虽晚,但会员最多,活动得力。山东会馆创办山东公学,家境贫寒的儿童可免费入学。[1] 山东会馆成立前,黑牛城有一块山东登、莱、青同乡会购买的义地,只限于登、莱、青同乡使用。山东会馆成立后,从鲁籍军政大员和富商大贾中募集款项,先后购买了土城尖山、西头姜家井各 40 多亩的荒地作为义地,同乡会李彦章又捐出他在河东津塘路旁的 20 亩作为第三块义地,在津故去的山东同乡均可申请埋葬在义地里,会员免费破土入葬,非会员绝大部分也是免费。1935 年鲁西水灾,山东会馆募集 3 万元赈款,给流落天津而无法生活的同乡代买火车票,资助回乡等。同时偶尔代为介绍工作。"会馆经常性的工作是替会员应声作保、开证明、办免费、舍暑药、发棉衣以及替商户向当时政府疏通,说些好话,请求减免税款等。"[2]

青岛最早的同乡组织是建立于光绪年间的齐燕会馆[3],1902 年,山东黄县商人傅炳昭等人率先创建了山东会馆,1922 年改称为齐燕会馆,[4] 此后五六年间,又先后成立广东会馆和三江会馆。会馆的成立与青岛商人群体的形成有非常重要的联系,早期三大会馆,正是当时青岛地区几大地缘商人势力的代言人。[5] 其成员多为商界人士,且有一定经济实力。按照三江会馆的馆则,会馆旨在促进赣皖江浙四省寓胶商民之社交、发展商工业;入册会员如遇穷困或亡故,由本馆设法扶助救济。[6] 青岛最早、影响最大的这些会馆,主要为敦睦乡谊成立,起到沟通信息、维护经营利益的作用,除组织重大社会活动和作为华商的货币、土产和期货的交易场所外,也举办社会公益慈善事业。三江会馆常常举办施医、施药、施舍棺木等福利活动,但其救济却难以惠及更多贫穷的乡村移民。

---

[1] 谢鹤声、刘炎臣:《天津的各省会馆始末概述》,中国人民政治协商会议天津市委员会文史资料研究委员会编:《天津文史资料选辑》第 56 辑,天津人民出版社 1992 年版,第 185 页。

[2] 张国良、步丰基:《山东会馆》,谢鹤声、刘炎臣:《天津的各省会馆始末概述》,中国人民政治协商会议天津市委员会文史资料研究委员会编:《天津文史资料选辑》第 56 辑,天津人民出版社 1992 年版,第 205—207、185 页。

[3] 民国《胶澳志》卷 3《民社志九·结社》,第 432 页。

[4] 青岛市史志办公室编:《青岛市志·民政志》,中国大百科全书出版社 1996 年版,第 234 页。

[5] 民国《胶澳志》卷 3《民社志九·结社》,第 432 页。

[6] 青岛军政署:《山东研究资料》第 1 编,编者 1917 年版,第 84 页。

1922年北洋政府收回青岛前后，青岛出现自治与结社的高潮，19个同乡会（包括同乡公会）组织相继成立，同乡会比会馆的服务对象更广泛，会馆成员基本都是工商业者，而同乡会成员包括商人、教师、医生、军人、公务员等多种行业和阶层。会馆以省命名，同乡会则以县命名。尽管区域有了细分、成员有了扩充，但总体来看，20世纪二三十年代的同乡会依然主要是为进城的移民精英服务的。掖县旅青同乡会作为青岛组织规范、成立较早的同乡组织，其入会成员需是掖县的士、绅、商、官等上层人士，[①]目的在于帮助有一定实力、客居异地的同乡，使其能在陌生的城市里更好地生存和发展。

各同乡组织有资助落难同乡返乡、施医助葬之义举，但从史料来看，同乡组织的援助范围与力度是有限的，根据会馆简则规定，能够获得在会馆居住权的本籍同乡需要事先报告董事，得其许可才能迁入居住。[②]而会馆场所的缺乏或容客量的有限制约了大量贫穷乡民的居住需求，青岛的同乡会虽纷纷成立，"然不过赁屋而居，未有能筑会馆者，惟掖县同乡，富商甚多"，"如是倡积巨资，建筑会馆"[③]。多数新成立的同乡会则连正式办公场所也没有，莒县旅青同乡会开全体大会需借用齐燕会馆。[④]众多同乡组织也并未有效开展其当初成立时许下的公益事业，成为媒体所说的纸上谈兵的"说了就算办了的公益"[⑤]。

青岛同乡组织的会员数相对于众多的本籍移民来说，人数非常少。据1928年统计，青岛即墨同乡会会员数量最多，有2000余人，高密旅青同乡会有会员200余人，武定十县旅青同乡会有会员100余人。其余同乡会会员数直到1947年始有记载，但会员数量亦不多，莱阳同乡会为253人，平度旅青同乡会为530人，掖县同乡会为346人，胶县同乡会为404人，潍县同乡会为454人，昌邑同乡会为503人。[⑥]失业者和请求施棺者

---

① 《青岛掖县同乡会会务报告书》，青岛市档案馆藏，档号：B38-1-39。
② 《青岛市公安局管理会馆简则》（1931年1月），青岛市政府秘书处编印：《青岛市政府市政公报》第20期，1931年5月。
③ 《掖县会馆落成讯》，《东海时报》1923年11月30日第3版。
④ 《莒县旅青同乡会借齐燕会馆开全体大会》，《大青岛报》1923年9月28日第7版。
⑤ 《又是说了就算办了的公益》，《中国青岛报》1925年4月10日第2版。
⑥ 《近代青岛同乡组织一览表》，房兆灿：《城市·移民·社会——青岛近代同乡组织研究》，硕士学位论文，中国海洋大学，2009年。

中也不乏已经成立了同乡组织的掖县人、莱阳人、即墨人等。同乡组织在普通乡村移民的生活中尚缺乏广泛的影响力。

总体而言，此期天津和青岛的同乡组织数量较少、会员不多、经费困难，慈善活动开展有限，主要局限于义地和义园的购置、开办学校、资助贫民返乡。在帮助安葬死者方面出力较多，缓解移民的丧葬之忧，在帮助生者方面，虽创办学校但收效未彰，未有范围更大的、更积极的举措，尚缺乏更长久的影响，但为进城的移民暂时提供落脚地或担当保人、介绍工作，一定程度上有助于部分移民的城市融入。

第二节 民间慈善活动

近代城市的社会救济行为，一是由乡绅富户发起的各类民间活动和组织，如施粥、施药、施棺的义举和各类扶助弱势群体的社、所、仓、堂等，二是在西方慈善机构影响下建立的各类社会机构如济良所、乞丐收容所、游民习艺所、社会救济院、红十字会等。"慈善是指民间善意的救助他人的利他主义行为。与之相对应的，救济则是指政府对处于生活困境的臣民或公民的救助行为。"一般而言，慈善是非官方的行为，参与者主要是民间士绅、商人、宗教信仰者和一般平民，经费也多由民间筹募，政府有时给予少量补贴。而救济是官方的行为，主要由政府派员操办，经费从政府财政项下拨付。[①] 国民政府统治前期，天津和青岛的各类社会救济行为根据主办方及其资助方式分为民间慈善活动和官办救济事业，本节主要介绍社会各类民间机构对弱势群体的支持。

天津五方杂处、各类移民汇聚，在长期的生活碰撞中，天津人养成乐善好施、仗义疏财的性格。地方乡绅、富商、官员、平民一直在清朝前期以来发挥着重要作用。"无论贫富，见义必为，饶有古遗风焉。""民俗尚华侈，而皆好善乐施。"[②] 清朝前期，天津即有各类义举，如康熙初年创立的"同善救火会"，遇火灾时即鸣锣，士民奔赴灾所，参会者半为

---

　　① 任云兰：《近代天津的慈善与社会救济》，天津人民出版社2007年版，第9页。
　　② 同治《续天津县志》卷8《风俗》，天津市地方志编修委员编著：《天津通志·旧志点校卷》（中），南开大学出版社2001年版，第316页。

搬运工和商人，火灾熄灭后即按路程远近依次解散。因天津河流众多，抢渡时常有人失足落水，嘉庆初年在北浮桥、东浮桥和西浮桥有救生会。此外有专门收养育儿的恤孤会、捐助节妇的恤嫠会，有救助他人的济急会，有救助饥民的施粥厂、饽饽会（后改延生社），各类组织开展施棉衣、施棺、施席、掩骼、施水、施药、施渡、捞埋浮尸、殓埋、放生等义举，天津城周边有12处义地掩埋尸骨。① 至民国时期天津慈善机构，种类繁多，有矜孤恤寡、济贫救荒、惠及枯骨、救济战地、扶持疾病等各机构。"近论河北，远论全国，对社会公益之热，对慈善事业之诚，慷慨解囊，乐善好施，不得不让天津为首屈一指。"②

随着时代变迁，这些慈善机构或废或革，或改为官办，或官督商办，至1933年依然发挥作用的公立慈善团体有4处，私立慈善事业有慈善事业委员会（专办冬赈）、广仁堂、红卍字会天津分会等14处。③ 青岛市除各同乡会馆还有世界红卍字会青岛分会，中国红十字会青岛分会、世界妇女红卍字会青岛分会、民生工厂、三江平民施医所、和声社、风雅社、物产俱乐部、青岛同人寿缘会等。④ 这些由民间力量主导的慈善机构，经费主要来自官绅富商募捐以及田地房产租赁，虽然资本来源不充分，但在救急助困方面均能积极筹划，或长年收养，或临时赈济。一定程度上缓解了地区内和全市内的贫民困窘，有助于稳定社会秩序，促进民众对城市的认同感。

一 恤贫急赈

各类慈善机构的主要善事活动包括施粥、施药、施衣、施水、育婴、救孤、治病、恤嫠、施棺、埋骼等，涉及移民或城市平民的生老孤病穷死等各类生活困难情形，并以恤贫、施赈和举办冬赈为主。

---

① 同治《续天津县志》卷8《风俗》，天津市地方志编修委员会编著：《天津通志·旧志点校卷》（中），南开大学出版社2001年版，第317—320页。
② 宋蕴璞：《天津志略》，（台北）成文出版社1969年影印版，第269页。
③ 《慈善团体调查：全市共有十八处》，天津《大公报》1934年7月12日第10版。
④ 《青岛市社会局业务特刊》第四编"公益行政"，1932年第1—12期，赵宝爱：《近代城市中移民的互助组织与活动——以青岛为个案（1898—1937年）》，《信阳师范学院学报》（哲学社会科学版）2008年第4期。

根据节令的不同，社会慈善机构开展不同的救济活动。夏季时施水，人力车夫和输运工人在夏季生意繁忙时奔波劳累，青岛于 7 月至 9 月常常在交通要道设立饮水处供行人取用。天津民间慈善团体的作用突出体现在冬季施粥上，粥厂大多设立于贫民区、难民区或城市空旷地带。1930年主要在西头、南市大舞台和唐家口，1931 年冬赈时增加到 6 处，至 1932 年后至 1936 年的冬赈基本稳定在 7 处，主要有南市大舞台、西广开清化祠、特一区三义庄、河东新唐口、河东小树林、河北小刘庄、河北竹林村。粥厂主办者有慈善团体，也有个人办理，如李少棠在河北小王庄组织施粥。①

粥厂所需经费较大，主要由开办方自行募捐，天津市政府也向慈善联合会拨付部分款项。长达一月至三月之久的施粥义举吸引了大批贫困市民或附近乡民。1930 年冬，慈善事业联合委员会办理冬赈，在南市大舞台、唐家口和西广开济化祠设立 3 处粥厂，施粥的 49 天中，"前去吃粥的，共有 239946 人之多，平均每天至少总有五千多人"。"他们的设备，一共有 20 口大锅，每天大概要煮 17 锅，每锅用米 130 斤，水 11 担，烧煤都得费 120 斤上下。这不过是个略数而已，有时还许多些。"大舞台和唐家口每天吃粥的人在 13000 人以上，一些小贩发现机会，趁机在粥场外卖着咸菜。② 从 1930 年 12 月到 1931 年 3 月，三大宗教组织佛教居士林、公善会和红卍字会的粥厂救济人数共计 1240602 人，其中成年男性 481684 人，成年女性 453671 人，男童 125383 人，女童 179864 人。共计用米 472883 斤，用煤 419727 斤，用水 52314 担。③ 1931 年，各慈善团体经办的 6 处粥厂中，食粥人数近 180 万人。④ 1932 年冬赈中，6 处粥厂食粥人数近 50 万。⑤ 1935 年初天津市 6 大粥厂用款 5.2 万余元，食粥贫民

---

① 《1930～1936 年津市冬赈粥厂分布》，付燕鸿：《窝棚中的生命：近代天津城市贫民阶层研究（1860—1937）》，山西人民出版社 2013 年版，第 420 页。
② 《广开粥厂的参观　就食者已逾廿三万人》，天津《大公报》1931 年 1 月 26 日第 7 版。
③ 吴瓯主编：《天津市社会局统计汇刊》，天津市社会局 1931 年版。
④ 任云兰：《民国灾荒与战乱期间天津城市的社会救助（1912—1936 年）》，《中国社会经济史研究》2005 年第 2 期，第 72 页。
⑤ 《可惊的数字，食粥贫民近五十万》，天津《大公报》1932 年 1 月 10 日第 7 版。

达 150 万众。① 1936 年 7 处粥厂食粥人数达到了 300 万，用款八九万元。②

粥厂为乏食之人暂时解决食物所需，而暖厂则为缺衣之人提供了御寒之所，慈善团体或个人在施粥时也会办理暖厂。1932 年，天津黄十字会在天津南市三不管地带施粥的同时，成立一座暖厂，"以席棚搭就，内设稻草床，可容纳无处归宿之男女贫民，以免严冬冻毙，男女分棚容纳，暂时规定只收 500 人"。③ 1935 年冬，市区贫民激增，明德慈济会在南市三不管大舞台南，开设暖厂 1 处，共搭建 5 处席棚，男、女贫民住处、粥厂、病室、厕所各一处。住处均设有大火炉，地上铺有芦苇席，男厂设暖铺 40 个，女厂共设 10 铺，每铺睡 12 人，可容纳 600 人，以无衣无食贫民为限，开办三个月。④

除常态化地在每年冬季为贫民提供粥食和暖铺，各救济机构还根据社会情形对特定群体分发衣食物品，以济贫困，或是建立临时的收容处供难民落脚。广仁堂对不能收容的节妇，施以米或钱，1930 年初，每月给米的有 150 人，给钱的有 300 人。⑤ 1931 年冬赈中，天津慈善联合会在贫户调查的基础上，发放玉米面等粮食共 694105 斤，赈济贫民 70260 户。⑥ 1935 年由于华北局势不靖，武清、宝坻、杨村，以及津东各县难民纷纷来津，东局子附近麋集难民竟超过两万人，天津红十字会，在小王庄、唐家口一带，设所收容。唐家口收容所，规模甚大，容纳数千人，慈善机构又于丁字沽、霍家嘴两地，设所收容，综合天津近郊所收容之难民，在 32000 人以上。⑦ 1936 年，官绅张春荣等人集资在南市创办"贫民庇寒所"，设有稻草棉褥地铺，一般贫民均可入住取暖饮水，所内不施粥，分男女两部，容纳 2000 余人。⑧ 其他各类收容所如长芦育婴堂、广

---

① 《津市粥厂暖厂明日一律结束》，天津《大公报》1936 年 2 月 21 日第 5 版。
② 任云兰：《民国灾荒与战乱期间天津城市的社会救助（1912—1936 年）》，《中国社会经济史研究》2005 年第 2 期，第 72 页。
③ 《暖厂黄十字会举办，以免冻毙贫民》，《益世报》1932 年 12 月 3 日第 6 版。
④ 《冬令暖厂昨开幕，收容男女贫民六百余》，天津《大公报》1935 年 11 月 27 日第 6 版。
⑤ 宋蕴璞：《天津志略》，（台北）成文出版社 1969 年影印版，第 274 页。
⑥ 《本市冬赈办竣》，天津《大公报》1932 年 2 月 10 日第 7 版。
⑦ 记者：《天津东局子难民视察记》，《北辰杂志》1933 年第 5 卷第 9 期，第 2 页。
⑧ 《贫民庇寒所今晨开幕》，天津《大公报》1936 年 12 月 18 日第 6 版。

仁堂等机构为贫苦妇女儿童提供栖身之处，1933年两堂共收容450余人。① 世界红卍字会天津分会设立残废院收容贫民，收容50余人。②

每到冬季，青岛红卍字会等慈善组织一般会按例开展冬赈，施粥或发放其他衣物，惠济贫民。1933年青岛红卍字会的冬赈分两步办理：第一步，先筹棉衣三千套，分发贫民御寒；第二步，购办大批面粉，于阴历年底，分发贫民。③ 自1930—1937年，青岛红卍字会在本市多次发放棉衣、面粉、大米、小米等物品，共计棉衣7941套，面粉2365袋，现款2242元，大米65842斤，小米18360斤。④ 世界妇女红卍字会青岛分会在1934年散发四等面粉675袋，用洋849.32元，施舍各种药品，花费34.42元；1935年购买大米7582斤，用洋418.5元，施舍各种药品，花费31元；1936年购买大米7500斤，用洋495元，施舍药品用费82.5元；1937年施舍药品51.75元。⑤ 青岛红卍字会于1930年成立恤嫠局和恤产局，救助经济贫困的孀妇和产妇，到1936年，恤嫠局和恤产局分别救助孀妇383人和产妇78人。⑥ 青岛红卍字会还组织因利局，免息贷款给贫民做小本经营，1931年后，贫民可借三元大洋，每三日还本三角，一月后还清。有信用者，可继续贷款，但贷款人需要担保人作保，到1936年因利局共贷出1.2万元。对资助贫民的小本营生和生活救济，起到一定帮扶作用。⑦

除各专门慈善团体外，以业缘关系组织起来的同业公会也参与救济事业，如天津盐商及其同业组织芦纲公所一直是天津重要的救助机构，不仅开展放赈，也资助许多慈善组织，如育婴堂、育黎堂、同善救火会、延生社等，芦纲公所另每月给广仁堂捐盐两包。1933年难民较多，旅栈

---

① 天津市政府统计委员会编：《天津市统计年鉴》，编者1933年版，"社会类"，第52页。
② 宋蕴璞：《天津志略》，（台北）成文出版社1969年影印版，第277页。
③ 《红万字会开始办冬赈，先分发棉衣再施放面粉》，《青岛时报》1933年11月24日第6版。
④ 《世界红卍字会青岛分会历年放赈数目表》，青岛市档案馆藏，档号：B63-1-178。
⑤ 《世界妇女红卍字青岛分会征信录（1934—1937年）》，青岛市档案馆藏，档号：A003972。
⑥ 高鹏程：《红卍字会及其社会救助事业研究（1922—1949）》，合肥工业大学出版社2011年版，第132—134页。
⑦ 蔡勤禹、张家惠：《青岛慈善史》，中国社会科学出版社2014年版，第165页。

商同业公会将130处旅栈作为临时难民收容所。同业公会也为本业会员举办公益事业，如天津县洋服同业公会章程规定，为无处为业者推荐职业，为愿回故乡而无川资者提供资助。① 青岛人力车夫救济会，除施医外，还建筑临时棚屋，专为人力车夫待雇时休息之所，严寒风烈之时人力车夫可以入内取暖。②

社会各类慈善机构的急赈事业，给处于生活绝境中的移民们提供了非常及时的救助，使其在生活的糊口线上挣扎时得到来自社会力量的支持，既免于冻毙街头，亦有助于社会秩序的维持，引起乡民对城市的向往。

二 施医助丧

近代天津多数慈善组织在冬赈外，普遍有施药施医事业。广仁堂位于西南城角城外，由苏、浙、皖三省旅津同乡会于光绪年间创办，主要任务是收容、教养寡妇及孤儿孤女，也举办常年恤嫠，并附办工厂、小学、幼女教养所、施医所、施棺所，有余款时还举办临时冬赈。广仁堂请中西医士每天接诊病人，西医施药，中医不施药，但广仁堂内收容之人都供药。堂外的贫民无力入殓者施给棺木。③ 世界红卍字会天津分会主要办理事项即医疗救助。平时设立施诊所，上午由中医免费施诊，下午由西医施诊，号金2分，每周二周五上午十点，施种牛痘。并施放中成药十余种，包括避暑药十种、安胎药一种。崇善东社主要事业有：救济被拐妇孺，资助返乡；常年恤嫠；赈济文贫；施散成药；临时冬赈；附办小学。平时自制成药数种，备患者领取，概不收费。北善堂在恤嫠、办理孤儿学校、代办冬赈外，还办理施药施棺。济生社、积善社、公善施材总社、体仁广生社、备济社等均办理施药或种痘，备济社并附设有平民诊疗所。天津红十字会则设立有平民医院。平民医院对极贫之人免费，其他收取30枚至五角的诊费。④

---

① 任云兰：《近代天津的慈善与社会救济》，天津人民出版社2007年版，第219、221页。
② 《人力车夫救济会工作积极》，《青岛时报》1934年4月22日第6版。
③ 宋蕴璞：《天津志略》，（台北）成文出版社1969年影印版，第275页。
④ 宋蕴璞：《天津志略》，第276—283页。

青岛红卍字会于 1927 年 11 月设立施药所，提供 6 种药物，青岛妇女红卍字会于 1930 年 5 月成立施药所，提供中药，1935 年共提供中药 12000 服。① 青岛红卍字会于 1930 年开设平民治疗所，治疗患者和无力就医的贫民。平民治疗所分内科外科，内科由中医施诊，外科由西医治疗，西药由该所置备，中药则到指定药店半价购买。② 青岛慈济医院对贫民免费治疗，普通就诊者略收药费，自 1930 年至 1937 年，治疗男病人数 48822 人，治疗女病人数 24104 人，共计支出 11306.54 元。③ 以博爱恤兵、救灾赈饥为宗旨的青岛红十字会除战时救护外，平时从事施医和卫生防疫，1932 年春季瘟疫时，四方、沧口一带劳工众多，为防止传染病暴发，青岛红卍字会在青岛台东镇和沧口各设办事处并附设医院，以便附近居民就诊。1933 年，红卍字会共施种牛痘、分发暑药 56.6 元，接诊共 1955 人，花费药品 306.5 元。1934 年，在青岛市内、台东、台西、沧口等处办理夏令防疫，巡回诊治，遇到时疫及时救治。④

助丧是传统同乡会的主要救助事业，南京国民政府统治时期，除同乡会及各类慈善机构兼及开展，还有专门的丧葬自助团体。天津公善施材总社有分社 23 处，每年施材五千余具，每具 2.85 元，对贫而无力者入殓。⑤ 青岛同仁寿缘会俗称老人会，在平津一带早有盛行，老人入会是"希冀于身死后得有一宗棺椁、衣衾、埋葬费"，1933 年 9 月试办，会员 520 多人，登记入册的有 480 人，60 岁以上者 283 人，其中 70 岁以上者 119 人，80 岁的 24 人。工人（如邮差、苦力、码头工人等）65 人，商人 153 人，农民 13 人，政界 8 人，新闻界 5 人，老年妇女 231 人（大都是下级公务员及小工商者的家长）。该会除补助会员丧葬费外，还用于救助过境难民路费，承担了慈善组织的功能。⑥

---

① 高鹏程：《红卍字会及其社会救助事业研究（1922—1949）》，合肥工业大学出版社 2011 年版，第 106、109—110 页。
② 《青岛红卍字会平民治疗所之简章》，青岛市档案馆藏，档号：B63-1-1。
③ 《青岛红万字会附设慈济治疗部历年治疗人数暨经费支出数目表》（1945 年），青岛市档案馆藏，档号：B63-1-361。
④ 蔡勤禹、张家惠：《青岛慈善史》，中国社会科学出版社 2014 年版，第 167 页。
⑤ 宋蕴璞：《天津志略》，（台北）成文出版社 1969 年影印版，第 281 页。
⑥ 《青岛市政府指令第 11999 号（1933 年 12 月 27 日）》，青岛市政府秘书处编印：《青岛市政府市政公报》第 53 期，1934 年 5 月。

230　/　近代乡村移民的城市融入

三　贫民教育

民国时期城市的各类孤儿和妇女收容所在收养孤苦居民的同时，也注重基础教育和技能培训。天津广仁堂的基础教育类有小学和女学；职业教育有职业学校和工场。小学教育开始针对堂内收养的妇女子女及孤儿，学校课程按照教育部章程规定，后来招收堂外学生100名，分四个年级分别授课，如可造就的学生就送往高小、商业、师范学校肄业。女子小学专为堂内节妇之女及恤女而设，分四个班级，年岁较长的兼习工艺，注重缝纫、烹饪。职业学校暂未聘请专任老师，只是选择重要的职业科目及手工中易于实习的，在课外加以教授。因广仁堂后院是花园式建筑，拥有广大农场。学生除工、学外，并教以种植知识，俾养成一完善有用之青年。"力革其依赖游惰之习"①，堂内另辟有运动场、篮球网球具备，1935年时，除节妇有400余人外，女小学学生约20人。工厂方面，1929年秋创立男女工厂，男子在厂学习丝织技术，有的到纺织造币等厂及印刷公司等处学工艺。女子学习织布、织巾、织袜、缝纫。工作种类，根据老师有无和经济足否随时增减。②

世界红卍字会天津分会在医疗救助外，还在公安五区新唐家口办理卍慈大学校，学生共60人，初级免费。③此外崇善东社附办崇善两级小学，共有学生200余名，分初、高两级，学费每年高级6元，初级4元，贫儿免费。北善堂孤儿初级学校，收有55名，但入校须有介绍及保证人，免除学费。引善社有义振小学，学生50人，均免费。广济补遗社有义务小学，学生80名，均免费。④

世界红卍字会青岛分会设立有孤儿教养部和孤儿习艺部，分别收养12岁上下、家境贫寒的孤儿或遗弃失养、流落城市、无家可归的男女孤儿，施以小学教育，使其长大能自立。红卍字会于1934年开设了平民小学校初级班，"以收贫民子弟，年在七岁以上无力求学者，施以普通小学

---

①　宋蕴璞：《天津志略》，（台北）成文出版社1969年影印版，第274页。
②　宋蕴璞：《天津志略》，第274页；爱菊：《救济妇孺机关广仁堂参观记》，天津《大公报》1935年5月22日第16版。
③　宋蕴璞：《天津志略》，第276—277页。
④　宋蕴璞：《天津志略》，第278、280、281页。

教育，俾长大成一健全国民"。① 初立时只有两班，每班40名贫儿，学生学费、校服、文具等均由校方供给，后来继续扩招，增设两个班，学生达160名。②

总体而言，天津青岛的近代社会慈善组织主要以救急、助困为主，所办事业最普遍也是最主要者为冬赈、施药，助无力维生的贫民度过难关，免于冻饿而死，故常年赈济多在寒冷的冬季，平时赈济对象以寡妇、节妇及极贫户为主。所办教育均以收养于堂内的贫户子女为多，系附设事业，受经费限制，学生数量不多，即使有一些慈善机构逐渐招收外来学生，但照收学费且数量有限，所以两市社会慈善机构施力重心在使穷人免于死亡，维系生存这一最基本的人类需要，而更长远的生活习惯的改进、职业技能的养成，则为官办救济机构关注。

第三节　官办救济事业

南京国民政府成立后，1928年3月公布了《国民政府内政部组织法》，规定内政部管理国内民生，下设民政司管理赈灾救济及其他加强慈善事项，确定了内政部为慈善行政的最高机构。同年7月，《特别市组织法》规定设立特别市社会局，主管本市慈善公益事项。天津和青岛特别市成立后，分别设立社会局，负责本市民生、劳动、公益事项，1928年5月南京国民政府内政部颁发《各地方救济院规则》，饬令县级及以上各级政府设立救济院，以教养无自救力之老幼残废人，并保护贫民健康，救济贫民生计。③ 同年6月颁布《管理各地方私立慈善团体机构规则》，加强了对各类慈善事业的引导、管理和组织。随后，天津和青岛成立特别市市立救济院，将游民或乞丐收容所、教养院（育婴所）、济良所、习艺所等各类职能较单一的慈善机构进行规范，并入救济院中。天津和青岛的市立救济院是两市最主要的官办或官办民助的社会救济机构。

---

① 《慈济院1945年院务报告书》，青岛市档案馆藏，档号：B63-1-360。
② 蔡勤禹、张家惠：《青岛慈善史》，中国社会科学出版社2014年版，第169页。
③ 国民政府法制局编：《国民政府颁行法令大全》上册，商务印书馆1929年版，第551页。

此期各类公私慈善机构中，救济人数较多，教养功能突出者首推市立救济院。天津救济院的组织源头可追溯到清康熙年间由地方士绅集资建立的育黎堂，其为贫病者提供衣食，为死者棺殓掩埋。1912年合并栖流所，得官方拨款扩建后，1915年改组更名为天津教养院，其性质由私立改为官督民办，并设立贫民工厂，传授院民技艺，以收养、教养游民及轻罪犯人为宗旨。1928年因北伐结束，散兵群集，天津设立游民收容教养所，1929年教养院和教养所及贫民工厂合并，由政府接办，更名为天津特别市市立第一贫民救济院，自此成为官办救济机构。收容所和教养院是接收乞丐游民的主要组织，而妇女救济院和济良所为大量被拐卖和被虐待的妇女提供庇护之所。妇女救济院于1929年2月成立，收容被离弃的、被虐待、不愿为妾、童养媳等一切被压迫的妇女，刚成立时直属社会局，政府拨发创办费1000元，每月常费400元（后增加到700元），以30人为定额。在妇女协会成立补习班，授予技能，介绍职业或择配对象后，可以出院。天津济良所自光绪年间成立，救济受压迫及彷徨歧途的女子。1914年改归县办，由县每月拨给300元，走投无路的妇女经公安或法院调查确实后送入所内教养，入所者是被诱拐、受人束缚不能自由、不愿为娼、无亲属可依靠的妇女，可由所中代为择偶出嫁。[①]经过多次改名后，第一贫民救济院于1936年称天津市救济院，接管天津妇女救济院、天津济良所等，统一管理全市救济事业。救济院设立妇女、孤儿、残废、养老、育婴、文贫、疯人、施医、公墓管理、工赈、游丐收容和施材等12所，广纳各类需要救助的群体。[②]主要事业有教育、工艺、医疗、游丐收容四类。冬季设临时收容分部，收养无以御冬之贫民，以五个月为限。宗旨：以教育兼筹，因材施救为原则。贫民投院，不限籍贯年龄性别，兼收普济，供给衣食居住，病者给医药，死者具棺殓，老残长期留养，少壮教学习艺，从事生产。在院养成自立技能，于可能范围内，筹划出路。[③]

---

① 宋蕴璞：《天津志略》，（台北）成文出版社1969年影印版，第270—273页。
② 宋蕴璞：《天津志略》，第270页；章用秀：《老天津善人善事》，天津人民出版社2012年版，第278—280页；任云兰：《近代天津的慈善与社会救济》，天津人民出版社2007年版，第119页。
③ 《市立救济院概况》，天津《大公报》1936年7月21日第8版。

青岛在 1928 年后，除同乡会和宗教机构外，政府的救助力量有所加强。1929 年 11 月，青岛成立感化所，教养游民，1931 年 10 月改称青岛市立感化所，以感化市区内犯罪少年及无业游民、偷窃惯犯及其他应受管教者。① 1929 年 12 月，青岛市社会局成立乞丐收容所，收容乞丐、残老、孤儿和在城市谋生无着、游荡街头的外来移民。② 1931 年 5 月，青岛参照国民政府内政部要求，将胶澳商埠局时期成立的育婴所、济良所、习艺所合并，成立青岛市立救济院，此后新建残老所、贷款所、施医所、孤儿所等，1931 年 10 月，乞丐收容所裁撤并归救济院。③

一　收养弱势群体

伴随着近代城市发展过程中人口的激增和各类社会问题的累积，城市贫困群体日益庞大。乞丐游民、被拐妇女、受虐妇幼、灾民难民、鳏寡孤独废疾者，贫无所托者，为数甚众，既有城市生活挤压出来的贫民，更有大量异乡涌入的移民。晚清以来的各类社会组织进行了大量赈济，无论名称如何更迭，收容乞丐、孤儿、寡妇、老妪、轻犯人及不能维持生活的弱势群体一直是其主要功能。天津救济院每月由市政府划拨经费 8190 元，平时收容贫民定额 1100 人，冬季临时分部，经费每月 2100 元，定额 500 人，事实上常超过定额，1933 年时，救济院收容人数少则 1232 人，多则 2221 人。④ 1934 年时，妇女救济院，每月经费增至 1300 元，收容被压迫妇女 80 名，有初级小学并教授手工缝纫；育婴堂，每月经费由津武引岸发 1500 元，市库补助 300 元，收容孤婴及少女 110 人，实施工读教育。⑤

---

① 青岛市史志办公室编：《青岛市志·民政志》，中国大百科全书出版社 1996 年版，第 157—158 页。
② 《青岛特别市社会局乞丐收容所暂行规则及修正条文》（1929 年 12 月），青岛市档案馆藏，档号：A21-1-540。
③ 《关于乞丐所奉令裁撤筹设感化所无款补助游民收容所的指令》（1931 年 10 月），青岛市档案馆藏，档号：A17-3-916；《民国山东通志》第 4 册，山东文献出版社 2002 年版，第 2482 页。
④ 天津市统计委员会编：《天津市统计年鉴》，编者 1935 年版，"社会类"，第 52 页；《慈善团体调查：全市共有十八处》，天津《大公报》1934 年 7 月 12 日第 10 版。
⑤ 《慈善团体调查：全市共有十八处》，天津《大公报》1934 年 7 月 12 日第 10 版。

救济院收容人数因季节而转移，入冬时为饥寒所迫，入院人数逐日增加，由春至夏，人数渐渐减少，1935年天津市救济院5月份新收入贫民249人，河北难民132名，山东60名，约占77%，津市本地仅15人。21岁至40岁的贫民共143人，占57%，"可见受救济之贫民，以冀鲁少壮贫农，及失业劳工，为最占多数"。①1935年各地灾情严重，邻境饥民多来津谋食，而市区失业贫民，尤较往年为多。"市立救济院西关总院、河北游丐收容所，及北营门内冬季临时分部，三处收容定额，共1600名。"仅11月12日至15日四天，新收容饥民即有318人，院民人数总计1788人，而续请投院者，尚源源而来。天气愈寒，投入者愈多。致经费维持困难。②1936年统计时，收容常达1800多人。③

各类组织临时收容以饥民为主，平时收容则以老人、贫民、孤儿、乞丐与妇女为多。为整顿市容需要，公安局常常会搜捕乞丐，送到收容所。天津游丐收容所内分感化、劳役、工艺、病人、留养五区。1936年时，收容院民400余人。留养区内又分养老、残废、疯人三室。养老室收容60岁以上衰老而不能工作者，时有30余人。残废室收容残疾院民，时有70余人。疯人室，接收由公安局转送的疯人，天津没有公立疯人院，凡公安局办理各案内的疯人，不拘贫富均送该所由医师诊治。病人区接收患内科症的病人诊治，患外科症者拨送救济院医疗所。因病死亡者，由救济院发给棺木，抬至救济院公墓葬埋。④妇女救济院开办不足半年，入院人数陆续增加，先后有60人入院，至1929年7月尚有41人，⑤1930年6月增加到80多人。⑥济良所1930年5月时有所女40名，投救者每月六七十名，出所者五六十名，出入约可相抵。⑦被收容者多为妓女和婢女，至1933年11月，先后收容了1428人次，市民可领出所女，领出为妻的捐助50元至80元，为妾的捐助200元至400元，所女满意即通告领

---

① 《救济院收容贫民数》，《益世报》1935年6月17日第5版。
② 《津市贫民激增，救济院已患人满》，天津《大公报》1935年11月17日第6版。
③ 《市立救济院概况》，天津《大公报》1936年7月21日第8版。
④ 《游丐收容所现状》，天津《大公报》1936年8月28日第6版。
⑤ 《救济院请增加经费》，天津《大公报》1929年7月26日第9版。
⑥ 《津市生活：本报社会调查之二十：妇女救济院》，《益世报》1930年6月4日第5版。
⑦ 《津市生活：本报社会调查之十一：济良所写真》，《益世报》1930年5月22日第5版。

人者由铺保具结,再纳捐款,便可领人出所。①

青岛市立救济院作为官办机构,政府拨款较有保障,如1932年9340元,1933年至1935年为10440元,1936年为13200元。② 加上其他捐款和会费等,经费总量相对较大,在20世纪30年代青岛社会收容救助事业中发挥着重要作用,1932年至1935年收容救济的鳏寡孤独残疾四类群体分别为568人、1665人、1643人、2720人。③ 据社会局统计,1934年至1935年,慈善机构收容的游民、妇女、儿童共2347人,救济鳏寡孤独残疾人共4597人。④

官办机构会定期定点对贫寒市民进行施粥、施衣、施药、施棺、提供医疗救助、住处、恤贫金等。1929年后,每到冬季,天津市救济院在沈庄子桃李园设立临时收容分所,限500人,并创办贫户恤金,每户1.5元,共200户至300户。由于经费不足,1935年后停办院外救济。1931年,救济院将募集的近4000元在河东沈庄子租地6亩,建立贫民廉租房62间,廉价租赁给居无定所的贫民。⑤ 青岛社会局有时会在冬季调查社会贫困人士,发放赈济款项。1934年调查鳏寡孤独类待赈济者共有1633人⑥,此后按照每人大洋1.5元由各办事处领取后,在各区发放冬赈救济费。"一般贫民领得后,莫不喜形于色"⑦。

二 提升知识和技能

民国以来,随着社会救济理念从收养为主向教养并重转变和振兴实业热潮的兴起,提高贫困群体的自救能力成为各大救济机构的事业重点,其根本途径即教授工艺技能,使贫民能自立自养,减轻国家和社会负担。各类贫民工厂或单独成立,或附设于机构内,开厂授徒或开课授业,以

---

① 《天津济良所访问记》,天津《大公报》1933年11月24日第13版。
② 青岛市教育局编:《青岛市政要览》,编者1937年版,"社会篇",第49页。
③ 青岛市档案馆编:《青岛数字全书》,中国文史出版社2003年版,第217页。
④ 《青岛市组织救济难民委员会》,青岛市档案馆藏,档号:B22-1-114,转引自蔡勤禹、张家惠《青岛慈善史》,中国社会科学出版社2014年版,第158页。
⑤ 《天津特别市公署救济院施政纪要》(1942年),转引自任云兰《近代天津的慈善与社会救济》,天津人民出版社2007年版,第119页。
⑥ 《社会局办理冬赈鳏寡孤独人数已查竣》,《青岛时报》1934年2月8日第6版。
⑦ 《社会局开始放冬赈》,《青岛时报》1934年2月10日第6版。

提升贫民就业技能和生存能力。1913年全国临时工商会议提出"地方贫民工厂案",规定由地方筹集公费或民间绅商集资经营,1929年,天津第一个独立的官办贫民工厂——天津特别市贫民工厂成立,收容10岁以上20岁以下的少年为主,工厂内有工人实习学校、书报室、医院、体育场、娱乐场、浴池、公共坟地等。入厂贫民主要接受职业技能训练,还学习国文、算术、体操等课程。但由于经费不足,半年后被救济院合并。[1] 天津救济院工艺所分传习、制造、推销三部,每天工作8小时,半年至三年毕业,有三个工作场,第一工作场内分机织科九组,有铁轮平面机22架,提花机2架,有打穗打轴等工作。第二工作场,占房20余间,分织巾、针织、制鞋、造胰、藤木等六科,有织巾机6架,织袜机10盘。第三工作场分浆漂、编席两科。[2] 工作场出品有毛巾、布类、绷带、鞋袜、席等,并织出纯毛洋服料,除去住院贫民使用,还可出售。[3]

天津救济院的教育所,有教室、图书室、操场,1936年7月时有学生180余人,工徒110余人,分学生班和工徒补习班,各有四个班,学生班白天上课两个半小时,四年毕业。工徒补习班,白天上课两小时,半年至三年毕业。教育中注意课外训练,养成自治服务精神。[4] 游丐收容所实行强迫教育规则,除妇女及贫儿,成年男子均先拨到感化区施以感化教育,然后根据其能力拨入工艺、劳役各区,强迫工作及学习工艺技能。可以工作的残老游丐,由技师指导其简易手工。如有家属,即通知具保领出。有患病者即拨病人区医治,病愈后拨回原属区。[5]

青岛感化所自1929年成立以来,主要收纳游民和轻微罪犯,感化所对收容人员一是去除其恶习,二是培养其技术。根据不同情况分配到各科劳动,并根据其表现,随时遣发出所或遣回原籍。[6] 感化所有总务、管教和工艺三股,工艺股设立袜工、线球、鞋工、木工、缝纫、织布、石

---

[1] 刘孟扬:《天津市市立救济院现行设施及其困难问题》,1935年,第9—10页,转引自任云兰《近代天津的慈善与社会救济》,天津人民出版社2007年版,第137—138页。
[2] 《市立救济院概况》,天津《大公报》1936年7月21日第8版。
[3] 《旧腊中之津市民生(三)》,天津《大公报》1931年2月8日第5版。
[4] 《市立救济院概况》,天津《大公报》1936年7月21日第8版。
[5] 《市立救济院实施游丐强迫教育》,天津《大公报》1935年9月10日第6版。
[6] 《民国山东通志》第4册,第2472页。

印、毛巾、墙刷、绳索十科。衣服鞋类除了本所艺徒穿着以外，销售给苦力穿的也不少。身体强健的都要在各科工作，初来的和身体不健康的在宿舍里住着。每屋有班长负责维持秩序。屋子大体上清洁、安静，"可以说是纪律化、军队化了"①。感化所内收容的毒犯和鸦片犯要令其彻底革除。"不但令其戒绝嗜好，并使其身体强壮，习得各种手艺，以为谋生之道。"② 一些市政工程往往由感化所所民完成。如1933年感化所拨壮丁246人由工务局分配修路工作，借此亦可锻炼其体格，每人每月工资扣除伙食等费外，尚可剩余洋二元或三元，工务局考虑到如不为之设法节约，势恐再为其浪费，故每名壮丁发给月薪后，由管理员扣洋一元，转送银行代为存储，待该壮丁感化期满开释出来时，再照数发还，返籍可作川资之用，或作小本营业谋生，但如中途逃走，即没收存款，以示惩戒。在感化期间内既可防止其浪费，出所后亦不致一贫如洗，工人无不喜形于色，极端满意。③

青岛救济院教养方式因收容对象而不同，丧失劳动能力者的老弱残疾，可长期留养，贫穷子弟和少年乞丐则定期教养，通过知识与技能教育，使之学会自食其力的技能、养成遵守社会秩序的行为规范。那些缺乏资金的有劳动能力的居民，青岛救济院开设小本贷款业务，助其营业。只要是15岁至60岁的贫民，且无吸烟赌博及其他不良嗜好，妥具本市殷实铺保或相当保人后。每人可贷款1元至10元，免息借3个月。④ 自1934年7月1日至1935年6月30日，贷款所共贷款14次，受益者750户，贷款金额10008元，还款8427.50元，结欠1580.5元。⑤

三 促成良好习惯

对于长期未受到纪律约束的乞丐游民和未受到教化规约的少儿，市

---

① 《感化所参观记（二）》，《青岛时报》1936年1月12日第6版。
② 《沈市长宴各方记者时之演词》，《青岛时报》1933年7月18日第6版。
③ 《工局为感化所壮丁储蓄，每月扣一元开释时发还》，《青岛时报》1933年12月30日第6版。
④ 《青岛市救济院贷款所实施办法大纲》（1932年1月9日），青岛市政府秘书处编印：《青岛市政府市政公报》第30期，1932年3月。
⑤ 《青岛市救济院贷款所贷还统计分类明细表》（1934.7.1—1935.6.30），青岛市档案馆藏，档号：B21-5-113。

立救济院通过各类规章制度约束和日常生活规范，促成院民养成按时作息、沐浴、理发、储蓄等生活习惯。如天津贫民救济院教育所中，学生每天在规定时间上课，纪念日则运动、唱歌，以免无聊。救济院有澡堂，每礼拜沐浴剃头，院中妇女每天除给院民做被服外兼纺麻丝。工作时间自上午七点至十二点为一班，下午十二点至七点为一班，下班后上学，使其有相当学识，出院后可以立足社会，免致流离。①

天津游丐收容所内有感化区，所有新收院民需先进入该区，施以感化，承担所内一切清洁等工作。游丐被管理者视为有诸多恶习，如欺匿说谎、怨妒多疑、卑污不洁、不堪拘束，故救济院对游民强行实行感化教育，责令按时做工，不改恶习，不能出院。吸毒者则强制戒毒。"本所收容之乞丐，颓废自弃，恶习极深者固多；但安善之贫民因受经济压迫而流落者，亦不在少。"1936年上半年内，共收容疯人43名，治愈出所者23名。救济院定期给院民讲授公民类课程，每周一，由管理者讲演。周三周日，有救世军派人讲演，每周五有民众教育馆派员讲演。救济院并制定奖励贫民储蓄的办法，将院民工资或奖金提取十分之一或十分之五由院会计股保存，使院民能"知爱惜所得之资，以养成储蓄习惯，且备将来出院时，有营业之资本，可以自立谋生"②。救济院设有院民浴室和理发室。学生工徒及院民都必须轮流沐浴。③

天津济良所的所女要遵守严格的管理制度规定，按照固定时间作息、用餐。与一般救济机构不同的是，所内非常注重卫生习惯的养成与强健身体的体育锻炼。所女每天运动两小时，衣服要定期换洗，所有被褥，每周晾晒一次，一月拆洗一次。"起后被服折叠整齐，扫除洁净，窗纱卷起，以通空气。所女开饭时，入食须按秩序，不得喧哗，食毕将食具等擦洗洁净，夏时食具，一律盖蒙纱布罩，以防蚁蝇，致碍卫生。"所女沐浴次数，冬天每周一次，春秋4天一次，夏天每两天一次。所女分班值日，打扫房间、浴室、食堂及厕所，务须清洁。④

---

① 《旧腊中之津市民生（三）》，天津《大公报》1931年2月8日第5版。
② 任云兰：《近代天津的慈善与社会救济》，天津人民出版社2007年版，第121—122页；《游丐收容所现状》，天津《大公报》1936年8月28日第6版。
③ 《市立救济院概况》，天津《大公报》1936年7月21日第8版。
④ 《津市生活：本报社会调查之十一：济良所写真》，《益世报》1930年5月23日第5版。

总体而言，天津和青岛在 1928 年至 1937 年的社会救助活动主要以助困济急为主，施助对象为鳏寡孤疾、游民乞丐、毒犯窃犯、落难妇女、贫苦百姓等。民办慈善事业以维持其生存，以养为主，而官办救济机构虽注意幼儿老人残疾的收养，也收容乞丐、游民、轻微罪犯和病人，注重成年男女的职业技能与生活习惯养成，教养结合，一定程度提高了收容住民的工艺技能和文化程度，但由于施救对象范围的狭窄化，并不能从整体上提升移民适应城市生活的能力，而是使部分弱势群体或边缘群体免于冻饿而死，减少社会生存法则对贫困人口的挤压。

近代城市社会救济组织的各类救济活动极大缓解了移民的生存困境，尤其是那些收入不稳定或受市场行情影响而无力谋生者。如天津人力车夫，严冬当头，风雪交加中，各粥厂苏解他们的危困不少，虽然养成他们一点依赖性，但它的价值，是不容淹没的。① 码头苦力工人收入甚微，多者不过三角最少只铜元廿枚，寒风凛冽中，在粥厂里就食的群众里，除一部分"白面客""街头乞丐"和洋车夫外，要算负苦生活的贫民为最多。② 各类粥厂不仅吸引城市附近的乡民就食，救济院的设立与较完备的安排也吸引着附近乡民扶老携幼而来。③ 那些没有出路的孤儿们，以能进入救济院学习或生活为迫切愿望。如 15 岁的大城人郝铁，住天津河东富幸庄余庆里，因家境困难，赖做小生意维持，但入冬以来，每日所获，不足生活，便自往救济院，恳祈设法救济，经核实，社会局拟将该童送入救济院学习工艺，使其将来也能受益。④ 公安局遇到迷路而无主孤儿会送往救济院，以免沦落。即使年纪轻轻，23 岁的木匠郭新春，也愿意投身救济院生活。⑤

近代城市中女性普遍地位低下，就业困难。而大量乡村妇女除被家

---

① 《天津的洋车夫》，天津《大公报》1933 年 12 月 12 日第 13 版。
② 《负苦力食的扛抬夫与小工》，天津《大公报》1934 年 1 月 7 日第 13 版。
③ 《贫民唯一的归宿处，第一救济院的参观》，天津《大公报》1931 年 1 月 14 日第 7 版。
④ 《关于院收容保领事项：为函送失业男童郝铁一名请收留救济由》（1936 年 10 月），天津市档案馆藏，档号：J131 - 1 - 717。
⑤ 《关于院收容保领事项：为登报招领迷路幼童张学由》（1936 年 10 月），天津市档案馆藏，档号：J131 - 1 - 717。

人携带进城，逃难进城，被拐卖入城者不少。妇女救济院和济良所等专门收容被拐进城的妓女、受家里虐待的养女、受班主欺压的艺女、被丈夫押卖的妇女等，为众多有苦无处诉、有难无人帮的女性提供重要的避难之所。日租界同庆后三顺班妓女陈小红，原籍河南内黄县陈杨村，10岁时被人诱拐来津，卖入三顺班为妓，迫令接客，偶不如意，时加打骂。陈小红因不堪虐待，带着积蓄潜行逃出，延请律师，在地方法院检察处控告李郝氏妨害自由，被送往妇女救济院，暂时收容。① 冯小桃，12岁，住济南曲阜乡下，父亲因家贫将其卖与朱家为婢，因太太及少爷小姐，生性均甚凶狠，每天命小桃擦桌、扫地、倒痰盂、晚间侍候太太抽烟，做事偶一失慎，便将木棍殴击，或用烧红烟杆向膊上腿上乱刺，于是小桃趁太太赴亲戚家晚间未归，同另一女仆开门潜逃，后被妇女救济院收容。② 冯刘氏，26岁，通县人，20岁时嫁与冯德明为妻。冯好吃懒做，不事生产，家中只有土房三间，贫苦无以度日。不得已，冯刘氏于出嫁后两年，来津为人佣工，先后在河北五家、日界马家和河北赵家馆工作，每月工资四五元，而丈夫只是嫖赌挥霍，每个月必来天津一两次，将冯刘氏手头银钱榨尽，偶一不与，挞楚立至。阴历十月初，丈夫来天津，强索银洋二百元，冯刘氏被逼无奈，只得随之回去，在同乡家歇宿时，听见被商议转卖，便向外飞奔，命洋车拉至公安局，公安局称须先投岗警，冯刘氏又离开公安局，由岗警带交公安局后，转送交法院，不愿与夫同居，被地方法院送到救济院。③ 这些收容机构的存在使受尽窑主、主人、丈夫虐待的女性看到生活的转机。

按照救济院规定，凡系失业居民，及孤苦无依，投请救济者，须尽量收容，分别教养，概不强制，如有家属前来保领，准予出所，另谋生活，有毒瘾嗜好者，则送市立戒烟医院予以戒治。④ 但是入院者过多，而收容能力有限，各所便根据院民情况，或遣送回原籍，或代其谋得工作，

---

① 《都市罪恶栏：逃出平康》，天津《大公报》1935年1月16日第6版。
② 《小桃的创痕》，天津《大公报》1929年11月15日第9版。
③ 《贫苦女子与无教育无业的男子》，天津《大公报》1929年11月17日第9版。
④ 《关于院收容保领事项：令游丐收容所》（1937年1月20日），天津市档案馆藏，档号：J131-1-717。

或由在本市的家人或亲戚领回①。那些不愿回家的穷苦妇女，救济院和济良所会代为谋职或择偶。②妇女救济院旧章规定院女入院2年后方准出院，1930年4月，经社会局提议修改并呈市政会议通过，规定院女有五条出路：保领、转学、择配、介绍职业、机关调用，觅具妥实铺保者可随时请求出院。亲属保领院女，不交费，择配则由订婚人量力捐助教养费，但至多不得超过每月五元的规定。③一些进城妇女获得新的出路，如文香本是妓女，投身救济院，后与棉花商店的生意人陈思明结婚，每月收入尚足维持家庭生活，使沉沦弱女归依得所。④

1928年后，国民政府加强了对慈善机构的管理和监督，官方统筹办理的慈善救济事业不断扩充经费，扩展收容范围，但因城市公共财政有限，城市贫民数量众多，固定的收养机构经费相对不足。各地贫民每至冬赈时蜂拥而至，各临时收容点难以尽数容纳，僧多粥少，常有难以为继之虞。如1930年，各慈善团体留养人数共1400余人，而同期天津市区贫民95509万人。⑤ 1936年11月天津市市立救济院共有院民2590人，而同时期仅失业人数就达27457人。⑥ 1935年因天气严寒，灾荒频仍，明德慈济会在南市开设暖厂，入厂过宿的贫民络绎不绝，异常拥挤，至月底大雪，鸠形鹄面者争相进厂，致内部几无立足之地。而举办方也担心杯水车薪，难期普救。⑦仅12月上半月中，130名难民冻毙。⑧到当年12月29日，因天气寒冷，温度降至零下18.5℃，难民冻死多人。慈善会及慈济会在各处设立的粥厂暖厂，贫民益形拥挤，各地粥厂约达4万人，难以维持。⑨不惟平日收容常有经费拮据之虞，冬季施赈时，更有无力支撑

---

① 《市立救济院实施游丐强迫教育》，天津《大公报》1935年9月10日第6版。
② 《妇女救济院大礼告成，九对佳偶成婚配》，《益世报》1935年9月8日第5版。
③ 《天津特别市救济事业概观》，《益世报》1930年8月8日第5版。
④ 《她有了出路》，天津《大公报》1930年3月27日第9版。
⑤ 吴瓯主编：《天津市社会局统计汇刊》，天津市社会局1931年版。
⑥ 《天津市市立救济院院民出入人数表》（1936），《天津市政府公报》1936年第95期，"统计"第3、7页。
⑦ 《大雪中暖厂贫民多》，《益世报》1935年12月1日第5版；《南市暖厂贫民众多》，《益世报》1935年11月28日第5版。
⑧ 《半月内冻毙数 共百卅名》，《益世报》1935年12月16日第5版。
⑨ 《昨日风寒仍厉各粥厂贫民益增》，《益世报》1935年12月30日第5版。

之忧。

尽管社会各类慈善救济事业努力经营,却难以满足日益增加的赈济需要。故媒体亦感叹:本局一年来无成绩表现的缘故,属于同人等能力薄弱,占十分之三四,而属于财政困难,一切计划,都不能实现,却要占十分之六七,这是有心无力无可如何的事。我们睁开眼睛走到市上去看看,随便到那一条街巷,都看到一群一群老幼不等的男女乞讨声,哀顲声!虽然成立了一个游民收容所,一个贫民工厂分厂,一个妇女救济院,可是经费的来源不充足,范围受了经费的限制,都很狭小,所以救济收容的力量,薄弱得很,男女老幼的乞丐,还是到处都有!真惭愧极了。①

救济院和感化所等的设立,给迁居城市但生活无着的移民提供了暂时栖身之所,但随着入所人数日益增加,场所不敷使用,救济机构需要采取措施将院民设法安置出所,他们会为院民在城市谋得出路或定期将原籍不在天津的乞丐遣送回家乡,如 1935 年 6 月,因收容游丐人数极多,愿意由当局遣送回原籍的约 190 余人。② 按照青岛市社会局规定,乞丐出所时由其亲属担保领出,或回原籍务农,或谋营业、苦力、饭铺等业。1931 年 4 月、6 月、7 月、8 月、10 月 5 个月中,青岛乞丐收容所有明确记录出所的 67 名乞丐中,回原籍的有 38 人,其余除未注明外,多在城市谋得职业,多数被收容的乞丐最终被遣送出境返回原籍,城市更愿意接纳有工作的乡村移民。

小 结

陌生环境中的打拼对于众多乡村移民而言,无疑是艰难的,工作、经济、精神等方面的压力,还有不期而至的经济凋敝、气候无常、坑蒙拐骗等,威胁着进城农民的生存和生活,城市不同社会力量的支持帮助为弱势群体在城市生存下来提供了一定保障。

进城的移民要化暂时的避难为长期的居留,在获得一份至少能够糊口的职业时,必须具有防范外部风险和家庭变故的应变途径,以维持生

---

① 凤蔚:《贫民与社会》,《社会月刊》(天津)1929 年第 1 卷第 1 期,第 80—81 页。
② 《救济院收容游丐将遣送回籍》,《益世报》1935 年 6 月 13 日第 5 版。

命的延续，缓解内心的紧张与孤寂，解决生活的难题。从天津和青岛的移民来看，他们可能获得的支持主要来自三个体系：基于地缘与血缘关系的熟人网络；具有地方公益传统的慈善组织；城市政府部门成立的救济机构。从家乡迁移而来的社会关系不仅为移民提供工作和住房，也在生活方面提供照应，如出借财物、生病照料、吃饭搭伙、丧事帮忙等，他们也是移民的休闲娱乐伙伴，互相慰藉，强有力的乡邻亲友的支持是移民融入城市生活的核心保障。

无论是公益性的民间慈善机构还是公共性的官方救济机构，救助活动以恤贫冬赈和收容供养为主，一定程度缓解了鳏寡孤独、贫疾死者、受虐妇女等弱势群体的生存危机。相对而言，民办慈善事业以收养弱势为主，官办救济机构强调教养结合，使部分弱势群体或边缘群体免于冻饿而死，在维持个体作为生物人的物质需要时，也逐渐关注其作为社会人的习惯与技能培养，对贫困移民融入城市社会发挥着积极作用，不少从救济机构出来的青年获得一份工作，一些女性则重新成立家庭。更为积极的是，城市慈善救济机构不仅为受助者提供切实的帮助，更为移民的城市生活方式提供一种选择，外地进城谋生无着的孤儿或妇女会积极借助各种途径进入收容机构，此举本身意味着受助群体对城市生活的认同，城市的救助体系亦激起周边乡民对城市的向往。

从慈善救济机构的收容条文来看，对移民的支持是选择性的和有限的。如经费相对充足的广仁堂，需要有介绍人才能进入；济良所和妇女救济院有时只接收由司法公安部门转送过来的妇女，要进入救济院需要社会局查实许可，收容所和感化所定期出清游民乞丐中，没有亲人作保请领，或不能找到工作的外地人，将会被遣送回乡。由于城市财政经济的制约，两市均在1935年后出现经费不足的问题，各收容机构实际能够收留的人员非常有限。尽管近代慈善救济活动为城市社会保障事业做了有益的、积极的探索和尝试，但相对于数量庞大的待助济群体而言，其救济力度与救济范围依然十分有限，没有稳定职业和其他社会资源的移民，或者继续在贫病中挣扎，或在城市的收容遣送安排中回到家乡。

第六章

建设事业与移民融入

　　如果说社会慈善事业的救助是维持着城市中边缘群体作为生物人的存在，亲朋乡邻的帮助是满足移民作为社会人的需要，那么行业规训与社会建设则是工厂及政府以制度性力量积极促成移民向城市人和现代人的转变。1928年国民政府形式上统一全国以来，1930年制订了"首都计划"，各大城市按照现代都市的要求，进行了区域规划设计、基础设施建设和生活规范制定，兴起市政建设的潮流，改造城市被视为改造中国的基本要求和必要准备，也是平民政治的根本。① 至1937年全面抗战爆发，无论是从政府的立法规范层面、城市化进程的加快，还是城市基础建设的兴起来看，此期是近代城市建设步入快速发展的时期，天津和青岛作为北方最重要的工商业城市，建立并规范了城市政治机构，加强了对工厂管理的规范化，并依据国民政府的相关条文开展各项城市建设事业，尤其是青岛政局较稳定，市长沈鸿烈注重救济平民生计、改良社会风俗，积极推进平民住房改造事业，成为近代市政建设之模范。

　　乡村移民对城市生活规范及价值观念的接纳是城市化的实现途径，也是城市化的重要目标。乡村移民融入城市社会，有赖于个体或群体的主动适应，也需要正式组织的制度铺垫。乡民融入城市亦是一个改造与被改造的过程，人们改造着城市，又被城市改造，他们将家乡风俗娱乐、人情纽带移入城市，也被城市管理者在组织性和规模性的集体活动中改造着。对于乡村移民而言，制度性的规约来自工厂的行业规范和政府的

---

① 董修甲编：《市政问题讨论大纲》，上海青年协会书报部1929年版，第7页；蒋建策：《市政与新中国》，上海正中书局1940年版，第9页。

法规条文，他们潜移默化地影响着乡民的日常行为和价值观念，对推动乡村移民的城市融入发挥着非常重要的作用，本章考察工厂制度化生产环境及住房建设事业对移民城市生活的规范与改造，以期了解制度性组织关系对乡村移民融入社会的助力及其对乡民城市生活的困扰。

第一节　工厂劳作训练

南京国民政府建立后，一方面通过各种手段加强对地方力量的统治，另一方面强化对地方建设的干预，尤其是城市建设，力图将城市居民从自由的劳动者变成国家的公民，将一盘散沙的乌合之众整合成国家需要的具备相应能力与品格的健全国民。在此过程中，民众传统的日常行为与风俗习惯需要改造，如新文化运动时期成长起来的知识分子所认为的，最难的问题是教育农民。如何改造国民、教育民众也一直是20世纪30年代知识分子关注的热点话题。工厂由于劳动力集中，提供了规范民众行为的良好实验场，事实上，无论是工厂管理者出于提高劳动生产率与追求利润的需要，还是政府出于管控劳工免受不良思想干扰的考虑，甚至是共产党出于凝聚革命力量的求索，工厂、政府、共产党力量均对于劳工的规范、教育与动员倾注了大量心血。

一　改造工人的主要方式

（一）劳动规训

马克思关注生产过程中资本对工人的控制与技术使工人的异化，福柯在分析权力产生机制时揭示了监狱、学校、工厂等通过日常的规范化的纪律、检查、训练、监视实现对个体的支配和控制的目的。[1] 学者们也关注现代工厂的规训对农民工身体、意志以及行为的同质化重塑。[2] 这类研究关注科层式和规范化的管理带来的控制效应，对于农民而言，这样

---

[1] ［法］米歇尔·福柯：《规训与惩罚：监狱的诞生》，刘北成、杨远婴译，生活·读书·新知三联书店2003年版。

[2] 潘毅：《阶级的失语与发声——中国打工妹研究的一种理论视角》，《开放时代》2005年第2期。

的劳动技能训练与工作强化推动了移民融入城市社会的进程，实现从传统农民到近代工人的角色转变。

一个城市人的最基本要求是一份收入相对有保障的职业，并且在身体和能力上能够胜任，进而在对城市生产方式了解与熟悉的基础上，领悟行业要求与人际规范，建立新的工作关系网络，并在生产组织的帮助下不断改善经济状况，提高个人技能，分享经济发展的收益，改变原有生活习惯，适应新的生产和生活环境。为此，那些进厂工作的乡民需要接受工厂对其工作秩序的管理、工作技能的训练。采用机器化生产、实行分工合作的近代化工厂制定了严格的生产规范，这些规范主要体现在工作时间限制、工作流程安排、日常行为约束等方面。为保障生产的高效、减少工作的失误、获取稳定而有效的利益，工厂都严格规定工作时长、出工考勤及休假制度。为保护劳工权益，1929年的《工厂法》第八条规定了成年工人的八小时工作制，如必须延长工作时间者，得呈准主管官署定至十小时。《青岛市工人待遇暂行规则》第十条载，职工每日工作时间不得超过十小时，如因天灾事变季节或工作性质，或有他种特殊情形得呈准社会局延长工作时间至十二小时为限，但青岛各火柴厂、铁工厂工时合乎规定的不及6%。① 天津和青岛各大工厂劳作时间在8—12小时，② 如天津地毯业工人每日以12小时为最普通，也有每日工作14小时者。③ 天津磨坊业的工人除去用膳时间外，平均每人每日工作时间为13.5小时。④ 那些没有按时上下班的工人会受到处罚，考勤合格则会受到奖励。如永利盐厂工人上班延误不得超过五分钟，否则惩以罚金。⑤ 为严格工作时间，厂方会奖励全勤的工人，如裕元纱厂，1927年规定，一个月内全勤的工人得奖金五角，到1929年改为半月全勤奖五角，但获得奖金的工人比例并不算高，1928年为58.7%，1929年前9个月为63.6%。

---

① 《社会局令各工厂依法修正工作时间》，《青岛时报》1933年11月19日第6版。
② 《青岛市工人工资及工作时间（民国二十三年）》、《天津市工人工资及工作时间（民国二十三年）》，《统计月报》1935年第3卷第3期，第31—37页。
③ 《天津之地毯业》，《工商半月刊》1929年第8期，第12页。
④ 方显廷：《天津之粮食业及磨房业》，《经济统计季刊》1933年第2卷第4期，第989—990页。
⑤ 林颂河：《塘沽工人调查》，北平社会调查所1930年版，第227页。

华新纱厂1929年规定凡半月内全勤工人，给予相当于该工人一天工资的奖金，缺工一天，不奖不罚，未请假连日旷工者处以罚金。① 近代节假日制度设立以来，新式假期如元旦、国庆日以及传统的春节是工人法定休息时期。如永利工人每年有假日35天。② 天津火柴厂工人每周休假半天，春节放假两周，国庆、元宵、中秋、端阳各一天，其余依法定日期放假。③ 恒源纱厂规定，请假日期不拘长短，但不续假亦不到厂者以旷工论，旷一工则罚一工，旷工超过两周，即行除名。④ 一套制度化的作息时间规范了工人的工作安排，时间的经济化特点强化了工人的时间观念。

每个工厂都制定了严格的奖惩规则，包括工作流程与工作标准的要求，对工人行为习惯的约束以及相应的奖惩措施。如永利制碱工人中，铁工、木工、电工等须有特别技能，管仓库的工人，要能读书，门役必须谨慎可靠，拾煤和其他散工杂役，要求体力强健，勤苦耐劳，管理者要有经验。"无论担任哪种工作，全须有灵快的手腕与锐敏的感觉，有时并且需用强壮的力气。"⑤ 天津恒源织布厂的工作规则有十四条，除在时间上要求匠徒们听到工厂汽笛一响即入厂摘牌，迟到不能超过十分钟，还要求工人停工后在工作地点安歇，"不得随意乱串聚集一处，高声谈论，致失秩序"。织布厂工人对机器有不明白之处，禁止动手，以防危险；织工上机下机的布要留有纱穗头；织工要妥善保存穗盘上的纬管，不能织残布及断线不接、接线不良等；不能将纱油污、错用支数、结头不善；量布工人不能量错码；验布工人不能有残品未验出等，每一项工作都有严格的技术规定。⑥ 天津华新纱厂有工人禁约十四条，规定工人进厂不得迟误，入厂工作不得冒名顶替，不准带闲人进厂，不准嬉笑喧哗、闲谈、瞌睡以及借事耽延，不准在地上乱抛工件，不得将油棉、白花等物品混堆一处，不准在厂内吸烟赌博，不准任意出厂，出厂时须受搜检

---

① 方显廷：《中国之棉纺织业》，上海商务印书馆1934年版，第142—143页。
② 林颂河：《塘沽工人调查》，北平社会调查所1930年版，第228页。
③ 吴甌主编：《火柴业调查报告》，天津市社会局1931年版，第31页。
④ 吴甌主编：《天津市纺纱业调查报告》，李文海主编：《民国社会调查丛编二编·近代工业卷（中）》，福建教育出版社2010年版，第603页。
⑤ 林颂河：《塘沽工人调查》，北平社会调查所1930年版，第224—225页。
⑥ 吴甌主编：《天津市纺纱业调查报告》，李文海主编：《民国社会调查丛编二编·近代工业卷（中）》，福建教育出版社2010年版，第605—606页。

等，违反各条轻则处罚，重则革除。偷盗、毁坏工厂物件及妨害厂内治安及风纪的，屡犯厂规的，无故连续停工超过两周者，会被工厂开除。①德和木号的学徒6点开始营业，直到晚10点才能休息，工厂规定有"五不许"："1. 不许带家眷；2. 不许吸烟；3. 不许赌博；4. 不许无故外出；5. 不许留长发。"②各大工厂有严密的生产分工，严格的时空管理，入厂移民必须接受在城市工作的技能训练，熟悉科层式管理体系。

（二）生活指导

对劳工宿舍的研究表明，对工人生活方式的规范往往通过劳工宿舍进行，在积极的制度环境下，宿舍成为一种现代文明教化的空间，在劳工教育、固结团体以及劳工自治培育等多方面发挥着潜移默化的作用。③近代企业对工人的日常行为规范的指导渗透在工作、衣食、休闲和宿舍等有关个体衣食住行玩等一系列环节，对工人实行全天候、全方位的规则倡导与监督管理。工厂对工人的要求，除有严格的时间规范，更注意个人生活习惯，如不良嗜好、卫生意识与个人品行。

传统乡村生活中的农民习好喝酒、赌博及吸烟，故一些工厂工人嗜好费中花在烟酒上面的较多。久大工人的杂费支出中，以嗜好茶和烟的花费最大，约占杂费的28.2%，占总支出的2.6%。④纱厂对工人要求是严格禁止偷吸纸烟的，轻则开除，重者送公安局惩办。⑤永利工厂严加禁止工人嫖赌，一经犯规，即予斥退。工厂规定不准吸烟，一是防备火灾，二是避免工人学会吸烟，多费金钱，但久大住厂工人，大部分是农民，闲暇时喜好吸烟，不易戒除。故对于早已成习惯的吸烟人，并不认真干涉。⑥

---

① 吴瓯主编：《天津市纺纱业调查报告》，李文海主编：《民国社会调查丛编二编·近代工业卷（中）》，福建教育出版社2010年版，第638页。
② 王植如：《德和木号的兴衰史》，中国人民政治协商会议天津市委员会文史资料研究委员会编：《天津文史资料选辑》第46辑，天津人民出版社1989年版，第209—210页。
③ 杨可：《劳工宿舍的另一种可能：作为现代文明教化空间的民国模式劳工宿舍》，《社会》2016年第2期。
④ 林颂河：《塘沽工人调查》，北平社会调查所1930年版，第147—148页。
⑤ 吴瓯主编：《天津市纺纱业调查报告》，李文海主编：《民国社会调查丛编二编·近代工业卷（中）》，福建教育出版社2010年版，第605、638、749页。
⑥ 林颂河：《塘沽工人调查》，北平社会调查所1930年版，第162页。

集体住宿方便了对工人日常生活的行为管制，工作与生活的一体化将工人处于组织体系的严密控制下。各厂要求工人作工时不要乱堆乱放，保持厂区清洁，在宿舍，一些管理规范的企业要求工人定期注意宿舍和个人卫生。久大工厂的四类宿舍中，工人室实行寝室长和轮流值日制度，最整洁。寝室长的职责有："一、劝告同室工友勤洗铺盖、衣服，及整理铺上铺下一切物件；二、每日督率值日打扫寝室一次；三、禁止同室工友在寝室内乱置物件，及污坏墙壁等等；四、禁止工友在门外随地小便；五、纠正同室工友不正当之行为，（如吸烟、喝酒、赌博、宿娼，等等）；六、本室工友有病时，须即时报告；七、报告本室一切特别事项。"即室长的职责是督率同室工友，遵守厂规，注意清洁。值日者执行日常清洁工作，每日打扫寝室一次；整理清洁桌椅、厨架；清除炉灰；开窗；洗痰盂、倒纸篓。厂方定期考核卫生情况，按照五等分别打分，八十点以上奖，八十点以下罚。①

理发和沐浴是近代工厂对个体卫生的基本要求，规范的工厂会给工人提供相关的便利，如裕元纱厂为工人提供工房、沐浴室，恒源厂内有工人宿舍、食堂和浴室，也雇有理发匠，工人理发每月需洋 5 分，工徒则免费。华新纱厂设有艺徒宿舍、饭厅、澡堂、医院等，裕大纱厂有工人住房、浴室。②久大盐厂有免费工人浴室，住厂工人非常便利，工人卧具和衣服，大都自己洗涤，清洁可观。③永利碱厂没有免费沐浴的便利，工匠火夫随便在街市理发沐浴，常工则到久大工人室去理发沐浴。④宝成纱厂内和附近都没有澡堂，有条件的工人到 3 里外的大直沽澡堂沐浴，从乡村初来天津的工人，在夏季时在河边用毛巾揩擦。为节省费用，工人往往互相剃头。⑤

近代工厂对工人提供的各项生活服务设施差异极大，如天津久大、

---

① 林颂河：《塘沽工人调查》，北平社会调查所 1930 年版，第 64—65 页。
② 吴瓯主编：《天津市纺纱业调查报告》，李文海主编：《民国社会调查丛编二编·近代工业卷（中）》，福建教育出版社 2010 年版，第 511、611 页。
③ 林颂河：《塘沽工人调查》，北平社会调查所 1930 年版，第 160 页。
④ 林颂河：《塘沽工人调查》，第 258 页。
⑤ 吴瓯主编：《天津市纺纱业调查报告》，李文海主编：《民国社会调查丛编二编·近代工业卷（中）》，第 750—751 页。

永利和华新、裕大等纱厂为工人提供住房、浴室及理发室，但其他手工业生产企业或小型工厂均不太注重卫生。天津织布厂坊，尤其是小作坊中地方有限，空气不畅，纤维飞散室内，工人学徒患肺痨者甚多。① 天津地毯工厂或作坊的工作环境普遍杂乱无章，肮脏不洁。大多数作坊，房屋较少，工作和生活均挤在一起，光线暗淡，空气恶劣，打扫不勤，破烂污秽。"且工人不知卫生，随处吐痰，惰于沐浴。一离天井，即为露天厕所，臭气几遍全室。地上满布渣滓、碎屑、羊毛、垃圾、灰土等等，龌龊不堪。"外国人主办及中国人自办的大工厂，要稍强一些。② 那些生活在平民院或棚户的居民，多为苦力，个人和公共卫生亦不讲究。青岛西镇一带的苦力窝铺，是车夫们的吃饭休息处所，青岛市开展户口调查过程中，每当启门询问时，便感觉浊气撞出，扑面触鼻，难以张嘴，视线所及，极度尴尬污秽，吊铺纵横，一般同居之苦工，鞋袜错杂，凡调查苦力等居户，多污秽狼藉，不堪入目。③

近代大型工厂较为注重工人闲暇生活，一方面丰富工人业余活动，另一方面奖励勤劳的工人。天津裕元纱厂设有运动场、体育社、国术社、票房俱乐部等娱乐处所。华新纱厂设有公园、工人子弟学校等，裕大纱厂设有工人运动场、童子补习学校等。"各厂对于工人之食宿、卫生、娱乐、教育、奖励等项，虽不能谓如何完备，大都已有端倪。"④ 1927年至1928年期间，裕元职工先后成立了音乐社、国术社、飞虎篮球队和飞虎足球队，都由工厂资助。⑤ 恒源纱厂工人组织小车会，准备了锣鼓、行头、衣裳、小车、旗帜等。并成立了篮球队和武术团，供业余游戏。⑥ 如

---

① 方显廷：《天津织布工人》，李文海主编：《民国社会调查丛编二编·近代工业卷（中）》，第402页。

② 方显廷：《天津地毯工业》，李文海主编：《民国社会调查丛编二编·近代工业卷（中）》，第271页。

③ 秉衡：《户口调查中之见闻》，《青岛时报》1936年5月11日，"自治周刊"第193期。

④ 吴瓯主编：《天津市纺纱业调查报告》，李文海主编：《民国社会调查丛编二编·近代工业卷（中）》，第511页。

⑤ 吴瓯主编：《天津市纺纱业调查报告》，李文海主编：《民国社会调查丛编二编·近代工业卷（中）》，第583—585页。

⑥ 吴瓯主编：《天津市纺纱业调查报告》，李文海主编：《民国社会调查丛编二编·近代工业卷（中）》，第612页。

前所述，久大工人的娱乐活动非常丰富，室内游戏和户外运动兼备，传统项目与新式活动均有。①足球、乒乓球、单杠、秋千等球类和器械运动，虽然只有二三人喜好，并且不常练习，但有个别工人参与其中，工人更乐于参加以前就喜欢的象棋、石磴等，大多数工人仍然喜好看戏听书。②

工厂更乐意招收本性纯朴、勤劳努力、无不良嗜好的工人。天津华新纱厂规定："凡请求入厂工作之工人，不论男女，年龄须在十六岁至四十岁之间，身高满四尺六寸，体格强健而无残废及不良嗜好，性情温和而有普通常识，并须觅妥殷实可靠且有固定职业之保证人。本厂工人，不得作保。凡以前曾受本厂雇佣而非因过开除或曾告退并逾三次之工人，及已在其他工厂或地方滋生事端或已受刑事裁判者，均无请求之资格。"③各厂均会予以奖励优秀工人。恒源纱厂各部门每月评定成绩，奖励0.8元至1.5元不等。工厂按照工作业绩良好和工作勤奋者，根据情况给以0.6元、0.8元、1.0元三种奖励。一些部门对一个月不请假，工作勤劳的工人予以奖励。验布、量布十天内无错者奖1元，1个月无过错奖3元。④进厂作工成为对乡村移民生活习性、作息规律、工作技能等日常活动的全方位改造，新兴的工厂管理方式也会极大促进农民对新式工作的适应。

（三）劳工教育

自劳工运动兴起，各级政府均将劳工教育作为解决劳工问题的必要手段。彼时劳工教育学校按照经费来源，分为市立和私立两种；按照授课对象和内容，分为劳工技能教育、劳工补习教育和劳工子弟教育。天津和青岛的劳工教育偏重于后两者。1928年工商部颁布《工人教育计划纲要》，1932年实业部、教育部颁布《劳工教育实施办法大纲》24条，通令各省市遵办。其要点有：（一）劳工教育分识字训练、公民训练及职业补习三种，各地应尽快限期实施。（二）雇佣工人在50人以上200人以下的企业，应设劳工学校或劳工部。不满50人者，与附近工厂商店联

---

① 林颂河：《塘沽工人调查》，北平社会调查所1930年版，第101—103页。
② 林颂河：《塘沽工人调查》，第160—161页。
③ 方显廷：《中国之棉纺织业》，上海商务印书馆1934年版，第138页。
④ 吴瓯主编：《天津市纺纱业调查报告》，李文海主编：《民国社会调查丛编二编·近代工业卷（中）》，第604、606页。

合办理。(三)劳工学校或劳工班的教学时间每周至少8小时。识字及公民训练限定一年,职业补习,视需要及地方情形而定,最长不超过二年。(四)办理经费由设立机关负担,联合办理者共同负担。(五)不收学费及其他费用,由学校供给所有书籍文具等。① 天津在1929年成立7所工人补习学校,共有学生930人。② 1931年,天津市政府依据工商部要求,公布了天津市工人教育方案,将工人教育分为学校、识字处、书报阅览处、通俗演讲四部分。③

一些工厂或在政府倡导前,或在政府督促下成立子弟学校或职业补习学校。久大盐厂的职工教育进步早,成绩优。厂中职工教育分三类:工读班、明星小学、普通设备与训练。久大于1921年3月27日开设工读班,教员由职员担任,纯属义务,工人等可随意入学,后因职员兴趣逐渐低落,1923年停办。1924年8月再次与永利制碱公司合办,分设普通班和特别班,各分三年级,普通班的程度等于初级小学,特别班等于高级小学,都免费提供书籍用具。科目仅有国语、算术、英文、图画四门,1925年2月,采取强迫教育办法,规定25岁及以下的工人必须入工读班读书。就读工人必须毕业,中途无故退学者须原价缴回一切书籍用品。无故缺课一次罚洋一角。强迫教育法旨在激励青年工人入学,中途退学的工人也未必缴还学费。上学工人只受缺课罚金的限制,施行以来,成效很好。1925年范旭东捐资创办明星小学,以教育职员子女。最初设一年级至四年级,教员2位,学生只19人,1926年扩充学生名额,招收外来学生。职工子女免收学费,其他学生每年学费6元,分两期交纳,自备纸笔课本等物,扩大了教育对象。④ 自1929年始,一些纱厂创办了工人补习学校,裕元创办有两所工人补习学校,招收年龄在15岁至40岁的不识字工人,按工人早晚班工作情形分为甲、乙两班,每班各50人,共有学生200名,完全免费。上课内容有三民主义、平民千字课、算术、珠算和习字六科,每周上课12小时,6个月毕业。宝成纱厂的工人补习学

---

① 林颂河:《民国二十一年之劳动界》,《社会科学杂志》1933年第4卷第2期,第214—215页。
② 邢必信:《第二次中国劳动年鉴》第3编,北平社会调查所1932年版,第154页。
③ 《工人教育实施方案》,天津《大公报》1931年10月28日第7版。
④ 林颂河:《塘沽工人调查》,北平社会调查所1930年版,第79—84页。

校是市立第五工人补习学校,学习党义、珠算和写字,5 个月毕业,每班各 60 人,但每天每班不到校者,常达 20 余名。① 纱厂的工人子弟学校对职工子女进行免费教育,华新职工小学校的设立宗旨是:"实施党化教育,使有国民生活所需之普通知识、技能。"裕大小学校要求学生遵守上课时间和课堂纪律,保持衣服整洁与环境卫生,保护门窗、花木、墙壁等公共物品。②

总体来看,天津工厂的工人补习学校开办数量不多,主要集中于几所大型工厂。相比较而言,青岛在 1929 年全市纺织工人大罢工后,政府才开始重视劳工教育,大力推动。在市政府干预劳工教育前,青岛有华新、钟渊、内外、富士、宝来等 5 处工厂设立职工补习学校,但仅华新纱厂略具规模。青岛工运活跃后,社会局于 1930 年制定《青岛特别市工厂职工补习学校实施办法》。至 1931 年社会、教育两局成立职工教育委员会,作为推动劳工教育之专责机关。③ 此后劳工教育渐步入有计划、有目的的实施阶段。

《青岛特别市工厂职工补习学校实施办法》与中央政府要求的强制性免费教育规定相似,时间则更紧迫,课程更具体,学习期限更短,主要限于工厂办理。青岛要求各厂不识字工人均须入校补习,"初级(不识字)课程暂定国语、党义、珠算、常识、技艺等五科;高级(已识字)课程暂定党义、国语、技艺、工会法、合作社等五科,技艺视工厂之需要自行酌定之。各班卒业时间定为 4 个月,期满应继续办理。"④ 青岛劳工学校分为市立和厂立,1932 年市立有四方和沧口劳工学校 2 所,学生 205 人,厂立有 12 所,学生 1116 人;至 1933 年市立劳工学校仍是 2 所,学生 251 人,而厂立劳工学校增加至 29 所,学生 2203 人。⑤ 至 1934 年有 31 所,在校学生 3000 余人,后来各工厂多擅自停办,至 1935 年,仅存

---

① 吴瓯主编:《天津市纺纱业调查报告》,李文海主编:《民国社会调查丛编二编·近代工业卷(中)》,第 582、748 页。
② 吴瓯主编:《天津市纺纱业调查报告》,李文海主编:《民国社会调查丛编二编·近代工业卷(中)》,第 637、700 页。
③ 《改进青岛劳工教育商榷》,《青岛时报》1933 年 12 月 6 日第 6 版。
④ 青岛特别市秘书处编印:《青岛市政府市政公报》第 13 期,1930 年 10 月。
⑤ 青岛市教育局编印:《青岛教育概览》,编者 1935 年版,"附录"表 7。

华新纱厂职工学校等11校,共33班,在校学生1444人,复经社会局不断督催,仅添加职工学校10所。① 至1936年至1937年,青岛市立劳工学校仅沧口一处,八大工厂办理的劳工学校共8处,20班,共有学生932人。②

二 对工人改造的成效

马克思指出再生产过程对生产者的影响,"他炼出新的品质,通过生产而发展和改造着自身,造成新的力量和新的观念,造成新的交往方式,新的需要和新的语言"③。人类在改造自然环境与社会环境的同时,环境也在改造着人类自身。进城的农民离开熟悉的家乡生活环境,放弃熟稔的农业耕作技术,来到人口密集、行业众多的城市,最大的变化是谋生方式的转换,从与土地和乡亲打交道,到与机器和陌生人为伍,劳动方式及劳动环境的大相径庭,是对农民生存能力的极大挑战。其次是生活环境的变化,自我的私人化的生产生活空间,切换到集体的公共性的生产和生活空间。家庭乡邻是乡民最重要的生活圈子,人们的交流是自由、灵活和生动的,处理的多是家庭内部问题和熟人关系。进城后,他们面临一个陌生人为主的社会,工厂、商铺等近代经济组织有严格的时间制约与规章制度,人与人之间的交流充满限制与等级区分,各类法规条文形成乡村移民公共性生活中的刚性规范。他们在习得新的技能的同时,也是学习、适应与认同新的社会职业与社会角色的过程。在工厂工作和居住的时期,也是学习、接受、遵循公共规范的再社会化过程。严格的工厂管理和宿舍规范,均致力于维护公共环境的治安、卫生与风纪,对乡村移民的生产和生活方式及价值观念形成强大的冲击,尽管一些乡民还难以适应,但一些变化却在悄悄发生着,无论是行为还是观念层面,工厂的训练与规范有助于打造一批能够有效融入社会的城市人。

工厂是近代工业文明的缩影,在培育人的都市生活适应方面有特别

---

① 《一年来之青岛教育》,青岛市教育局编印:《青岛教育》第3卷第1期,1935年7月1日,第18—19页。
② 青岛市政府招待处编印:《青岛市政要览》,编者1937年版,"社会"篇,第19页。
③ 《马克思恩格斯文集》第8卷,人民出版社2009年版,第165页。

重要的作用。工厂的作息时间、技术准则、精细分工和操作要求对工人形成硬性约束,工人们必须逐步了解它,熟悉并遵守工厂制定的各项章程和规则,否则身体和待遇都会有所损失。工厂中每个生产部门都有明确分工,内部各机构间有严格的等级关系,科层体系下,考勤、质检、奖惩体制形成塑造个人心理与行为模式的强有力工具。学会适应并参与工厂活动的过程,也是一个社会化的过程,它改变着人们的价值观、态度和行为方式。来自不同地区、习性各异的工人们群聚在一起,有助于移民减少对陌生人的畏惧,增强对新的生活方式的理解与宽容,从原来农村生活中的家庭成员角色更快融入单位一员、城市居民等多样化的社会角色中。

青岛华新建厂初期,正值山东省连年遭遇水旱灾害,华新在临清与滨县招收农民子弟1200余人来厂当学徒。因为青岛当地工人大多是附近各县农民,农工兼顾,农忙时回家务农,农闲时来青做工,出勤率差,而艺徒出勤高、待遇低,可以减少成本。但是,农民子弟不习惯工厂生活,又因待遇微薄,时有逃亡,因而厂方严加戒备。但管理制度愈严,工作效率愈低。后来厂方认识到高压不是办法,改以从培养教育入手,任用关锡斌担任人事科长,管理职工宿舍,教养艺徒。关与艺徒同吃同住,开设讲习班,成立俱乐部,共同学习,打成一片,工人也渐渐安心工作。[①] 久大工人入厂做工,并无年限规定,工人可以告退,厂方可以开除工人。"临时开除的工人,必是违犯厂规。最重要的原因,不外窃盗、舞弊、赌博与扭打。定期开除的工人,大多是懒惰愚顽衰弱无能的分子。"七月淘汰工人最多,每年在20人左右。后来工厂根据工人能力指派职务;并婉言劝告懒惰犯规的工人,辞退的人渐渐少起来。[②] 天津纱厂一些工人因在两班制下工作时间过长,尤其是夏季天气火热,体力消耗大,工人时常缺工。1929年因离职久而解雇者1583人,占天津四家纱厂解雇者的39.9%。1927—1929年,也有58.7%至66%的工人因一个月中

[①] 青岛市工商联:《在日本纱厂夹缝中发展进来的华新纱厂》,中国民主建国会青岛市委员会、青岛市工商业联合会、工商史料工作委员编:《青岛工商史料》第3辑,内部资料,1988年,第143—144页。

[②] 林颂河:《塘沽工人调查》,北平社会调查所1930年版,第45页。

从未缺工而拿到工厂的奖励。① 不能适应和忍受高强度劳作和时间限制的工人们会选择回到原籍,而遵守时间者将得到工厂的肯定。

工厂在培养工人的卫生观念、改良不良习惯,以及健康的休闲娱乐生活方面,虽未有明显进步,但那些年轻的工人,尤其是技能工人已经从中受益。久大工人室在严格的工厂规范下,自我管理能力增加,室内能保持卫生整洁,比其他苦力工人或一般工厂工人宿舍更干净,秩序和清洁也好于久大住家工人和工人家属的居室。工人室执行卫生等级赏罚规则后,收到不小效果,推行日久,寝室均达清洁。② 工人室夜间按人点名,工人不可能宿娼,也不便赌博。有二三位喜好赌博式抽签,即被劝告戒除。③ 久大工人注意衣着整洁,即使推煤车的工人,"工作完毕,擦脸洗手,重换洁净的衣服。闲暇时,穿好衣服,走在街上,非常整齐清洁。工人们常用'和学生一样'来称赞衣服简洁的青年工人"④。纱厂的工人们受到工厂禁止赌博吸烟的限制,有的因管理周密而偶尔吸烟,并未发展为嗜好;有的好烟者知道不能在厂里明吸,偷偷躲在厕所过烟瘾。尽管天津各厂禁止嫖赌,但受周边环境影响较大,恒源纱厂附近没有不良处所,工人也不受浸染,而裕大、宝成纱厂附近暗娼众多,工人常常冶游各娼寮,或有因嫖赌而斗殴者。⑤ 从久大工人的生活方式来看,技能工人乐于参加工读班,对新式体育运动接受更快,年轻工人会参加乒乓球、篮球、足球等有益的体育活动,相对于大多数工人依然喜欢听戏听书、喝酒喝茶,年轻工人和技能工人是接纳新生活方式更快的群体。

更大型的现代工厂以及重视工人生活的企业家,在推动劳工教育水平提升和现代生活适应方面有明显的作用。如天津的久大盐厂和永利碱厂、六大纱厂,青岛的华新纱厂、茂昌蛋厂、永裕盐厂、冀鲁针织厂、胶澳电气公司等。久大创办工读班后,学生人数常变动,每年有350人左右,按1926年年底的统计,久大工人总数556人,西厂262人,就学111

---

① 方显廷:《中国之棉纺织业》,上海商务印书馆1934年版,第141页。
② 林颂河:《塘沽工人调查》,北平社会调查所1930年版,第66、68页。
③ 林颂河:《塘沽工人调查》,第162页。
④ 林颂河:《塘沽工人调查》,第160页。
⑤ 吴瓯主编:《天津市纺纱业调查报告》,李文海主编:《民国社会调查丛编二编·近代工业卷(中)》,第611、749—751页。

人，占42.4%；东厂207人，就学117人，占56.5%，滩务厂5人，就学4人，工人室22人，就学13人，占59.1%，铁工房45人，就学37人，占82.2%；电机房15人，就学7人，占46.7%，共计556人，就学289人，占52%。① 就学比例已经可观，在久大66名工读班的就读工人中，经教育后能识字看报的工人，至少有25人。② 久大工人图书馆不断扩充图书，逐渐吸引那些识字工人的参与兴趣。1923年到1926年，厂方常在每周晚间举行普通讲演，由工厂职员轮流讲演，向工人灌输普通常识，沟通彼此感情。至1927年调查时发现，"工人对于讲演，已有相当的兴味"③。青岛华新纱厂办理劳工教育不遗余力，至1934年，全厂识字工人已占四分之三。④ 工人们原有的教育水平不一样，在工厂接受再教育的成效也不同。如久大盐厂中，"特别班的学生，自愿读书，兴趣和成绩，比较最好。普通班却要依人而定。曾受教育的，从普通一年级读起，大都不错。若是初次入学，便要觉得受厂规的拘束，勉强上班。视而不见，听而不闻，就把工读班第一年混过去。"⑤ 即使没有职工教育，工人们也会在日常工作与生活中提高自己的文化程度。如铁路工人，他们的环境比较需要知识，在168位铁路工人中，有13位没有上过学校而现在能读通俗的文字。⑥

尽管各工厂举办职工补习学校的宗旨是提高工人智识、增加劳工技能，使其与实业家协同发展生产，养成正确观念，减少劳资纠纷并防范工人运动，但工厂严格的生产管理和生活引导，不仅使工人逐渐建立起明确的时间观念、接受识字教育、形成合作竞争意识与遵循规章观念，更有助于改良传统乡民的不良生活习性，知晓并认同城市公共规范的制约，近代大型工厂在促进工人融入城市生活方面起着基础性与关键性作用，而不同的群体在接纳新式生活规范方面表现出一定的差异，年轻的、

---

① 林颂河：《塘沽工人调查》，北平社会调查所1930年版，第81页。
② 林颂河：《塘沽工人调查》，第156页。
③ 林颂河：《塘沽工人调查》，第79—86页。
④ 《一年来之青岛教育》，《青岛教育》1935年第3卷第1期，第19页。
⑤ 林颂河：《塘沽工人调查》，第157页。
⑥ 刘东流：《天津铁路工人家属的婚姻疾病与教育程度的调查》，《新中华》1937年第5卷第13期，第122页。

有家属的、有技能的工人更积极地融入城市社会。

三 劳工教育的局限性

1930年以来，劳工教育虽迭经倡导，但发展艰难，政府和工厂受政治局势和经济形势影响，均难以持续而深入地开展下去。多数工厂对劳工教育不感兴趣，热心去办劳工教育的，"真是百不得一"。① 经费和师资极为困难。② 青岛厂办职工补习学校，从1929年前的5处，至1933年发展至29处，至1936年后只有8处。相对于培养新国民、提高自治能力的国家使命，工厂的当务之急是维持工厂生产秩序和生产效益，企业力量主导的各项劳工改造与改进事业均以保障资本收益为核心，而非国家机关文件中的自治诉求。故在当时市场行情频繁波动的情形下，企业的教育事业因人因时而设、不能持久，久大盐厂的普通讲演虽多次举办，至1926年前后，"工人到会，不大踊跃，时局又不安定，厂方也没有余力及此，这一年来很少举行"。③

当时知识界认为劳工教育收效不大，症结首要在工人思想的局限，一是工人易受不良嗜好、谬误见解的引诱，二是轻视自己，对教育目的认识不清。他们认为劳工教育应该先灌输给其国家观念、民族意识，了解其本身与社会的关系，这样受教者才会由被动的地位，改到自动的地位。④ 从青岛职工教育来看，各厂工人初入学时，很是踊跃，时间久后不免懈怠。以致各校时常发生缺课及退学等事。其原因有：1. 对于所学功课缺少兴趣；2. 教员于教授功课引不起学生兴致；3. 因有他种不良嗜好，致将求学心理转移。⑤ 教员素质能力不足与工人自身兴趣缺乏成为制约职工补习教育的重要因素。

那些不愿受到工厂规范约束的人或者离开工厂或者做其他更自由的

---

① 《劳工教育收效的症结续》，《青岛时报》1933年12月10日第11版。
② 陈克曜：《改进青岛劳工教育之商榷》，《青岛市职工补习教育概况》第2期，1933年12月，第91—92页。
③ 林颂河：《塘沽工人调查》，北平社会调查所1930年版，第79—86页。
④ 《劳工教育收效的症结（续）》，《青岛时报》1933年12月10日第11版。
⑤ 苟云书：《青岛市劳工教育之沿革》，《青岛市职工补习教育概况》第2期，1933年12月，第89页。

工作，在天津塘沽，"普通劳动者因为有鱼盐码头的工作，可以很随便很容易的得着金钱，非至万不得已，不肯入厂做常工，受厂规的束缚"，久大普通工人里只不过几个塘沽人而已。① 受不了工厂十多个小时的工作限制，大量工人会选择离开，如前述1929年天津四大纱厂工人有1583名工人解雇是因为长久缺工，若加上擅自离工的86人和常缺工的43人，私自逃走的40人，返籍的511人，则因各种原因自己离开工作岗位的工人共计2263人，在解雇的3968人中，占57.03%。②

对女性的传统观念依然难以改变，虽然有些工厂办理子弟小学，但入学者并不太多。如久大61家工人中，学龄阶段的工人女儿共13人，调查时仅2人在明星小学读书。"工人觉得女儿读书，并不重要，还是留在家中帮同母亲做针线洗衣服，勤劳耐苦，是贫苦人家的本色。"他们将来要想回家乡去，或者想为女儿们找婆婆家，而乡间不容许女孩不缠足，故缠足习惯很盛行。③ 城里的废除缠足令不能改变女孩们的乡村习俗，根在乡村的移民们依然会奉行家乡的习俗。天津各铁路都设有铁路医院，铁路工人及其家属可以享受半价医疗。但他们信仰中医的心理，尚未铲除，尤其妇女害病，还多问诊中医，吃那"野草成金"的苦水。④

无论是政府主导作用明显的青岛，还是企业主导作用更强的天津，在促进乡村移民接受新式教育、学习职业技能并改良生活习惯方面均有着同等重要的作用，但相比较而言，一个更大型而规范的工厂，更有社会责任感的企业主，稳定的工厂收益在促进移民融入新的生产和生活环境方面发挥更根本的作用。青岛的劳工学校，在政府的大力提倡下，虽最多时有29个工厂响应并设立，但坚持下来的仍然只有华新等少数工厂，其对劳工教育和劳工生活的重视与实践亦早于政府的关注与发动。在市政经费拮据的天津，为响应中央政府和各部门的规定，设立7所补习学校，虽然由于资料限制，难以把握全市各厂劳工生活状况的全貌，但从1929年前后若干大型工厂的调查来看，久大盐厂、恒源、裕大、华

---

① 林颂河：《塘沽工人调查》，北平社会调查所1930年版，第40页。
② 方显廷：《中国之棉纺织业》，上海商务印书馆1934年版，第141页。
③ 林颂河：《塘沽工人调查》，第204、206—207页。
④ 刘东流：《天津铁路工人家属的婚姻疾病与教育程度的调查》，《新中华》1937年第5卷第13期，第120页。

新等规模大的近代化工厂，在管理和指导工人生产和生活方面着力更多，工人的居住卫生与业余生活状况也比记者调查的普通居民家庭更有序、更丰富。

第二节　平民住房建设

南京国民政府统治时期，城市化进程逐渐加快，上海、南京、汉口、天津、青岛等大城市均出现了严峻的棚户激增与房荒现象。1928年以来，各大城市积极筹划，确定了对城市贫民的住房救济制度。住房是移民安居城市的物质基础，对乡村移民的住房改造牵涉他们基本生存的保障、经济地位的改善、个体身份的转型、生活习俗及至心理态度的变化。

天津社会局局长鉴于贫民生活的痛苦，决定设立贫民住宅，多方筹款后由天津市立第一救济院负责兴工建造。[①] 至1931年6月8日，河东沈家庄的贫民区建成，大小房舍共有62间，可收容六七百人，设有公卖室、厕所、浴室等。可用于出租的有50间，租给有正当职业及有家属者，而无职业及单身者概不租与。每月每间租金一元，住户要有妥实保人，并经管理人许可后，才能承租。[②] 至1935年6月，贫民区地皮到期，各住户相继迁移，而政府后续建筑贫民住宅的计划未能开展[③]，天津开展平民住房建设的计划终究搁浅。青岛的平民住房建设在资金筹集、建设方式、普及范围、延续时间等方面均有可取之处，为解决长时期居留青岛的乡村移民住房问题，进行了有益的探索。

一　住房建设的背景

（一）移民增加带来的住房问题

1902年时，青岛总人口不超过10万，但1930年时即超过40万，移

[①] 《冯社会局长调查贫民窟》，天津《大公报》1930年3月18日第9版；《贫民区行将兴筑》，天津《大公报》1930年6月10日第7版；《贫民区》，天津《大公报》1930年7月5日第7版。

[②] 《贫民栖舍出租章程》，天津《大公报》1931年7月4日第7版。

[③] 付燕鸿：《窝棚中的生命：近代天津城市贫民阶层研究（1860—1937）》，山西人民出版社2013年版，第431—432页。

民的增加给城市的就业、卫生、治安等方面带来压力,而如何整顿平民住房也提上了市政府的重要议程。1930年青岛市调查杂院情形中[①],呈现出来的平民居住问题主要有:一是房租太贵,普通一间住房月租在5元上下,中等人家才有能力居住,而一些繁荣地段的杂院房租更昂。二是贫民居住面积狭窄,有一家五六口合挤一间者,有三四苦力合租居住者。三是住户不讲求卫生,院内垃圾遍地,院落厕所无人清理。四是杂院破旧,许多房屋多年失修,屋顶漏雨,楼梯朽坏,窗户透风,住户安全状况堪忧。随着外来移民的增加,其居住问题日趋严峻,台西一带成为移民的聚集区。[②] 台西、台东和大港等地拥挤的棚户区不仅有损于青岛花园都市、旅游胜地的美誉,又极易引起火灾、传染病、窃盗等城市问题,或助长市民的恶习。一般独身工人,因工资低廉,多借小客栈的吊铺栖身,每天食宿费虽仅需铜元三枚,但其生活极无秩序,多借赌博消遣,甚至有些嗜毒工人,以日本人、韩国人开设的吗啡馆为日常住所,[③] 毒瘾更重。从1930年开始,贫民窟及其引发的社会问题为青岛公益人士与政府所关注,并开始谋求妥善的安置方法。

(二) 地方政府的先期筹备与中央政府的倡导

早在日本第一次占领青岛时期(1914—1922年)就有在青岛台西一带由政府统一规划贫民住宅区的筹议,日占当局曾打算在台西的四川路以南、滋阳路以西一带拓展平地数十亩,四周筑上墙垣,内部修筑水道、沟渠、厕所、洗衣池,廉价租给贫民建屋,但未能完成。由于棚户区存在的火灾与卫生隐患,对城市安全与环境构成威胁,整个20年代,官厅屡有提议,欲迁移台西棚户,只是缺乏妥当良善的政策,加以政局不稳而没有实行,最重要的前期准备是胶澳商埠局于十七年度预算内列支8万余元拟就挪庄建筑住屋千数百间,廉价租于贫民。[④] 1928年10月,胶

---

① 《为呈报奉派调查杂院情形》(1930年5—6月),青岛市档案馆藏,档号:B21-2-44。
② 《谈谈挪庄:昔日席棚蟹舍街巷龌龊难停步 而近红瓦粉墙已成完美平民院》,《青岛时报》1936年3月2日第6版。
③ 《小港办事处调查小港区工人种类及车辆数量改良办法》(1935年),青岛市档案馆藏,档号:B22-1-153。
④ 民国《胶澳志》卷3《民社志五·生活》,(台北)成文出版社1968年影印本,第375—376页。

澳商埠警察厅开始对全市居住板房、席棚的贫民数目进行详细调查①，市区贫民总计5795人。② 此次调查使政府对青岛贫民的分布状况以及贫民数量有详细了解，为以后的工作奠定了基础。

几乎与地方政府力图举办贫民住所的同时，新成立的南京国民政府在军事上基本完成对全国的统一，为遵照孙中山遗训，落实建国大纲第二条关于政府当与人民协力建筑各式屋舍以乐民居的规定，同时，也为指导贫民实践各项自治事业，1928年10月国民政府内政部下达《建筑平民住舍令》，要求在每县市的城郊建筑贫民住所或贫民村舍，以收容能营正当职业的贫民，改善其生活。按照这个法令，贫民住所建筑经费由县市政府拨用、募款。建筑地点在城内外空旷处，在城内建筑者名为平民住所，在城外建筑者名为平民村舍。住所距贫民谋生地点必须接近，以免往返跋涉妨碍生活。收容的贫民以城市内外能营正当职业而现时确系极贫无住所者为限，包括附近棚户。国民政府制定了建筑材料、房屋尺寸和各种图式，供各地建筑时酌量办理。酌收最低数的租金，作为修理房舍及兴办一切公共事业的资金。法令还规定具体住所的管理规则和细则分别由各省民政厅、县市政府拟定，考虑到各县财力及各自需要，要求各省、县市政府因地制宜，变通办理。③ 实际上，南京中央政府关于平民住舍名称、地址、收容人口、经费、尺寸、图式等方面的规定，基本为青岛市平民住所建设计划所采纳。

1929年4月，新成立的青岛特别市政府将平民住所建设列入政府施政计划，成立"筹建平民住所委员会"④，社会局奉命从速建筑贫民住所，并会同土地、工务两局选觅地点，筹划建筑。⑤ 1929年9月，"筹建平民住所委员会"向青岛特别市政府呈送提案，请求拨款建筑平民住所，并且附上较为具体的实施方案，拟定在台东镇、台西镇、四方三处建筑三

---

① 《居住板房、席棚之贫民数目表限期填报的训令》（1928年10月），青岛市档案馆藏，档号：A17-2-1195。

② 《胶澳商埠警察署调查管界内居住板房、席棚之贫民数目表》，青岛市档案馆藏，档号：A17-2-195。

③ 立法院编译处编：《中华民国法规汇编》第3册，中华书局1934年版，第646—647页。

④ 青岛特别市社会局编：《青岛社会》创刊号，1929年10月10日，第16页。

⑤ 青岛特别市社会局编：《青岛社会》创刊号，1929年10月10日，第17页。

千间。台东镇一千间、台西镇三四百间、四方六七百间。并打算先筹建台东镇一千间，每间建筑费按一百元计，总计约需十万元。委员会认为这项设施于平民生活改善、整洁市容、实现城市自治关系重大，同意开工建设。①

（三）住房改造的最终目的是提高平民的自治能力

平民住所初建时期，主要是为整顿市容，同时解决民众居住问题，改善平民生活。但随着市政府着手开展地方自治的筹划工作后，平民大院成为推行自治的基层组织，社会局对平民院的管理寄托了政治使命，"即由各区将所属每一个平民住所，作为一个自治单位，使他有相当的组织，有负责的人员，对于清洁卫生整齐划一，清查户口，驱除奸宄，乃至图谋生计，办理教育等等均有自动的能力，而由各办事处指导实施，以综其成，庶合于本府建筑平民住所之目的"，"故此后，对于平民住所，必须办到有秩序、有条理、有自治能力的地位，始可谓告一段落"。② 所以，社会局尤其关注平民住所建成后的清洁卫生及治安问题，如通路堆积杂物，小孩任意便溺阳沟，污秽垃圾箱厕所等不加扫除等情形，社会局亦要求社会、公安各股职员随时连同各公建平民住所一并视察取缔，同时由区公所计划多设国民训练讲堂，使平民渐能自治。③ 从而将住房建设事业与人的改造、国民训练计划结合了起来。

二　住房改造的开展

青岛有幽静素雅的环境，优美清丽的风景，旅游者、参观者或称其为东方公园④，或称为东方瑞士、世外桃源⑤，以至有"食在广州，著在杭州，死在柳州，住在胶州"之感叹⑥。久居此地者则洞察青岛东西镇的

---

① 《青岛特别市政府财政局关于筹建平民住所委员会提议请拨款十万元的请示、批复》，青岛市档案馆藏，档号：B29-1-3543。
② 《青岛市区社会问题最近施政方针》（1934年6月），出版者不详，第3—4页。
③ 青岛市社会局编：《一年来之社会行政》，编者1933年版，第70页。
④ 拜金：《青岛之新建设》，《道路月刊》1931年第33卷第1期，第22页。
⑤ 芮麟：《神州游记（1925—1937）》，上海古籍出版社2005年版，第389页。
⑥ 瑞青：《青岛杂记》，《文化建设》1936年第2卷第4期，第129页。

贫穷与杂乱[1],谓其为洋土并存的矛盾综合体。[2] 德占时期实行华洋分治,将中国劳工和当地居民集中在台西和台东两大区域,并划定大鲍岛区为华人居住区,逐渐形成地理区隔和社会分层相一致的各大居住圈,中山路以西和海泊桥以北成为城市中下层和底层贫民的聚居地,尤其是台西处于火车站和大小港附近,商货荟萃,仓库林立,地方开阔,靠近市区,成为最主要的移民居住地,台西几乎成了贫民窟的代名词。对于近代青岛市政府而言,维护整洁的市容与良好的秩序一直是社会行政的着力点,将土民的生活按照近代的要求进行规范成为市区联合办事处的日常工作。而整顿住所将公共空间改造与私人生活规范结合起来,承担着维护城市形象与约束居民生活的双重功能。1932年起,政府对平民居住空间进行清理与整顿主要包括三个方面:一是整理杂院,二是迁移棚户,三是兴建住所。

(一) 整理杂院

1933年因肥城路福康里火灾,损失惨重,政府成立改善杂院委员会,对房式、层数、楼梯、走廊、道路及烟筒、灰池等项都要求加以改善。[3] 由各区联合办事处制定表格,随时派员分段调查,1934年里院整理委员会成立后,办事处每隔两周同里院整理会举行总视察一次,对各杂院卫生、秩序、观瞻等项随时加以指导。调查主要涉及房屋安全情形、里院卫生情况、里院风俗秩序等问题。

社会局于1933年审查各区杂院状况,了解修理或改造的房屋情况,凡木质楼梯和走廊,限期改用水泥建筑完工,以预防危险,对于不肯或无力迁移的住户,发给一定迁移费。[4] 经调查,青岛市杂院有496处,"内除近年新造及楼梯走廊之完好者计有209处,无须修理外,其余287

---

[1] 王统照:《青岛素描》,《王统照文集》第5卷,山东人民出版社1982年版,第323—325页。

[2] 柯灵:《如此桃源——青岛印象之四》,刘宜庆编:《名人笔下的青岛》,青岛出版社2008年版,第32页。

[3] 青岛市社会局编:《一年来之社会行政》,第45页;《改善杂院会举行第六次常会 讨论改善建筑及卫生等事项》,《青岛时报》1933年9月9日第6版。

[4] 《社会局通知整理本市杂院案》(1933年6月),青岛市档案馆藏,档号:B21-3-89。

处内有楼梯走廊之应修理者255处，又全部根本翻造者32院"。① 在总调查后，社会局和工务局协同各区建设办事处督促修缮，并于每半个月例行检查房屋破坏情形，如有墙皮脱落问题则督促修理②、搭设板壁板棚则饬令拆除③。每到冬季，各院人口密集，房屋狭小，通风不便，居民多在室内安设煤炉取暖，放置地点稍有不慎，则易发生火灾，故年底开始各区会重点检查消防安全。如东镇区派社会、公安两股职员赴区内各里院逐一视察住户安设煤炉情形，"其有靠近板壁，或密迩柴草易于燃火之物者，当时予以隔离纠正，一面宣传预防危险"。④ "龙门、长兴等路各商号多于门首以木板或席片支搭棚架悬挂各种物品，并于人行道上摆设摊床陈列货物，既碍市容复妨交通"，社会局要求一律拆除棚架，禁止在人行道上摆设物品，指定台东八路、大明路旁的空地作为售卖旧货摊贩的临时摆摊地点，每户占地一段不准搭盖板房及布棚，政府用地时可随时收回。⑤ 西镇区在各里院楼上装设太平绳，预防火灾以备急用。1936年初检查时发现太平绳常被偷窃，故通知各里院房主限期另备新太平绳，统一染成红色，改名为太平警绳，以期一律而便识别。⑥

青岛自德占以来，市政建设一直比较重视公共卫生问题，而各里院住户多不讲求居住清洁及安全设备，社会局于1933年在两次召集各院房主讨论的基础上，拟订八项整理办法：改善厕所、安设下水道、添设院丁、设置垃圾箱、离下水道较远者设置脏水桶、洒扫庭院、预防火灾、明瞭住户职业情形。⑦ 并作为常规检查工作，时时加以督促修整。第二区有杂院264所，多为平民聚居，区联合办事处责成房东增设愿警，负责指

---

① 《改善杂院会议第二次常会》（1933年6月26日），青岛市档案馆藏，档号：B21-3-94。
② 《西镇区建设办事处七月份上半月工作报告表》（1935年），青岛市档案馆藏，档号：A17-2-1137。
③ 《东镇区建设办事处工作报告表十一月下半月》（1935年），青岛市档案馆藏，档号：B32-1-769。
④ 《东镇区建设办事处工作报告表二十四年十二月下半月》，青岛市档案馆藏，档号：B32-1-769。
⑤ 青岛市社会局编：《一年来之社会行政》，编者1933年版，第78页。
⑥ 《西镇区建设办事处一月份上半月工作报告表》（1936年），青岛市档案馆藏，档号：B32-1-767。
⑦ 青岛市社会局编：《一年来之社会行政》，第77页。

导厕所、垃圾箱、下水道等院内各处清洁卫生，警告不洁、烟赌、私娼及其他不良分子，排解住户间的纠纷，防止毁坏房舍或发生火险等事。① 为提醒住户时时注意并严格遵守，1935年4月社会局颁布《里院公共遵守条规》，要求各里院房舍每二年由房东用油漆粉刷一次，有必要时随时修理；房东随时报告户口变动情形；门洞不得设置货摊、抢种杂物、架设吊铺；楼梯走廊不准设置炉灶、堆存物品、间隔板门板墙；院内不准私搭板棚板壁；晾晒衣物在统一设置的晒衣杆或晾衣绳上，并不得妨碍院内光线及交通；临街窗口和墙壁栏杆等处不准支挂盆筐、木板等杂乱物品；里院要由房东雇用院丁逐日洒扫洁净；垃圾应倾倒垃圾箱内不得抛弃地上；污水要倒入污水池内不许乱泼；扶梯走廊门窗玻璃须擦拭干净；不许随处便溺吐痰；院内污水沟须随时由院丁冲刷疏濬；墙壁上不准粘贴广告；雨水斗内不准倾倒污水及其他杂物；院内不准存留危险物品；住户须各备捕蝇器具；烟头柴烬瓜皮果核等不准任便抛掷；院内不准喂养鸡鸭猪羊驴马；住户中有烈性传染病患者应先报警所并立即隔离就医诊治；晚上十二点以前关门，夜深不准在院内高声喊叫；房东置备铜锣一具应急时鸣锣；违反条规按违警法分别处罚。② 社会局将里院条规装好镜框，逐院张挂，并要求各里院院丁注意保护，不得损毁，同时转告里院居民遵守。③

各区建设办事处的里院检查员为维护社会秩序、纯正社会风气，天气酷热时，不准居民晚间闲坐在路旁赤背纳凉，④ 不准临街门面的妓户在门外招揽游客，拟召集房东将临街大门堵塞，留出门洞集居院内，后因房屋年久失修，临时加添风门以防妓女站在门外。⑤ 散居于商民住户中的

---

① 青岛市社会局编：《一年来之社会行政》，编者1933年版，第75—76页。
② 《青岛市第二区里院公共遵守条规》（1935年4月22日），青岛市档案馆藏，档号：B21-3-183。
③ 《东镇区建设办事处工作报告表二十四年十二月下半月》，青岛市档案馆藏，档号：B32-1-769。
④ 《大港区建设办事处工作报告表八月上半月》（1935年），青岛市档案馆藏，档号：B32-1-766；《西镇区建设办事处八月份上半月工作报告表》（1935年），青岛市档案馆藏，档号：B32-1-767。
⑤ 青岛市社会局编：《一年来之社会行政》，第77页；《青岛市市区第三区联合办事处工作报告表》（1933年11月下半月），青岛市档案馆藏，档号：B32-1-768。

娼妓，会被认为不合宜而迁移他处。① 一般劳工娱乐中，赌博为害最烈，社会局派职员到人力车夫密集地点利用休息时间晓以赌博危害，劝告人力车夫戒除赌博，并不时派员巡查以期禁绝。②

（二）迁移棚户

积数十年转存相因，青岛移民开拓了多样化的居住方式，那些在工厂、商店、货栈作工的移民一般有集体宿舍或厂房店铺居住，另一些移民投亲靠友、数家挤住一起，他们在地下室、楼顶、走廊、门洞甚至厨房搭盖吊铺板房，无法藏身者或在无人居住的炮台洞口栖身，或在荒僻野外及空地搭盖席棚板房，形成散布在市区和市郊大大小小的棚户区，市政当局认为有碍观瞻、卫生与秩序，根据棚户所处位置和规模大小，主要采取了两种应对方案：规模大、人口多的棚户区，指定地点集中建设平民住所；规模小、人口少的棚户区则给予一定资助，勒令迁移他处。对于远徙他处影响生计的旧货商和开饭馆的小本营业者，在原处附近空地划出一段准其自行建筑，有愿意回原籍的住户也资助返乡。

台西棚户数千家，外来乡民最为集中，政府统一兴建或令其自建平民住所，其他沿铁路线和港口等处居住的棚户则多迁移到城郊结合地带。最先迁移的贫户是杂居于里院或市区繁华街道内的住户。栖霞路贫民李桂芳家，仅小屋一所，门口散置器物，并设有鸡栏，黄县路贫民于志兴、薛家喜、李福均、刘海泉四户，依靠炮洞，利用废砖搭盖院墙，都居住多年，始终无人过问，当局认为栖霞路为莱阳路直通万国公墓要道，黄县路为龙口路直达大学路之要道，风景亦极佳胜，为整理市容起见，发给各户 5—10 元迁移费，劝令拆除，迁往荆山路、金口路、新泰路、青大路。③ 万年山炮台洞内住有贫民四家，为清洁工、工役、卖菜者、作工者各一家居住，炮台周围也有贫民居住，垃圾狼藉，污秽不堪。公安局考虑到如有外国人来此游览，有碍观瞻，故请求迁移，后安置到第八平民

---

① 《市区第三区联合办事处工作报告表二十三年六月上半月》，青岛市档案馆藏，档号：B32-1-768。
② 青岛市社会局编：《一年来之社会行政》，编者1933年版，第78—79页。
③ 《驱逐栖霞黄县路杂居贫民一案》（1932年5月3日），青岛市档案馆藏，档号：A17-2-554。

住所。①

　　普集路棚户迁移办理时间较久，自1932年12月胶济铁路局函请社会局办理，至1935年6月才迁移完毕。普集路桥洞东边铁路管界内的空旷地内，有多数贫民搭盖席棚居住，因往往烧火做饭，该地近邻大港货厂，冬季风高物燥，易滋火灾。故胶济铁路管理当局请社会局设法迁移贫民。②1933年社会局调查棚户，发现普集路贫民占用铁路局地皮搭盖席棚草房，多以拉车为生或无职业而以行乞谋生，便召集贫民代表晓以利害，要求迁移，并与财政局商洽指定仲家洼为迁移地点，呈请铁路局酌给迁移费，以资救济。③12月，社会局完成普集路棚户调查，共计贫民住户57户，令其迁往仲家洼，每户给迁移费10元。④但贫民一直未加行动，至1935年4月，市政府正式下文准予迁移⑤，6月，经大港区建设办事处督促后，贫民迁移至小村庄，因户数增加至76户，故每户给8元迁移费。⑥

　　小港北面的泥洼原为合昌公司承领土地，至1933年聚居着破席板房50余户，虽经公安分局取缔数次，仍未迁移，由社会局召集贫民代表等进行劝谕迁移，并由合昌公司酌给迁移费，贫民要求迁到五号炮台附近以便谋生。⑦至1934年，住户增至66户，板棚145间，拟迁于小村庄西空地，每板房席棚一间，给迁移费2.5元。⑧1935年迁至小阳路盖板房居住。⑨城市建设需要开辟新马路时，住在周边的棚户便面临拆迁问题。如1933年工务局在台东镇各处新建道路，发现有42户平民搭建有150余间

---

　　① 《青岛市公安局公函第243号》（1935年6月29日），青岛市档案馆藏，档号：B21-3-102。

　　② 《普集路旷地贫民 胶路函公安局勒令迁移》，1932年12月31日《正报》第10版。

　　③ 青岛市社会局编：《一年来之社会行政》，编者1933年版，第73页。

　　④ 《普集路席棚贫民住户调查表》（1933年12月18日），青岛市档案馆藏，档号：B21-3-133。

　　⑤ 《市府训令3021号》（1935年4月6日），青岛市档案馆藏，档号：B21-3-159。

　　⑥ 《贫民迁移卷 大港区呈文》（1935年6月3日），青岛市档案馆藏，档号：B21-3-159。

　　⑦ 青岛市社会局编：《一年来之社会行政》，第73页。

　　⑧ 《贫民迁移卷 第二区呈文》（1934年10月），青岛市档案馆藏，档号：B21-3-159。

　　⑨ 《大港区建设办事处工作报表七月下半月》（1935年），青岛市档案馆藏，档号：A17-2-1137。

草板席棚，均妨碍马路建设，便由工务局选择台东六路、八路之间的公有农地，令其迁移自行建屋，后考虑到其无力迁移，故每户给2—4元迁移费。[1] 利津路、广饶路原为市区边缘，曾是政府指定或默认的贫民搭建房屋居住之处，随着人口增加，城市扩建，1935年，此处席棚也面临迁移。[2]

城市大大小小的棚户区是移民积数年至数十年累聚而成，棚民因城市发展而来此谋生，其聚居地也逐渐由边缘扩展为市区，或以后的核心居住区，就此意义而言，移民从拓建自己的居住地着手参与了城市的生成与扩展。对这些棚户而言，每一次迁移可能是面临更边远的地区，更糟糕的谋生环境，也可能在政府大规模住房建设中成就一份永久的基业，如同台西棚户区那样，通过公建或自建住所，解决居住难题，获得市民身份。同时，政府通过迁移、改建和加强管理等方式维护市内居民区的安全与整洁，并将城市管理信息与相关规范传递到千家万户，影响着新老居民对城市居住要求的认识。

（三）兴建平民住所

按照资金来源不同，青岛平民住房建设方式有四种：社会捐建、政府兴建、平民自建和合作共建。从20世纪30年代的建设规模来看，社会力量捐资和市府财政出资仅占小部分，绝大多数住所由贫民领地自建。至1937年春，青岛共有平民住所9所，共计16院，房屋3757间。[3] 从资金来源看，社会捐资建筑3处，政府出资建筑仅2处，平民自建住房11处。[4]

表6—1　平民住所统计（1932年包括该年度及以前所有建筑数）　（单位：处）

	1932年	1933年	1935年（上期）
所院数	13	1	2
公建	3	1	0

---

[1] 《青岛市政府财政局公函第205号》（1933年4月19日）、《青岛市政府财政局公函第292号》（1933年5月26日），青岛市档案馆藏，档号：B21-3-159。
[2] 《市政府训令第3412号》（1935年4月16日），青岛市档案馆藏，档号：B21-3-159。
[3] 青岛市政府招待处编印：《青岛市政要览》，"社会"篇，第31页。
[4] 《平民住所统计表》（1936年1月），青岛市档案馆藏，档号：B21-3-283。按照表中统计，房间总数为3744间，与《青岛市政要览》所计略有出入。

续表

	1932 年	1933 年	1935 年（上期）
自建	10	0	2
房间数	2684	357	703

表 6—2　　　　　　　青岛市平民住所一览①

住所名称	地址（路名）	门牌	公建或私建（原名）	房间数目（间）	1935 年 12 月住户数（户）	1936 年 2 月住户数（户）
第一平民住所	台西五路	2	公（谭爱伦捐）	172	149	174
第二平民住所第一院	四川路	70	公	268	267	679
第二平民住所第二院	四川路	70	公	200	299	
第二平民住所第三院	四川路	70	妇女正谊会建	100	100	
第三平民住所第一院	台西四路	2	平民自建	125	127	488
第三平民住所第二院	台西四路	2	平民自建	85	65	
第三平民住所第三院	台西四路	2	平民自建	104	139	
第三平民住所第四院	台西五路	4	平民自建	122	103	
第四平民住所第一院	观城路	110	自建（脏土沟）	298	326	360
第四平民住所第二院	观城路	67	自建	61	56	
第五平民住所	嘉祥路	5	自建（上马虎窝）	167	157	189
第六平民住所	四川路	21	自建（下马虎窝）	182	143	181
第七平民住所	城武路	28	自建（挪庄）	799	600	879
第八平民住所	贵州路	3	公建（刘子山捐）	357	354	362
合作平民住所第一院	四川路	29	合作	482		350
合作平民住所第二院	团岛一路	1	合作	221		150
合计	1935 年 12 月总计 3040 间房，2885 户；1936 年 2 月总计 3743 间房，3812 户。					

青岛市第一个平民住所由来自潍县的谭爱伦女士 1930 年捐资 2.5 万

---

① 1935 年数据见《青岛市平民住所一览表》（1935 年 12 月），青岛市档案馆藏，档号：A17-2-1104；合作住所间数参考《西镇区建设办事处工作报告表》（1935 年 9—12 月），青岛市档案馆藏，档号：B32-1-767；《关于西镇区新建平民住所定名为合作平民住所的训令》，青岛市档案馆藏，档号：B32-1-798；1936 年数据见《为遵谕筹拟官区民众编配间邻办法附具草案呈请鉴核由》（1936 年 2 月 4 日），青岛市档案馆藏，档号：B21-2-35。

元兴建，共 172 间①，此为第一平民住所。1931 年 2 月，台西脏土沟贫民因发生水灾而流离失所，中华妇女正谊会发起募捐 1.5 万余元，在四川路建筑平民住所 100 间，命名青村，专门收容极贫住户，1931 年底 100 户贫民全部搬入。② 1933 年富商刘子山捐款 25 万元，政府拨出其中 5 万元在贵州路兴建了第八平民住所，③ 房屋共 357 间，除管理员办公室 3 间、夫役 2 间及给港务局 10 间外，尚有 342 间供贫民居住。④ 除妇女正谊会住房由自己管理外，其他两处捐建住所均属于公产，由政府统一管理。少数外地移民遇到生活困境时可以申请入住，多数由台西的拆迁棚户居住，他们是在挪庄、马虎窝等地居住多年而没有自建能力的极贫户。

自 1929 年 9 月青岛市筹建平民住所，一直为资金所困，直到年底日本纺绩同业会归还青岛市政府在纱厂罢工案中垫付的部分复工费和工友救济费，共计 3.25 万元，除失业工人回原籍的遣返费 2500 元外，还有余款 3 万元。⑤ 经筹建平民住所委员会和工务局的呈请和提议，市政府决定在台西镇四川路南端露天市场内建筑平民住所 288 间，并开始招标承办。⑥ 至 1930 年 10 月，经过四个月的修筑，四川路公建平民住所基本完成，共建房 268 间，厕所 4 处，灰池 3 处，污水池 3 处，浴池 1 处，但各厕所、污水池都没有污水管道通到四川路公共污水道，便道旁边也没有雨水明沟以供排涝，这为以后住所的清洁卫生问题伏下隐患。⑦ 住所于次年春出租给贫民居住，相对于每间二元至五元的租房价格，公建住宅每月 1 元的租价引起大量贫民求租。⑧ 而此期台西贫民 1848 户，7704 人，其中赤贫户 1486 户，按无眷属者两人一间，四口以下之家一间，四口及

---

① 《青岛市最近行政建设》，《都市与农村》第 4 期，1935 年 5 月 21 日，第 5 页。
② 《妇女救济事业：建筑平民住所筹设平民学校》，《益世报》1932 年 1 月 9 日第 7 版。
③ 《青岛平民宿舍经费来源》，《晶报》1933 年 10 月 17 日第 2 版。
④ 《市府训令第 9948 号》（1934 年 11 月 8 日），青岛市档案馆藏，档号：B21 - 3 - 171。
⑤ 《青岛市特别市政府训令财第 1164 号》（1930 年 2 月），青岛市档案馆藏，档号：B29 - 1 - 3543。
⑥ 《青岛市政府训令第 838 号》（1930 年 4 月），青岛特别市秘书处编印：《青岛特别市政府市政公报》第 10 期，1930 年 7 月，第 88—89 页。
⑦ 《青岛市政府训令 4046 号》（1932 年），青岛市档案馆藏，档号：B21 - 3 - 133。
⑧ 《领租平民住房卷》（1933 年），青岛市档案馆藏，档号：B21 - 1 - 15；《请领租平房住所》（1932—1933 年），青岛市档案馆藏，档号：B21 - 3 - 133。

以上者租以两间，则需要建筑房屋2176间，始足敷用。① 268间住宅显然难以满足贫民的居住请求，1932年青岛市政府即着手四川路第二个公建平民住所的修筑，自1932年12月开始至1933年8月工程竣工，其间，围绕工程款和工期厂方和政府多方交涉，最终修筑住房200间，并于1933年12月迁移平民入住，共有独居85户，并居215户，占房199间。② 政府拨款修建的四川路两处平民住所即此后青岛市第二平民住所第一院和第二院，总数468间房，每间宽3米，长4米，平均12平方米，一门一窗，容纳两个床铺，只有四川路第二平民住所第二院的房间各附厨房一间，普通住所每间月租金1元，有厨房则每月1.5元。③

民多房少，故申请居住者都要经过严格检查，必须是贫困且品行端正的佣工、苦力、摊贩小商和贫苦妇女。教员、学生、陆海军官兵、机关职员、警士及各机关公役、商贩营业资本满500元以上的生活能力中上的住户，无正当职业的游民、鸦片吗啡吸食者，都不得在公建平民住所请领住房。继1930年7月青岛颁布相对简略的住房管理规定后，1932年4月颁布了《平民住所管理及租赁规则》，对收容范围、住户行为、作息习惯等都做出了更明确的限定。一是租赁资格强调确属贫户且无不良品行者为限；二是强调了住户行为规范，住户需要服从管理员的监督与指导；三是规定房租每间每月为1元或1.5元，租金自订租日起按月缴纳，先付后住，不满一月者按日计算；四是规定管理员资格和预留一定平房开展教育等公用事业。④

因第一、第二和第八平民住所，分别容纳住户148、426、322户⑤，贫民住房问题依然严峻，故结合城市发展实际和民众要求，青岛市政府于1932年始实行平民自行建筑，包括领租承建和拨地自建二种方式。领租承建，是平民请领政府公地建筑住所，由政府给予地租方面的优惠政策，一般来说，承领市区公有土地者应向财政局缴纳地租，地租分为租

---

① 《建筑贫民住所计划大要》（1931年10月23日），青岛市档案馆藏，档号：A21-1-4。
② 《第二平民住所卷》（1930年12月），青岛市档案馆藏，档号：B21-3-99。
③ 《青岛市平民住所一览表》（1935年12月），青岛市档案馆藏，档号：A17-2-1104。
④ 《青岛市平民住所管理及租赁规则、细则》（1930年7月26日），青岛市档案馆藏，档号：B22-1-106。
⑤ 《平民住所概况统计表》（1936年1月），青岛市档案馆藏，档号：B21-3-283。

权金和常年租金两种，租权金根据市区土地等级，承领时每公亩一次性缴费20元至508元不等，常年租金根据土地等级每公亩每年缴纳4元至25.4元不等。① 作为政府一项恤贫政策，如果是贫民请领公地一般免除租权金，所缴地租也少于规定额数。1930年11月及1931年4月，平民先后领租台西四、五路和城武路等处公地建筑第三平民住所，共有177户，面积71公亩2厘，免地租三年，此后每公亩年纳租金仅4元，十年不变。②

拨地自建，系政府将贫民占居多年的政府公地或荒地免费拨给贫民，令其自行筹款兴建住房，不收租权金，并永远免除地租地税。③ 1932年10月1日，近代第一部平民自建住所的法令《青岛市平民领地自建住所规则》公布，"财政局就贫民集中处划分地段，编列号数，按户拨发公地建筑，划出建屋基址，编号令各户用拈阄法，各自拈定，限期开工，完成迁移。如缺乏建筑经费，可由公家酌量贷款，分期归还"。④ 平民自建住所，"其建筑地完全免纳租税，所有道路、围墙、厕所、晒衣桩、洗衣池等公共设备，俱系公家建设，仅每间房屋之建筑费用，由建户自筹，较之同一地点领租公地建房者，相差至巨，此项体恤待遇，只限于原住平民"。⑤ 拨地自建是在贫民比较集中的马虎窝、挪庄、脏土沟等处实行，1931底开始筹备，1932年6月对各住户人口数目、职业类别、工作地点、生活状况、经济情形的调查结束，有极贫的355户，这355家极贫户要将原有房产拆除，然后迁移至团岛路、贵州路北面的空地建简易住房暂时

---

① 冯小彭：《青岛市政府实习总报告》，萧铮主编：《民国二十年代中国大陆土地问题资料》第192卷，(台北)成文出版有限公司和美国中文资料中心1977年版，第92929—92933页。

② 《领租平民住房卷——市府训令内字第7152号》，青岛市档案馆藏，档号：B21-1-15。

③ 《青岛市平民住所一览表》（1935年12月），青岛市档案馆藏，档号：A17-2-1104；青岛市政府招待处编印：《青岛市政要览》，编者1937年版，"社会"篇，第31页。

④ 李先良：《青岛与八年抗战》，《山东文献》第5卷第2期，1979年9月，第68页；《市府训令3021号准路局函请迁移普集路贫仰督促办理具报由》（1935年4月6日），青岛市档案馆藏，档号：B21-3-159。

⑤ 《菠菜地贫民迁移纠纷》，《1935年1月25日市政府训令》，青岛市档案馆藏，档号：B21-3-171。

居住，等公建平民住所建成后统一搬入，再将临时住所拆除。① 每户获得5元迁移费，迁移费册内附粘有户主的二寸半身相片，作为以后移居公建住所的凭证。对于大多数有能力自建住所的贫民，则由各聚集处先选出各自代表，负责将各处自建户需要建筑房屋的间数等情况向财政局、社会局进行呈报；然后，由财政局将申请书、户口表等交各代表转发，填齐汇总呈送财政局核查。如与复查底册相符，填发每户地点。② 1932年底，脏土沟、上下马虎窝改造完毕，至1935年底，平民自建1943间房，住户1716家。③

挪庄等贫民自建的第四、第五、第六、第七四大住所建房费用一般在130元左右，对于每月10元左右收入，仅够糊口的移民来说，一次性筹集建房费用非常困难，自1933年到1936年，脏土沟、挪庄和马虎窝的建筑费用纠纷缠讼不休，贫民欠建房代表修筑费，建房代表欠建筑商材料费，建房代表欠银行贷款等连环欠费案，以及贫民代表抗议建房代表私相转移、敛财诈欺的投诉案，令政府头痛不已。一面着手调查纠纷，一面寻求新的方案，1935年台西开始实行一种新式筹资建房形式——合作共建平民住所。公建和自建建筑时间较久，费用较多。合作建筑，是由社会局介绍银行借款，或包商借料招标建筑，住户日付租金一角，以收足建设费及应加利息为止，"此种房屋，面积较小，材料亦省，每间以七十元计，二年付清后，归住户自有，三十年内免缴地租，此种合作建筑，政府免筹款之烦，平民有收归自有之利，平民住宅设备，每院有公共洗衣池及浴室"。④ 社会局拟定招商垫建简易平民住所办法呈奉核准后，旋即会同财政局第三科拨定四川路、团岛一路公地，商同工务局第二科设计绘图复经招商投标结果，由祥盛泰垫建，限两个月完工。⑤ 从9月开工，12月即在四川路和团岛一路建成两个合作住所共703间住房，解决

---

① 《调查各处贫民住户实况一览表》（1932年6月），青岛市档案馆藏，档号：B21-3-69；青岛市政府秘书处编印：《青岛市政府行政纪要（1933年）》，"社会"编，第30页，载极贫户有357户。
② 青岛市政府秘书处编印：《青岛市政府行政纪要（1933年）》，"社会"编，第31页。
③ 《青岛市平民住所一览表》（1935年12月），青岛市档案馆藏，档号：A17-2-1104。
④ 《青岛的市政》，《中国建设》1936第14卷第4期，第39页。
⑤ 《西镇区建设办事处一月份上半月工作报告表》（1936年1月），青岛市档案馆藏，档号：B32-1-767。

了 500 户贫民的住房问题。① 对于请求迁入住所的棚户，西镇区建设办事处对棚户生活状况进行了详细调查，规定："甲、查其职业及生活状况比较优良者得按照本处规定每间先缴建筑费二十五元，并限期交足拆房迁移。乙、查其职业及生活状况比较甲等稍次者得每间先缴建筑费二十元并限期拆迁。丙、查无一定职业确系赤贫生活艰难，又人口众多而安分守法者得准其迁居公建住所。"② 所有菠菜地、南大窪、团岛二路及贵州路等处棚户由西镇建设办事处组织棚户实行拈阄领房，迁居前每间交一定房款，其余欠款每月支付。③

无论公建、自建还是代建住所，均由工务局统一计划建筑，并注意交通、水道、市容与将来的发展。附近修建了马路、小学和市场，安设了电灯和自来水道等公共设施。房屋计划，英美各国于第二次世界大战后始相继施行，其目的在于供给低收入阶层使其享受标准房屋居住，而青岛则于20世纪30年代已倡导实行，推行不过五年，即成效明显，并为汉口、南京市等地学习借鉴。④

天津市区和郊区面积广阔，城区历史较青岛悠久，工厂、手工作坊、各类商店遍布于市区和郊区，移民呈现出小集居、大分散于天津华界租界及郊区农村的居住格局，如前文所述，天津工业区域中织布业集中在西关外和三条石等处，地毯业集中于马厂道（现称马场道——作者注），纱厂集中于北郊和东南郊，河北还有军帽庄和火柴业，化工业在塘沽，工商业环绕旧城墙、城郊、运河、海河和铁路沿线发展，新老移民也汇聚于此。移民和贫民的集中居住区也是天津市政、公益事业较多惠及之处。农村灾民进入城市后，首先便要在居住方面接受卫生教育，如体检、

---

① 《西镇区建设办事处工作报告表》（1935 年 9—12 月），青岛市档案馆藏，档号：B32 - 1 - 767。
② 《西镇区建设办事处五月份下半月工作报告表》（1935 年），青岛市档案馆藏，档号：B32 - 1 - 767。
③ 《西镇区建设办事处十二月份上、下半月工作报告表》（1935 年），青岛市档案馆藏，档号：B32 - 1 - 767。
④ 《青岛市府训令内字第 11283 号》（1934 年 12 月 30 日），青岛市档案馆藏，档号：B21 - 3 - 102；《青岛市政府指令第 11704 号》（1933 年 12 月 19 日），《青岛市政府市政公报》第 53 期，1934 年 5 月，第 30 页。

消毒、种痘、洗澡等。① 天津卫生局开展的卫生宣讲与清洁运动亦在居民区开展，设立固定垃圾箱，每日清除；多设卫生厕所，定期清理粪坑、粪池、厕所等。② 一般五六月举行灭蝇运动，每年5月15日和12月15日开始举行全市清洁运动。卫生局编印《社会卫生十二要》《戏园澡塘卫生十二要》等七项条例，③ 要求民众要注意清洁、改良饮水、摒除烟酒、断绝娼妓、矫正恶俗、提倡体育、禁止巫觋、提倡公葬等。公共场所如戏园澡堂等要设置痰盂、空气流通、洗净茶具、煮沸饮水、光线充足、防制蚊蝇等。食品制造场所要保持清洁等。在一系列的宣传运动、卫生检查与全市扫除实践中，将卫生事项的涉及范围、标准、办法与民众个体和公共事业结合起来，有助于在移民群体中树立讲卫生的风气。

　　城市各类团体开展的识字教育、移风易俗等活动首先亦从移民与贫民集中处着手。天津识字运动宣传委员会每年举行的讲演、图书画报等宣传活动便是在居民集中的民宅、集会等地开展。④ 天津特别市的妇女放足会，到各区讲演，从身体健康、夫妻关系与种族改良的角度，鼓励妇女放足。⑤ 公安局劝令男人剪掉辫子，以免有碍风化，且令外国人讥笑。⑥ 受益面最大的活动是1932年后在各贫民区创办的失学儿童平民小学和短期小学。西广开是天津有名的社会下层民众聚集区，也是乡村移民生活区，1934年底有1万余住户，4万多居民，580多家饮食杂货等商铺和90多家工厂，四成居民以拉车和做工为生，失学儿童约9000人，随着1932年广开平民小学创办，儿童得到免费入学机会，1935年初的30多名毕业生还得以到工厂或市立小学免费插班就读。⑦ 天津小树林短期小学则使附

---

① 刘海岩：《近代华北自然灾害与天津边缘化的贫民阶层》，《天津师范大学学报（社会科学版）》2004年第2期，第35页。
② 《卫生局宣传灭蝇》，《益世报》1929年3月21日第10版。
③ 《社会卫生十二要大纲》（1931年6月28日）、《戏园澡塘卫生十二要》（1931年6月30日）、《饮食界饮食制造管理规则》（1931年8月30日）、《管理饮食食物营业规则》（1930年4月23日）、《管理饮食食物营业规则（续）》（1930年4月24日），郭凤歧主编：《〈益世报〉天津资料点校汇编》（二），第1073、1076、1084页。
④ 王韬：《天津市概要》上，出版者不详，1934年版，第245页。
⑤ 《扩大放足运动计划》，《益世报》1929年3月18日第10版。
⑥ 《男子发辫从此将断绝根株》，《益世报》1929年3月29日第10版。
⑦ 《陆善忱先生函托为广开平校募捐》，《益世报》1935年1月7日第9版。

近鱼贩家庭的失学子弟得以接受算术与国语学习，使其稍通算法，帮助家庭生计。① 河北女子师范在1935年初开办妇女民众学校，招收金钟河沿河一带居民中10—30岁不识字的妇女，免费教授家事、生计、公民等各种教育，以改进妇女生活。② 至暑期结束，共有4个班级的100多人毕业，经过感化和训导，她们的装束由原来的五花八门逐渐走向整齐与朴素化，很遵守校规，尊敬老师，能写简单的信，计算普通问题。③ 那些住户和贫民集中的区域总是优先受到公益团体和社会媒体的关注，为居民生活境遇改善提供了可能，而城市卫生、教育、赈济等慈善救助和公共事业的开展也几乎是从住所入手，居住空间改造无疑成为促成乡村移民城市化进程的重要途径。

三 住房改造与移民的城市融入

近代青岛住房改造，不仅改善了贫民的居住条件，也促成其生活方式的变化与城居习惯的培养，固定的住所有助于推动乡村移民从物质层面、身份层面、行为乃至文化心理层面的城市化过程。

（一）分群施策，极大改善了移民的居住条件，并为后续移民进入提供了聚居地

如前所述，移民群体多半是社会下层的普通劳工，青岛住房的市场化、日益增加的人口推动房租上涨，提高了劳工生存成本，降低了移民的生活质量。1929—1935年由市政府发起的平民住房建设工程，首次对德占以来一直存在的台西镇贫民窟进行大规模整顿，改善了城市风貌和社会秩序，提升了城市形象，最直接的受益者是青岛的乡村移民，他们获得稳定、便宜、坚固、适用的住房，安全、整洁的居住环境与定居青岛的永久身份。

在住房兴建过程中，青岛市政府根据移民的居住久暂、职业属性、生存能力、人口规模实行不同的住房政策。极贫户入住公建住所，较贫户迁居合作住所，那些有一定积蓄的商人、工友则建筑了属于自己所有

---

① 《救济失学儿童本市市立短期义务小学》，《益世报》1934年1月25日第6版。
② 《女师学院筹办妇女民众学校》，《益世报》1935年2月15日第6版。
③ 《冀女师学院附设妇女民校概况》，《益世报》1936年2月10日第11版。

的瓦房,这种灵活的住房政策解决了台西多数移民的居住问题。据1936年2月统计,西镇区户口总数为10103户,1215户居住在公建平民住所,2097户居住在自建住所,500户居住在合作住所,在各杂院居住者3536户,旧货市场两处299户,共计7647户,达全区总户数75%以上,且多属劳动分子与小工商职业,其余2456户,则为中上住宅及商店。① 从1936年政府管理并兴建的第一、第二、第八住所的住户调查来看(见表6—3)②,896户中,户主是拉车的占47%,小本商人占20%,工人占11%,除少数军警混住其中,不合政府要求外,绝大多数住户确属贫民。

表6—3　　　　　　　　平民住所概况统计　　　　　　　　(单位:户)

职业	其他	拉车	小商	工役	军警	店员	清洁夫	厨役	工人	失业	捡煤核破烂	乞丐
第一住所	1	10	24	37	34	2	1	16	14	7		2
第二住所	8	234	87	1	11	2	4	8	61	3	3	4
第八住所	6	179	67	14	1	2	3	3	26	1	15	7
合计	15	423	178	52	46	6	8	27	99	11	18	13

拆除棚房的地方很快被新的移民填满,当自建住所正在进行建筑时,政府将脏土沟、挪庄和上下马虎窝四处无自建能力的棚户迁移到菠菜地居住,以便公建住所建成后迁移,原来统计棚民共554户,但不久即增加至648户,③ 当四川路棚户经督促陷于陆续拆迁后,没料到已拆空地为摊贩占据,④ 故社会局意识到菠菜地、南大窊、团岛二路及贵州路等处棚户拆迁后,"其遗留之断垣残壁若不立即平毁,稍不留意,又复有人修复居

---

① 《为遵谕筹拟官区民众编配闾邻办法附具草案呈请鉴核由》(1936年2月4日),青岛市档案馆藏,档号:B21-2-35。
② 《平民住所概况统计表》(1936年1月),青岛市档案馆藏,档号:B21-3-283。
③ 《市府训令9948号》(1934年11月8日),青岛市档案馆藏,档号:B21-3-171。
④ 《西镇区建设办事处六月份上半月工作报告表》(1935年),青岛市档案馆藏,档号:B32-1-767。

入，必须随时派员督率工人一律平垫整理。"① 公建平民住所住户也不断增加，从 1935 年的 1069 户，至 1936 年 2 月增加到 1215 户，再到 1946 年的 1320 户。② 由此来看，青岛平民住所的兴建，一方面为新迁移住户提供了投靠地，另一方面，拆迁后的棚户原住地为新移民占据，城市住房建筑无疑扩大了城市对移民的收容量，也提供新的迁居机会，形成层累叠加的移民居住区。

（二）稳定的住房，是移民获得市民身份的根本途径，并增加了他们对公共资源的分享机会

学界一般将外来人口的融入过程分为不同阶段，王桂新等通过对当代上海移民社会融合状态的研究，认为外来人口经过集中化（形式城市化）、常住化阶段（过渡城市化），逐渐过渡到市民化阶段（实质城市化），③ 常住化在移民融入城市生活方面具有决定性的铺垫作用。居无定所的移民常常作出返乡决策，在 1936 年的青岛菠菜地棚户迁移事件中，第三批拆迁的 189 家棚户中，有 21 户自愿回籍。④ 1936 年市区小偷猖獗，里院决定"举行挑贩免费登记，必须取保及有确实住址，始许营业"⑤。平民住所给逐食他乡的移民提供了稳定的居住空间，选择职业亦具有一定优势，他们在此居住两年即具有城市保人资格，可以为他人就业或租房时提供担保，出现违法等不良而非恶劣行为时不致受到遣返，以此意义上，他们在城市开始生根。稳定的住所，也使其由棚户称谓向平民院院民转化，实现了住所由临时向固定、地域由边缘向市区的转变，也体现了政府的认可与接纳，其身份由移民向市民的过渡。

在平民住所建成后，青岛市政府的社会管理和地区服务工作逐渐趋向于以平民院和杂院等集中居住区为中心有针对性开展。如公共区域的

---

① 《西镇区建设办事处十二月份下半月工作报告表》（1935 年），青岛市档案馆藏，档号：B32 - 1 - 767。
② 《青岛市各平民住所概况统计表》（1946 年 7 月），青岛市政府秘书处编：《青岛市政府公报》1946 年第 3 卷第 8 期，第 16 页。
③ 王桂新、张得志：《上海外来人口生存状态与社会融合研究》，《市场与人口分析》2006 年第 5 期。
④ 《为呈报本区菠菜地棚户肃清情形造具一览表》（1936 年 2 月 29 日），青岛市档案馆藏，档号：B21 - 3 - 171。
⑤ 《西镇建设办事处提案》（1936 年 2 月），青岛市档案馆藏，档号：A17 - 2 - 919。

清洁、绿化、道路修建、学校设置、平民教育、自治训练等均以平民院为单位进行。1933年，市政府集中对新建挪庄、脏土沟、上下马虎窝、台西四路等五处平民住所配备公共设施，"各该处所建厕所、围墙、大门、洗涤池、灰池、台阶石，及石挡墙、平路面，挖掘沙石、填土、砌乱石明沟等项，预算共计35108元；下水道预算计11528.3元；上水道预算1674.5元；总预算共计48310.8元"。① 1933年在公共住所筹设平民消费合作社，实行生活互助。② 1935年，农林股在平民住所种植树木，共植刺槐、白杨、五角枫等花木454株，除在人数集中的第七平民住所树立布告牌外，并随时晓谕住户加意保护。③

在20世纪30年代推行社会教育时，各市一般根据平民聚集情况创办短期小学和露天学校。天津为救济失学儿童，于1933年12月由政府拨款成立短期小学45所，因许多学生需帮助家庭工作，故每天到校时间仅4小时，以方便平民子弟。④ 青岛市因上下马虎窝、脏土沟、贵州路一带失学儿童最多，即指定该处为短期义务教育实验区，1933年4月《青岛市教育局短期义务实施办法大纲》规定："本市短期小学班附设于市私立各小学内，特设之短期小学拟在贫民居住区内办理之，并以该区为实验区。"希望一年内完成对实验区失学儿童的短期义务教育。⑤ 后因经费问题只办理了三所短期小学。⑥ 1933年底，青岛办有短期小学班1期，29班，学生数达1131人，⑦ 教育局办理成人教育，也是集中在车夫、捡破烂及其他社会下层民众聚集的小港沿、台西平民住所和台东镇一带，1934年8月在该处设立露天学校，教居民识字并作通俗讲演，借以提高

---

① 青岛市政府秘书处编印：《青岛市政府行政纪要（1933年）》，"工务"编，第57页。
② 《刘裕先折陈整顿平民住所意见》（1933年2月21日），青岛市档案馆馆藏，档号：B21-3-133。
③ 《西镇区建设办事处五月份下半月工作报告表》（1935年），青岛市档案馆馆藏，档号：B32-1-767。
④ 《救济失学儿童本市市立短期义务小学》，《益世报》1934年1月25日第6版。
⑤ 青岛市政府秘书处编印：《青岛市政府行政纪要（1933年）》，"教育"编，第10页。
⑥ 《教局划贵州路为短期小学实验区》，《青岛时报》1933年11月18日第6版；结合《青岛教育概览》看，此处短期小学当为半日小学，后于1934年3月合并为贵州路二部制初级小学。
⑦ 青岛市政府秘书处编印：《青岛市政府行政纪要（1933年）》，"教育"编，第52—53页。

其知识水平。① 1934年9月，教育局开始在民众教育馆、中小学校和平民住所等处举办教育电影，传播科学知识与生活常识，只有平民住所完全免费，放映后，"观者极众，影响所及，收效匪浅"②。

至1934年青岛市区小学仅有24所，其中11所市立，13所为私立。台东、台西、小港一带贫民较多，而学校稀少，仅有位于贵州路与四川路的1934年始成立的贵州路二部制初级小学和挪庄小学，其余主要分布于中上层人士聚居的莱阳路、德县路、上海路、四方路、济阳路、北平路等处。③ 平民住所建成后，政府便集中力量和资源缩小市区教育资源的差异，贫苦移民家庭的失业儿童得到接受相应教育的机会。

（三）平民院被纳入区办事处的日常管理，成为城市基层治理的基本单位，对其定期整顿与检查，促进移民生活方式的变化

德国租借以来，青岛市政建设形成制度化管理的传统，强调公共场所与饮食卫生，并将之纳入违警罚则中。公安局于每年春秋二季，对住宅商铺举行清洁检查。④ 青岛建设平民住所初衷为整刷市容，以壮观瞻，故卫生性、简易性与规整性是其住房建设的基本诉求，也显示维护城市形象的切实动机。1930年7月颁布的《青岛市平民住所管理及租赁规则》即规定由公安局管理平民住所的清洁卫生、安宁秩序事项；由社会局对居民进行生活指导；由教育局对居民进行教育启迪，并强调"平民住所居民应恪守公德，互相扶助，如有不端行为屡戒不悛者，得由财政局勒令迁移并依法处理"⑤。1932年的《平民住所管理及租赁细则》更增加了对住户行为的约束，"第十二条、住户应服从管理员之指挥监督。第十三条、住所内不得赌博、烟、酗酒、行凶及私藏违禁物品，犯者除勒令退租，并送法庭惩处。第十四条、住所内每晚十时应一律息灯。第十五条、

---

① 《一年来之青岛教育》，青岛市教育局编印：《青岛教育》第3卷第1期，1935年7月1日，第24页。
② 《一年来之青岛教育》，青岛市教育局编印：《青岛教育》第3卷第1期，第21页。
③ 青岛市教育局编印：《青岛教育概览》，编者1935年版，第9页，"附录"第1—24页。
④ 魏镜：《青岛指南》，"生活纪要"类，第65页。
⑤ 《青岛市平民住所管理及租赁规则》（1930年7月26日），青岛市档案馆藏，档号：B22-1-106。

住户洗晒衣服不得妨碍交通。"① 但平民院建筑一年后，新的情况出现了，住所的公共卫生状况令管理者头疼。住户开始喂养鸡、鸭，甚至养猪、牛，晒衣的杆、绳纵横，柴草、瓦块、炉火乱堆，男女儿童任意便溺。四川路平民住所，"各污水道堵塞已久，无人疏通，便溺横流，臭气四溢。又因该处住户类多智识缺乏，不讲公益，秽物随地倾弃，灰池形同虚设。雨水沟强半淤塞，污水池湮灭无迹，公共浴池亦曾变为粪坑。凡此种种，遂成污秽狼藉不可响迩之现状"②。管理员多次巡查晓谕，③社会局和公安局每半个月派员检查，调查平民住所住户纠纷，指导平民住所整顿清洁；④整理院内卫生，加强院内管理，包括督促扫除院落、赴清洁队接洽拉除脏土办法、找粪便包商来所商拟厕所掏除办法、赴工务局请求派工修理下水道、勒令住户拆除院中鸡窝棚灶、调查住户有无不正当行为、利用菜园户掏挑脏水、铺垫厕所通道并掏除积溺、修理南北二大门；布告大门开锁时间、添设公共炊房、厕所添安壁灯，督促修理下水道、道路等。⑤建设办事处制度化的管理与日常式的督促，将院民行为纳入政府基层治理工作，整顿后自建住所，"庭院清洁，门牌光亮，秽垢已不多见"。⑥平民住所的建设与维护从而具有规约移民生活习惯的功能，对城市居住空间的生产与改造，不仅改善了移民生活环境，也推动移民对城市生活方式的适应，从行为层面形塑了乡村移民的城居生活。

1933年后，市政当局更注重将平民住房改造与提高平民自治能力相关联，1936年后直到整个20世纪40年代，住房建设与管理越来越体现出关注平民日常生活的特点。或者说提供居住方式，也是提供一种便于

---

① 《青岛市平民住所管理及租赁规则》（1932年4月20日），青岛市档案馆藏，档号：B22-1-106。
② 《关于整理平民住所意见的呈和指令》（1933年），青岛市档案馆藏，档号：B21-3-133。
③ 《关于整理平民住所意见的呈和指令》（1933年），青岛市档案馆藏，档号：B21-3-133。
④ 《市区第一区联合办事处工作报告表》（1933年10月20—31日），青岛市档案馆藏，档号：B32-1-767。
⑤ 《关于整理平民住所意见的呈和指令》（1933年），青岛市档案馆藏，档号：B21-3-133。
⑥ 《西大森海关后平民生活之一斑》，《青岛时报》1934年2月26日第6版。

清查且相互监督的社群管理模式。1936年,青岛推行间邻制,"借筹统制劳工之方",间邻编制办法一是以地域为对象,尤其在工厂、杂院、平民住所等住户最多之处切实施行;二是以民众学校为对象作民校毕业同学会等之组织。大港区建设办事处主任谭际时详细调查散居工人,视住所建设为劳工统制之解决途径,"一面筹划建筑下级住所,以期劳动贫民之住处集中,使间邻编制易于进行,并于候工处先作相当编制,毋任散漫,期收统制之效等"。"果若是下级住居问题完全解决,夫然后本区劳工统制之效自可计期实现矣。"[①] 住房建设让羁留城市多年的移民定居下来,便利了政府启动建立在住房体系上的平民教育活动与组织间邻的自治方案,成为移民融入社会的基石。从建设办事处的例行检查到间邻制的推行,久居青岛的乡村移民,借助平民住所的修筑,不仅实行了定居扎根,分享城市公益事业与公共资源,也作为城市日常治理的规范对象与参与主体,实现从乡村移民到城市市民的身份转化。

政府在办理这项大规模的安居工程中,结合外地移民不断增加的实际情况,将台东、西镇等处偏僻空地预定大规模贫民住处,以作为流动性贫民和后来者寄住所,[②] 沧口、四方也指定北山和沙岭庄作为贫民住所建筑点。[③] 将密度较大的城市贫民集中到特定地区统一安置,或对其住房进行整顿与翻修,提升了城市清洁面貌,减少了传染病的发生,并对城市火灾和犯罪有一定预防作用。平民院建成后,对其他地区棚户的整理逐渐步入施政计划,相对于平民住所的成功办理,后续增加的移民自发聚集区也逐渐成为各区建设办事处关注的对象,如对广饶路、利津路、泥洼、普集路、台东新辟马路、国术馆附近等处棚户的整理与迁移。青岛平民住所建成后,日益成为青岛城市形象的重要窗口与市政建设的重要成就。如何对外宣传、加强清洁卫生工作都是管理员的工作重点,贵

---

① 《关于报送贫民按间邻编制及筹建大港区下级住所办法的呈》(1936年2月12日),青岛市档案馆藏,档号:B21-2-34。

② 《青岛市政府训令内字第4898号》(1932年7月11日),青岛市档案馆藏,档号:B21-1-19。

③ 《青岛市四沧区建设办事处半月工作报告表》(1935年8月上半期),青岛市档案馆藏,档号:A17-2-1137。

州路的第八平民住所"为各方参观必到之处"。① 传媒形象不断改进,对外交往日益频繁,昔日的贫民窟一度成为城市建设中的荣光,指称平民住所的"八大院""十大公馆"成为城市形象与市民追忆,那段迁居到定居的历程在潜移默化中浇铸成青岛市民的奋斗前史。

小 结

如何实现从农民到工人、从乡下人到城里人的转变,是近代城市化进程中的核心问题,南京国民政府时期现代工厂制度、住房建设运动以强制性力量提供工作要求和社会福利的方式,推动农民对城市工作的适应和原有生活习惯的改变。在积极的制度规范下,工厂劳动规训和住所居住管理分别从公共空间与私人空间促进乡村移民对城市生活规范的接纳。两者似乎触及不同的领域,但其出发点均源自国民政府提倡新式生活方式、维护城市社会秩序和培育民众自治能力的诉求,其举措是在遵循国家使命的前提下积极探索并可见其功的。尽管20世纪30年代的中央政权面临重重危机,但前期在城市规划与建设上的积极努力改进了乡村移民的生活环境,推动了移民对新型工作方式的适应、对新的城居生活规范的认知,强制性手段对移民融入城市社会发挥着重要作用。

规范化的工厂管理与具有社会责任感的企业家,在提供给乡村移民一份正式且相对稳定工作的同时,均注意对工人生产技能的培训、生产规则的强化与生活方式的改良。如天津久大盐厂、六大纱厂、青岛华新纱厂,在制定严格的工作纪律与技术要求时,通过建立工人宿舍、工人食堂、办理劳工学校、开展职工文化活动,将生产、生活与教育环节渗透进工人日常生活,对劳工生活一体化的立体式干预为从私人环境进入公共生活的移民们树立标准化生活样本,在一种集体劳作与监督的环境下,一些移民从技能、知识与生活习惯中开始了辞旧迎新的历程,有些乡村移民无法忍受严酷的工作强度和闷热的工作环境,也有人无法适应严格的时间限制与考勤,他们会离开工厂,回到原籍。另一些年轻的、

---

① 《刘裕先呈为更调第一二八平民住所管理员请示》(1935年5月30日),青岛市档案馆藏,档号:B21-3-102。

有技能的工人在适应新环境中表现出更强的意愿与能力，而那些有家属的工人因业余时间有家人陪伴，降低了被不良嗜好浸染的概率。

进城的移民最需要解决的是工作与住房问题，这既是移民融入城市生活最关键的影响因素，也是移民获得保人资格即市民身份的重要体现。天津谋求贫民区建设而未竟其功，青岛的大规模平民院住房改造与平民住房建设，改善了移民的生活条件，推动了乡村移民对城市生活的适应。增加了他们对公共资源的分享机会。更为重要的是，一切社会建设活动如平民教育事业、自治训练及卫生宣讲等均以居住区为基础，住房问题承载着社区教育、社区治理及城市规划，在此意义上，平民住房改造是城市福利与城市设施惠及平民的基础，在推动移民融入城市生活中发挥着深切而长远的影响。

从生产空间和生活空间的规范整顿入手，地方政府和大型企业在职员与居民中发起了识字和技能教育、卫生宣传以及劳动与生活秩序管理，作为一种普及城市生产与生活规范的社会化运动，那些接受过教育活动、卫生运动、技能培训的移民们有机会获得与城市生活要求相匹配的能力与习惯，虽然大多数居民对城市各项教育活动因生计所迫、为兴趣所囿或推广方式所限而参与度不高，但那些年轻的移民在工厂新式娱乐活动和社区平民教育中明显受益更多，老一辈移民还在固守乡村习俗和生活习惯。但年轻移民显示出比年长移民在工厂技能、体育活动、民众学校中更大的积极性，反映了新生力量融入城市生活的主动与成效。

第七章

移民管理与制度排斥

在近代中国城市发展和乡村社会崩溃的交相作用下，农民源源不断流入城市，构成近代中国城乡变动的突出现象，而如何实现对外来移民的有效管理、如何维护社会秩序，成为近代城市在发展进程中面临的一个共同问题。关于中国近代城市对外来移民的管理，学界研究关注于两个层面：一是集中在政治架构层面的各种管理规章和措施，尤其是保甲与户籍制度在外来人口管理中的作用；二是关注社会组织如同乡会、慈善机构等与移民的关系。① 20世纪30年代，在市政建设逐渐加强的过程中，天津和青岛出台系列章程、法规，对各类社会问题加以干预和规范，并依靠警察与相关部门的严格执法来推行城市行为规范和生活常识。天津和青岛一方面借鉴现成的西方现代管理制度——尤其是法律规范管辖当地居民，另一方面沿用了中国传统的保人制度对个人的社会交往行为进行约束。保人制度被运用到移民求职、住房、借贷、司法等重大生活领域，渗透于城市社会管理的诸多章程中，构成近代城市管理移民的有效手段。而城市日益加强的法律法规尤其是《违警罚法》对约束移民在公共空间的言行具有重要指导作用，并对维护移民的个人权益提供了一定保障。本章从城市公共管理制度的角度，审视城市的制度条文与实践对移民生活的帮助和保障、排斥与阻碍。

---

① 邱国盛的《城市化进程中上海市外来人口管理的历史演进（1840—2000）》（中国社会科学出版社2010年版）较翔实系统地分析了近现代上海市对外来人口的管理问题，强调城市管理机构、保甲制度与以同乡会为代表的社会中间组织在近代上海外来人口管理中发挥的重要作用。

第一节　保人制度与移民生活

从乡村移民在近代城市的境遇来看，尽管天津和青岛均没有专门针对乡村移民的管理措施和相关制度，但在有关救助、求职、租赁、借贷等与市民日常生活密切相关的管理章程中，我们可以发现，贯穿于城市管理规则中的保人制度成为近代城市调控乡村移民的重要手段。[①] 本节立足于1928—1937年城市各类规章中有关乡村移民生活的制度安排，探讨保人制度对移民的接纳与约束，近代城市的低门槛使大量移民进入青岛成为可能，但有关保人的制度规定对进城的移民们形成支持与排斥力量，影响着乡村移民的城市生活与社会管理的运作方式。

一　城市人口的增加与对移民的管理

相关的法律条文和政府规章显示，民国时期，城市法律与行政层面并未给农民进城予以明确的限制，对市区范围内居住的民众也未予以规章层面的身份等级划分，城市没有严厉的守门人，它是自由开放的，每个人都有居住其中的权利，展示了强大的包容性与吸纳力。即使到1927年后华北农民出现离村高潮、城市人口增长迅速的时期，尽管无业与失业现象比较突出，但政府并没有限制移民进入以解决城市中不断出现的失业、盗窃、暗娼等社会问题，移民与原有居民共同享有就业、医疗救助、教育、使用城市基础设施、在市区内自由迁徙等方面的权利。1921

[①] 国内外学者对保人问题进行的研究集中于乡村史和法律史领域中，一是考察传统中国社会中的保人角色、名称、社会来源、类型、功能与酬金等问题，并进而论及保人在社会经济活动及乡村权力结构中的影响。参见杜赞奇《文化、权力与国家：1900～1942年的华北农村》（江苏人民出版社2004年版），刘秋根《明清高利贷资本》（社会科学文献出版社2000年版），李金铮《20世纪上半期中国乡村经济交易的中保人》（《近代史研究》2003年第6期），吴丽平《清代北京中保人考》（中国社会科学院近代史研究所编《中国社会科学院近代史研究所青年学术论坛》2010年卷，社会科学文献出版社2011年版）。二是从法律史的角度对民间契约关系中的中人或保人角色与作用进行分析，进而从明清时期的市场秩序与习惯法规范运行的视角探讨传统社会中国家与市场、国家与社会之间的关系。如黄宗智《清代的法律、社会与文化：民法的表达与实践》（上海书店出版社2001年版），梁治平《清代习惯法：社会与国家》（中国政法大学出版社1996年版），等等。此外，冯客的研究使我们注意到保人在政府管理与个人生活中的重要作用，见冯客著《近代中国的犯罪、惩罚与监狱》（江苏人民出版社2008年版，第253—254页）。

年，北洋政府颁布《市自治制》后，北平和青岛在全国率先开始了自治形式的市制管理，《市自治制》第一章第八条规定："凡住居于市内者，均为市住民，市住民依本制及市公约所定，得享受权利并负担义务。"①1930年5月国民政府公布《市组织法》，规定："中华民国人民无论男女，在市区域内居住一年以上或有住所达二年以上，年满二十岁，经宣誓登记后，为各该市之公民，有出席居民大会、坊民大会及行使选举、罢免、创制、复决之权。""市公民在该市区域内，无论迁入任何区坊，自登记移转之日起，均有公民权。"②民国时期内政部或各城市的历次人口调查中，外来移民和本地居民均被视为本市居民加以统计，移民并不因籍贯、职业和身份不同而在进城时受到区别对待，"凡在本市区域内居住者不论久暂，并不限籍贯，一律调查，但寄居外侨有特殊情形者其调查办法于必要时得另定之"③。

在宽松的进城政策和失序的乡村社会背景下，1928—1937年，天津华界人口从93.9万余人增加到108.1万左右，青岛从33.6万增加至57.7万（见表2—2），人口迅速增长，但受国际政治经济形势影响，各业发展艰难，城市失业与无业人口总数不断增加。天津华界1928年至1930年的无职业人口占总人口的比重依次为38.77%、36.53%和35.15%。有业者超过六成，在业率相对较高，到1936年天津无职业人口比重增至60.75%，1937年无职业人口，占天津华界总人口的61.18%。④青岛1935年无业率为36.11%。（见表2—4），近代城市金字塔式的职业结构决定了进城的农民托起了这个分层体系的塔基，乡村移民构成城市的劳工阶层，也是城市的难民和贫民。移民的激增毕竟给城市管理带来挑战，包括失业和无业人口的增加带来的就业压力、住房的紧张、治安问题以及性别失衡促成的暗娼盛行。针对诸多社会问题，市政府一方面在正式管理体系中充实力量，如建立相关的专门委员会和办事机构，陆续颁布一系列城市治理法规、加强维持地方秩序的警察实力等，另一方面借助

---

① 《市自治制》，《地方自治》第2期，1922年，"法规"类，第15页。
② 立法院编译处编：《中华民国法规汇编》第1册，中华书局1934年版，第146页。
③ 《青岛市户口调查规则》（1931年7月），《青岛市市政法规汇编》上卷，"公安"编，第68页。
④ 李竞能主编：《天津人口史》，南开大学出版社1990年版，第244、245、248页。

于传统中国城市的保甲制与连坐式的担保管理方式,以保人来约束移民的城市行为。

近代以来历任统治者均重视对下层民众的管理,自清末天津设立租界开始,即开始引入近代西方市政管理法规,设立巡警局和卫生局以维护城市治安、交通与公共卫生。1901年天津制定了第一个交通规则,规定街道禁止高速行车,下令所有行人靠左行,载重大车白天走马路,晚上至黎明须由窄小街衢行走,以免妨碍行人,并禁止任意在街边设摊,禁止任意倾倒垃圾,建立公厕、公墓,维持城市环境卫生。[1] 袁世凯督直期间,在全华界城区创立警察组织,制定警备章程,恢复保甲局,加强城市治安管理,防范并制止下层社会的不轨行为,警察机构成立后全面介入城市社会秩序维护和公共事务管理,公布系列章程规范个人社会行为,如《查禁开灯办法》《管理赌博章程》《管理娼妓章程》《危险物取缔规则》《管理戏园及各游览所章程》《清晰户口章程》《管理道路办法》《管理洋车办法》《管理电车四条禁例》等法令[2],加强了对城市交通卫生、治安秩序的积极预防和干预管理。警察成为维护城市社会秩序的职业队伍和核心力量,并在以后各地城市治安和人口管理中发挥着重要作用。[3]

青岛自德占以后,实行华洋分治,在台东镇与台西镇建立专门的劳工住宅区。殖民当局将西方市政管理模式搬到中国,无论是在市区秩序的维护上,还是在道路的管理上,德国管理者都严格执法,殖民统治的严厉管制与当地居民的纯厚质朴凝聚成青岛秩序与肃穆的社会氛围,也使得青岛城市管理具有规制和严整的风格。日据以后至国民政府时期,因为工业的发展,劳工日众,统治者一方面通过城市普适性的管理法规对其生活与生产活动进行引导与控制,另一方面通过各个工厂、商店对劳工分行业进行管理、监督和救护。有固定住所和稳定工作的移民因为已经进入诸如企业和里院等正式的社会组织,较便于管理,所以青岛社

---

[1] 罗澍伟主编:《近代天津城市史》,中国社会科学出版社1993年版,第318—319页。
[2] 涂小元:《试论清末天津警察制度的创办及其对城市管理的作用》,李家璘主编:《天津文博论丛》第2集上,天津人民出版社2010年版,第193—195页。
[3] 李竞能主编:《天津人口史》,南开大学出版社1990年版,第71页。

会管理中最为棘手的是对城市治安、卫生与风气影响较大的无职业、无住所的游民和乞丐的管理。为此，历任统治者都强调居民要及时上报户口变动情况，并严格遵守市政当局颁布的交通、治安、卫生、教育、建房等方面的相关章程。

根据1928年颁布的《中华民国刑法》《违警罚法》《户口调查统计报告规则》等法规，公安局管理户籍、治安、消防和户口统计等事项，行使查究奸宄、缉拿盗贼、清查户口、维持秩序、以正风俗的职责，以加强城市管理、整顿社会秩序、保障公共安全，与移民的城市日常行为和生活息息相关。

天津成立特别市后，自1928年1—3月共颁布部门法规32项和专项法规14项，如《管理海河码头脚行简章》《牛乳业取缔施行简章》《管理自行车规则》《公共汽车行驶章程》。① 青岛市自1930年5月至1931年8月，市政府和公安局陆续颁布了《禁止未成年者吸烟饮酒规则》《取缔各公园维持秩序风俗简则》《取缔拾捡遗失物规则》《取缔旧货营业规则》《取缔公共场所吐痰简则》《取缔饭食物营业简章》《取缔各项肉质简则》等章程，② 在市政建设、道路交通、社会治安、公共卫生和社会救助方面形成规范的管理机制，成为当时市政建设之模范城市。这些现代城市管理的规范体系和南京中央政府1928年后颁布的系列法律法规、章程条例等构成近代城市管理居民（包括乡村移民）的主要方式。

为推进地方自治，同时加强对社会基层尤其是贫民的控制，1936年青岛市区着手编制闾邻，以十户为邻，五邻为闾，两闾设里，将统制寓于组织之中。从青岛办理闾邻的计划来看，主要针对的是卫生、失业问题较严重的贫民聚居之处。如海滨区办事处认为，其东部别墅区是华洋杂处，户口稀疏，中山路及其他各路大商店，住户情况尚不复杂，从现有商业团体方面即可均着手统制，不需编制闾邻。而里院"除有极少数高丽人居住外，悉为我国贫民及中等人居住之地，户口稠密，情形复杂，

---

① 《天津特别市政府市政公报》1929年第6—8期，转引自张利民《艰难的起步：中国近代城市行政管理机制研究》，天津社会科学出版社2008年版，第162、219页。
② 《青岛市市政法规汇编》（上卷），出版者与时间不详，"公安"编，该法规汇编的上下卷记载了1931年前后青岛政府各局台处所颁行的大量城市管理法规。

应立即编制闾邻以谋统制"①。小港区编制闾邻之直接目的则是在训练民众自治的同时,救济烟民和游民,疗治城市之失业与治安问题②。在行业组织管理与城市公共空间管理之外,青岛政府希冀借助闾邻制进一步将城市管理力量延伸至居民日常生活领域。

从天津对乡村移民的管理来看,尽管现代城市控制体系已经建立,但民间力量(包括绅士、会馆、帮会与同业公会等)对调节和控制下层民众包括乡村移民生活作用依然非常明显③,各种慈善机构、水会、乡甲局、脚行在社区控制和行业管理中与正式的警察机构相补充并发挥功能。青岛作为新兴的开埠城市,不仅本地原有的绅士力量薄弱,也未形成强有力的帮会组织与源远流长的会馆势力,青岛各同乡会会员一般为三四百人,④ 总体来看,20世纪二三十年代的同乡会主要是为进城的移民精英服务的。正式的同乡组织在普通乡村移民的生活中尚缺乏广泛的影响力。顾得曼对近代上海的研究表明,并非每个旅沪同乡组织里都有大的资本家,缺少经济和人事资源的旅沪团体常不能发展成可以巩固和扩展同乡纽带的组织。这些情形下,陷入穷困的外地人,很少或得不到同乡"安全网"的救援。⑤ 青岛的情况亦是如此,同乡感情为形成社会网络、提供社会援助提供了可能条件却不是必然机会。总体来看,城市行政管理法规在移民的城市生活中发挥着越来越重要的作用。

透过诸多城市管理规章,我们可以管窥近代城市对一个能立足于此的移民的选择机制,乡村移民能否成为法规意义上的市民,与他们在城市的居留时间和固定处所相关:即连续居住1年以上,或有固定住所达2年,生存能力与经济能力是移民能否定居并获得社会认可的首要基础,也是其在城市进一步发展的前提条件。从就业、住房规定和政府相关优惠政策来看,有固定住所或一定的人脉基础——保人资源是乡村移民获

---

① 《海滨区办理闾邻组织计划》(1936年),青岛市档案馆藏,档号:B21-2-34。
② 《小港区拟具邻闾编制草案》(1936年),青岛市档案馆藏,档号:B21-2-34。
③ 陈克:《十九世纪末天津民间组织与城市控制管理系统》,《中国社会科学》1989年第6期。
④ 《近代青岛同乡组织一览表》,房兆灿:《城市·移民·社会——青岛近代同乡组织研究》,硕士学位论文,中国海洋大学,2009年。
⑤ [美]顾得曼:《民国时期的同乡组织与社会关系网络——从政府和社会福利概念的转变中对地方、个人与公众的忠诚谈起》,《史林》2004年第4期,第113页。

得更多发展机会与生存空间的重要媒介。

　　天津和青岛一方面引入了在当地已经实践的西方现代管理制度管辖当地居民，另一方面沿用了中国传统的保人规定对个人的交往行为进行约束，保人制度渗透于城市社会管理的诸多章程中，构成近代城市管理移民的有效手段。保人，是中国民间借贷、典当、入学、雇佣、租佃、买卖等契约关系得以成立和维持的制约因素，它为契约双方或多方履约做出保证。保人可以在商业贸易中承担沟通信息、联络交易、保证被保人履行职责、违约受责的作用，也可以在法律执行中为被告承担出庭与出监的证明人与保证人，具有明确的担保性质，在民间债务等民事法律习惯中，对当事人负有督促以及在其无法履行义务时负连带责任。

　　农民进入城市后，他们的生产与生活方式均发生重大变化，由熟人社会转向陌生人社会，其社会交往的"匿名度"大为提高，原有习俗与道德规范的约束作用降低。传统乡村社会关系是以家庭和宗族为纽带建构起来的，个人最重要和最基本的首属群体便是这种初级群体，其成员间互动频繁，彼此亲近，认同意识强，有共同的血缘、利益、价值观念和传统习俗等维系彼此的关系。亲属和家族在个人生存中占据着最重要的地位，人与人之间依地缘或血缘构成的社会关系使乡民们产生强烈的归属感，对其社会生活构成极强的约束力。自唐宋以来逐渐兴起的保人制度，正是建立在这种人伦关系之上，对契约双方或多方构成极强的义务感与道德感。学界亦非常关注保人在市场交易与法律审判中所起到的信用担保的重要功能，而对保人角色在流动人口管理中的作用未有较多关注。据郭松义先生研究，康熙、雍正时期，北京城就通过清查房屋承租者的来历和铺保来加强城市治安。对外来移民进行管理。苏州外来工匠众多，官府便通过办理房屋租赁的保头编甲，责其互相稽查，苏州方法亦推广到江南各地。[①] 彼时保头主要系房东，尤其是工匠头，这是政府对外来雇工进行管理的主要中介。清朝前期，一些城市已经将保头与保甲结合起来作为加强流动人口管理的重要方式。除对外来雇工管理外，

---

　　① 郭松义：《农民进城和我国早期城市化——历史的追索与思考》，《浙江学刊》2011年第3期。

还重点清查游民乞丐与流动客寓。①

清朝的保甲和保头制度还只是从户籍层面加强对流动人口的管理，至国民政府时期，保人制度从户籍控制体系延伸到就业、贷款、租赁等城市居民生活的多个领域中②。从民间契约中的重要角色发展为城市社会管理制度的共同要求，传统乡规民约中的保人要素在近代城市生活中亦制度化、正式化与普泛化了。

二 保人制度与城市对移民的约束

近代城市各工业企业的用人制度和招工办法主要有包工头制、铺保具结和职业介绍等，通过职业介绍所寻找工作，受其欺骗、威胁、利诱、强迫等情形多有发生，故包工头制与铺保具结更为流行。工人主要通过包工头或者依托熟人、店铺等在铺保具结后进入工厂、商店做工③。如果移民通过各种职业介绍所和荐头行在青岛市内寻求工作，必须来历明白并且有亲属或亲戚作保，各荐头行必须建立专门名册，记录所有男女佣工的姓名、年纪、相貌、家庭住址以及亲戚姓名和住址，以备警察随时考查。介绍工作成功时，佣工还应和雇主签订一份证明其身份和情况的凭证，依然需要保人作保。④ 1930 年，针对职工失业日趋严峻而包工头和荐头行剥削较重的问题，青岛社会局成立市立职工介绍所，专门给失业者介绍工作，首要条件即是求职者必须寻找到妥当的铺保签订保证书，⑤寻求保人成为移民在城市工作的必要环节。

在天津各个工厂、商铺中，招录工人和学徒时共同的条件是要求保人担保。如北洋纺织厂的《试用工保证书》中的立保证书人的内容是："今保证（姓名）在北洋纺织厂充任试用工，在试用三个月期内切实遵守

---

① 邱国盛：《城市化进程中上海市外来人口管理的历史演进（1840—2000）》，中国社会科学出版社 2010 年版，第 48 页。
② 吴丽平：《清代北京中保人考》，中国社会科学院近代史研究所主编：《中国社会科学院近代史研究所青年学术论坛》（2010 年卷），社会科学文献出版社 2011 年版，第 127—143 页。
③ 《民国山东通志》第 3 册，山东文献杂志社 2002 年版，第 1768 页。
④ 《青岛市公安局取缔荐头行简则》（1931 年 1 月），青岛市政府秘书处编印：《青岛市政府市政公报》第 20 期，1931 年 5 月。
⑤ 《青岛市市立职工介绍所职工简则》，青岛市政府秘书处编印：《青岛市政府市政公报》第 21 期，1931 年 6 月。

一切规则及命令，倘无故告退或因不正当行为被革，所有一切损失概由保证人负责，如有意外危险统与厂中无涉，所具保证书是实。"① 署名立保证书人的姓名、职业、住址及铺保的商铺名号。恒源纺纱厂的一份保证书书写格式是："保证人牛万振担保何达君在贵厂服务忠实工作，如何达君工作不力，违犯厂规，不服厂方处罚时，担保人愿负连带责任，受法律上制裁，如有涉及财产事件，担保人愿负赔偿之责，特此保证。保证人　牛万振，职业：商界，地址：河北西窑洼状元楼胡同三号。"② 正兴德茶庄的员工学做生意没有期限规定，进号时须觅保立据，言明遵守铺规制度，如有贪污盗窃等事，概由保人负责，意外事故由其本人负责等。③ 天津织布厂的学徒习艺通常为三年零一节，若中途弃业，膳费由保人负责。④ 永利碱厂开始雇佣工人时更为严格。"凡愿入厂作工的工人，须觅人介绍，并填写就佣志愿书。先由附属医院检验身体，再由经管部部长面询出身和履历，录取者暂时入厂试用。""业已雇佣的工人，须觅妥实保人，出具保证书，同时厂方给予雇佣证书，详载姓名、工作和每日工资。介绍人，多是永利久大两工厂的工人，保证人责任较大，全由塘沽的商铺担任。照章保证书每年由保人重行画押一次，每次加薪，也应填写在雇佣证书上"⑤。工人进厂不仅要有介绍人，而且要有铺保，每年还需对保人资格加以核查，人事烦琐故至后来并未严格办理。保证人要为被保证人的工作行为或财产事件承担监督、赔偿责任，对其不正当行为负有连带的责任。

没有保证人，也就失去了被雇佣的资格，德和木号对学徒进店有"三不用"：1. 没有写算能力和一定文化水平的不用；2. 没有保人的不用；3. 本市人不用。⑥ 瑞蚨祥学徒都是在经理的家乡山东章丘挑选，并须

---

① 《试用工保证书》（1936年11月7日），天津档案馆藏，档号：J0145-1-000008-005。
② 《保证书》（1936年2月14日），天津档案馆藏，档号：J0145-1-000008-007。
③ 武树滋、鲁箎：《正兴德茶庄经营概况》，中国人民政治协商会议天津市委员会文史资料研究委员会编：《天津文史资料选辑》第1辑，天津人民出版社1978年版，第83页。
④ 艳峰：《天津之织布工业》，《国货研究月刊》1932第1卷第1期，第73页。
⑤ 林颂河：《塘沽工人调查》，北平社会调查所1930年版，第222—223页。
⑥ 王植如：《德和木号的兴衰史》，中国人民政治协商会议天津市委员会文史资料研究委员会编：《天津文史资料选辑》第46辑，天津人民出版社1989年版，第210页。

有殷实保荐人。①李大钊的妻舅赵晓锋通过李大钊做"保人",才得以到天津汉沽盐务局当职员,后来李大钊得知赵晓锋徇私而撤保,赵晓峰也被盐务局辞退。②一些店号、企业每年年底核对保人是否继续作保,如果保人终止担保则学徒会失去工作机会,因此,被保人逢年过节就提着礼品去看望保人,表示谢意,并承诺本人言行端正。③

茶楼酒馆及其他娱乐场所雇佣女招待,需遵守相关章程,"所雇佣女招待者应由店主将女招待姓名、籍贯、年龄、住址及保证人造册呈报公安局存案,有移动时应随时呈报。女招待应由店主责令取具妥实保证人并自立簿登记受公安局之检查"。来历不明者、未满16岁者、典卖身体具有婢女性质者、怀孕已足6月者、缠足未放者均不得为女招待,④这份女子职业只对有妥实保人的部分女性开放。在天津,想进旅馆当一名茶房,除须请托他人,钻营送礼外,还得有保人,保证不偷摸旅客的东西,不私留旅客赏给的小费,如数充公。倘有差错,由保人负责一切。立下这样的字据,才能获得当茶房的差事。⑤

拉洋车亦受到觅取保人的限制。⑥随着人力车行业竞争的加剧,1934年9月,青岛市政府对人力车夫管理规则进行修订公布,按照新规定,公安局须检查人力车夫的年龄与体格,人力车夫必须是18岁以上50岁以下身体强健无疾病者;另外,对保人的要求更明确了,凡营业资本在50元以上者,才能充当人力车夫之铺保人保,如找不到铺保时,可以找三位已经领有执照的车夫作担保。⑦如果人力车夫向车行租车也须有保人并

---

① 刘越千:《山东孟家与瑞蚨祥》,中国人民政治协商会议天津市委员会文史资料研究委员会编:《天津文史资料选辑》第2辑,天津人民出版社1979年版,第110页。

② 罗伟立主编:《古今名人廉洁录》,中国广播电视出版社1992年版,第82—83页。

③ 杨浩春、周岱东:《青岛义聚合钱庄》,青岛市政协文史资料委员会编:《青岛文史撷英》(工商金融卷),新华出版社2001年版,第271页。

④ 《青岛市茶楼酒馆女招待取缔简则》,青岛市政府秘书处编印:《青岛市政府市政公报》第20期,1931年5月。

⑤ 刘炎臣:《旧时天津的各类茶房》,中国人民政治协商会议天津市委员会文史资料研究委员会编:《天津文史资料选辑》第61辑,天津人民出版社1994年版,第183页。

⑥ 《青岛市人力车夫管理规则》,青岛市政府秘书处编印:《青岛市政府市政公报》第21期,1931年6月。

⑦ 《修正青岛市人力车夫管理规则》(1934年9月5日),青岛市政府秘书处编印:《青岛市政府市政公报》第62期,1934年11月。

有殷实铺保的保单，车夫拖欠车租、修理费时，车行会向保人索取并收回车辆。①

外来移民和本地人凡开设店铺营业者，除有执照费、税率等特别规定外，凡呈报开业者，必须首先觅取相当保人。在青岛，"凡开设银号、金店、金珠首饰店、钱铺、兑换所、当铺等项营业，均应取具3家殷实铺保；凡开设旅馆、客栈、小店、古玩、估衣、玉器、收买钟表，及成衣等店铺、军衣庄、浆洗衣物等项营业者应取具三家联名铺保"。② 周边地区的乡民运营渡客的舢板或帆船时，必须取具殷实铺保才可获得许可证。③ 凡开采石材砂土者亦须找有妥实铺保，缴纳开采费，才能领照开采。④ 而在码头上的小贩、洗衣商和修鞋商的首要营业条件是"取具殷实铺保保结一份"⑤。1936年，台西镇办事处鉴于小偷猖獗，要求挑贩进行登记，必须取保并有确实住址，才允许进入各平民院营业。⑥

获得政府发放的小额无息贷款更需要保证人的担保。凡向救济院借款者，必须具有本市殷实铺保或相当保人者，期满不清还者责成保人代还。贷款者必须先来救济院填写请求书及保证书，保证人在保证书上加盖图章，并由贷款所调查确实者才能获得借款。⑦ 其他各类民间借贷，更是需要保证手续。普通住户借款，利息较重，有时且须有相当之保人或抵押品。如果没有保人或抵押品，便借不到钱。⑧ 在天津要是购买一辆洋车出租或拉客，每辆价值五六十元，若是用分期付款方法在车行买车，

---

① 吴平：《农工衰败与人力车夫》，《劳工月刊》1936年第5卷第2—3期，第120页。
② 《青岛市取缔各种营业规则》（1934年10月），青岛市政府秘书处编印：《青岛市政府市政公报》第63期，1934年11月。
③ 《青岛市取缔港内渡客舢板帆船简则》（1931年），青岛市政府秘书处编印：《青岛市政府市政公报》第25期，1931年10月。
④ 《青岛市采运石材土砂规则》（1935年1月），青岛市政府秘书处编印：《青岛市政府市政公报》第66期，1935年4月。
⑤ 《修正青岛市取缔码头行商规则》（1935年2月），青岛市政府秘书处编印：《青岛市政府市政公报》第67期，1935年4月。
⑥ 《青岛市社会局第121号函》（1936年3月17日），青岛市档案馆藏，档号：A17-2-919。
⑦ 《青岛市救济院贷款所实施办法大纲》（1932年1月9日），青岛市政府秘书处编印：《青岛市政府市政公报》第30期，1932年3月。
⑧ 刘炎臣：《津门杂谈》，三友美术社1943年版，第45页。

干净漂亮一些的，起码要达八十多元，按月或按天零付，需要经过保证等手续，和"借印子钱"一样。①

住所是乡村移民在城市生活中最重要的需求，也是其能否在城市谋生立足最为关键的要素，而房屋出租中最重要的条件便是寻求保证人。② 1931年，青岛准许平民租赁城武路平民工厂房屋，入住者虽以在青岛充当佣工苦力与摊贩小商暨贫苦妇女为限，但均需要觅保盖戳。③ 1932年，青岛市政府兴建了大量平民住所来解决积压已久的移民住房问题，但时隔一年之后，由于移民的增加和房屋资源的有限，平民住所拥挤脏乱，为此，管理员开始整顿，首要举措即要求没有铺保或铺保不合的住户，重新觅保，否则一律限令迁移出所。④

保人也为违法者提供保释，为其代办警所或法院的相关事务。如，天津在招领失物时，尤其是贵重物品，需要觅得妥实铺保，才能领走。⑤ 平度人刘鸿志来青岛托朋友谋事，路过日本海军集议所门前时，被日本兵士以形迹可疑捕送到派出所，经审问，责令交保后开释。⑥ 高密人刘学智在山东仓库充当苦力，将东门铁锁砸坏，被作为窃犯送警。后由3位同乡及其他2名朋友保释。⑦ 对保人而言，为亲属与乡邻作保，是一种信任与寄托，也是责任甚至是风险，在被保人有欺诈之事时，负有赔偿责任。如平度人谭华先托同乡王鸿勋为其谋职，王鸿勋交由平度老乡张秀仁办理，张介绍谭在老乡的商铺当伙友，但谭外出收账时，携款60元潜逃，数日未归，嗣后张令保人王鸿勋将拐款60元如数照赔，方了结

---

① 《天津的洋车夫》，天津《大公报》1933年12月12日第13版。
② 《青岛市市有房产出租规则》(1931年)，青岛市政府秘书处编印：《青岛市政府市政公报》第17期，1931年2月。
③ 《青岛市社会局城武路平民工厂房屋租赁暂行简则》，青岛市政府秘书处编印：《青岛市政府市政公报》第26期，1931年11月。
④ 《青岛市社会局指令第472号》(1933年5月)，青岛市档案馆藏，档号：B21-3-133。
⑤ 《险哉一钻戒》，天津《大公报》1929年12月1日第9版。
⑥ 《日本海军连络队捕送刘鸿志可疑一案》(1936年12月12日)，青岛市档案馆藏，档号：A17-3-1539。
⑦ 《三分局准胶路警务一段函送窃犯刘学智一名一案》(1931年5月7日)，青岛市档案馆藏，档号：A17-3-775。

此事。①

广仁堂是华北救济节妇孤女的最大机关，必须有相当保人才可以自愿入堂。② 天津济良所、女救济院收容的妇女，在出院时需要认领者提供保证人。济良所所收容的以妓女和婢女为多，所女可领出为妻室，领取人先把相片送给选中的所女看，并具"说帖"声明领去为妻或为姜，所女满意后，即通告领人者另具保结，并须有妥实铺保，交纳捐款后，才能领人。救济院中的女性出院，选配人须有三家以上连环保。③

相关资料显示，近代城市的保证人包括铺保和居住本市有眷属的人保，④ 充当人保者，是拥有稳定职业、在本市有固定住所的常住居民，他们一般经济状况较好，社会交往广泛，包括村长首事、店铺经理、工厂把头、教会人士、机关职员等，有固定住所的普通车夫与工人亦可以担任保人。对于进厂谋职的移民而言，亲友老乡作为介绍人，同时也是保证人。保人要为移民做的保证包括四类，一是保证移民的身份和生活情况合乎制度规定；二是保证移民的行为合乎社会或行业规范；三是经济交易行为中的财产担保。四是为移民提供法律担保，缓解被保人的牢狱之苦。担任保人者，多是移民的亲属与同乡。⑤

综上所述，尽管乡村移民进入城市没有明确的制度壁垒，只要在本市居住，都可以作为本市居民对待，但获得工作、贷款、住所等基本生存条件，则和外来移民能否觅得保人有关，那些在城市拥有商铺、固定住所或者稳定职业的居民成为移民在各项公共或私人活动的保证人，为移民进城后的工作、生活等承担法律上的连带责任。依托保人制度，天津、青岛市政当局、各行业组织和平民杂院加强了对外来人口的控制，

---

① 《携款逃夭徘徊在街头，被保人瞥见扭往报警所》，《青岛民报》1934年4月25日第6版。

② 南开学校社会视察委员会编：《天津南开学校社会视察报告》，编者1930年版，第4页。

③ 《天津济良所访问记》，天津《大公报》1933年11月24日第13版；《二次修正天津市市立妇女救济院女入院出院规则》（1933年5月12日），《天津市政府公报》1933年第54期，第54页。

④ 《胶澳治安事迹》，青岛市档案馆藏，档号：A17-2-394。

⑤ 从1929年的24件贫民习艺所入所请求函来看，为外来贫民进入习艺所居中说合作保者，有明确身份的7人中，系亲属者3人，亲戚者1人，系同族同乡者3人。载《青岛总商会收请入贫民习艺所函件》（1929年），青岛市档案馆藏，档号：B38-1-482、483。

虽然没有独立或严苛的移民管理制度,但在决定一个外来移民能否在城市谋生与发展的相关规定中,保人制度与户口调查、贷款规则、房屋出租规则等城市管理制度,构成了严格的人口控制体系。

三 保人制度与对移民的遣返

如冯客所言,"民国时期,保人是一个重要的角色。……不管是为政府服务或是在私人领域,在社会的各个层面,找工作或住房时,保人都是不可缺少的"。"保人系统如果不能取代户口制度,也可以与户口制度相辅相成"①。保人角色渗透了进城移民工作与生活的各个方面,以一种互相牵制与类似连坐的方式,加强着新旧移民的相互联系。借助社会关系成为移民步入城市生活的基本途径,拥有保人资源的移民们在求职、贷款、住房等方面具有某种保障条件,这使得盲目进入城市中的陌生人难以在城市立足,沦为城市底层或被迫离开城市。另外,为了维护社会治安和城市形象,政府实行了严厉的强制性遣送回籍政策,没有保人作保的移民在遣返政策中处于不利境地。因此,隐形的城市生活压力与城市管理中的清查遣返措施使大量无保移民被迫返乡。

1929年11月,国民政府制定了《民国清查户口暂行办法》,以加强对游民、形迹可疑之人的管理。为维持治安,整肃秩序,政府常常在冬防期间借清查户口之机将形迹可疑者清理出本地。每到年关,青岛市公安局也会例行对乞丐的清理与取缔工作。② 1935年冬防时,青岛市公安局制定清查户口办法,命令所有青岛市户口亟应切实清查,以维治安,警察制定的户口整理规则日趋绵密。"关于无正当职业之游民,或素行不正,或形迹可疑者,得令其取具保结(在乡区者由该村长出具保结),或驱逐出境,案酌情形办理",并责成房主对租客详询其来历并须取得正式保结(铺保或住居本市有眷属之人保)方准出租;房主要关注并报告租

---

① 〔荷〕冯客:《近代中国的犯罪、惩罚与监狱》,徐有威等译,江苏人民出版社2008年版,第253—254页。

② 《关于取缔游僧乞丐的训令》(1933年10月),青岛市档案馆藏,档号:A17-2-1122;《公安局搜捕乞丐》,《青岛时报》1934年2月19日第6版。

户的出轨行为和迁移情况。① 政府希望通过严密的户口控制与房主的监督加强对外来移民的管理，一旦发现有异常情况，则根据实际情况侦察办理，甚至直接驱逐出境。

如前所述，尽管青岛和天津市立救济院都有游民乞丐专门收容所，但因经费不足，两地对无业者的救助力度始终有限，容纳能力不断受到城市激增的乞丐的挑战。因此，遣送没有保人的游民、乞丐出境成为安置外来移民的重要手段。按照青岛市社会局规定，乞丐出所时由其亲属担保领出，或回原籍务农，或为其谋店伙、苦力、饭铺等业。② 从1932年下半年收容所的统计来看，因为缺乏保人作保，多数乞丐最终被遣返原籍。

感化所对收容人员，根据不同情况分配到各科劳动，并根据其表现情况，随时遣发出所或遣回原籍。③ 感化所制定的临时开释游民办法是："（一）凡本市有亲属者饬其亲属领回，代觅正当职业或送其回籍谋生；（二）在本市虽无亲属而其在犯案前本有职业，现在尚可继续前业者取具甘结，任其自出就业；（三）在本市既无亲属又素无正当职业者取具甘结，派警押送境外，饬其自行回籍谋生。"④ 自1932年2月至1933年12月，感化所共收容游民2700余名，已感化回籍归农者1000余名，充青岛劳工者500余名，经营小本商贩者300余名，无家无保，感化未满不能自谋生活者则拨往工务局充当修路工人。⑤ 依托保人求职成为游民是否能够继续在城市居留的决定性因素。

对于屡次违反刑法的惯窃犯、鸦片犯、诱拐妇女为娼而又没有妥实保人者，市政当局也会将其驱逐出境。从青岛市公安局抓获盗窃犯的处

---

① 《市政府指令11239号：清查户口办法》（1935年10月），青岛市政府秘书处编印：《青岛市政府市政公报》第76期，1935年11月。

② 《青岛市社会局乞丐收容所收容月报表》（1931年4—10月），青岛市政府秘书处编印：《青岛市政府市政公报》第23—29期，1931年8月—1932年2月。

③ 《民国山东通志》第4册，山东文献杂志社2002年版，第2472页。

④ 《青岛市政府指令3490号：感化所临时开释游民办法》（1935年4月18日），青岛市政府秘书处编印：《青岛市政府市政公报》第69期，1935年6月。

⑤ 青岛市社会局编：《一年来之社会行政》，编者1933年版，第45页。

置方式来看①，初犯者往往被处以十元以下的罚款，两次及两次以上的惯贼，少数被感化所收容，多数被驱逐出青岛地区，因为公安局对罪犯指纹管理的逐渐加强，识别惯犯因具有技术上的支持而较为容易。如1935年1月份，公安局累计收容吸毒犯6874名，留所戒验者仅136名，其余均戒绝、罚办及遣送出境，1月份另遣送游民出境者57名。4月份遣送游民出境者40名②。对于暗娼的处置，初犯由家人取妥实铺保具结领回管束，如再犯，连同家属一并驱逐出境，前项人等如实系为贫所迫，可准改为公娼；如系孤女或养女，则送济良所留养，或勒令出境；那些引诱良家妇女卖淫者，除按律惩办外，驱逐出境。③

从近代城市开释游民或驱逐罪犯的情况来看，政府对外来无业移民采取两手政策，一方面令亲友等保人出面，保证为其谋职，另一方面将其强行遣送回籍。这样做的目的，主要是整理市容，担心游民过多，鹑衣百结，拥堵街头，有碍观瞻，影响城市形象。同时，乞丐、盗窃犯、暗娼的增加，也给社会治安与城市秩序带来了隐患。诚然，收容所等社会救助机构为处于社会底层的缺衣少食者提供了暂时的住所和衣食，一定程度缓解了失业、无业者在城市的困境，但并不能最终解决乡村移民的问题，出于维护城市形象目的的政府决策往往是在给予游民短暂的安顿后，便安排了下一轮的强制性遣送工作。

保人制度在各城市广泛援引，特别是在求职与住房管理中被普遍采用，如汉口市警察局为防免长警违犯重大事故或携带公物潜逃，规定凡遇新补长警必须填具铺保，且每隔三个月复查一次。④ 刘平的研究表明，上海及至中国近代的银行业中已普遍采用保人制度。⑤ 在租房方面，南京市原规定新民门的平民住宅中居住的外地难民必须觅取铺保并缴纳押租，但难民多系佣工，难觅铺保，经移民求情，市政府特指令免除押租及铺

---

① 《关于查获盗窃案件的呈、指令、供单》（1931年、1933年），青岛市档案馆藏，档号：A17-3-769-775；A17-3-1127。
② 《市政府纪念周公安局报告》（1936年1月），青岛市档案馆藏，档号：A17-2-919。
③ 《公安局拟定暗娼罚办后处置办法》，《青岛时报》1933年11月29日第6版。
④ 《汉口市警察局清查长警铺保》，《警务旬刊》1937年第13期，第19页。
⑤ 刘平：《上海银行业保人制度改良述略》，《史林》2007年第4期，第67—75页。

保，但租户必须五家连环具保。①

保人制度有助于城市加强对乡村移民的管理与控制，但由于民国时期频繁的人口流动影响及城市生活压力的冲击，保人制度亦有其局限性。一方面，在被保人有不能还贷、窃盗、伤害等违规行为发生时，常常被迫与保人共同逃逸。天津一些租户无力缴纳房租，担保人无能为力时，也只有与租客一起潜逃。② 另一方面，保人能帮助移民在城市获得基本的生存条件：租房与求职，从而使乡村移民对保人形成依赖，即使发生欺诈等伤害自身权益的事情，也只有隐忍。如沧口等地的纱厂招工时，一般委托附近村庄的村长物色人选，他们起到担保作用，即使有工人为争取更好的劳动条件和待遇而组织罢工等事件，本地工人因与村保的连带关系，并不参与，参加罢工的多数是来自外地的工人。③ 可以想见，保人制度迫使乡村移民充分动用其在城市中的一切社会关系，包括血缘、业缘、地缘、教缘等，从而在一定程度上加强了传统人际关系在近代城市的延伸，刺激了同乡等关系在城市的发展。保人也成为乡村移民进入城市生活的重要筛选条件，有亲戚、朋友、乡邻、同学、教友或其他社会关系的移民比那些在城市中没有类似人际支撑网络的外地人，更有机会进入或融入城市生活。

第二节　法律规范与移民犯罪

鸦片战争以来，在中国逐渐走向近代化的过程中，各阶层、各群体均面临新时代的机遇和挑战，尤其对于离乡进城的农民而言，他们的生产方式从农业耕作转向工商活动，社会生活从乡村到城市，组织形式从家庭家族到科层组织，社会关系从熟人圈到兼及陌生人交际圈，无论是生活情境还是生存方式均发生深刻转变。随着社会史研究兴起以来，有关乡村移民城市生活的研究成果日益丰富，一是从区域历史角度对移民

---

① 《免除戊种平民住宅各租户押租及铺保案》，南京市政府秘书处编印：《南京市政府公报》1932 年第 116 期，第 51—52 页。
② 《积欠房租连累保人》，天津《大公报》1929 年 7 月 28 日第 9 版。
③ 朱子衡等口述，徐文恕等整理：《1925 年纱厂工人大罢工亲历琐记》，中国人民政治协商会议青岛市四方区委员会文史资料工作委员会编：《四方文史资料》第 1 辑，内部资料，1999 年，第 27 页。

过程的宏观审视（如移民原因、移民规模和流向、移民职业、迁移影响等），二是从社会生活史角度对移民处境的微观聚焦（如经济收入、生活状况以及移民与社会的互动等）。本节以南京国民政府统治时期天津、青岛的犯罪问题为切入点，从犯罪社会学角度分析乡村移民的都市境遇以及城市制度与生活方式对该群体的挑战与救助。① 对华北城市移民的犯罪研究，没有选定同时期的北平和济南，一是相比较而言，北平和济南的政治地位虽然重要，但在城市发展过程中，没有经过西方政权统治，而天津和青岛一是德日占据多年，一是建立九国租界，西方法律制度的移植与冲击更为强烈，土与洋、传统与现代的碰撞更剧烈；二是两市均为华北港口城市和典型移民城市，工商业人口比重较大，农村移民较多；三是在20世纪30年代的警政统计汇编中，北平和济南违警比例低，明显少于天津和青岛。对城市化进程中乡村移民犯罪概况的梳理，可反思近代社会转型过程中司法近代化的水土不服现象，亦可从社会管理视角探究进城农民的生活困境与城市融入。

一 近代天津和青岛的犯罪概况

犯罪是以社会主流价值观念为标准对当事人言行的否定性评判，尽管不同时期、不同学科和不同地域对犯罪界定不一，但一般认为，犯罪是具有一定社会危害性、违反相关法律并应当受到刑罚处罚的行为。结合南京国民政府时期的法律实践和调查统计，本书所指犯罪包括违警罪②与刑事罪两类，违警罪系指妨害公共安宁秩序、善良风俗等

---

① 城市社会史著作一般均有论述进城移民的生活状况与生存难题。本章从犯罪社会学角度来看乡下人的都市境遇，则有助于从制度管理与城市特质层面审视移民的个体困境与公共困扰。从社会学角度解读民国犯罪的研究成果尚为丰富，代表作有：严景耀：《中国的犯罪问题与社会变迁的关系》，北京大学出版社1986年版，揭示了犯罪问题与城乡文化冲突和社会变迁密切关系；[荷] 冯客：《近代中国的犯罪、惩罚与监狱》，江苏人民出版社2008版，论述了近代中国、惩罚制度和监狱体系的演变，分析了犯罪结构、罪犯生活和教育改造；[美] 贺萧：《天津工人，1900—1949》，天津人民出版社2016年版，第260—265页，以《益世报》为例，论及天津工人犯罪的三种类型：经济犯罪、激情犯罪、挫折与报复犯罪。

② 自1908年清政府公布我国第一部治安处罚法规《违警律》后，北洋政府和南京国民政府均沿袭违警罪，分别于1915年和1928年颁布《违警罚法》，为单行立法，至1943年的修订版通过时才宣告违警罚法属于行政法范畴。

违反警务上作为或不作为义务的行为,是针对轻微危害社会行为的一种制裁措施,虽然与违犯刑法规定的刑事罪轻重不同,但其数量庞大,且渗透到民众的日常生活中,尤其是进城农民习得城市生活规范的重要途径。司法警察机关对现行犯、准现行犯和通缉者可在逮捕后,即时讯问,称为假预审,本书犯罪文献以政府相关部门的行政统计、公安局或警察厅的档案记录及主流媒体的新闻报道为主,此类文献数量较多,虽犯罪统计被认为是最不可靠的社会数据之一①,有时且互相冲突,但依然在一定程度上呈现了当时的犯罪面相,反映了部分移民的城市境遇。

从全国警政统计来看,1932年各省市所属公安局的假预审刑事犯总数为148184件,17类刑事罪名中,鸦片犯最多,共44413人,占29.97%,次为窃盗犯22328人,占15.07%,再次为赌博和杀伤,总数分别为20986人和20912人,各占总数的14.16%和14.11%。② 该年各省市的违警案件统计共340107件,违警类别最多者为妨害风俗类的类似赌博行为,共124422件,占总数的36.58%。1933年各省市所属公安局的假预审犯共170833人,罪名中,鸦片犯51541人,占30.17%,次为窃盗27665件,占16.19%,赌博犯27647人,占16.18%;杀伤罪20447件,占11.97%。违警案451082件,其中类似赌博案177412件,占总数的39.33%。③ 就天津和青岛两座近代沿海城市而言,其违警犯和假预审刑事犯在20世纪30年代初有逐步增加的趋势(见表7—1),违警犯增加迅速,从各大地市辖境人口的万人违警率④来看,1932年,天津、青岛、北平和济南分别为:99、196、54、1,1933年,四地万人违警率分别为:160、157、64、1,天津和青岛的违警比例高于同时期的北平和济南。

---

① [美]理查德·谢弗:《社会学与生活》(插图第9版),刘鹤群、房智慧译,世界图书出版公司北京公司2006年版,第236页。
② 内政部编:《民国二十一年度全国警政统计报告》,编者1934年版,第15、17页。
③ 内政部编:《民国二十二年份全国警政统计报告》,编者1935年版,第4、56、57、79页。
④ 1932年数据见内政部编:《民国二十一年度全国警政统计报告》,第54页;1933年数据见内政部编:《民国二十二年份全国警政统计报告》,第37页。

表7—1　　　民国二十年度下至民国二十四年度上半年份
　　　　　　　　两市犯罪情况统计① 　　　　　　　　（单位：人）

年份	天津			青岛		
	违警犯数	违警比例	刑事犯数	违警犯数	违警比例	刑事犯数
二十年度下	6192	0.47%	2375	3287	0.82%	3007
二十一年度	13167	0.99%	4862	7901	1.96%	4716
二十二年度	21606	1.6%	4331	7001	1.57%	3832
二十三年度	18620	1.81%	约5972	10118	2.24%	约4242
二十四年度上	12423	1.22%	约5200	4348	0.96%	约2056

两市的刑事犯罪中，以赌博、鸦片、窃盗、杀伤案为主，占全部刑事案件的2/3左右。1932年天津市以赌博犯居多，1347人，占27.70%，青岛市鸦片犯最多，2011人，占42.64%。此外，天津刑事犯中杀伤犯812人，占23.62%，窃盗犯597人，占17.28%。青岛刑事犯中杀伤犯1114人，占16.70%，窃盗犯815人，占12.28%。② 1933年的刑事案件中，天津市赌博案依然最多，共1157人，占26.71%，其次是伤害犯677人，占15.56%，窃盗犯510人，占11.78%。③ 青岛刑事犯中，伤害犯1149人，占30.06%，鸦片犯1089人，占28.49%，窃盗犯723人，占18.91%。④ 1934年，天津刑事案共6174件，窃盗案占三分之一强，鸦片吗啡案次之。⑤ 从罪犯人数来看，共计8870人，窃盗犯最多，占1925人，赌博犯第二，有1613人，其次是伤害罪犯1540人。⑥

---

①　内政部统计司编印：《民国二十年下半年全国警政统计报告》，编考1933年版；内政部编：《民国二十一年度全国警政统计报告》，编者1934年版，第14、16、45页；内政部编：《民国二十二年份全国警政统计报告》，编者1935年版，第31、32、37页；内政部编：《民国二十三年份全国警政统计报告》，编者1936年版，第18、22页；内政部编：《民国二十四年上半年份全国警政统计报告》，编者1937年版，第46、41页。其中二十三年份和二十四年份的刑事犯数据非常模糊，此数为约数。

②　内政部编：《民国二十二年份全国警政统计报告》，第48、46页。

③　内政部编：《民国二十二年份全国警政统计报告》，第39页。

④　内政部编：《民国二十二年份全国警政统计报告》，第38页。

⑤　《津市上年度刑事案件达六千余起》，天津《大公报》1935年10月16日第8版。

⑥　《天津市公安局假预审刑事犯统计表（二十三年度）》，《冀察调查统计丛刊》1936年第1卷第1期，第44页。

违警类别中，两市以妨害秩序和妨害风俗犯最多。天津违警案以妨害秩序中的不顾公益为主，1932 年共 5385 人，占 40.90%，其次是妨害交通犯 2735 人，占 20.77%，妨害卫生犯 2319 人，占 17.61%。① 同时期，青岛的违警犯以妨害风俗中的类似赌博为主，计 2922 件，占 36.98%，其次是妨害风俗的其他类有 1026 件，占 12.99%，妨害交通 1025 件，占 12.97%。② 1933 年的统计中，天津违警犯中不顾公益类共 6073 人，占 28.11%，妨害交通 4975 人，占 23.03%，妨害卫生 2843 人，占 13.16%。③ 青岛 1933 年违警案还是妨害风俗的类似赌博类最多，计 2235 件，占 31.92%，妨害风俗的其他类有 1321 件，占 18.87%，妨害交通 1084 件，占 15.48%。④

关于犯罪者籍贯的宏观统计数据相对缺乏且零散，现有资料显示出违警犯和刑事犯主要来自城市周边各县。1929 年天津刑事罪犯共 5058 人，其中来自河北的 3814 人，河南 216 人，山东 394 人，山西 256 人，来自其他 19 省共计 378 人。⑤ 虽然缺乏对具体县份的划分，但 1930 年前后对天津纺织业工人的籍贯调查表明，天津籍人口仅占工人总数的 19.66%，外籍工人占 80.34%，而外籍工人以河北省籍最多，占全行业工人数量的 57.07%。⑥ 至 1937 年，天津居民中非本籍人口占 58.4%，⑦ 且本籍人口中大量是农村人口迁移而来。从青岛市档案馆藏 1931 年的 70 件盗窃案来看，窃犯全是外地人，主要来自青岛周边的即墨县和胶县。⑧ 另外，青岛市 1936 年 1—6 月羁押的 707 名刑事被告籍贯显示，来自本市者 87 人，其余 620 名刑事被告来自山东其他的 58 个县市和外地的 11 个省市，邻近青岛的三个县人数最多，其中，即墨 170 人，胶

---

① 内政部编：《民国二十一年度全国警政统计报告》，第 35 页。
② 内政部编：《民国二十一年度全国警政统计报告》，第 33 页。
③ 内政部编：《民国二十二年份全国警政统计报告》，第 32 页。
④ 内政部编：《民国二十二年份全国警政统计报告》，第 31 页。
⑤ 《公安局十八年度办理预审案件统计》，《益世报》1930 年 7 月 22 日第 10 版。
⑥ 高艳林：《天津人口研究（1404—1949）》，天津人民出版社 2002 年版，第 110 页。
⑦ 李竞能主编：《天津人口史》，南开大学出版社 1990 年版，第 175 页。
⑧ 《盗窃案卷》（1931 年），青岛市档案馆藏，档号：A17-3-769—775。

县 75 人，平度 60 人。①

从违警犯和刑事犯的年龄、职业和性别结构来看，1932 年，违警犯年龄在 21—30 岁的占 38%，31—40 岁的占 27.55%，41—50 岁的占 14.73%，13—20 岁的占 11.33%，职业以工业者最多，占 44.92%，商业者占 38.05%，无业者占 10.19%，男性约占 94.2%，女性约占 5.8%。② 同年青岛的违警犯年龄统计中，21—30 岁的占 40.65%，31—40 岁的占 30.10%，41—50 岁的占 13.66%，但 13—20 岁较少，占 9.25%。职业中，务工业者占 48.72%，商业者占 27.38%，无业者占 17.67%。男性约占 94.9%，女性约占 5.1%。③ 1933 年违警犯，两市也集中在 21—40 岁，如天津违警犯在 21—30 岁的占 36.77%，31—40 岁的占 25.07%，青岛违警犯在 21—30 岁的占 40.97%，31—40 岁的占 28.87%。天津违警犯中务工业者占 38.5%，商业者占 34.07%，无业者占 16.81%，青岛违警犯中务工业者占 42.17%，商业者占 29.15%，无业者占 21.81%。天津男性违警犯占 91.1%，女性占 8.9%，青岛男性违警者占 93.7%，女性占 6.3%。女性违警以妨害风俗类的事涉淫乱最多，男性以类似赌博、不顾公益、妨害交通居多。④

表 7—2　　天津市公安局假预审刑事犯犯人年龄（1936 年 1—6 月）⑤

年龄	男	女	计	百分比
20 岁以下	398	44	442	7.43
21—30	2038	166	2204	37.02
31—40	1650	166	1816	30.51
41—50	790	132	922	15.49
51—60	318	93	411	6.90
61 岁以上	115	42	157	2.64

① 《民国二十四年年度刑事被告羁押一览表：下卷》（1936 年 1—6 月），青岛市档案馆藏，档号：A68-4-152。
② 内政部编：《民国二十一年度全国警政统计报告》，第 39 页。
③ 内政部编：《民国二十一年度全国警政统计报告》，第 37 页。
④ 内政部编：《民国二十一年度全国警政统计报告》，第 31—34 页。
⑤ 《天津市政府公报》，1936 年第 95 期。

续表

年龄	男	女	计	百分比
未详	1		1	0
总计	5310	643	5953	100

刑事犯也以 21—40 岁的青壮年最多，如 1932 年天津的刑事犯中，21—30 岁占 38.87%，31—40 岁占 27.97%，青岛 21—30 岁的占 37.81%，31—40 岁占 32.53%；青岛男性犯人占 87.98%，女性犯占 12.02%；天津男性犯人占 88.93%，女性犯人占 11.07%。① 1933 年，天津刑事犯中，21—30 岁的占 36.44%，31—40 岁的占 30.29%，青岛刑事犯中，21—30 岁的占 37.38%，31—40 岁的占 32.36%。天津男性刑事犯占 88.57%，女性犯占 11.43%；青岛男性犯占 85.74%，女性刑事犯占 14.26%。② 天津 1936 年上半年 21—40 岁的刑事预审犯占 67.53%（见表 7—2）。天津女性刑事犯以杀伤、妨害婚姻和家庭及赌博最多，青岛以鸦片、伤害和妨害婚姻和家庭最多。③

总体而言，南京国民政府统治时期两市犯罪以鸦片、赌博或类似赌博、伤害、窃盗、妨害秩序、妨害交通、妨害风俗为主，占各类刑事或违警罪的六成以上。但天津和青岛的犯罪类型有较大差异，青岛刑事犯以鸦片罪最多，天津则以赌博罪最多。两者占刑事犯罪的 1/4 到 1/3。从天津来看，1928—1930 年三年刑事罪总数统计中，伤害案最多，有 6815 件，窃盗案第二，4323 件。④ 1929 年后，窃盗案明显增加，引起媒体关注。⑤ 自 1932 年后赌博案最多，1934—1935 年依然是盗窃案和赌博案为主。青岛刑事案件在 1929 年前以窃盗罪为主，但 1929 年后，鸦片罪逐渐

---

① 内政部编：《民国二十一年度全国警政统计报告》，第 50、52 页。
② 内政部编：《民国二十二年份全国警政统计报告》，第 41、42 页。
③ 1932 年数据见《民国二十一年度全国警政统计报告》，第 46、48 页；1933 年数据见《民国二十二年份全国警政统计报告》，第 38、39 页。
④ 《最近三年天津市刑事案件比较》，吴瓯主编：《天津市社会局统计汇刊》，天津市社会局 1931 年版。
⑤ 《罪犯的统计 天寒风紧鼠窃横行》，天津《大公报》1929 年 11 月 28 日第 9 版；《犯罪的统计 绺窃最多毒物次之》，天津《大公报》1929 的 12 月 11 日第 9 版；《犯罪统计 绺窃最多赌博次之盗窃鸦片相差无几》，天津《大公报》1930 年 3 月 7 日第 9 版。

上升为最主要的刑事案件。① 违警罪中，天津以不顾公益最多，青岛则以类似赌博最多，两地犯罪人口多集中在青壮年和工商业者中，但天津20岁以下的犯罪人口比例要高于青岛。

二 城市犯罪类型的主要特点

从城市犯罪案卷和报道来看，除了有少数团伙性质的抢劫强盗罪、由警备司令部和反省院处置的政治犯外，天津和青岛在20世纪30年代初期治理的罪犯多数是非重罪的年轻男性，无论是违警罪中数量最多的妨害秩序、妨害风俗罪，还是刑事罪中的鸦片、赌博案，是没有直接受害对象的，多与罪犯自身行为不合时代要求有关。羁押的刑事犯基本是社会的普通劳动者，尤其是处于社会中下层的游民、小贩和务工者。1936年上半年青岛羁押的刑事犯707人，除职业未详者12人外，无业者达170名，务工者130人，商贩113人，拉车和苦力共89人，地位稍高的刑事犯中仅有一名医生、二名警士和一名翻译。② 穷人和乡村移民更易于成为各类法规的违犯者。

（一）违警罪：涉及日常，违规甚易

清末新政时期出台《大清违警律》，仿效日、德等国，将之前与警察职能有关的命令、法制、礼俗和规约进行整合，建立全国性的治安条例。至1928年南京国民政府颁布了《违警罚法》，多沿袭旧法，制定妨害安宁、妨害秩序、妨害公务、妨害交通、妨害风俗、妨害卫生、妨害他人身体财产等八种违警事件，目的在于加强城市管理、整顿社会秩序、保障公共安全、维护国家稳定。"西式警察逐步取代了传统的绿营、捕快和保甲等，构建起近代中国新型的治安管理模式。"③ 综观民国法律体系，

---

① 民国《胶澳志》卷3《民社志·犯罪》，（台北）成文出版社1968年影印本，第449—456页。1929年数据见《青岛市公安局办理罪犯统计表》，青岛市政府秘书处编印：《青岛市行政统计汇编（十八年度下期）》，第32页。1931年下半年和1932年上半年数据见《青岛市公安局破获案件统计图表 二十年度》，青岛市政府秘书处编印：《青岛市行政统计汇编（二十年度）》，编者1933年版，第24页。

② 《民国二十四年年度刑事被告羁押一览表：下卷》（1936年1—6月），青岛市档案馆藏，档号：A68-4-152。

③ 沈岚：《中国近代警察职权立法扩张的背景——以违警罚法为视角》，《学术界》2011年第9期，第208页。

《违警罚法》是与社会生活与民众行为联系最为密切的一种警察法规。

媒体报道和档案记录中对违警案统计资料较多，但详情太少。从前文所述1932—1933年全国和城市警政统计来看，全国违警罪中以类似赌博案最多，占近四成；天津违警罪三至四成为妨害秩序类中的不顾公益犯；妨害交通和卫生犯占三成多；青岛违警犯中妨害风俗中的类似赌博占三成多，其他妨害风俗和妨害交通犯共占三成以上。从青岛市1933年下半年的违警案卷①看，受罚原因主要与不熟悉城市公共空间的管理规则有关，包括：游荡街头、行迹不检、骑车无照、不报户口、夜间拉车不燃灯、无照为娼、聚赌纸牌、街头口角、道路设摊、因细故殴人、骑车碰伤行人、采折他人菜果、随意倾倒秽土、酗酒喧嚣、不加注意致生火警、无照行商等。夫妻口角可能也会受到处罚，如张栋凯（29岁，宝坻县人），以唱戏为生，与妻经常打架，一天，因酒醉与伊妻（29岁，任邱县人）在法租界打闹，因张带有小刀，其妻害怕报警，结果按违警罚法处罚洋15元。②

违警罚法所涉及事项非常细微，大凡公共场合的言语、行为、饮食、服装等均有规定，居民在城市共同空间的日常行为均受到相应限制，初到城市的农民，很容易违警。因为赌博娱乐、公共场合的酗酒、喧哗和口角、污物弃于道路、公共场所便溺、在乡村多半是合情合理，也是常见的，在城市为岗警查知，便会因妨害秩序和卫生受到拘留、罚金或训诫。这也导致民国时期违警犯的数量高居各类公安司法案件统计之首位。

（二）盗窃罪：目标实用、手法简单

无论是天津还是青岛，城市窃案历年多有，盗窃物品以服饰、现金和食品为主。两个城市均是华北货物转运的枢纽和区域商品贸易的终端市场，城市中既有专门盗窃大车货物的吃马路组织，有纺织工厂中专门盗窃纱线的产业链，也有出没于街头社区的个体小偷。小偷所窃物品价值低廉，以生活用品为主。从1931年青岛70件盗窃案卷来看，盗窃衣服、棉被、布料、麻袋类占25件，掏钱包的有14件，盗取仓库或码头的花生米、大米、棉线、煤块的有12件；物品不明确的有12件，其他物品

---

① 《警政统计》（1933年），青岛市档案馆藏，档号：A17-3-1080—1083。
② 《市上琐闻：犯罪登记》，《益世报》1930年1月21日第17版。

如花生油、箱子、柳条筐、自行车等共有 7 件。盗窃地点多集中于居民区、集市和货物储运处。在居民区的有 27 件（其中 7 件是盗窃同屋或熟人的物品）；在市集的有 8 件，在仓库或一些工作地点的有 12 件，码头和船上的有 4 件，偷大车物品的有 5 件，其他 2 件，地点不明确的有 12 件。①

在 1929 年天津四家纱厂解雇的 3968 名工人中，有 247 名工人因盗窃而被解雇者，占解雇人数的 6.2%，这也是纱厂门口所以设警检查出厂工人的缘由。② 对天津裕元纺纱厂的调查显示，工人偷纱问题严重。厂方在工人下班时专门设立搜查工，"不过搜查工为联络工人感情计，为顾全个人饭碗计，决不肯认真搜查，开罪工友，加之工会初成立时，复有搜出不罚之要胁，工人更无忌惮大肆囊括，厂方之损失益不支矣"。而纱厂所在的刘庄大街上，专有收买倒卖纱线之人，成为投机取巧的新营业。③

大街上被抓获的盗窃犯多数作案方式简单，手段拙劣，或者见有便宜可占，顺手据为己有，或者趁人不备，伺机作案。得手后或丝毫不加掩饰，或神色惊惶，而为路人或警士识破。如胡子成（30 岁，通县人），因在新车站闲游，见有一位乘客登车心急，偶一失神，便将帽子乘隙窃来，因对方远行，必不寻找，故放心戴上。值班警士王玉书见其衣服褴褛形类乞丐，而头戴棕色呢帽，且歌且行，悠然自得，疑其衣帽不配，拦阻严诘，果为窃犯。④ 王双文（23 岁，河南顺阳人），衣衫褴褛，手持青布包袱一个，形色仓惶，左右顾盼，为岗警李振升所疑，从包袱中搜得花棉被一床，青棉袍一件，青市布一块，蓝市布一小块，银耳环一付，送公安局讯办。⑤ 在青岛拉大车的东阿人周刚勤，因下雨无生意，到一家院内要饭，见楼台上挂着一块猪肉，就拿起来了，不料被警士查获。⑥ 平

---

① 《盗窃案卷》（1931 年），青岛市档案馆藏，档号：A17-3-769—775.
② 方显廷：《中国之棉纺织业》，上海商务印书馆 1934 年版，第 141、144 页。
③ 吴瓯主编：《天津市纺纱业调查报告》，李文海主编：《民国社会调查丛编二编·近代工业卷（中）》，福建教育出版社 2010 年版，第 588 页。
④ 《矛盾衣帽　当然容易被人看破》，天津《大公报》1930 年 3 月 18 日第 9 版。
⑤ 《饥寒起盗心，冬天贼多的原因》，天津《大公报》1929 年 12 月 12 日第 9 版。
⑥ 《三分局送无业游民周刚勤等案》（1936 年 2 月 8 日），青岛市档案馆藏，档号：A17-3-1539。

度人王锡五,在青岛做苦力,素有烟癖,拿一顶女礼帽,行走仓皇,被警士发现,向前盘诘,则言语支离,很快被识破。①青岛市公安局十九年度(1930年7月到1931年6月)窃盗案631件,已破457件,破获率高达72.4%。②作案人数的个体性、手段的原始性、抓获的高比例性、身份的低层次性,这些城市发展初期盗窃案的一般特点反映了外地贫民应对城市诱惑的无力与面对经济困境的无助。

(三)烟赌罪:禁之难绝,数量庞大

天津和青岛因租界关系,日本、韩国暗设机构,制造贩卖,毒品充斥。青岛在日本管理时代,各种毒品公开贩卖,"官厅不予禁止,故青市早有毒窟之称",中国接收青岛后,日、韩人依恃领事裁判权为护符,非法营业,而公安局不能直接查抄拘捕。故全市毒品店,不下四百余家③,吸食鸦片不唯是一些上层官宦人士、富有之家乐于享用,亦成为普通民众生活习惯。虽自1928年国民政府厉行禁烟,尤其1933年起青岛设立毒品戒验所后,搜捕更严,强制禁绝,但吸食者依然数量众多。故青岛20世纪30年代的刑事被告人中,鸦片案占最大比例。鸦片犯包括携带、收藏、吸食、售卖、贩运烟土、烟具和其他毒品者,而以吸食者为最。1931年1—6月公安局缉获烟案共603起,吸食者有446人,贩运者有99人,携带者有113人。④

农村本已"黑化澎湃、毒品蔓延"⑤,农民多有吸食鸦片习惯,进城后,便利的购买渠道、繁重的体力劳动以及烟馆的促销手段便利了众多烟民。在青岛小港区,行栈集中,拉大车的苦力众多,"其有嗜毒之工

---

① 《一分局送王锡五窃盗并携带毒品一案》(1931年6月3日),青岛市档案馆藏,档号:A17-3-775。

② 《青岛市公安局办理强窃盗案已未获次数与人数统计表》,青岛市公安局编印:《青岛市公安局业务报告(十九年度)》,编者1931年版。1930年上海工部局窃盗案破获率41.6%。参见熊月之主编,罗苏文、宋钻友《上海通史第9卷民国社会》,上海人民出版社1999年版,第46页。

③ 《一年来各省市禁烟概况》,内政禁烟委员会编:《禁烟纪念特刊》,编者1935年版,第135页。

④ 《青岛市公安局缉获烟案统计表(二十年度下期)》,《青岛市行政统计汇编(二十年度)》,编者1933年版,"公安"类,第32页。

⑤ 王镜铭:《中国农村问题研究之一:游民与农村社会痞流氓为害甚烈》,天津《大公报》1931年4月21日第3版。

人,则多以日韩人所设之吗啡馆为日常住宿之处。据目见者云,工人仅以一角之代价,即可同时解决一夜住宿及一次吸毒之需"①,相对于高昂的房租,烟馆住宿实惠至极,即使如此,嗜毒者对于烟馆都负有债务,只要工人不戒烟,债主也不追讨积欠,作为一种烟馆的羁縻方法。②据1934年的调查,青岛市区售卖毒品的日、韩烟馆多达158家,仅苦力集中的大小港一带有42家。③东镇一隅,即有30家之多（朝鲜人11家日人19家）。④故"官府虽欲禁止国人不良嗜好,因领判权之阴梗,逮捕诸多不便,奏效甚少"⑤,毒品戒验所则容量有限,戒绝不易,烟片案因而屡禁不绝,难收实效。

至于赌博或类似赌博,在刑事犯和违警罪中比例均较大,从天津《大公报》《益世报》20世纪30年代对抓捕赌犯的报道可知,天津赌窟众多,既有附设于中外娱乐社、太阳食堂、光明戏院等公共场所者,更多散布于各民宅院落,大的赌头开设赌场容纳200余人,或者五六十余人,赌资数万,少则四五人,赌博已达专业化和大众化的程度。青岛赌博案卷记录更为详细,在抄录的1931年18个赌博卷⑥中,共132名赌犯,除一名为青岛沧口商人外,其余皆来自外县的移民,以车夫、苦力居多,参与者多为同乡或同业中人。他们的赌博方式有纸牌、麻将、牌九、骨牌、押宝等,赌博行为一般发生在商栈和杂院里。一方面是因为生意清淡、无事可做,赌博可供消遣。另一方面是因为冬季严寒或工作疲惫时,赌博可以对抗严寒、调节身心,而苦力铺与行栈中成群的单身汉、同乡同业的熟悉度,也便于他们从事已成为传统但却违法的娱乐活动。暂时无活可做的大车苦力或车夫,甚至直接在街头墙角押小宝赌钱,⑦被抓获者各处以二

---

① 《小港办事处调查小港区工人种类及车辆数量改良办法》(1935年),青岛市档案馆藏,档号:B22-1-153。
② 《呈为拟具邻闾编制草案备文》(1936年2月),青岛市档案馆藏,档号:B21-2-34。
③ 《青岛市公安局调查各分局辖境售卖毒品日韩人数一览表》(1934年),青岛市档案馆藏,档号:B22-1-15。
④ 《都市的急性社会病:毒品商店的发达和嗜毒者的增加》,《青岛时报》1934年2月9日第6版。
⑤ 《小评 嗜毒者可以回头矣》,《青岛时报》1933年4月14日第6版。
⑥ 《赌博卷》(1931年),青岛市档案馆藏,档号:A17-3-890—894。
⑦ 《济南路小大车之苦力帮》,《青岛时报》1936年2月14日第6版。

元至五元的罚款，无力缴纳者，则拘留二日至五日，处罚的轻微与精神的需要并不能真正使他们断然禁赌，因此，赌风炽烈，丝毫未减。

（四）拐骗罪：熟人作案，多骗"乡愚"

拐卖诈骗案，虽不若窃盗和烟赌案频繁，但其以赢利为目的，危害他人生命财产安全，社会影响恶劣，受害对象通常为妇女、熟人和乡下人。拐卖罪中有专门拐骗妇女的组织，也有个人临时起意。专门拐骗妇女者往往以女仆店、老妈店或暗娼店为掩护，勾结人贩子，有一定的生意网络。天津老妈店众多，住的是佣工与求职者，主事的店主为媒婆，以武清、三河两县的人最多。① 他们在替人介绍职业，赚取抽头外，还兼做窝藏盗匪和拐卖人口的副业。老妈店与天津十大恶中专以拐卖他人之妇女、小儿为能事的"老架"合作，引诱妇女，拐卖他处。② 还有一些专以诱拐妇女为业的个人，如天津人刘玉桂夫妇素以贩卖人口为生，刘见同院居住的范玉长（22岁，山东人）之妻（谷氏，22岁）姿容颇为秀丽，遂勾串人贩子李英富（28岁，山东人）、王明春（41岁，山东人）合伙拐骗，以财利煽惑范某，将谷氏以120元卖与山东人王玉惠为妻。③ 天津人刘王氏，68岁，也是专以勾结人贩、买卖人口为业。往往以女仆店代为谋职为名，与人贩子合谋拐卖因不堪丈夫虐待潜逃来天津的任邱县妇人王张氏。④ 山东恩县人姜治方之妹在天津侯家后四合轩胡同十五号开设暗娼，专营贩卖人口生涯，孳资甚丰，返乡则诈称在津高嫁贵人，村民都信以为真，姜治方丧偶后，"乡民美其多资，争以女妻之"，姜娶17岁戴姓女，不料姜治方将女骗至天津为暗娼。⑤ 保定妇人侯王氏，23岁，与丈夫侯罗章育有两子，两年前，侯因农村破产，谋生艰难，乃只身来津，不料以后音信渺无，侯王氏甚不放心，后闻其夫在津某洋行任职，乃将屋中产物变卖，得资来津访寻，中途汽车中，有孔宪铃者（35岁，肥城人），见她貌美，便言语搭讪，称代其寻夫，抵津后孔某

---

① 北碧：《天津市的老妈店》，天津《大公报》1934年2月20日第13版。
② 北碧：《天津市的老妈店（续）》，天津《大公报》1934年2月21日第13版。
③ 《贩卖人口犯为警识获　乡愚生计困难听人言卖发妻》，《益世报》1935年8月17日第5版。
④ 《老媪刘王氏贩卖人口》，《益世报》1936年4月9日第5版。
⑤ 《冒充贵妇拐骗人口》，天津《大公报》1936年9月16日第6版。

送侯王氏到河北大街四合义客栈租房一间,逼奸侯王氏后将其带到关下普乐大街平安里十七号为娼,花名顺喜,孔监视,如此两年,后丈夫回籍,见妻离子散,认为岳父所为,女父令儿子王章来天津寻妹,始得以脱身。①

从"天津社会局调查妓女报告之三"来看,总共 51 名妓女中,除因生活所迫为父母质押或自投为妓者外,有 8 人系被拐卖为妓,诱骗者有同乡、干妈、姨母、姑母,有认识家人的,也有陌生人。② 在青岛档案馆诱拐、拐带的三个案卷中,共有拐卖妇女案 12 件,其中因不堪公婆或丈夫虐待、或因家贫,或因自由恋爱而主动出走与他人姘居的有 9 例,其他 3 例分别是同族诱骗者一,陌生人拐卖者一,同乡诱拐为妻者一。③ 两地 11 例诱骗和拐卖案中,受害者基本以乡村妇女为主,仅 3 例是上海女性和镇江在上海务工的女性。诱骗者有 7 例为同乡或亲戚,陌生人 2 例,记载不明者 2 例。有的进城者为生活所迫而出卖妻子。如前述范玉长与其妻谷氏,由山东原籍来津谋事,数月后生活毫无着落,乃托邻人刘玉贵介绍,将谷氏以 120 元转嫁王某为妻。④

诈骗案中的受害者常常是进城的农民,尤其是一些旅店利用进城农民见识浅陋或求职心切之心理,忽悠住店,借机诱骗财物。此类案件较多,以致到天津的旅行书都要提醒外乡人注意,"惟久在车站车夫常与野鸡栈房勾串,不问价目即拉至栈房,专以欺诈乡民为生,乡人不可不慎"⑤。这些案件中的欺诈方式不一而足,有以桔梗等充作人参专骗乡愚⑥;有以许诺谋事获得信任后骗得财物⑦;或冒充公职人员借机谋

---

① 《钟雪萍第二又一少妇被骗:来津寻夫途中遇人贩 被鬻为娼二年始脱身》,天津《大公报》1936 年 11 月 23 日第 6 版。
② 《剩粉残脂录——羞道秋怜亡姓氏,误将此骨媚黄金:社会局调查妓女报告之三》,《益世报》1930 年 1 月 11 日第 17 版—1930 年 1 月 19 日第 17 版。
③ 《诱拐拐带拐卖妇女案卷》(1932 年),青岛市档案馆藏,档号:A17-3-1035—1037。
④ 《买卖婚姻 生活压迫下竟将发妻仰卖》,天津《大公报》1935 年 8 月 17 日第 6 版。
⑤ 孙学谦编:《天津指南》,天津新华书局 1922 年版,第 52 页。
⑥ 《桔梗冒充假人参:欺骗乡愚为业 王兰亭等被捕》,天津《大公报》1935 年 5 月 22 日第 6 版;《李广明等诈骗为业 分别判处徒罚》,天津《大公报》1935 年 1 月 11 日第 6 版。
⑦ 《拐骗乡愚被捕:给他钱去买茶叶 乘隙便携物而逃》,《益世报》1929 年 1 月 17 日第 12 版;《两起骗案:无赖剥乡愚棉袄 店伙假找事骗财》,《益世报》1935 年 4 月 5 日第 5 版。

利①；或售货时故意抬高价格②，手段繁多，不一而足。最常见诸报端的诈骗方式是客栈店员对外乡旅客设计骗财。如天津市特别二区客栈魁升、马家店、四合义等欺骗"乡愚"客商，多次以无偿代为汇款为由，伪造凭条、私吞汇款，以至被旅栈商分会提出警告。③省会公安局也严厉惩办，"以东车站一带小客栈内伙友，时有不法行为，引诱过往乡愚，设计诈财，贻害行旅殊甚。除先后已缉查四合义，连升栈依法严惩外，并于昨日颁发布告，如各旅店再有诱骗情事，准即扭送警局，从重惩办"。④但客栈诈骗案依然盛行，天津河北总站的四家客栈勾结车站脚行、人力车夫等，专门诈骗"乡愚"。如遇有乡下人在车站下车，便由各该栈伙兜揽拉客，客人如不情愿，便有脚夫、人力车夫强行载运前往。抵达目的地时，又故意多索脚钱车资。未满足其要求，即打骂交加。然后由栈房中人假装各不相识，出头和解，迎入栈内。住店用费，均超过普通客栈数倍。客人如带有大批现款，则以地方不靖，盗匪出没无常为名，百般恫吓，并声称携带现款不便，不如在津购买布匹洋货，携回为妥。等客人入其圈套时，则又勾结商店，大肆折扣，从中取利。⑤一些娼妓生意冷落时，结伙拉骗进城乡民到土娼，趁机搜身或勒索财物。马仲田，31岁，沧县人，务农为生，来津省亲，一日下午，往河北落马湖闲游，突来一男子将马抱住，推入土娼第七号屋中，将屋门锁闭，复将外门锁住，后由该屋土妓金玉（20岁，沧县人）善言解劝，马气愤欲喊，该妓竟将马按住，大加搜索，共搜出钞票五元，毛票二角，铜元三枚，后又有非礼要求，马不允，求妓开门后，在三条石街鸣警。⑥

这类财产性犯罪，除城里人参与其中，外地移民外境不济时，多有参与其事。其手段并不高明，专以过往乡民为作案对象。有以代购货物为由，乘机劫财。如新城县人李玉坤，36岁，以贩卖杂货为业，由原

---

① 《乡民购盐途中遭骗》，《中华报》1931年12月3日第2页。
② 《锅店街振兴和估衣庄勒索乡愚殴辱警察》，《益世报》1935年4月18日第5版。
③ 《野鸡栈林立的津市：乡愚受骗三百余元 手持凭条无处诉冤》，《益世报》1934年3月15日第14版；《野鸡客栈 向乡愚客商恫吓敲诈 旅栈商分会提出警告》，《益世报》1929年10月4日第12版。
④ 《公安局布告取缔店伙欺骗旅客》，天津《大公报》1935年5月5日第6版。
⑤ 《客栈勾结车夫欺骗乡愚诈取金钱》，天津《大公报》1935年6月22日第6版。
⑥ 《落马湖中匪 马仲田损失五元大洋》，天津《大公报》1930年3月12日第9版。

籍携带64元来津购买面口袋及线衣等物，买货中途遇到平素认识的杜廷富（32岁，雄县人，住邵家园子尹家胡同四号），彼此寒暄后，杜让李玉绅随其去工厂买线衣，约至同伙处交钱时，多人破门而入，抢去64元。① 或诱其赌博，换零钱时抢其钱物。② 或以带路为名，中途抢得行囊。如无业青年何玉珍（27岁，河北大城人）见顺义人宋子峰兄妹寻友不识路时，以带路为名，携其至旷野地方后施以敲诈手段。③ 沧县人王凤林（23岁），见来津的冀县人张双群（17岁）问路，便自告奋勇，代为携带行囊同至南市，途中乘人多拥挤，带着张的行李窜入附近小巷而逃。④ 或以代为谋职为名，骗取信任后伺机取其财物。刘春生，18岁，武强人，因农田不足糊口，便只身来津谋生，正在南市徘徊之际，突遇一山东武城人王庆生，向前搭讪，以代找工作为由，骗得刘的信任，将包裹寄存店内，二人同出晚餐，王庆生饭后竟乘机潜逃，将刘所携之包裹（内有单夹棉袄及袜子等物）取去，退房他往。刘只得乞讨为生，后来路遇王庆生，扭送警局。据供，王庆生，22岁，山东武城人，原在硝皮厂学徒，因染花柳病被辞，无家可归，故而行骗，已有多次。⑤

1936年后，天津流行合伙诈骗，假装丢包，与乡民共分时勒索其钱财⑥。28岁雄县人李振三从关外返乡，到天津时，遇到山东人戚玉亭等四人，戚某见李乡愚可欺，乃设计诈财，其中一人假装遗落钱包（实则内装废纸杂物），被其同党中一人拾得，称李在旁，应行共分，李被流氓索去五元，得此假钱包，始知受骗。⑦

---

① 《乡愚携款购货　竟遭夙识人抢掠》，《益世报》1935年12月22日第5版。
② 《无赖施伎俩行骗乡愚　贾运生扭获骗匪》，《益世报》1936年1月31日第5版。
③ 《两起骗案：无赖剥乡愚棉袄　店伙假找事骗财》，《益世报》1935年4月5日第5版。
④ 《乡愚不识途径来津遇骗　行李等物被拐逃　踯躅街头竟获匪》，《益世报》1935年11月6日第5版。
⑤ 《一青年患病失业行骗乡愚：以代谋事诱惑　乘间骗去衣物》，《益世报》1935年7月4日第5版。
⑥ 《四匪合谋丢包骗财　乡愚损失廿元扭获一匪成讼》，《益世报》1936年4月9日第5版。
⑦ 《流氓四人合谋丢包骗财　乡愚损失五元》，《益世报》1936年3月31日第5版。

三 乡村移民犯罪的社会原因

民元以来，中国政治形势动荡、经济发展曲折，城乡劳工阶层生活痛苦。如林颂河指出的："二十年来长时期的内战、匪患，和水旱灾，既已毁坏了农村经济的基础，使得内地农人不得不逃向城市的工人群里去，而同时各大城市幼稚的工业，却又因为世界经济恐慌的影响，国内外市场不景气，不得不减少工作或停止营业。于是不但新自乡间逃亡到城市弃农为工的人们，到处找不到工作，而且原有工作的城市工人也时常感受失业的痛苦。"① 失业和半失业状态，以及移民收入的普遍微薄，使整个近代城市贫民增加，生存状况恶劣，加剧了盗窃、抢劫等财产罪的增加。因犯人多出身贫苦阶级，且经济衰落和失业增多时，犯人亦增加，故一般认为经济恶化是犯罪最重要的原因。由于近代城市经济的不景气、不稳定，工人、学徒及手工业者的收入基本只能维持生存，许多工人常常面临失业的危险，因此盗窃工厂物资成为自然的事情，"每个工厂都存在大型的、组织严密的盗窃团伙"。② 城市游民为生活下去会想尽一切办法谋生，并不惜违犯法律。孙本文认为是由于社会环境的影响。"其影响最大的是家庭、伴侣及一般社会风习；而缺乏适当教育，也是主因。"③ 严景耀通过对北平第一监狱刑事犯人的调查，认为犯罪与环境（如气候、灾荒和政治）相关，尤其是"政治纷乱实为犯罪之最大原因"，都市的人口稠密、初来城市的乡民因生活艰难或交友不慎容易犯禁，此外，家庭状况、缺乏教育、个人性格、社会制裁力薄弱亦可使犯罪增加。④ 林广等认为中外移民犯罪之直接原因，一是生活状况恶化；二是强烈的城市异质性⑤；三是社会

---

① 林颂河：《民国二十一年之劳动界》，《社会科学杂志》1933 年第 4 卷第 2 期，第 163 页。
② [美] 贺萧：《天津工人，1900—1949》，许哲娜、任吉东译，天津人民出版社 2016 年版，第 240 页。
③ 孙本文：《孙本文文集》第 5 卷，社会科学文献出版社 2012 年版，第 303 页。
④ 严景耀：《北京犯罪之社会分析》，《社会学界》1928 年第 2 卷，第 64—67 页。
⑤ 沃斯在 1938 年发表的 "Urbanism as a Way of Life" 中，把城市社会里人口流动性、人口复杂性、缺乏归属感等称为异质性。路易斯·沃斯：《作为一种生活方式的都市生活》，赵宝海、魏霞译，载孙逊、杨剑龙主编《都市文化研究》第 3 辑，上海三联书店 2007 年版。

贫富悬殊。[①] 学者们对移民犯罪的社会原因分析均不同程度指向生活状况和城市环境。本书从生活环境、管理制度等社会学角度对近代乡村移民在城市犯罪的共性问题作一些阐发。津、青两市乡村移民不同类别的犯罪表明，移民犯罪主要与三种社会状况相关：城乡规范的冲突、城市生活的诱引、乡村社会的失序。

（一）城乡规则的冲突

鸦片战争以来，中国面临从传统社会向近代社会的转型，在旧秩序的凋落与新秩序的建立过程中，南京国民政府时期前续晚清北洋政府时期的社会控制体系，修订颁布各项法律法规，强化城市管理，此期正是近代以来政府对城市基层社会渐次扩展其控制力量之时。从两个城市的犯罪类型统计表可以看出，近代城市加强了对烟赌现象的查禁和对居民日常生活的干预。

无论是鸦片罪、类似赌博犯，还是大量因言行不合时宜的违警犯，究其缘由，多与农民传统生活方式和习惯有关。赌博原是遍布中国城乡之传统娱乐节目，如青岛市长沈鸿烈对青岛民情的调查所言："目下我市乡习惯之最坏者，厥为鸦片赌博二种，或则倾家破产，丧失祖业，或则流为盗匪，贻害闾阎。"[②] 青岛乡区段家埠村居民率皆朴实，然烟赌尚未能禁绝，每于梨果收成之时，赌博尤多。[③] 薛家岛区居民没什么娱乐设备，"遇年节间有赌博为乐者"[④]。男子有食鸦片者，"每于废历年节，赌风甚炽。"[⑤] 王镜铭对冀南农村社会的考察中指出，"烟鬼充斥，赌棍盛行，其他游民，不必枚举"[⑥]。随地便溺、扔弃废物、赤膊行走、大声喧哗、口角纷争、醉酒卧地等均为乡民日常行为，积习难改。即使进城后，"随地便溺，卫生方面，太不讲究"[⑦]，在衣着方面，"一般劳工及平民，

[①] 林广、张鸿雁：《成功与代价——中外城市化比较新论》，东南大学出版社 2000 年版，第 119—126 页。

[②] 《沈市长对乡老宣布施政方针》，《青岛时报》1932 年 12 月 12 日第 3 版。

[③] 《段家埠村调查报告书》，《青岛时报》1932 年 12 月 12 日，"自治周刊"第 20 期。

[④] 《薛家岛区风俗之调查》，《青岛时报》1934 年 4 月 20 日第 6 版。

[⑤] 《薛家岛村的一瞥》，《青岛时报》1934 年 7 月 24 日，"自治周刊"第 51 期。

[⑥] 王镜铭：《中国农村问题研究之一：游民与农村社会地痞流氓为害甚烈》，天津《大公报》1931 年 4 月 21 日第 3 版。

[⑦] 《团岛二路一带》，《青岛时报》1933 年 1 月 9 日，"自治周刊"第 23 期。

因多来自田间，习惯未改，一到天热时期，往往赤身露体"①，均是常态。在道路和公共场所，车夫候车时打发无聊时光，常三三两两，聚集一处，打牌九、扑克、颠扑金钱，或抽签、或掷骰子，为沿袭已久的娱乐方式，发生于公共场所则会受到违警处罚。

　　移民之行为规范是长期以来农村社会生活的产物，但与志在彰显统治权威，建立现代生活的行政法规相悖。"无论在哪儿，只要统治集团的规范与从属或被统治集团的规范不同，其国家法律与国民中不同社会集团的道德观念之间就必然同样缺乏和谐一致性。"②这样，乡村移民进城生活首先面临的困扰便是城乡规范的差异，形成塞林所说的行为规范冲突引致犯罪。③天津、青岛两市刑事犯和违警犯之最多数为烟赌犯、妨害秩序犯和妨害风俗犯，可以想见，不是无意或故意的伤害与盗窃，而是个人行为、习惯的不合时宜，构成此期城市犯罪的主要原因。而习惯的更改势必是一个漫长而艰巨的过程，更何况执法者的禁绝措施以罚金为主，这也导致即使城市管理者厉行禁令，也只是增加了政府合法收入，烟赌之风，从未根本改观，故梅汝璈感慨道，"盖在我国城市社会，中等以上之家庭常以斗麻雀牌为唯一之消遣品或应酬品，大有禁不胜禁，罚不胜罚之概"④。

　　(二) 城市生活的诱引

　　近代社会的变迁促使城市人口结构发生重要变化，乡村移民及其后代构成新兴商埠的主要居民。近代天津、青岛居民构成复杂，既有海外移民、本地土著，更多是籍贯不同的乡村移民，有政客权贵、商业大亨、知识精英，也有工人商贩、三教九流等，人口的高度集聚和复杂多样形成独具特色的城市生活。一般认为，人口愈是稠密，犯罪率也会增加，因都市的社会生活，较乡村繁杂，个人的心理缺陷者，都市为多，此乃

---

① 《青岛市区社会问题最近施政方针》(1934年6月) 编者及出版者不详，第15页。
② [英] 罗尼斯拉夫·马林诺夫斯基，[美] 索尔斯坦·塞林：《犯罪：社会与文化》，许章润、么志龙译，广西师范大学出版社2003年版，第100—101页。
③ 《犯罪：社会与文化》，第133页。
④ 梅汝璈：《对于刑法修正案初稿之意见》，《中华法学杂志》1933年第4卷第9—10期，第9页。

是都市社会的普遍现象。① 某种程度上，一些城市特性成为诱发犯罪或违规的社会情境。

首先，复杂的专业分工和强大的包容性使得城市充满了机会，也充满了压力与诱惑。"各种类型的人物都可以各得其所"②，无论是天才还是小偷，在城市都可以找到容身之地。高密度的人群聚居中，总有一些恶习地区为盗骗拐卖之徒出没之地，如天津的侯家后、南市、地道外、三不管等地和青岛的东海楼、双合里、宝兴里、西大森等处。进城的乡村移民不再是通过直接生产而是参与市场交换来获得生活必需品，这大大增加了城市生活的不确定性，尤其是对很难获得稳定职业的乡村移民而言，生存的困境无法仅仅通过勤劳解决，孤立无援的个体不仅常成为久居此地的居民欺骗的对象，即使自身在解决经济困难时，往往走入歧途。如严景耀所认为的："由乡间初来城市之人民，往往过于朴实，不能适应城市之欺诈生活，而生活因之艰难，引诱为恶之刺激，到处皆是。"进城乡民交友不慎或为诡谋所诱惑，于无意中很容易犯禁。③ 一些久居都市之乡民或其二代甚至成为当地无赖土棍，盐山人徐子方因原籍天灾频仍无法耕种，携妻马氏来津，到同乡刘氏家中投宿，不料刘氏之子刘三垂涎徐妻貌美，将其强行霸占。④ 在青岛台西来自日照与赣榆的一些少年，因家境窘迫，禀性强悍，习于窃盗，割破商号大车麻袋，抢夺花生、粮食或其他货物，以"吃马路"为业。⑤

其次，城市高密度的人口与个体的差异，使得城市人际交往呈现肤浅、功利、短暂、分化的特点，这既带来了精神的紧张和生存压力，也提供了偷盗欺诈的作案环境。城市人的角色高度分化，并与大量的次级组织相联系，其生活依赖于高度分化重组的各类社会群体和组织，而非传统村落的血缘纽带和邻里关系。乡村是熟人社区，而都市是陌生人的

---

① 朱尚文：《都市与乡村中犯罪的现状及其前途》，《大夏半月刊》1933 年创刊号，第 29、31 页。
② [美] R. E. 帕克、E. N. 伯吉斯、R. D. 麦肯齐：《城市社会学——芝加哥学派城市研究文集》，宋俊岭等译，华夏出版社 1987 年版，第 43 页。
③ 严景耀：《北京犯罪之社会分析》，《社会学界》1928 年第 2 卷，第 66 页。
④ 《乡愚偕眷来津谋事　投靠同乡妻被霸占》，天津《大公报》1935 年 9 月 23 日第 5 版。
⑤ 《西岭贫民生活之一瞥》，《青岛时报》1933 年 3 月 6 日，"自治周刊"第 31 期。

聚居地，人们的往来以理性而非感情为主，竞争、正式和细化的各类社会控制机制取代了基于血缘与地缘亲情的相对整体化的村规民俗的关系调节。沃斯认为："个体间缺乏感情纽带却要聚集在一起工作、生活，形成了竞争、扩张和互相为用的习气。为防止人们缺乏责任感，消除潜在的混乱，控制手段越来越制度化。……频繁的近距离身体接触，伴随着巨大的社会距离，加重了独立个体间的互相排斥。……拥挤在一处的众多个体不可避免地进行大量活动，这将带来摩擦和怨恨。都市人必须面对的快节奏生活和复杂技术加重了他们的挫折感，并导致精神紧张。"[1]这样的城市生活特质既增加了都市人之间的互相冲突，也因为正式控制手段的介入而使得犯罪或违警行为大量增加，而人与人之间的冷漠与功利，也缩减了城市人之间，尤其是城市人对乡村移民犯罪的情感成本和机会成本，功利化与表面化的人际交往使得城市管理更多依赖正式控制手段，公共场所的犯罪行为也因缺乏更广泛的来自民众的监督和干预而较易发生。

最后，城市较强的人口流动性，增加了匿名性犯罪的可能性。新兴的城市受到城乡经济波动和政治格局影响，城市人口处于职业、居住空间、人际关系的不断变动中，人们之间难以建立相对固定和稳定的社会关系，更影响到彼此交往的信任和规范，社会资本较弱。生活的压力与临时的困境，很容易使经济与心理双重脆弱的个体走上犯罪道路。与乡村的相对封闭不同，人们也很容易从一个城市空间进入另一个城市空间，在不同的环境之中变换，流动性的加强，既有助于改善自己的生活状况，同时为逃避或潜藏大开方便之门，形成如帕克所说的"城市生活带有了一种浅表、冒险的性质"[2]。前述盗窃案、诱拐案和诈骗案中，不少犯罪者即在此处得手后转避他处，少数受害者可能在街头碰见案主，但近代城市空间的扩展和人口的庞杂以及人口流动的相对容易，使得避难的范围增大，逃逸的机会增加，一定程度上为犯罪行为的发生提供便利。

---

[1] [美] 路易斯·沃斯：《作为一种生活方式的都市生活》，赵宝海、魏霞译，载孙逊、杨剑龙主编《都市文化研究》第3辑，上海三联书店2007年版，第12页。

[2] [美] R.E. 帕克、E.N. 伯吉斯、R.D. 麦肯齐：《城市社会学——芝加哥学派城市研究文集》，宋俊岭等译，华夏出版社1987年版，第42页。

城市社会的包容性、城市交往的浅层性和城市人口的流动性，这些迥异于传统乡村聚落的特点，大大降低了社会关系的亲密性和归属感，经济依赖的强化和社区情感的弱化，便利了盗窃、诈欺等财产罪的发生。传统熟人社会中乡风民俗的约束机制为陌生人聚居中的正式社会组织控制所取代，居民道德和舆论约束机制相对减弱，对犯罪行为的制约能力更多依赖城市警力的加强，而两大城市在20世纪二三十年代人口增长迅速，警力扩充有限，无形中降低犯罪者的机会成本。一些社会越轨行为在城市中往往衍生为特定的社会群体和组织规范，如天津的十大恶、津青两市的暗娼、青岛为日韩操纵的毒品店等等。故有评论者认为"城市是罪恶之源"①，感叹都市生活奢侈、淫乱之风盛行，从而死亡率与犯罪率也不断增高。②乡民进城也会受其不良影响，"本市居民已渐习染都市之不良风气，他如盗窃，娼妓及吸食麻醉品等作奸犯科者，亦较其他乡区特多"。③进城穷人经济基础薄弱，多数道德观念薄弱而暧昧，而资本主义又刺激人的欲望，竞争奢华，"所以于感着生活压迫的时候，有时会几乎完全失去其思前虑后的能力"④。从而发生盗窃和与财产有关的伤害等行为。⑤

（三）乡村社会的失序

晚清以来，随着政治改革和经济转型的演进，中国传统乡村社会开始重大而深刻的变化，一是受世界政治经济格局的影响，中国乡村经济日趋衰败，二是国家的政权力量开始企图深入并加强对乡村基层社会的控制，乡村政治结构与社会生态发生重大变化。近代中国逐步打开国门后，在世界市场与中国农业交相渗透的过程中，外国商品和资本形成强有力的对中国农业的控制地位，失衡的市场交换中，农民生存处境日益恶化。同时，随着晚清以来科举制度的废除和新学制推行中的城市化倾

---

① 熊今悟：《都市社会之形成及其病态》，《社会半月刊》1934年第1卷第5期，第49页。
② 坚瓠：《都市集中与农村改造》，《东方杂志》1920年第18卷第17号，第2—3页。
③ 《青岛之农村（续）》，《青岛时报》1934年7月9日，"自治周刊"第99期。
④ ［日］胜水淳行：《犯罪社会学》，郑玑译，北新书局1929年版，第139页。
⑤ 《饥寒起盗心》《小题大做》，天津《大公报》1929年12月12日第9版；《头破出血》，天津《大公报》1934年10月4日第6版；《无赖王绪寿借贷不遂深夜行凶》，《青岛时报》1933年11月20日第6版。

向，乡村精英大量流失，传统乡规民俗的维持力量逐渐解体，而在民国以来树立中央统治权威的地方基层政权架构过程中，土豪劣绅和恶霸无赖僭取地方权力，恣意掠夺地方政治和经济资源，形成基层政权的劣化与痞化现象①，乡村背负着半殖民化与近代化的双重困厄，乡村衰败或乡村崩溃成为20世纪30年代中国农村变迁状况的本质写照。乡村经济政治格局变迁带来的是乡村基层社会秩序的混乱与乡民传统伦理亲缘观念的松动，并对乡民日常生活构成强大的压力，生活成本日益沉重，村民离乡进城的浪潮中也因而潜藏着谋利情境，为犯罪分子提供可乘之机。

乡村的失序首先表现在乡村权力的失控。乡村社会基层管理体系的涣散与劣化，加剧农民生活艰难，助长了地方罪恶势力的横行，一些移民游走于城乡之间，专事拐卖诈财之勾当。传统社会中央集权与地方自治的政治双轨制打破，导致基层行政效率的低下和地方社会结构的紊乱。② 维护乡村秩序的外部性力量和正式控制机构为地方强权势力把持，乡村的生活秩序无法得到传统乡绅等具有道德性力量的襄助与调节，而且新的基层统治者还配合国家权威的扩张加紧了对乡村资源的掠夺。乡村既不能保证农民的经济自给，也无法提供生活的安全保障。同时，权力下沉和市场渗透的过程打破了传统社会的封闭或半封闭状态，乡村的社会分化逐渐加剧，社会流动日益活跃，精英流失严重，地方政权痞化劣化，乡村异质性因素在增长。乡村社会的失序中，绑票、拐骗、毒品等犯罪行为逐渐增加，亦常常载诸报端。如绥远归化城南郊渔和村，三女子玉花、金花、荷花，年皆幼稚，其母王氏听闻乡间三月有庙会，率女儿前往，没想到日暮时分，狂风骤起，尘沙纷飞，三女被人趁乱打晕后运到北平，后辗转到天津。③

乡村的失序其次表现在家庭亲缘关系的弱化或疏离。农民传统伦理

---

① 关于晚清以来乡村社会权力结构的变化，参见王奇生《民国时期乡村权力结构的演变》，周积明、宋德金主编：《中国社会史论》下，湖北教育出版社2005年第2版，第549—590页；王先明：《变动时代的乡绅——乡绅与乡村社会结构变迁（1901—1945）》，人民出版社2009年版。

② 费孝通：《基层行政的僵化》，《费孝通文集》第4卷，群言出版社1999年版，第337—342页。

③ 《由绥远到天津　姊妹花同时被拐》，天津《大公报》1930年4月23日第9版。

观念变化,家庭成员成为谋利的工具或摆脱困境的辅助。乡土社会崇尚教化和礼治,维持乡村社会秩序的内在力量是多年约定俗成的乡规民约和家规族制,家庭伦理、良规常俗等地方性非正式制度,对于规范村民行为、调节村民关系,维持乡村社会秩序具有强大的约束力量与自律功能。社会学家认为,家庭结构和家庭关系能够起到有效地克制犯罪的功能。[①] 但在乡村经济艰难、社会动乱、基层权力失控的外部压力下,大家庭的生存面临严峻考验,亲情与血缘纽带的维系能力弱化,大量诈骗诱拐案即为族人、同乡等熟人圈作案。生活的困窘也冲击了家长控制下紧张的婆媳关系和男权主导下失衡的夫妻关系,大量妇女离家出走,拐带案中的妇女多数即受到公婆虐待或与丈夫口角而被他人借机拐带潜逃。天津老妈店的诱拐办法,一是利用妇女智识孱弱、贪图小利的弱点,以金钱饰物来引诱妇女。二是利用妇女在家庭口角、姑翁的虐待与家境的窘困中的不满,媒婆乘隙而入。[②] 乡民的诱拐办法大致与此相似。[③]

定县农民尹姓,妻早丧,有女儿19岁,拜认同乡王王氏(年约五旬)为义母,俾资教养,王王氏两侄子皆鳏居。见尹女艳秀,百般哀求王氏,设计拐出,王氏遂首肯,后王氏兄弟利用尹女对天津繁华的向往将其诱出,轮流奸宿后将女以160元押入三角地娼窑内。[④] 山东邹县人王王氏也是因夫参军后,为夫之朋友李胜东以代王某接家眷为名诱拐至天津,将王氏卖到河北大街落马湖王金盛土娼院内。[⑤] 所幸尹女和王氏均在受骗后,静候时机,报警求助而脱离娼窑。

四 移民犯罪中的个人困境与公共论题

近代城市犯罪现象显示了人们的经济困窘与秩序紊乱中的失常应对,折射出社会结构变迁对移民群体形成的公共困扰,如城市管理规范的城乡冲突、半殖民地城市生活的功利与混杂特质,以及权力和市场渗透下

[①] 林广、张鸿雁:《成功与代价——中外城市化比较新论》,东南大学出版社2000年版,第125页。
[②] 北碧:《天津市的老妈店(续)》,天津《大公报》1934年2月21日第13版。
[③] 《诱拐拐带拐卖妇女案卷》(1932年),青岛市档案馆藏,档号:A17-3-1035—1041。
[④] 《少女贪繁华被拐为娼》,天津《大公报》1935年12月20日第5版。
[⑤] 《乡妇寻夫被诱拐》,《益世报》1929年1月21日第11版。

的乡村失序。从乡村政治纷乱与经济崩溃中挤压出来的村民在基本没有物质支撑和文化习得的情形下进入一个陌生空间——与传统农村社会在经济结构、生活方式、交往范围和组织形式等方面均有重大差异的生存环境,这无疑会构成乡村移民的生活障碍。犯罪,从某种角度而言,既是乡村移民认识、学习新生活方式的必要途径,也是近代法律脱离农民生活实际情形,构成其都市困境的具体表现。

对于初到城市的外地人来说,花样迭出的诈骗、危机暗伏的抢夺、利益诱动的赌博,乡下人怎样逃脱陌生人的陷阱并维护自身权益呢?相对完备的法律与需要时可见的警察是移民进城后的重要保障。城市的规章条约对来自乡村的移民尚缺乏足够的传播渠道,他们也没有相应的心理准备。第一次社会化过程中习得的经验与技能足够他们在乡村生活中应对裕如,但在城市琐碎繁杂的规范面前,以身试法往往成为他们适应新生活环境的指导途径。前述被义母之侄拐卖的尹氏,即是向警察投所,获得解脱,在城市与理发师结婚后,生活尚和美,听说义母及其侄住在南市,便果断报警,将罪犯捉拿归案。① 众多当事人在其钱包被抢、物品被窃时均大声求救于岗警而免于受损或被害。被诱拐到天津的妇女,许多都是通过鸣警或到妇女救济会申诉而脱离苦海,一些邻居也会向警察机构告发他们邻居有售卖鸦片等不法行为。② 在城市生活的一些移民已经很注意利用警察机构维护自己的权益,近代司法体系因而为移民适应城市社会提供了一定的教育与救助。

《违警罚法》是南京国民政府进行城市治安管理主要的法律依据,它将官方的愿望诉之于文字,"并使我们了解到在新城市形成过程中官方对市民一些公共行为的排斥"③。违警处分常常成为民众知晓并实践城市规范的一种社会化方式。如冯客所说,民国时期刑罚是作为社会职责的培养手段,"通过监狱规则建立了一套秩序来校正犯人的恶习和惰容,因为犯人大部分是一些不守纪律之人,他们过着一种漂泊且引导犯罪的生活

---

① 《少女贪繁华被拐为娼》,天津《大公报》1935年12月20日第5版。
② 《售卖鸦片邻居报警》,《正报》1933年11月27日第10版。
③ [美]周锡瑞:《华北城市的近代化——对近年来国外研究的思考》,孟宪科译,《城市史研究》第21辑,天津社会科学院出版社2002年版,第5页。

方式"。① 监狱严格的时间规定、行为规范、严厉督促，会产生一种现代社会生活所要求的日常行为方式。青岛将嗜吸毒品者及无业游民收容进感化院和习艺所等，"不但令其戒绝嗜好，并使其身体强壮，习得各种手艺，以为谋生之道。"② 收容、改造、处罚也是促进移民在城市知晓管理法规、获得新的技能和改变旧式生活习惯的重要途径。一度负责警察教育的余秀豪认为，"警察之作用，即在增进人民之福利，辅助各种政务之进行，当国家政治未上轨道，尤其是在今日一般人民程度低下之中国，警察负有社会先导之责"③。警察限制民众违法、维护社会安宁、行使日常职责的过程亦可谓对居民实行城市生活规章教育的重要途径，也成为乡村移民融入城市生活的一种手段。

  法律作为社会生活的规范，对民众日常行为起到示范和约束作用，但"司法不是一个取得所有社会成员一致同意的普世行为标准"④，违警犯罪事件的繁多以及因琐事或习惯而违规，折射出民国时期城市管理法规某种程度的不合世事或民情。民国时期法学家孙晓楼即针对中国法律的全盘欧化现象，认为建立中华法系要立足于民族性和社会性，"谋如何适应时代的需要，与夫社会的风俗习惯经济状况及人民之知识程度"。⑤ 而法律要适应社会，则以中国幅员之广大，人口之众多，交通之不便，各省风俗民情之差异而难有可能。"以划一无二的法律适用于大不统一的社会，这样决不能使法律适应社会"⑥。一方面，法律欧化而不适于民情，阮毅成称之为法律"看不见中国"⑦。正如曾任司法部部长的居正所指出的，定都南京以来，各项重要法典次第颁行，"惟以旧习与新制不能相

---

① [荷] 冯客：《近代中国的犯罪、惩罚与监狱》，第157页。
② 《沈市长宴各方记者时之演词》，《青岛时报》1933年7月18日第6页。
③ 余秀豪：《警察行政》，商务印书馆1936年版，第8页。
④ [美] 理查德·谢弗（Richard T. Schaefer）：《社会学与生活》（插图第9版），刘鹤群、房智慧译，世界图书出版公司北京公司2006年版，第231页。
⑤ 孙晓楼：《法律民族化的检讨》，《东方杂志》1937年第34卷第7号，第43页。
⑥ 孙晓楼：《法律民族化的检讨》，《东方杂志》1937年第34卷第7号，第44页。
⑦ 阮毅成：《怎样建设中国本位的法律》，文化建设月刊社编：《中国本位文化建设讨论集》，文化建设月刊社1936年版，第367页。

应，良法虽颁，美意未著"①。中国近代法律制度多因袭西方成文法，法规烦琐且多次修订，缺乏稳定性。另一方面，传统社会崇尚礼治，村民不重视法律，这些因素形成了法律信息的传播障碍，民众不容易知晓相关的法律规则。尤其对于初次进城谋生的乡村移民，他们原有的生活方式和经济生活与都市不同，因而昧于城市生活规范。城市中交通、卫生、营业、求职、工作等均有特定的规则，与其原有生活模式相扞格。同时，现行法律虽通用于都市，但乡村百姓不接受，"结果就发生法律与社会分离的现象"②。故对于乡村移民而言，城市生活的考验不仅来自是否有稳定的工作和固定的住所这些外在物质层面的保障，也来自其传统生活和交往方式与城市管理规则的差异而形成的观念及行为层面的冲突。

尤其需要注意的是，在大量有关妇女的犯罪中，我们常常能觉察女性群体的两难困境。传统法律注意家庭伦理的维护，近代法律强调个体的权利，而女性往往夹击在两种价值规范中左右为难。如果不能忍受公婆和丈夫的虐待、为维护个人权益而离家出走，常会被冠之以潜逃之罪名，如果继续维持传统生活伦理，则只有隐忍不发，即使要离婚，也多因取证困难而作罢。③ 乡村妇女不仅难以利用现代法律申诉与维护个人权益，在困难时期，她们往往成为家庭摆脱危机的租卖物。天津社会局调查的 2847 名妓女中，由父母、丈夫主使为娼的有 1734 人，达 60.9%。④ 如苏成捷指出的，对普通民众和边缘人群来说，性不仅是一种生理需要，更是一种生存策略；那些经济破产又不务正业的农民，仅有的"生意"可能只是出卖自己对妻子的性垄断。⑤ 更多时候，被丈夫出卖的妻子，或父母出卖的女儿，基于传统家庭道德，不同程度默许了亲人们的行为。

---

① 居正：《告全国司法界同仁书》(1940 年 1 月)，罗福惠、萧怡编：《居正文集》下册，华中师范大学出版社 1989 年版，第 665 页。
② 陆季蕃：《法律之中国本位化》，《今日评论》1939 年第 2 卷第 25 期，第 390 页。
③ 《山东青岛地方法院关于人、民事案件报部判词表册》，青岛市档案馆藏，档号：A68-4-234。
④ 李文海主编：《民国时期社会调查丛编·底边社会卷（下）》，福建教育出版社 2005 年版，第 553—554 页。
⑤ 杨柳：《历史研究与法律的现代性问题——评"中国的法律、社会与文化"丛书》，黄宗智主编：《中国乡村研究》第 4 辑，社会科学文献出版社 2006 年版，第 413 页。

虽然如黄宗智所指出的清代法典体现了小农社会中的父系家庭秩序和生存经济的逻辑，民国法律中渗透的却是资产阶级社会的个人权利和契约经济的逻辑。① 但实际上，法规所宣称的社会公正、个人权利原则往往只是一种理想化的追求，大量进城女性依然处在他们旧日家庭的道德和伦理绑架中无法追求自由独立的生活。清朝时期因为贫困而出卖女儿或妻子将不受惩处的伦理与实践在民国时期依然存在。乡村社会交往范围的扩大、女性经济自主性的增加、城乡社会舆论对个人权利的宣扬，虽然激发了一些青年及富裕家庭女性追求独立与自由的觉悟力与行动力，但在实践中依然受到传统社会伦理及家庭困境的制约，从案例来看，进入城市成功自立或成家的一些乡村女性更有可能从法律中获得较多保护。

1928 年国民政府成立"禁烟委员会"，制定《禁烟法》和《禁烟法施行条例》，召开第一次全国禁烟会议，意图大力禁止鸦片和毒品。鸦片荼毒中国多年，民财为之耗竭，民力为之衰微，禁绝鸦片，不仅可一改东亚病夫的国民形象，更从政治上整顿风纪，提振民气。晚清虽在刑法中颁布鸦片罪，但难以实践推行。这一纸具文成为后世维护城市社会治安之嚆矢与圭臬。南京国民政府统治时期，津、青两地鸦片罪占各类犯罪之首，显示出政府集中禁止鸦片的决心。但鸦片吸食问题百年迁延，积弊难清。不少民众以此为当然的生活常态，更有地方军阀、政客、商人赖以牟利。鸦片种植、制造、贩运、售卖等相关产业链盘根错节，并有外国势力插手其中，走私毒性更强的吗啡、海洛因、金丹、白丸等烈性毒品，尤其是日本人利用外交特权开设烟馆，地方政府无力制衡，售卖环节难于清算，故下层吸食者虽罚办者众，也只是舍本之法，不能根治。对于一些乡村移民而言，吸食鸦片增加了经济困难，他们或者冻毙街头②，或者铤而走险入室盗窃。如媒体所说，"'盗贼'这是最不名誉的事体，他们为什么要去做窃盗偷人家呢？我们不用问他，请到公安局拘留所和法院看守所，或是感化所参观参观那些窃盗罪犯，哪一个不是

---

① 黄宗智：《法典、习俗与司法实践：清代与民国的比较》，上海书店出版社 2003 年版，第 46 页。

② 《津市上月冻毙尸体共三百二十具　大部为吸毒乞丐余为失业平民》，天津《大公报》1935 年 12 月 1 日第 6 版。

皮包着骨头面黄肌瘦的些嗜毒犯呢!"① 外国人的毒品制造与贩卖加剧了城市的社会问题,也使得地方政府的禁烟举措最终失效。半殖民地城市在治安管理中的尴尬处境和地方军阀势力的分立局面,是近代烟赌等犯罪问题不能禁绝的重要原因,也构成普通民众在城市生活具有时代特征的共通性难题:弱主权的畸形的政治环境无法实施真正有效的社会管理,反而恶化了民众生存条件。

近代乡城之间在生产方式、工作组织和社群关系的差异外,民众日常生活规范,尤其是在公共空间的言行亦宽严有别。居住、工作和生活环境的不同构成乡村移民城市生活的隐性障碍。如果说居住环境可以移植乡村情境,工厂、商贩、苦力等行业可以熟能生巧,而与传统乡村生活习惯有别的城市生活规范则需要较长时间了解、熟悉进而适应。对于没有城市生活规范的传播与学习渠道的乡村移民来说,在缺乏再次社会化过程的情况下进入异质生活空间,势必增加城市生活的困难,而犯罪往往成为知法的必要途径,相关的城市管理规定某种程度上成为乡村民众进入城市谋生的排斥力量,也为面临权利受损或生存困境的民众提供必要的帮助和支持。

小　结

在 20 世纪 20—30 年代初期农民进城的潮流中,城市沿用了保人制度对移民的求职与生活进行约束,这样,中国传统社会中延续已久的保人制度、户口清查制度同来自西方规范系统的城市管理体系紧密结合,构成近代对乡村移民进行控制与管理的重要措施。保人可以是铺保,也可以是在本市有正当职业、有家眷者及有固定住所的市民(包括青岛乡区的村民),寻求保人是乡村移民获得在城市立足的基本条件。尽管城乡之间的人口流动基本没有受到各种预设体制壁垒的阻挡,但进城农民陷于游民状态或违反城市规章与法律时,保人资源的缺乏会使他们成为城市管理中优先遣返的对象,因而,稳定而亲密的社会关系对于进城农民能

---

① 《都市的急性社会病:毒品商店的发达和嗜毒者的增加》,《青岛时报》1934 年 2 月 9 日第 6 版。

否在城市立足相当重要,这既是他们进入城市的人际纽带,也是其在城市生活中非常重要的保障条件,制约着进城农民能否找到谋生之业和蜗居之地。保人制度在城市的扎根,显示出传统社会管理方式在近代城市的延续和发展,它在城市管理中的普泛性,反映并强化了传统农村的关系网络在城市的迁移或复制,陌生空间的熟人网络也使得乡村移民不会因为进入不同于乡村的社会环境而感到惶恐与陷于无助。通过保人制度我们可以思考同乡关系在城市蓬勃发展的制度性原因,工人运动中基于村保产生的群体态度差异,也可以推断因为植入民间管理的合理因子,近代中国的城市管理在某种程度上显示出中西杂糅的特点,由此,保人制度对近代乡村移民的城市生活与城市社会组织及其运作产生了一定影响。

  犯罪现象的研究表明,近代天津和青岛刑事犯罪以赌博、鸦片案、窃盗、杀伤案为主,违警罪以妨害秩序和妨害风俗犯最多。违警犯和刑事犯多数是来自城市周边各县的乡村移民。六成以上违警犯和刑事犯年龄在21—40岁,其职业以务工务商和无业者为主。各类犯罪中,违警罪多涉及日常行为;盗窃罪以日用品为主,手法简单;烟赌罪数量庞大;拐骗罪多骗乡民。城乡规范的冲突、城市生活的诱引、乡村社会的失序,尤其是个人行为、习惯方面的不合时宜,构成此期城市犯罪的重大社会原因。城市社会的复杂性、城市交往的浅层性和城市人口的流动性,大大降低了社会关系的亲密性和归属感,城市的道德和舆论约束机制相对减弱,社会秩序更依赖于社会正式控制力量的强化。同时,乡村社会基层管理体系的涣散与劣化,地方罪恶势力横行,家庭亲缘关系的弱化或疏离,使农村妇女生存环境更为恶化。在这个社会秩序重组的历史变迁过程中,因琐事或习惯而违规折射出民国时期城市管理法规脱离农民生活实际情形、不合世事或民情的问题,犯罪是进城乡民都市困境的具体表现,也成为他们认识、学习新生活方式的必要途径,某种程度上,近代司法体系为移民适应城市社会提供了一定的教育与救助。

  保人制度与城市法律规范尤其是《违警罚法》均是作为一种强制性的外在力量对移民城市生活作出示范、监督和惩戒。对于移民而言,保人角色对移民的行为进行担保,类似于家庭父母对孩子的监管,保证作保对象的行为合乎行业或社会的期待,移民行为的偏失,会连累保人受到追责,这种连坐的方式,使那些没有相当社会资源作保的移民无法在工作、住房中获得优先考虑,这强化了乡土社会关系在城市生活中的重要性,既在提供生活便利方面促进移民的融入,也在一定程度上束缚了移民的社会交往,地域性的帮派力量的强化无疑削弱了城市的开放与包容,成为移民融入城市的障碍。另外,数量庞大的违警案例宣示城市生活规范对移民的排斥,如同社会学者所指出的,"虽然法律的基本目的是为了要维持社会的稳定与秩序,但它事实上也加深了不平等"。"刑事司法体系让穷人及受压迫的人继续处于一个被剥夺的位置。"① 同时,各类行为法规也以一种强制性的方式对移民的日常行为进行规训,而且,完善的警察司法体系如果能够有效保障移民的权益,那么,它将提升移民对城市秩序的期待与认同,更长久地定居于城市中。司法不仅在行为层面促进移民日常言行合乎规范,更在心理层面提升移民的社会安全感与城市认同感。

---

① [美]理查德·谢弗:《社会学与生活》(插图第9版),刘鹤群、房智慧译,世界图书出版公司北京公司2006年版,第226页。

结　语

乡村移民融入城市的维度与影响因素

在本书写作之前，笔者意识到一些宏大的话语是主流的，世界潮流中总有一些清晰的主线引人注目，成为学界翘楚，如全球化、现代化，我们更关注分流世界中的强势力量的主导，如政治强人、贸易精英等，我们会在多年的耳濡目染中自觉服膺与维护主流的价值观念，如统一而非分裂、强大而非脆弱、和谐而非不安、外向拓展而非内在保守等，随着权力和资本的扩张，强权与强者也获得意识形态的优越感。在学术研究的领域中亦因话题而有了主次之别，政治与经济史，长久以来一直是史学中心话题，社会史近四十年来异军突起，充实了对这个世界认知的多维视角。在历史长河中，大量普通民众之存在不仅是潮流的跟随者和英雄的响应者，他们自有其人生的轨迹，或耀眼于史册，或无名如尘土。主流之下的分流与边缘亦为世界完整面相的组成部分，他们的境遇流转不会令人拍案叫好，或扼腕叹息，或悲从中来，没有大起大合与波澜壮阔、跌宕起伏的生命历程，只是平常人在时代流转中的应对、成长与默然。观照他们的生活状况，亦算是历史众多面相的一份补充，也是对平凡世界的一份追索与思考。

1928—1937年是皇权国家解体后分崩离析的政治局势开始重新整合的时期，南京国民政府形式上统一全国，开始确定城市作为独立政治单元的地位，并将城市建设作为实现三民主义，建设现代国家的主要阵地，中国城市在制度构建和社会事业方面进入相对迅速的发展时期，此一城市建设的路径也是西方近代市政理念与制度逐渐在本土实践的过程，在城市近代化的过程中，乡村危机驱动进城的农民们面临前所未有的由空间环境转换、谋生方式改变与社会控制加强带来的再度社会化问题，乡村移民如何完成由农民到工人或市民的变化，移民进城如何生存，如何融入社会，实现城市的经济发展和社会稳定，从而推动国家建设的有序进行，不仅是近代中国社会变迁过程中需要关注的重要议题，也是当前新型城镇化进程中无法回避的重大社会问题。根据国家统计局发布的《2016年农民工监测调查报告》，当年我国农民工达2.8171亿，这个数量庞大的群体，面临着收入增长、教育公平、权益维护、城市融入等问题，2016年国务院办公厅发布《推动1亿非户籍人口在城市落户方案》，实现农业转移人口的市民化成为中国新型城镇化的核心任务。虽然两个时代之外部情势与内部发展已不可同日而语，但均面临共同的移民融入城市之难题，对近代乡村移民城市境遇的回顾不仅可作为理解当时城市社会发展的窗口，亦可为推动当前农民工融入城市提供一定参考。

第一节 融入城市的时代契机：
城市发展与乡土关系

近代以来的整体建设基本依循"以都市支配农村"的方向展开[1]，中国近代国家建设的基点是城市，城市的发展被视为建成"国民国家"的牵引力[2]。20世纪30年代，正是天津和青岛城市管理法规推陈出新、密集出台之时，规章中寄托了政府的施政要点、未来规划，更寓含着当局以强制力量改造社会面貌包括民众工作与生活的迫切要求，国家意志借助城市建设实现对民众的控制，此期为国民政府从军政迈向训政的启动阶段，也是关键时期，百废待兴，各大机关以满腔热忱意图实践三民主义的立国蓝图。在此过程中，由各企业、社会局、教育局、工务局等社会组织发起的各项建设事业关注到移民的生存困境，对推动移民适应社会生活发挥了一定作用。

---

[1] 王先明：《中国乡村建设思想的百年演进（论纲）》，《南开学报》（哲学社会科学版）2016年第1期，第3页。

[2] [日]水羽信男：《日本的中国近代城市史研究》，《历史研究》2004年第6期。

近代天津和青岛城市化的过程，是商业贸易迅速向外向型商贸发展和现代工业生产方式兴起从而推动城市规模扩大的过程，成为两地走向近代化旅程的推进器，并极大地改变了两地的空间环境、人口分布和职业结构。城市海内外贸易和工业投资活跃的时期，正与城市人口的增长时期相一致。

开埠前的天津和青岛并非一个停滞不前的、僵化保守的社会，在明清以来，在全国活跃的商业化进程中，两个地方经历快速的发展，由偏远的海隅边陲到军镇、市镇，在区域转运贸易中发挥了独到作用，尤其是天津，明清以来已经具备了一定的城市规模和雄厚的商业根基，与传统社会商业贸易的活跃相应的是城乡手工业的维持与发展。这为开埠之后工商业的近代化启动提供了技术与人才基础，同时也与近代工厂形成有利的补充。

天津从19世纪的军事海防重地，演成20世纪初的对外交涉及晚清新政中心，北方对外贸易的最大海港；再到20世纪20年代经贸实力的增强，民族工业和华资银行的兴起，确立了北方经济中心的地位。青岛则在德占以来因胶济铁路和青岛港的兴建架起其与山东腹地及国外商业的互动桥梁，短短的四十年时间中从荒凉渔村到现代都市，从军港驻地到工商业中心。两个通商口岸城市发展的动力、规模与建设成就使其在近代各城市中脱颖而出，无论是天津的从小扬州之名到小巴黎之谓，还是青岛从渔村到"样板殖民地""东方瑞士"的转换，都从语义上指明了天津和青岛走向近代化的转变历程及其成就，两者也成为近代北方城市尤其是港口城市中的双子星。工商业的发展和人口的增加提供了职业的多样性，成为城市吸纳人口的前提条件。

在1928—1937年的十年，两市转运贸易和工业制造尤其是纺织业成为城市的支柱产业，商人和工人是城市最主要的职业，更是移民进城谋生的主要渠道。在城市工商业发展的过程中，交通运输能力的延伸与扩展推动着城市发展，货栈和工厂因河而兴、因港而兴、因路而兴，形成城市工商业沿交通干线聚拢的空间分布特点，其经济空间的大分散小聚居也基本奠定乡村移民在城市生活的基本范围。城市物质景观是历史的积淀，由于外国占领者在城市规划时采取华洋分治的隔离政策，两个城市的地理空间差异非常明显，中外统治者在不同时期的规划层累地叠加，形成两市20世纪30年代的城市风貌：别墅区与杂院区、富人区和贫民区、洋人区和华人区赫然有别。空间的地理势差显示出经济地位、社会地位的差异，居住的边缘性则定格了移民的聚居群落。天津居民多集中于第一区和第三区，青岛居民多聚居于第二区和第一区，老城区依然是吸纳人口最多的区域。新增加的移民则以铁路沿线或城市边缘为定居点，如天津地道外、谦德庄、西广开、小刘庄等，青岛的东镇、西岭、后海沿一带，移民扩展着城市边界，百年前的贫民窟成为新中国成立以后的新市区。20世纪30年代大规模移民的涌入促进城市成长也导致社会压力的产生，城市社会两极贫富分化和空间分化加剧，社会管理的科层体系逐渐形成，乡村移民的进城也考验并推动国民政府的城市建设事业开展。

从进城移民的籍贯与途径来看，乡土资源是移民进入城市的重要条件，也极大减轻移民在城市生活的陌生感，城市乡区和邻县农民最先感知城市发展的变化及对个体的机会，是最先城市化的区域群体。在移民进城的途径方面，一方面，铁路和公路的兴修以及航运的扩展不仅影响了人们的出行方式和货物流通的速度与规模，更提供了一种新的人口集聚和流动趋向。铁路、航运将城市中心与沿线郊区、乡村连接起来，在新式道路附近的村民更便于进城并谋取相应的职业。另一方面，从进城的人际关系来看，中国乡村的社会结构和伦理关系特别推动着移民的链式迁移。对乡下人而言，外界环境的变动激发了进城的必要性，而乡土资源则提供了进城的可能性。推动农民进城的"关系"来自邻居、亲戚、同乡等有过一定程度交往的熟人。亲缘与地缘关系是人口流动时依托的主要媒介，由于中国人浓厚的乡土观念，异乡人总是竭力提携自己的同乡亲友，加之城市集体性的招工方式、保人与介绍人规定，使乡村移民的进城具有被迫性（生活压力）与跟从性（亲友召唤）的行动逻辑，并导致一种潜在的意外后果，形成工商业发展中同乡而聚的特点及城市经济生活中县域力量的集中现象。

从城市人口结构来看，天津和青岛同样是华北典型的移民城市，外来人口占据城市各业主要部分，但天津主要吸纳河北移民，青岛主要影响山东尤其是邻县农民，亦反映出近代华北城市的移民主要是省内移民。更大距离的省际迁移未形成规模。那些有一定文化程度和社会关系的人在就业中处于优势地位，更多的移民处于城市社会的底层。由于近代工商业盛行的学徒制、招工制，青壮年男子构成近代乡村移民的主要部分。近代天津和青岛人口的性别失衡、年轻人多、失业率高、帮派强大、空间隔离等社会特征一定程度上反映着近代乡村移民的流入背景，亦长久地影响了农村移民的城市生活。

第二节 融入城市的四个层次与移民的半融入

农民对城市生活的试探与把握有一个逐渐深入的过程，大致经历从难民—居民—市民的转变过程。相应地，近代乡村移民融入城市社会要经历四个阶段：稳定的住所—可供生存的工作—适应城市规范—情感认同。移民者首先要能留在城市，有一席之地可作寄身之所，其次需要获得一份可以糊口的工作，在经济上能生存下去，并且随着居留时间的延长，他们会日益适应城市生活规范与管理规则，分享城市建设的成就，最终在情感上向往，形成扎根下去的愿望。

从农民进城的原因来看，城市贸易范围与类型的扩展及手工业和工业生产能力的提高，提供了多样的工作机遇，高密度人口聚集下的多元化生存空间扩展了城市的容纳能力，吸引着大量谋求改善生活的劳动力。开埠城市发展的同时，近代乡村逐渐走向衰落，兵匪成灾，捐税繁杂，天灾频仍，外货倾销，乡村经济崩溃，农民生活困苦。同时乡村风气恶化，拐卖盛行，亲情纽带弱化，妇女大量被诱骗进城。农业失其位、农村失其序的乡村危机推动着农民涌向城市寻求生路。从天津、青岛两地人口激增的时期来看，政治与自然因素而非农村经济压力与都市经济吸引对农民离村发挥着更大作用。近代华北农民向城市的迁移并非建立在社会经济良性发展而产生的人口推拉力的基础上，而是农村整体生态环境和政治环境变动的产物，如政治与军事力量的压迫、物质资源的贫乏、社会治安的恶化、自然灾害的频繁和民众观念的更新，与关注离村源得出的结论稍微不同的是，进城流的城市内部信息表明，1920年以来，农民流动的主要原因是整个社会政治与自然环境的异常变动，尤其是政治形势的动荡。在此意义上，乡村移民进城更多具有逃难的特点，进城后的难民常常选择交通路线附近作为暂时的定居点，城市也会指定一片僻远的空旷地带安置难民，如天津的东局子、谦德庄，青岛的西岭等地，这些难民窝居地随着难民的定居而成为城市贫民窟，并扩展了城市发展的边界。进城的大量农民带有一种置之死地而后重生的坚韧力而顽强地生存下来，这种求生的意志使得求职的艰辛和生存的代价无法抵挡农村移民涌向城市的潮流。既有追求更好生活的渴望，更有避免最坏结局的考虑使乡村移民对城市的向往和在城市的扎根义无反顾，这样执着的生存渴望因应着城市发展的需要。

有的难民在家乡情况稍微好转时会选择回乡，也有一些移民定居下来，建立窝棚，寻找可能的谋生之道，如苦力、小贩、各类散工或者乞丐，城市经济的发展与城市人口的增长保持着一定的正相关，码头港口和街角社会提供了多重的生存机会。一旦定居下来，移民的社会网络会形成亲友或乡邻的链式迁移，那些新旧居民点会被后来的移民陆续填充，形成层累地移民叠加效应，直到引起城市社会的关注。天津和青岛的报刊常有对贫民窟的专门报道，并引起社会普遍关注。各种社会救济活动与慈善行为能够在特定的艰难日子中缓解贫困移民的生存危机，天津的冬赈救济令一些附近乡民流连忘返，青岛的住房建设活动最先惠及定居在城市贫民窟的移民。

另一些在城市有社会关系的移民可以幸运地获得更稳定而正式的工作。从天津和青岛的职业类别统计表来看，乡村移民进城主要分布在五大行业，按其就业人数依次为商业、工业、人事服务业、交通运输业、其他自由谋生类。不同的职业准入条件不同，三大主要因素影响着移民的就业渠道。一是城市经济状况，世界政治经济形势与城市工商业状况向好的时期，工业发展、贸易活跃、服务业兴盛，社会各业需要量大，移民的就业情况较好。二是社会关系，由于保人制度的流行，为工厂、商店、车行、饭馆、茶园、戏院、家庭等正式或非正式组织雇佣的职业，均须通过一定的社会关系引荐作保才可能入职试用，故熟人关系影响着移民是否进城，也影响着移民的城市职业。三是个人条件，包括身体、品行与技能等。拉车、脚夫、盐厂工人等体力活要求身体壮实，年富力强，有利于青壮年男子就业，而商店乐于录用为人诚实、踏实努力的伙计，有一定技能者则可恃技谋生。

城市人口的高度聚集和城市经济的多元化，使近代城市职业非常庞杂,既有一大批新兴的生产性和服务性工作,又有传承着中国民间的三姑六婆等古老行当。难民、灾民和移民交相汇聚,1928 年至 1936 年天津和青岛的人口平均每年增加 2 万多人,就业的挤压、世界经济危机与国内政治环境波动等多重因素交相影响,城市移民一直面临着严峻的生存压力。除收益不错的工厂、商号能大体维持自给的生活水平,工作不稳定的移民,只能挣扎在糊口线上,每月收入 3 元至 7 元是移民生活的糊口标准,贫穷是近代城市面临的共同问题。乡村移民尽家庭与个人的最大能力开拓生存机会,形成混合性的生存策略,可以从事最劳累、最肮脏的工作,可以忽略亲人骨肉的分离,可以接受十七八小时的工作时间,可以忍受最微薄的收入,可以面向记者时毫不掩饰她们的苦楚,坚韧的求生本能和生存意志是乡村移民谋生及至融入城市生活的最坚实基础。城市是否能够提供生存机会影响着移民的居留时间,没有住房和工作的游民作为治安危险分子或市容妨碍因素而成为城市管理者严加防范和控制的对象。青岛社会局对流动工人办理登记,或者尽量纳入平民住所,或指定近郊之地,令其搭造小房。如果是无业游民,则遣送出境,以免辗转流离,影响城市治安。每年冬天农闲时节,农村劳工纷纷来城市谋生,没有工作,就不免于为非作歹。政府会代谋生计,或遣送出境以正本清源。[①] 是否有工作在某种程度上成为判别移民潜在品德的标准,收容所和感化所对游民收容改造或遣送回籍,没有正式的工作将失去在城市堂堂正正定居的机会。

  城市的工作和生活改造着传统的农民,乡村生活中,家庭收益的主要来源是土地耕种,并伴随着延时收获和农工兼业的多种经营,农民时间观念淡薄,安土重迁,生活缺少变化。小农生产方式基础上的社会生活具有稳定的特性,人们的交往空间相对局限于村落和集市,重视邻里帮助,由此形成相对私人化的交往方式。这与近代城市生产和生活方式形成强烈的反差,城市收入的来源是商品、服务的提供与交换,并伴随着及时性的收入回报和专门化的技能需求。人们的交往范围更为扩大,从熟人社会进入陌生人社会,遵循的交往常规不是具有地域性的乡规礼俗,而是公共性的城市规范,关于卫生、交通、户口、工作等城市生活

---

① 《青岛市区社会问题最近施政方针》(1934 年 6 月),出版者不详,第 10、12 页。

的刚性规定。长期居留的移民们在日常生活中逐渐熟悉工作的技巧和要求，学会申请各类慈善组织的救济活动，并通过岗警维护自己的权益。工人们会有选择地利用城市提供的便利，如学校、银行、公园、戏院、茶园、脚踏车等，积极投入工读班、运动场、新年会等活动。

继续社会化是"成年人为了适应新形势提出的角色要求而进行的学习过程"[①]。进入异乡的农民需要掌握城市谋生的技能，要了解并遵守城市管理规范，如日常行为规范、道德规范和法律规范等，适应生活和工作环境，改变传统观念，认同并融入城市生活。在此过程中，移民将传统的社会关系网络与风俗习惯植入城市，城市对新旧节日的规范、对平民院养鸡行为的阻止、对婚丧礼仪的改良、对烟赌恶习的查禁、对发辫缠足的废止等均不能在移民群体中获得有效的推进，对城市规则的有限接纳与对传统节庆等习俗的执着，彰显着移民融入城市生活的选择性策略。对于更多移民而言，半融入即在居住与工作方面的接受新生活而在节庆习俗与娱乐方式上坚守旧传统成为他们城市生活的常态。

第三节　城市融入的个体差异

由于移民的个体差异，不同类型的移民在融入城市生活中的反应有所不同。这些差异主要表现在五个方面。一是移民的资源禀赋差异，包括原有家庭资金的多寡、社会关系网的强弱、个人的后天努力等。二是进城后职业类别差异。如正式工与临时工（或固定工与散工），技能工人与粗工；工头与一般工人等。三是移民性别差异。四是移民原籍差异，如本地人与外地人；周边移民与外县移民。五是迁移状况差异，包括举家迁移与个体迁移，义无反顾型与候鸟往返型。

移民是先天性禀赋与后致性资源有相当差异的一个群体，其拥有的经济基础、关系网络、个人努力是影响移民融入城市的重要因素。原有经济基础相对雄厚的移民，可以投资做些小本生意，开设水铺，或放高利贷，获得更多的回报，如青岛同丰益商号的创办人綦官晟在来青岛前，已积累了一定的从商经验和资金，初来青岛即以少量资金开办小店铺，

---

① 郑杭生主编：《社会学概论新修（第三版）》，中国人民大学出版社2003年版，第84页。

逐渐发展壮大。在城市有一定社会关系的移民们，利用与厂方经理或商店掌柜的乡土关系谋取更稳定的工作或收入更高的职业如技术工人、管理职员或工头等，收入可达40元以上至数百元，体现出社会关系在个体职业生涯与生命历程的重要支撑作用。保人制度的推行，强化城市对移民社会关系的依赖，在社会层级中有更强人际关系网的移民明显在居住、工作及后续发展中获得有力的支持，如刘锡三的扩大经营离不开本族人刘子山的投资。勤劳吃苦是近代城市生活的必要特质，如同古希腊学者赫西奥德所说："无论你命运是什么，辛勤劳动都是最好的。"早期在天津机器厂和大沽船厂的学徒工人，成长为天津制造业最早的工匠技师和管理者。久大的技术工人，工作时间较长且勤劳吃苦的，月收入能有30多元。天津火柴厂那些有特殊技能的工人，工作时间长，负苦耐劳，即擢升为工头。尹致中、曹海泉、陈孟元、黄保安、刘锡三、傅泊泉等，经过坚忍自觉的努力，均由乡村移民成长为实业界的巨子。河北冀州农民经过长期积累和业务协作，逐渐在天津的五金、竹木、钱业和铸铁、染整等行业形成一定的支配力，形成天津工商业中颇有影响力的冀州帮。另一些家庭则因人事变动而失去健康的身体、可观的收入，呈现向下的流动。那些冻毙、饿死、累倒、撞伤的家庭劳力，脆弱的身体难以支撑生活的意外，最终使整个家庭陷入绝境。

移民的职业类别不同，适应并融入城市生活程度存在差异。大致来说，正式工比临时工（或固定工与散工）、技能工人比粗工、工头比普通工人有更高的收入，在工厂中因技术与管理能力的相对稀缺而成为中坚力量，无论是在经济收入、社会福利还是社会地位方面，均有一定保障，并成为他们居留城市的物质基础。那些有一技之才的各类机器操作工和修理工、工匠，是各工厂的骨干力量，月薪在20元至40元，甚至更多。而这种技能的获得常常得自于长久的学习与实践，更早些来到机器工厂的塘沽学徒们成长为化学工业、棉纺工业、机器制造业等的技术人才，从青岛德国四方机车和造船厂出来的许多工匠日后成为青岛各企业的管理人员和企业家。早期来到城市积累资金与技术的移民后代往往成为各界翘楚，时间在某种程度上成为乡村移民能更有力地扎根城市的重要因素。在对新事物的接纳方面，如同久大工人显示出来的那样，年轻工人和技能工人更有积极性，更乐于尝试新的生活方式。普通工人，如粗工，特别是散工收入低，且不稳定，那些码头苦力、人力车夫，收入因市场行情而波动，他们最容易因贫困、劳累而倒毙街头，被城市生活的压力离析出去。

在移民进城的性别差异方面，两市劳动适龄人口中的男性就业率远远高于女性，总人口中，天津男性就业率有六成，女性不足两成，青岛市男性就业率近六成，女性就业率四成多。城市给男性提供更多的就业机会，妇女职业类型和就业率有限，进城谋生更为艰难。女性比男性在某种程度上更能积极面对困境或接受新事物，男人们在家务农，妇女们进入城市佣工，寄钱贴补家用或养着好吃懒做的男人。那些生活困难的家庭将妇女押入妓院，缓解家庭困境。妇女和孩子们大量进入社会公共生活领域，一定程度上带来了妇女经济地位和家庭地位的提升和她们婚姻伦理观念的变化。天津和青岛的离婚案件由妇女主动提出的占多数，城市生活方式下妇女的独立性在增加，离家进城、街角谋生、自由择偶、妇女救济院或济良所求助等，显示农村女性顽强的生存意志与对新生活的向往。

从移民的地域差别来看，城市近郊和邻县的农民有更多的机会在城市获得较稳定的职业，交通干线附近，尤其是铁路沿线的农村最先受到城市发展的机会刺激，天津和青岛的移民主要来自河北和山东，其中又以来自邻近县份者居多，跨省范围的大规模流动还未出现。工人、菜贩、苦力等职业中，城郊地区的农民有先天的地理优势，他们可以离土不离乡，在城乡之间候鸟式的往返，闲时进城务工，忙时回家务农，冬季时进城领救济物品，夏季时到讲演所休憩。久大住家工人和铁路工人中，家在周边的工人因有田地收入或住房租金，经济收入高于其他工人，天津地道外附近村庄的农民可以组织脚行，有的甚至成为当地的混混头目或恶霸势力。从就业的便利性而言，城郊农民应该更容易融入城市生活，但与家庭及乡土的粘连又制约了他们投入城市生活的积极性。塘沽的农民只要有打鱼的收入，就不肯进厂做工受时间约束。外籍与本地的差别在收容和解雇遣送中显示出户籍的差别，本地人一般由亲戚担保领回寻找工作，而外地人则跟着回到家乡。天津裕元纱厂，裁去纱布两部工人

1600 余人，按照解雇办法，分别给资遣散回原籍。①

在移民迁移的规模方面，是举家迁移还是个体迁移，是义无反顾型还是候鸟往返型，影响着移民在城市生活的久暂。从进城的决绝来看，近代农民进城有两种类型：生存型和发展型。那些被灾荒和兵匪逼迫得家财荡尽趋于绝望的乡民会义无反顾地进城，他们卖掉土地和房产，举家迁移，这几乎断绝了他们对家乡的归路，这样彻底的告别故土，也促使他们必须积极地投入城市生活。发展型移民是为寻求更好的改变自身生活状态的路径，更多人的会保留在家乡的产业，或者将他们妻子儿女留在原籍，虽然工作在城市却瞻前顾后，割不断与家乡的往来，有的人在辞退、生病或受挫后会返回家乡。城市于他们而言是谋生的场所，他们进城是为了"得到较高的工资收入，使他们有能力购买谷物的种子，迎接翌年春耕的到来"；当工程结束或农忙时节到来时，"多数返回家乡去了"②。主体身份还是农民，还未有永久定居的打算。家在农村为移民提供了退路，1929 年 8 月 4 日青岛日商纱厂第二次联合停业，"将工人一律驱逐出宿舍"后，"工人十分之七八都想各自回家"③。

第四节　移民融入的影响因素

从定居、工作、适应、认同等城市生活的层面来看，影响津、青两市移民城市融入状况的因素有：从影响主体而言，主要包括正式的制度体系和非正式制度体系。前者如工作组织、社会救济、社会保障；后者如人际关系、个人努力与发展机会。从影响方式而言，分为消极的社会救助与积极的社会改造。

社会救助是对处于生活困境中的移民提供及时援助，缓解鳏寡孤独、贫疾死者、受虐妇女等弱势群体的生存危机，基本出发点在维持生命的延续。进城的移民要化暂时的避难为长期的居留，在获得一份至少能够

---

① 《裕元纱厂解雇工人送回原籍》，天津《大公报》1934 年 3 月 30 日第 10 版。
② 《胶海关十年报告》（1892—1901），青岛市档案馆编：《帝国主义与胶海关》，档案出版社 1986 年版，第 62、69 页。
③ 维容：《青岛工人的阶级斗争》，《红旗》1929 年 9 月 2 日第 3 版。

糊口的职业时，必须具有防范外部风险和家庭危机的应变途径，以维持生命的延续，缓解内心的紧张与孤寂，解决生存与生活的难题。从天津和青岛的移民来看，他们可能获得的支持主要来自三个体系：基于地缘与血缘关系的熟人网络；具有地方公益传统的慈善组织；城市政府部门成立的救济机构。移民在家乡的原生社会关系（亲友乡邻等）不仅为移民提供工作和住房，也在生活方面提供照应，如出借财物、生病照料、吃饭搭伙、丧事帮忙等，他们也是移民的休闲娱乐伙伴，强有力的乡邻亲友的支持是移民融入城市生活的核心保障，城市管理中的保人制度也强化了乡村传统社会关系在城市的重要性，关系网络的迁移使得移民在陌生环境中依然拥有乡村的人际交往，形成大城市中小聚居的熟人圈，不仅减少了城市生活的不适感，也增强了乡土纽带在城市的移植或重建。

各类社会救助活动以恤贫冬赈和收容供养为主，相对而言，民办慈善事业以收养弱势为主，官办救济机构强调教养结合，使部分弱势群体或边缘群体免于冻饿而死，在维持个体作为生物人的物质需要时，也逐渐关注其作为社会人的习惯改造与技能培养，在救济机构贫民工厂学习的青年可能获得一份工作，那些避难的女性则重新成立家庭。更为积极的方面是，城市慈善救济机构不仅为受助者提供切实的帮助，更为移民的城市生活方式提供一种选择，进城谋生无着的孤儿或妇女可能积极借助各种途径进入收容机构，此举本身意味着受助群体对城市生活的认同，城市的救助体系亦激起周边乡民对城市的向往。

强制性的社会改造由现代工厂制度、住房建设运动和司法体系完成，在积极的制度规范下，工厂劳动规范、住房建设、城市法规分别从生产、住房与法律层面促进乡村移民对城市生活规范的接纳。职业决定乡村移民的社会分层，也是他们城市生活质量的基本保障，无论是从假期福利、食宿安排、收入保障还是娱乐生活，进厂做工，尤其是在新式的更大规模的企业中作工是相当不错的人生选择。规范化的工厂管理与具有社会责任感的企业家，在提供给乡村移民一份正式且相对稳定工作的同时，均注意对工人生产技能的培训、生产规则的强化与生活方式的改良，如天津久大盐厂、六大纱厂、青岛华新纱厂，在制定严格的工作纪律与技术要求时，通过建立工人宿舍、工人食堂、办理劳工学校、开展职工文化活动，将生产、生活与教育环节渗透进工人日常生活，对劳工生活立体式干预,为从私人环境进入公共生活的移民们树立标准化生活样本。如汤普森提到的工业化的过程必然是痛苦的。它必定会导致传统生活方式的消逝。① 福柯认为,传统社会主要通过对罪犯的身体惩罚和对群众的恐吓等镇压性权力使人们臣服,在近现代社会,通过强加于行动的时间表、层级监视、规范化裁决以及检查程序等规训方式,慢慢控制人类个体。② 在一种集体劳作与监督的环境下,一些移民从技能、知识与生活习惯开始了辞旧迎新的历程,有些乡村移民无法忍受严酷的工作强度和闷热的工作环境,也有人无法适应严格的时间限制与考勤,他们会离开工厂,回到原籍。另一些年轻的、有技能的工人在适应新环境中表现出更强的意愿与能力。而那些有家属的工人们因业余时间有家人陪伴而降低了被不良嗜好浸染的概率。

南京国民政府时期,国家力量加强了社会控制,关于衣食住行的日常生活规范和法律规范全面建立起来,通过公安、社会、卫生、工务等机构的合作,推行地方自治训练,加强劳工教育、住房建设与治安管理,这是一个对城市居民生活规范空前强化的时期,以教育、改造、惩罚等方式,引导大众行为合乎城市要求。通过住房建设安置移民、改善市容,并在此基础上规范民众行为。天津谋求贫民区建设未竟其功,青岛大规模杂院改造与平民住房建设,改善了移民的生活条件,平民院居住规范渗透了时间、卫生观念与对恶习的控制,以强制力量改造移民的城居生活方式,也增加了他们对公共资源的分享机会。更为重要的是,一切社会建设活动如劳工教育事业、自治训练及卫生宣讲等均以居住区为基础,住房问题承载着社区教育、社区治理及城市规划,在此意义上,平民住房改造是城市福利与城市设施惠及平民的基础,在推动移民融入城市生活中发挥着深切而长远的影响。在乡村习俗进城和风俗改良的过程中,乡村文化与城市生活互相影响,互相渗透,使近代城市在节庆空间中具有明显的乡村风貌。从政策制定来看,平民住房建设旨在传播现代文明

---

① [英] E. P. 汤普森:《英国工人阶级的形成》(上),钱乘旦译,译林出版社 2013 年版,第 523 页。

② [法] 米歇尔·福柯:《规训与惩罚:监狱的诞生》,刘北成、杨远婴译,生活·读书·新知三联书店 2003 年版,第 3—256 页。

观念，改善居住条件，有利于乡下人融入城市生活中。在住房建设中，青岛市政府安顿新老移民的差异、平民区的范围划定以及市容重于民生的施政理念，也重新定格了都市中的核心区与边缘区及附属其中的社会群体的身份差别。

中国传统社会中延续已久的保人制度、户口清查制度同来自于西方规范系统的城市管理体系紧密结合，构成近代城市控制与管理乡村移民的重要措施。保人制度与城市法律规范尤其是《违警罚法》对移民城市生活作出示范、监督和惩戒。对于移民而言，保人角色督促作保对象的行为合乎行业或社会的期待，移民行为的偏失，会连累保人受到追责，这强化了乡土社会关系在城市生活中的重要性，既在提供生活便利方面促进移民的融入，也在一定程度上束缚了移民的社会交往，地域性的帮派力量的强化无疑削弱了城市的开放与包容，成为移民融入城市的障碍。另一方面，乡村移民的日常生活规范与城市大有不同，数量庞大的违警案例宣示城市生活规范对移民的排斥，各类行为法规以一种强制性的方式对移民的日常行为进行规训，同时，城市警察给受到伤害的移民提供便利与及时的援助，完善的警察司法体系如果能够有效保障移民的权益，那么，它将提升移民对城市秩序的期待与认同，更长久地定居于城市中。犯罪是进城乡民都市困境的具体表现，也成为他们认识、学习新生活方式的必要途径，司法不仅在行为层面促进移民日常言行合乎规范，更在心理层面提升移民的社会安全感与城市认同感。

第五节　城市特点与移民融入

天津和青岛都是在外力推动下的口岸城市，外国资本势力控制了主要经济部门；同时租界的政治地位也吸引了大量下台军阀官僚、前清遗老遗少、新兴资本家的投资入驻，无论是在投资工商业方面还是拉动城市消费方面都对城市经济发展产生重要影响。但外资的操纵与融入世界市场也加剧了两市经济发展的不确定性和波动局面，极大影响了移民生活，政治与经济形势波动将增加移民生活的脆弱性，使得大量移民在失业后返回家乡，城市人口的流动性比较强，但是先前流动进城的经历会使他们再一次的进城，形成候鸟式的往返迁移。

在政治上，由于租界林立，天津是多元政治中心，华界和租界的分立，无论是对统一管理还是对市民生活均带来诸多不便。同时，市政府从直辖到省辖再到直辖，城市地位波动，官长更换频繁，政治局势不稳，城市本身的分离化状态以及华北农村经济的整体萧条，使得天津这座城市长期受困于政治与经济的不稳定。① 而青岛基本是一元政治中心，市政府控制力强，政策执行力度较大，相对安定。在 1928—1937 年，天津历任市长 12 位，最长任期 2 年 6 个月，局长任期超过 3 年的仅一位，青岛历任 4 位市长，最长任期 6 年，各局长任期也相对较长，5 位局长任期超过 3 年。青岛的市政管理系统更为稳定，对于社会建设事业初创伊始的城市来说，稳定的城市领导层有助于新兴事业的持续推进。天津民众教育、公墓建设、平民医院、平民住房建设等公共事业均难以为继，不唯因经费无着，更与市政权威的不稳定有关。

在经济力量上，青岛因胶济铁路和青岛港的贸易收入、纺织业发展，以及南京政府的财政补贴，市府财政收入较丰厚，从 1932 年天津和青岛的岁入比来看，天津总收入占青岛的 91.55%，而人口则是青岛的 3 倍，故人均市政经费，天津是 3.73 元，而青岛为 12.35 元，② 这制约了天津各项公共事业的开展。天津社会教育经费不足，长期困扰办学，故政府在民众学校后实行短期小学、民众补习学校，没有保持系统性与连贯性，青岛则按照计划稳定进行，持续时间长，民众学校开办形成常态化，且由公安局、社会局、教育局统一合作，推行强制入学办法，收效较大，影响深远。从 1929 年初到 1937 年 7 月，天津市政府曾三次筹备天津近代公墓，均因经费不足而未能建成。③ 青岛市规划两处公墓均能按期完成，在住房建设方面，天津在租地建设 62 间贫民住房后，便难以为继，无力按照原定计划继续进行，而且由于租地到期，不得不于 1935 年拆掉仅盖成 4 年的贫民区。在 1935 年后，两市用于公共建设事业的费用均力有不逮，各收容机构实际能够收留的人员非常有限。尽管近代慈善救济活动

---

① ［美］贺萧:《近代天津城市的塑形》，任吉东译，《城市史研究》第 28 辑，天津社会科学院出版社 2012 年版，第 219 页。

② 叶子刚:《从青岛的财政论到建设》，《都市与农村》1935 年 4 月创刊号，第 5—6 页。

③ 王先明、王琳:《亡灵"公共空间"的制度建构——近代天津公墓的历史考察》，《史林》2013 年第 3 期，第 2—3 页。

为城市社会保障事业做了有益的探索和尝试,但救济力度与救济范围依然有限,没有稳定职业和其他社会资源的移民,或者继续在贫病中挣扎,或在城市的收容遣送安排中回到家乡。

在社会结构上,由于两地历史渊源的差异,天津建城更久,且有长芦盐商和漕运大户的长期经营,城市绅商势力雄厚,并有大量军阀要人寓居于此,投资厂矿商业,民族工商业涉及面广、发展较快,公益事业起步较早、实施有力,绅商阶层在城市管理与日常生活中发挥显著的影响,尤其在平民救济与平民教育事业中发挥重要作用,涌现出林墨青、严范孙等一批引导城市教育发展的先行者,留学人才投入实业力量较为强劲,如裴亚卿、范旭东等创办新式工业,管理规范,注重福利,有利促进乡民向工人的转变。而青岛民间力量发育迟缓,各项事业开展明显由政府主导,外资势力在工商业中支配力量较强,九大纱厂中仅一家华资企业,民族工业创办者多由技术工人出身。两地相较而言,天津呈现大社会小政府的特点,青岛则是明显的大政府小社会。亦因如此,青岛传统势力如帮会、脚行、混混、军阀及商人势力较弱,天津则多种社会力量渗入各工厂和运输组织中,传统制约力量更明显,那些活跃在贫民区的混混、恶霸对乡村移民生活形成严重干扰。财大气粗的军阀、八面玲珑的交际、老少通吃的娱乐、屌炸天的混混、晦到底的贫户,使得天津移民生活充满了更丰富的面相。青岛则由德占日据以来在各界强势政府的统治下形成严整规制的城市文化,缺少厚重与灵动却质朴、明快。两市在政治局势、经济发展与社会结构的差异使得天津移民更多受益于社会力量,而青岛移民生活更多受益于政府行为。

参考文献

一 档案

胶澳商埠警察署档案
民国青岛工务局档案
民国青岛公安局档案
民国青岛市立救济院档案
民国青岛市社会局档案
民国青岛市总商会档案
民国天津市档案馆市立救济院档案
民国天津市社会局档案
青岛市市区联合办事处档案
世界红卍字会青岛分会档案

二 报纸期刊

《北辰杂志》
《新北方月刊》
《沧口民众》
《晨报》
《大公报》（天津）
《大青岛报》
《大夏半月刊》
《东方杂志》

《东海时报》
《都市与农村》
《工商半月刊》
《河北月刊》
《华年》
《冀察调查统计丛刊》
《交通杂志》
《津声》
《棉业特刊》
《民言报》
《南京市政府公报》
《农民》
《农情报告》
《清华学报（社会科学版）》
《青岛日报》
《青岛晨报》
《青岛工商季刊》
《青岛画报》
《青岛教育》
《青岛快报》
《青岛社会》
《青岛时报》
《青岛市职工补习教育概况》
《青年界》
《山东文献》
《社会半月刊》
《社会科学杂志》
《社会学界》
《社会杂志》
《申报》
《申报年鉴》

《申报月刊》
《生活周刊》
《天津日报》
《天津商报》
《天津市政府公报》
《铁路月刊》
《统计月报》
《益世报》
《正报》
《中国农村》
《中国青岛报》
《中国社会》
《中国乡村研究》
《新中华》
《中华报》
《中华法学杂志》
《中农月刊》
《中外经济周刊》
《中外月刊》
《中行月刊》

三 其他文献

陈克:《心向往集:献给天津博物馆成立九十周年》,天津古籍出版社 2009 年版。

陈真、姚洛、逢先知合编:《中国近代工业史资料》第 2 辑,生活·读书·新知三联书店 1958 年版。

邓庆澜主编:《天津市工业统计(第二次)》,天津市社会局 1935 年版。

方显廷:《方显廷文集》第 2 卷,商务印书馆 2012 年版。

方显廷:《中国之棉纺织业》,上海商务印书馆 1934 年版。

葛剑雄主编,曹树基著:《中国人口史第四卷:明时期》,复旦大学出版社 2000 年版。

葛剑雄主编，曹树基著：《中国人口史第五卷：清时期（下）》，复旦大学出版社 2005 年版。

葛剑雄主编，冻国栋著：《中国人口史第二卷：隋唐五代时期》，复旦大学出版社 2002 年版。

葛剑雄主编，侯杨方著：《中国人口史第六卷：1910—1953 年》，复旦大学出版社 2001 年版。

葛剑雄主编，吴松弟著：《中国人口史第三卷：辽宋金元时期》，复旦大学出版社 2000 年版。

公安部户政管理局编：《清朝末期至中华民国户籍管理法规》，群众出版社 1996 年版。

广东省统计科学研究所、广东省统计志编辑室合编：《民国时期统计史料选编（1912~1949）》，内部资料，1989 年。

郭凤歧主编：《〈益世报〉天津资料点校汇编》（二、三），天津社会科学院出版社 1999 年版。

国立山东大学化学社编：《科学的青岛》，编者 1933 年版。

国民政府法制局编：《国民政府颁行法令大全》上册，商务印书馆 1929 年版。

国民政府主计处统计局编：《中华民国统计提要（廿四年辑）》，商务印书馆 1936 年版。

贺伯辛：《八省旅行见闻录》，重庆开明书店 1935 年版。

姜培玉编著：《山东经贸史略》，山东友谊书社 1989 年版。

胶济铁路管理局车务处：《胶济铁路沿线经济调查报告总编》，编者 1934 年版。

胶济铁路管理局总务处编查课：《胶济铁路旅行指南》，编者 1934 年版。

胶州市志编纂委员会编：《胶州市志》，新华出版社 1992 年版。

孔令仁、李德征主编：《中国老字号 2（工业卷）》上，高等教育出版社 1998 年版。

雷梦水等编：《中华竹枝词》，北京古籍出版社 1996 年版。

李景汉：《定县经济调查一部分报告书》，河北省县政建设研究院 1934 年版。

李洛之、聂汤谷编著：《天津的经济地位》，南开大学出版社 1994 年版。

李森堡等：《青岛指南》，中国市政协会青岛分会1947年版。

李文海主编：《民国社会调查丛编二编·近代工业卷（中）》，福建教育出版社2010年版。

李文海主编：《民国时期社会调查丛编·城市劳工生活卷》，福建教育出版社2005年版。

李文海主编：《民国时期社会调查丛编·底边社会卷》，福建教育出版社2005年版。

立法院编译处编：《中华民国法规汇编》第1册，中华书局1934年版。

立法院编译处编：《中华民国法规汇编》第3册，中华书局1934年版。

梁实秋：《梁实秋自传》，江苏文艺出版社1996年版。

林颂河：《塘沽工人调查》，北平社会调查所1930年版。

凌耀伦、熊甫编：《卢作孚文集》，北京大学出版社1999年版。

刘大钧：《中国工业调查报告上册》，经济统计研究所1937年版。

刘寿林等编：《民国职官年表》，中华书局1995年版。

鲁荡平：《天津工商业》卷上，天津特别市社会局1930年版。

鲁海：《青岛旧事》，青岛出版社2003年版。

民国《胶澳志》，（台北）成文出版社1968年影印本。

《民国山东通志》第1—5册，山东文献杂志社2002年版。

南开大学经济研究所编：《南开指数资料汇编（1913年—1952年）》，统计出版社1958年版。

内政部编：《全国警政统计报告》（民国二十年下半年—民国二十四年上半年份）编者1933—1937年版。

倪斯霆：《旧文旧史旧版本》，上海远东出版社2012年版。

倪锡英：《青岛》，上海中华书局1936年版。

乾隆《莱州府志》，《中国地方志集成》山东府县志辑44，凤凰出版社、上海书店、巴蜀书社2004年版。

青岛军政署：《山东研究资料》第一编，编者1917年版。

青岛市博物馆等编：《德国侵占胶州湾史料选编（1897—1898）》，山东人民出版社1986年版。

青岛市档案馆编：《帝国主义与胶海关》，档案出版社1986年版。

青岛市档案馆编：《胶澳租借地经济与社会发展——1897—1914年档案史

料选编》，中国文史出版社2004年版。

青岛市档案馆编：《青岛开埠十七年——〈胶澳发展备忘录〉全译》，中国档案出版社2007年版。

青岛市档案馆编：《青岛数字全书》，中国文史出版社2003年版。

青岛市公安局编印：《青岛市公安局业务报告》（二十年度），编者1932年版。

青岛市公安局编印：《青岛市公安局业务报告》（十九年度），编者1931年版。

青岛市教育局编印：《青岛教育概览》，编者1935年版。

青岛市李沧区政协文史委员会编：《李沧文史》第4辑《记忆中的村庄》，青岛出版社2008年版。

《青岛市区社会问题最近施政方针》（1934年6月），出版者不详。

青岛市社会局编：《青岛市商店调查》，编者1933年版。

青岛市社会局编：《一年来之社会行政》，编者1933年版。

青岛市社会局厚生科劳工股，《劳工状况》第2期，内部资料，1939年。

青岛市史志办公室编：《青岛市志·海港志》，新华出版社1994年版。

青岛市史志办公室编：《青岛市志·劳动志》，新华出版社1999年版。

青岛市史志办公室编：《青岛市志·民政志》，中国大百科全书出版社1996年版。

青岛市史志办公室编：《青岛市志·人口志》，五洲传播出版社2001年版。

青岛市史志办公室编：《青岛市志·政权志》，五洲传播出版社2002年版。

青岛市市南区政协编：《里院·青岛平民生态样本》，青岛出版社2008年版。

《青岛市市政法规汇编》上卷，出版者与时间不详。

青岛市政府秘书处编：《青岛市行政统计汇编（十八年度下期)》，编者1929年版。

青岛市政府秘书处编：《青岛市行政统计汇编（二十年度)》，编者1933年版。

青岛市政府秘书处编印：《青岛市政府市政公报》第8—89期，1930年3

月—1937年7月。

青岛市政府秘书处编印：《青岛市政府行政纪要（1933年）》，内部资料，1933年。

青岛市政府招待处编印：《青岛概览》，编者1937年版。

青岛市政府招待处编印：《青岛市政要览》，编者1937年版。

青岛市政协文史资料委员会编：《青岛文史撷英》（德日占领卷、工商金融卷），新华出版社2001年版。

青岛特别市社会局：《青岛指南》，青岛新民报印务局1939年版。

（清）张焘撰：《津门杂记》，丁绵孙、王黎雅点校，天津古籍出版社1986年版。

全国妇联：《中国妇女运动史1919—1949》第4编，内部资料，1988年。

山东省档案馆、山东社会科学院历史研究所合编：《山东革命历史档案资料选编》第2辑，山东人民出版社1981年版。

山东省档案馆、山东社会科学院历史研究所合编：《山东革命历史档案资料选编》第3辑，山东人民出版社1981年版。

山东省地方史志编纂委员会编：《山东省志·铁路志》，山东人民出版社1993年版。

山东省地方史志编纂委员会编：《山东史志资料》第1辑，山东人民出版社1982年版。

山东省文化厅史志办公室、青岛市文化局史志办公室编印：《山东省文化艺术志资料汇编》第22辑，编者1990年版。

山东省政协文史资料委员会编：《山东工商经济史料集粹》第1辑，山东人民出版社1989年版。

山东省总工会工运史研究室、青岛市总工会工运史办公室编：《青岛惨案史料》，工人出版社1985年版。

实业部国际贸易局编：《中国实业志》（山东省），编者1934年版。

宋蕴璞：《天津志略》，（台北）成文出版社1969年影印本。

孙学谦编：《天津指南》，天津新华书局1922年版。

天津市地方志编修委员会编著：《天津通志·民政志》，天津社会科学院出版社2001年版。

天津市地方志编修委员会编著：《天津通志·旧志点校卷》（上、中、下），南开大学出版社2001年版。

天津市识字运动宣传委员会：《天津市不识字人口统计》，编者1931年版。

天津市文史研究馆：《天津文史丛刊》第4期，编者1985年版。

天津市政府统计委员会编：《天津市统计年鉴》，编者1935年版。

天津特别市社会局编印：《天津特别市社会局一周年工作总报告（1928.8～1929.7）》，编者1929年版。

同治《即墨县志》，（台北）成文出版社1976年影印本。

王度庐：《龙虎铁连环 灵魂之锁》，群众出版社2001年版。

王铎：《青岛掌故》，青岛出版社2006年版。

王强主编：《近代农业调查资料》第9册，凤凰出版社2014年版。

王清彬等编：《第一次中国劳动年鉴》，北平社会调查部1928年版。

王韬：《天津市概要》上，出版者不详，1934年版。

王统照：《王统照文集》第3卷，山东人民出版社1981年版。

王统照：《王统照文集》第5卷，山东人民出版社1982年版。

魏镜：《青岛指南》，平原书店1933年版。

巫宝三主编：《中国国民所得（1933年）》下册，上海中华书局1947年版。

吴蔼宸编著：《华北国际五大问题》，商务印书馆1929年版。

吴伯箫：《羽书》，花城出版社1982年版。

吴瓯主编：《火柴业调查报告》，天津市社会局1931年版。

吴瓯主编：《天津市纺纱业调查报告》，天津市社会局1931年版。

吴瓯主编：《天津市社会局统计汇刊》，天津市社会局1931年版。

萧铮主编：《民国二十年代中国大陆土地问题资料》第192、193卷，（台北）成文出版有限公司和美国中文资料中心1977年版。

肖东发主编，周红英编著：《百年老号 百年企业与文化传统》，北京现代出版社2015年版。

谢开勋：《二十二年之胶州湾》，上海中华书局1920年版。

徐士銮：《敬乡笔述》卷七，张守谦点校，天津古籍出版社1986年版。

叶春墀：《青岛概要》，上海商务印书馆1922年版。

殷梦霞、李强选编：《民国铁路沿线经济调查报告汇编》第1—5册，国家图书馆出版社 2009 年版。

张武：《最近之青岛》，出版地不详，1919 年版。

章伯锋、李宗一主编：《北洋军阀 1912—1928》第 1 卷，武汉出版社 1989 年版。

章有义编：《中国近代农业史资料》第 3 辑（1927—1937），生活·读书·新知三联书店 1957 年版。

中国人民政府协商会议山东省章丘县文史资料研究委员会编：《文史资料第 4 辑：章丘旧军孟》，编者 1987 年版。

中国第二历史档案馆编：《中华民国史档案资料汇编》第 5 辑，江苏古籍出版社 1994 年版。

中国民主建国会青岛市委员会、青岛市工商业联合会、工商史料工作委员会编：《青岛工商史料》第 3 辑，内部资料，1988 年。

中国人民政治协商会议青岛市委员会文史资料研究委员会编：《青岛文史资料》第 8 辑，编者 1989 年版。

中国人民政治协商会议山东省胶州市教科文卫体与文史工作办公室编：《胶州文史资料》第 20 辑，内部资料，2006 年。

中国人民政治协商会议山东省委员会文史资料研究委员会编：《文史资料选辑》第 14 辑，山东人民出版社 1983 年版。

中国人民政治协商会议山东省委员会文史资料研究委员会编：《文史资料选辑》第 16 辑，山东人民出版社 1985 年版。

中国人民政治协商会议青岛市四方区委员会文史资料工作委员会编：《四方文史资料》第 1 辑，内部资料，1999 年。

中国人民政治协商会议青岛市四方区委员会文史资料工作委员会编：《四方文史资料》第 2 辑，内部资料，2001 年。

中国人民政治协商会议天津市和平区委员会文史资料委员会编：《天津和平文史资料选辑》第 3 辑，编者 1991 年版。

中国人民政治协商会议天津市委员会文史资料研究委员会编：《天津文史资料选辑》第 1 辑—第 62 辑，天津人民出版社 1978 年 12 月—1994 年 6 月版。

中央档案馆、河北省档案馆编：《河北革命历史文件汇集（甲种本第 13 册）》，内部资料，1997 年。

周利成：《民国风尚志》，花山文艺出版社2015年版。

［德］单威廉：《胶州行政》，朱和中译，上海民智书局1933年版。

［德］谋乐辑：《青岛全书》，青岛印书局1912年版。

［德］威廉·马察特：《单威廉与青岛土地法规》，江鸿译，纪恒昭校，台北中国地政研究所1986年版。

［德］卫礼贤：《青岛的故人们》，王宇洁等译，青岛出版社2007年版。

［日］中国驻屯军司令部编：《二十世纪初的天津概况》，侯振彤译，天津市地方史志编修委员会总编辑室1986年版。

四 研究著作

安作璋主编：《山东通史》近代卷，山东人民出版社1995年版。

蔡勤禹、张家惠：《青岛慈善史》，中国社会科学出版社2014年版。

蔡少卿主编：《民国时期的土匪》，中国人民大学出版社1993年版。

陈翰笙：《陈翰笙文集》，商务印书馆1999年版。

陈其广：《百年工农产品比价与农村经济》，社会科学文献出版社2003年版。

池子华：《近代中国"打工妹"群体研究》，中国社会科学出版社2015年版。

池子华：《农民工与近代社会变迁》，安徽人民出版社2006年版。

池子华、叶继红、马德峰主编：《农民工待遇问题研究》，黑龙江人民出版社2011年版。

池子华：《中国近代流民》，浙江人民出版社1996年版。

从翰香主编：《近代冀鲁豫乡村》，中国社会科学出版社1995年版。

董修甲编：《市政问题讨论大纲》，上海青年协会书报部1929年版。

樊如森：《天津与北方经济现代化：1860—1937》，上海东方出版中心2007年版。

费孝通：《费孝通文集》，群言出版社1999年版。

冯骥才：《案头随笔》，中州古籍出版社2005年版。

付燕鸿：《窝棚中的生命：近代天津城市贫民阶层研究（1860—1937）》，山西人民出版社2013年版。

高佩义：《中外城市化比较研究（增订版）》，南开大学出版社2004年版。

高鹏程：《红卍字会及其社会救助事业研究（1922—1949）》，合肥工业大学出版社 2011 年版。

高艳林：《天津人口研究（1404—1949）》，天津人民出版社 2002 年版。

国家社科基金重大项目课题组：《区域现代化理论与实践研究》，江苏人民出版社 2013 年版。

何一民：《中国城市史》，武汉大学出版社 2012 年版。

胡汶本等编著：《帝国主义与青岛港》，山东人民出版社 1983 年版。

姜进、李德英主编：《近代中国城市与大众文化》，新星出版社 2008 年版。

姜义华、吴根梁、马学新编：《港台及海外学者论中国文化》上册，上海人民出版社 1988 年版。

蒋建策：《市政与新中国》，上海正中书局 1940 年版。

来新夏主编：《天津近代史》，南开大学出版社 1987 年版。

乐正：《近代上海人社会心态（1860—1910）》，上海人民出版社 1991 年版。

李长莉：《晚清上海社会的变迁——生活与伦理的近代化》，天津人民出版社 2002 年版。

李竞能编著：《现代西方人口理论》，复旦大学出版社 2004 年版。

李竞能主编：《天津人口史》，南开大学出版社 1990 年版。

李明伟：《清末民初中国城市社会阶层研究（1897—1927）》，社会科学文献出版社 2005 年版。

林广、张鸿雁：《成功与代价——中外城市化比较新论》，东南大学出版社 2000 年版。

刘佛丁、王玉茹、于建玮：《近代中国的经济发展》，山东人民出版社 1997 年版。

刘佛丁主编：《中国近代经济发展史》，高等教育出版社 1999 年版。

刘海岩：《空间与社会：近代天津城市的演变》，天津社会科学院出版社 2003 年版。

刘善章、周荃主编：《中德关系史文丛》，青岛出版社 1991 年版。

刘善章、周荃主编：《中德关系史译文集》，青岛出版社 1992 年版。

刘素芬：《烟台贸易研究（1867—1919）》，台湾商务印书馆 1990 年版。

刘炎臣：《刘炎臣文集》，天津古籍出版社2015年版。

刘志强、张利民主编：《天津史研究论文选辑》，天津古籍出版社2009年版。

陆安：《青岛近现代史》，青岛出版社2001年版。

路遇：《清代和民国山东移民东北史略》，上海社会科学院出版社1987年版。

罗福惠、萧怡编：《居正文集》下册，华中师范大学出版社1989年版。

罗澍伟主编：《近代天津城市史》，中国社会科学出版社1993年版。

《马克思恩格斯全集》第30卷，人民出版社1995年版。

《马克思恩格斯全集》第46卷上，人民出版社1979年版。

马庆株、谭汝为、曾晓渝：《天津方言研究与调查》，天津人民出版社2014年版。

《毛泽东选集》第1卷，人民出版社1991年版。

邱国盛：《城市化进程中上海市外来人口管理的历史演进（1840—2000）》，中国社会科学出版社2010年版。

冉光海：《中国土匪（1911—1950）》，重庆出版社1995年版。

任银睦：《青岛早期城市现代化研究》，生活·读书·新知三联书店2007年版。

任云兰：《近代天津的慈善与社会救济》，天津人民出版社2007年版。

沈祖炜主编：《近代中国企业：制度和发展》，上海人民出版社2014年版。

寿扬宾编著：《青岛海港史》（近代部分），人民交通出版社1986年版。

孙本文：《孙本文文集》第5卷，社会科学文献出版社2012年版。

孙逊、杨剑龙主编：《都市文化研究》第3辑，上海三联书店2007年版。

王先明：《变动时代的乡绅——乡绅与乡村社会结构变迁（1901—1945）》，人民出版社2009年版。

王先明：《乡路漫漫：20世纪之中国乡村（1901～1949）（全2册）》，社会科学文献出版社2017年版。

王章辉等：《欧美农村劳动力的转移与城市化》，社会科学文献出版社1999年版。

王芝琛：《一代报人王芸生》，长江文艺出版社2004年版。

隗瀛涛主编：《中国近代不同类型城市综合研究》，四川大学出版社1998年版。

夏明方：《民国时期自然灾害与乡村社会》，中华书局2000年版。

忻平：《从上海发现历史——现代化进程中的上海人及其社会生活（1927—1937）》，上海人民出版社1996年版。

徐甡民：《上海市民社会史论》，文汇出版社2007年版。

徐秀丽、郑成林主编：《中国近代民间组织与国家》，社会科学文献出版社2014年版。

严景耀：《中国的犯罪问题与社会变迁的关系》，吴桢译，北京大学出版社1986年版。

杨秉德主编：《中国近代城市与建筑（1840~1949）》，中国建筑工业出版社1993年版。

杨子慧主编：《中国历代人口统计资料研究》，改革出版社1996年版。

姚洪卓主编：《近代天津对外贸易（1861~1948年）》，天津社会科学院出版社1993年版。

余秀豪：《警察行政》，上海商务印书馆1936年版。

张慧芝：《天子脚下与殖民阴影：清代直隶地区的城市》，上海三联书店2013年版。

张利民：《华北城市经济近代化研究》，天津社会科学院出版社2004年版。

张利民：《艰难的起步：中国近代城市行政管理机制研究》，天津社会科学院出版社2008年版。

张利民、周俊旗、许檀、汪寿松：《近代环渤海地区经济与社会研究》，天津社会科学院出版社2003年版。

张利民主编：《解读天津六百年》，天津社会科学院出版社2003年版。

张玉法：《中国现代化的区域研究　山东省（1860—1961）》，台北"中央研究院"近代史研究所1982年版。

赵宝琪、张凤民主编：《天津教育史》上卷，天津人民出版社2002年版。

郑杭生主编：《社会学概论新修（第三版）》，中国人民大学出版社2003年版。

周积明、宋德金主编：《中国社会史论》下卷，湖北教育出版社2000

年版。

周俊旗:《民国天津社会生活史》,天津社会科学院出版社2002年版。

周一星:《城市地理学》,商务印书馆1995年版。

周执前:《国家与社会:清代城市管理机构与法律制度变迁研究》,巴蜀书社2009年版。

朱维铮:《音调未定的传统》,辽宁教育出版社1995年版。

朱煜:《民众教育馆与基层社会现代改造(1928～1937)——以江苏为中心》,社会科学文献出版社2012年版。

庄维民:《近代山东市场经济的变迁》,中华书局2000年版。

邹依仁:《旧上海人口变迁的研究》,上海人民出版社1980年版。

[美] C. 赖特·米尔斯:《社会学的想像力》,陈强、张永强译,生活·读书·新知三联书店2005年版。

[英] E. P. 汤普森:《英国工人阶级的形成》(上),钱乘旦译,译林出版社2013年版。

[法] H. 孟德拉斯:《农民的终结》,李培林译,中国社会科学出版社1991年版。

[美] R. E. 帕克、E. N. 伯吉斯、R. D 麦肯齐:《城市社会学——芝加哥学派城市研究文集》,宋俊岭等译,华夏出版社1987年版。

[美] W. I. 托马斯、[波] F. 兹纳涅茨基:《身处欧美的波兰农民:一部移民史经典》,张友云译,译林出版社2000年版。

[美] 安东尼·吉登斯:《社会学》第4版,赵旭东等译,北京大学出版社2003年版。

[法] 白吉尔:《中国资产阶级的黄金时代(1911～1937年)》,张富强、许世芬译,上海人民出版社1994年版。

[美] 保罗·诺克斯、史蒂文·平奇,《城市社会地理学导论》,柴彦威、张景秋等译,商务印书馆2005年版。

[美] 鲍德威:《中国的城市变迁——1890—1949年山东济南的政治与发展》,张汉、金桥、孙淑霞译,北京大学出版社2010年版。

[英] 贝思飞:《民国时期的土匪》,徐有威等译,上海人民出版社1992年版。

[英] 彼得·克拉克:《欧洲城镇史:400—2000》,宋一然等译,商务印

书馆 2015 年版。

［英］布罗尼斯拉夫·马林诺夫斯基、［美］索尔斯坦·塞林著：《犯罪：社会与文化》，许章润、么志龙译，广西师范大学出版社 2003 年版。

［美］程为坤著：《劳作的女人：20 世纪初北京的城市空间和底层女性的日常生活》，杨可译，生活·读书·新知三联书店 2015 年版。

［美］戴维·格伦斯基编：《社会分层》第 2 版，王俊等译，华夏出版社 2005 年版。

［美］韩起澜：《苏北人在上海，1850—1980》，卢明华译，上海古籍出版社 2004 年版。

［荷］冯客：《近代中国的犯罪、惩罚与监狱》，徐有威等译，江苏人民出版社 2008 年版。

［美］贺萧：《天津工人，1900—1949》，许哲娜、任吉东译，天津人民出版社 2016 年版。

［美］黄宗智：《长江三角洲小农家庭与乡村发展》，中华书局 2000 年版。

［美］黄宗智：《法典、习俗与司法实践：清代与民国的比较》，上海书店出版社 2003 年版。

［英］雷穆森：《天津租界史：插图本》，许逸凡、赵地译，天津人民出版社 2009 年版。

［美］理查德·谢弗：《社会学与生活》（插图第 9 版），刘鹤群、房智慧译，世界图书出版公司北京公司 2006 年版。

［美］卢汉超：《霓虹灯外——20 世纪初日常生活中的上海》，段炼、吴敏、子羽译，上海古籍出版社 2004 年版。

［美］路易丝·谢利：《犯罪与现代化——工业化与城市化对犯罪的影响》，何秉松译，罗典荣校，中信出版社 2002 年版。

［法］马克·布洛赫：《为历史学辩护》，张和声、程郁译，中国人民大学出版社 2006 年版。

［美］马若孟：《中国农民经济——河北和山东的农业发展，1890—1949》，史建云译，江苏人民出版社 1999 年版。

［法］米歇尔·福柯：《规训与惩罚：监狱的诞生》，刘北成、杨远婴译，生活·读书·新知三联书店 2003 年版。

［美］明恩溥：《中国乡村生活》，陈午晴、唐军译，中华书局 2006 年版。

［美］乔尔·科特金：《全球城市史》，王旭等译，社会科学文献出版社2006年版。

［日］胜水淳行：《犯罪社会学》，郑玑译，北新书局1929年版。

［美］施坚雅主编：《中华帝国晚期的城市》，叶光庭等译，中华书局2000年版。

［日］田中忠夫：《中国农业经济研究》，汪馥泉译，上海大东书局1934年版。

［英］沃尔什：《历史哲学导论》，何兆武、张文杰译，广西师范大学出版社2001年版。

［美］阎云翔：《礼物的流动——一个中国村庄中的互惠原则与社会网络》，李放春、刘瑜译，上海人民出版社2000年版。

［美］杨懋春：《一个中国村庄：山东台头》，张雄、沈炜、秦美珠译，江苏人民出版社2001年版。

［美］伊格尔斯：《二十世纪的历史学——从科学的客观性到后现代的挑战》，何兆武译，辽宁教育出版社2003年版。

［美］周锡瑞：《叶：百年动荡中的一个中国家庭》，史金金、朱琳菲译，山西人民出版社2014年版。

David Faure and Tao Tao Liu, *Town and Country in China: Identity and Perception*, Houndddmills, Basingstoke, Hampshire and New York; Palgrave Publishers, 2002.

Jefferson Jones, *The Fall of Tsingtau*, Boston, 1915.

John E. Schrecker, *Imperialism and Chinese Nationalism: Germany in Shantung*, Harvard University Press, 1971.

Raymond Williams, *The Country and the City*, London chatto and windus, 1973.

Tao Tao Liu and David Faure, *Unity and Diversity: Local Cultures and Identities in China*, Hong Kong University Press, 1996.

五　论文

陈成文、孙嘉悦：《社会融入：一个概念的社会学意义》，《湖南师范大学社会科学学报》2012年第6期。

陈军整理：《"乡下人进城"论题的多向度对话》，《扬州大学学报》（人文社会科学版）2007年第4期。

陈克：《十九世纪末天津民间组织与城市控制管理系统》，《中国社会科学》1989年第6期。

池子华：《近代打工妹群体的"制度适应"》，《社会科学战线》2012年第10期。

池子华：《农民"离村"的社会经济效应——以20世纪二三十年代为背景》，《中国农史》2002年第4期。

扶小兰：《论近代社会教育对城市人现代化的影响》，《西南交通大学学报》（社会科学版）2006年第6期。

郭松义：《农民进城和我国早期城市化——历史的追索与思考》，《浙江学刊》2011年第3期。

江沛、徐倩倩：《港口、铁路与近代青岛城市变动：1898—1937》，《安徽史学》2010年第1期。

孔祥成：《试析农民离村与乡村观念变革——以20世纪20—30年代的江苏为例》，《华东师范大学学报》（哲学社会科学版）2004年第5期。

李长莉：《中国近代社会史研究三十年发展趋势与瓶颈》，《南京社会科学》2017年第1期。

李凤琴：《20世纪二三十年代中国北方十省农民离村问题研究——以华北地区山东、山西、河南、河北为重点》，《中国历史地理论丛》2004年第2期。

李金铮：《20世纪上半期中国乡村经济交易的中保人》，《近代史研究》2003年第6期。

李俊领：《日常生活——社会史研究的对象、视角与跨学科对话》，《徐州工程学院学报》（社会科学版）2017年第5期。

李明欢：《20世纪西方国际移民理论》，《厦门大学学报》（哲学社会科学版）2000年第4期。

李培林、田丰：《中国农民工社会融入的代际比较》，《社会》2012年第5期。

李先良：《青岛与八年抗战》，《山东文献》第5卷第2期，1979年9月。

林姿呈：《英美近代天津城市研究综述》，《史林》2012年第1期。

刘芳：《20世纪20~30年代江苏农民离村原因探析》，《史林》2004年第3期。

刘海岩：《近代天津城市边缘区的形成及其结构特征》，《天津师范大学学报》（社会科学版）2007年第4期。

刘海岩：《租界、社会变革与近代天津城市空间的演变》，《天津师范大学学报》（社会科学版）2006年第3期。

刘平：《上海银行业保人制度改良述略》，《史林》2007年第4期。

刘荣臻：《近代上海平民住房救助与社区治理（1927—1937）》，《复旦学报》（社会科学版）2016年第6期。

鲁西奇：《中国近代农民离土现象浅析——以1912—1937年间为中心》，《中国经济史研究》1995年第3期。

潘毅：《阶级的失语与发声——中国打工妹研究的一种理论视角》，《开放时代》2005年第2期。

彭南生：《近代农民离村与城市社会问题》，《史学月刊》1999年第6期。

彭南生：《也论近代农民离村原因——兼与王文昌同志商榷》，《历史研究》1999年第6期。

任云兰：《民国灾荒与战乱期间天津城市的社会救助（1912—1936年）》，《中国社会经济史研究》2005年第2期。

沈岚：《中国近代警察职权立法扩张的背景——以违警罚法为视角》，《学术界》2011年第9期。

沈岚：《中国近代治安处罚法规的演变——以违警罚法的去刑法化为视角》，《政法论坛》2011年第4期。

宋美云：《论城市公共环境整治与非政府组织参与——以近代天津商会为例》，《天津社会科学》2006年第4期。

宋珍珍：《近代宁波旅沪同乡会社会保障功能研究1921—1949）》，《宁波教育学院学报》2013年第4期。

宋钻友：《民国时期上海同乡组织与移民社会关系初探》，《上海社会科学院学术季刊》1996年第3期。

唐力行：《徽州旅沪同乡会的社会保障功能（1923—1949）》，《上海师范大学学报》（哲学社会科学版）2012年第3期。

田凯：《关于农民工的城市适应性的调查分析与思考》，《社会科学研究》

1995年第5期。

涂文学：《市制建立与中国城市现代化的开启——基于20世纪二三十年代武汉（汉口）建市的历史考察》，《江汉大学学报》（社会科学版）2017年第4期。

王桂新、张得志：《上海外来人口生存状态与社会融合研究》，《市场与人口分析》2006年第5期。

王文昌：《20世纪30年代前期农民离村问题》，《历史研究》1993年第2期。

王先明、王琳：《亡灵"公共空间"的制度建构——近代天津公墓的历史考察》，《史林》2013年第3期。

王先明：《中国乡村建设思想的百年演进（论纲）》，《南开学报》（哲学社会科学版）2016年第1期。

吴承明：《中国近代农业生产力的考察》，《中国经济史研究》1989年第2期。

肖周燕：《人口迁移势能转化的理论假说——对人口迁移推—拉理论的重释》，《人口与经济》2010年第6期。

徐松如：《同乡姐织在移民融入都市社会中的作用研究》，《都市文化研究》2014年第1期。

杨可：《劳工宿舍的另一种可能：作为现代文明教化空间的民国模范劳工宿舍》，《社会》2016年第2期。

姚贤镐：《一九三四年至三七年日本对华北的走私政策》，《社会科学杂志》1948年第10卷第1期。

衣俊卿：《人的现代化——走出日常生活的世界》，《社会科学研究》1992年第1期。

张文宏、阮丹青：《城乡居民的社会支持网》，《社会学研究》1999年第3期。

赵宝爱：《近代城市中移民的互助组织与活动——以青岛为个案（1898—1937年）》，《信阳师范学院学报》（哲学社会科学版）2008年第4期。

仲小敏：《世纪之交中国城市化道路问题的讨论》，《科学·经济·社会》2000年第1期。

周应堂、王思明：《近代农民离村原因研究》，《中国经济史研究》2011

年第1期。

朱宝琴:《沦陷时期南京社会的基层控制》,《南京大学学报》(哲学·人文科学·社会科学版) 2003 年第 4 期。

朱力:《论农民工阶层的城市适应》,《江海学刊》2002 年第 6 期。

[美] 顾得曼:《民国时期的同乡组织与社会关系网络——从政府和社会福利概念的转变中对地方、个人与公众的忠诚谈起》,《史林》2004 年第 4 期。

[日] 水羽信男:《日本的中国近代城市史研究》,《历史研究》2004 年第 6 期。

后　　记

本书是教育部人文社会科学研究青年基金项目"近代乡村移民的城市融入问题研究——以天津和青岛为例（1928—1937）"（批准号：13YJC770034）的最终研究成果，也是拙作《融入与疏离：乡下人的城市境遇——以青岛为中心（1927—1937）》（山西人民出版社2014年5月版）的姊妹篇。近代农民离乡进城是千年未有之乡村变局、现代化与城市化亦是中国社会发展中的重大问题，"农民向何处去？""城乡关系如何及为何变迁？"是笔者一直以来的研究兴趣与研究重心所在，多年前的旧作以青岛为研究区域，梳理农民在城市生活的基本面相，着眼于知识阶层视角探究近代青岛城乡的疏离关系。

在前期研究的基础上，本书致力从普通民众视角梳理华北进城农民的融入历程，并尝试从两方面对农民城市化问题进行拓展：一是采用区域比较视角，突破传统的从单体城市出发探讨城市社会生活与社会结构的研究路径，以天津和青岛这两个典型的移民城市为例，探讨不同城市的政治、经济、社会结构对移民融入城市生活的影响。二是社会融入视角，当前关于城市社会下层社会研究主要采用国家－社会理论与现代化或城市化理论。前者关注不同类别力量之间的互动，后者强调单一的城市改变移民的过程，而忽略了移民对城市的作用。社会融入角度既把握历时性的移民生活变化，亦探析共时性的不同力量对其生活的潜在与显性影响，有助于深入认识乡村移民城市生活的整体面相与群体差异。

在资料搜集和书稿写作过程中，得到多位老师的无私帮助与指导。天津社会科学院张利民研究员提供了详尽的天津史文献目录和资料利用的便利条件，天津社会科学院任吉东研究员邮寄给我急需的重要书刊资料，青岛市档案馆社会宣传处的周兆利处长分享了非常珍贵的青岛报刊资料，青岛市档案馆和天津市档案馆工作人员在笔者查阅档案过程中提供了非常便捷和暖心的服务。课题组成员天津社科院熊亚平研究员，中国海洋大学马树华教授，青岛农业大学赵丹老师、赵秀丽博士和张广杰博士，随时交流想法，互通资料有无，令我时常体味到学人间的帮助与友善。在此对各位师友致以诚挚的谢忱！

书稿初成，审阅专家提出的宝贵意见明晰了笔者的研究进路，拓展了未来的研究空间。张利民研究员一语道破我的学术发力点——农民工市民化研究，建议对移民的城市融入特点进行分时段总结。我的博士生导师南开大学王先明教授、中国海洋大学蔡勤禹教授、南开大学社会学系宣朝庆教授和青岛农业大学房桂芝教授建议进一步深化城市发展模式差异与移民融入关系，将中国城市化的区域和类别差异与城市管理者的选择结合起来，丰富移民融入的比较视角与文化视角。临沂大学历史文化学院魏本权教授从框架结构的调整及日常生活史的挖掘等方面提出了中肯建议。青岛市史志办任银睦研究员就移民原因问题多次交流指导，小至行文表述，大至逻辑思路，均一一提点。老师们的温厚平实人格和严谨治学精神令我感佩！更为感念的是老师们的锐识拓展了我的后续研究，2019年笔者主持的农民工市民化的相关研究课题获得国家社会科学基金项目资助。

感谢我的老友赵丹老师仔细校对初稿，付出了辛勤劳动！衷心感谢中国社会科学出版社吴丽平编辑对书稿的精当指正和悉心校对！她的专业与敬业令本书更为晓畅和规范。本书的出版获得山东省高等学校"青创科技计划"（人文社科）基金（批准号：2019RWD004）和青岛农业大学人文社会科学研究基金资助，为最终完成书稿提供了坚实的物质保障。特别感谢青岛农业大学科技处辛丽轲副处长和我所在的马克思主义学院修彩波书记、贾乐芳院长一直以来对笔者负责的"乡村变迁与农民问题"研究团队的提携推助和鼎力支持！

总以为学术与生活是分离的话题，不必赘述，但博士毕业十年来，科研与工作的压力一直伴随始终。王汎森讲到，做一个研究生或一个学者，有两个感觉最重要——责任感与罪恶感，你会觉得如果今天没有好好做几个小时的工作的话，会有很大的罪恶感。我常常被一种罪恶感所驱动，令人焦虑纠结，苦不堪言，如今，我能身心健康、心无旁骛潜心科研与教学，全靠家人温润的情感慰藉与默默地全力成就，并给我足够的任性折腾空间，感谢我的亲人们——我最大的财富！

三年前的书稿，虽几经修改校对，而今看来，依然有诸多不足之处刺痛着笔者。一是近两年新拓展的史料未有利用补充，大批中生代研究学者的成果没有很好吸纳借鉴，总有重新架构的冲动，又为新的研究压力所搁浅。二是一些具体的研究内容不够深入透彻，如移民对城市文化的形塑、两市不同社会组织对移民的救助帮助等。我也坚信农民本色、居留时间、职业类别、城市管理制度变迁等对移民身份、角色与心理的深远影响，希望在后续研究中减少缺憾，求得新知。

柳敏

2021 年 1 月 28 日